一
战
全
史

一战全史

张卉妍◎主编

中国华侨出版社
北京

图书在版编目 (CIP) 数据

一战全史 / 张卉妍主编 . —北京：中国华侨出版社，2013.5（2022.1 重印）

ISBN 978-7-5113-2133-6

Ⅰ．①一… Ⅱ．①张… Ⅲ．①第一次世界大战—历史 Ⅳ．① K143

中国版本图书馆 CIP 数据核字（2013）第 083909 号

一战全史

主　　编：张卉妍

责任编辑：姜　婷

封面设计：阳春白雪

文字编辑：朱立春

美术编辑：汪　华

经　　销：新华书店

开　　本：720mm×1020mm　1/16　印张：24　字数：350 千字

印　　刷：北京德富泰印务有限公司

版　　次：2013 年 6 月第 1 版　2022 年 1 月第 5 次印刷

书　　号：ISBN 978-7-5113-2133-6

定　　价：68.00 元

中国华侨出版社　北京市朝阳区西坝河东里 77 号楼底商 5 号　邮编：100028

发 行 部：（010）88866079　　　　　　传　真：（010）88877396

网　　址：www.oveaschin.com　　　　E－m a i l：oveaschin@sina.com

如果发现印装质量问题，影响阅读，请与印刷厂联系调换。

前言

20 世纪初，是一个躁动与不安的年代。自从以机器与大都市为代表的工业文明出现以来，各殖民大国及其利益集团，就开始了一场世界范围内的新的角力。老牌殖民帝国英、法、俄同德、日、美等新兴国家在争夺资源和殖民地上产生了不可调和的矛盾，同时，资本主义国家周期性的经济危机和国内阶级矛盾的尖锐也使各国统治不稳，于是纷纷扩军备战、寻找同盟，企图通过对外战争来缓和国内矛盾。

第一次世界大战发生于 1914～1918 年，主要战场在欧洲但波及全世界。它是一场帝国主义国家间的争霸战，也是人类历史上一次空前的劫难，是作为毁灭之神降临人世的。战争主要在同盟国与协约国这两大军事集团之间进行，德国、奥匈帝国、土耳其、保加利亚等属同盟国阵营，英国、法国、俄国和意大利等则属协约国阵营，后来发展到共 38 个国家、15 亿人卷入这场真正意义上的全球性军事冲突。

1914 年 6 月 28 日的萨拉热窝事件引爆了欧洲的火药桶，随着奥匈帝国向塞尔维亚宣战，欧洲列强纷纷全面动员，倾其全国之力，投入这场前所未见的残酷血战。绵延千里的铁丝网和壕沟阵地，成为列强厮杀拼搏的角力场。数以百万计的军人在弹片四溅、血流成河的泥泞战场，试图打出一个世界新秩序。本次战争的战线主要分为东线（俄国对德、奥作战）、西线（英、法对德作战）和南线（又称巴尔干战线，塞尔维亚对奥匈作战），其中以西线的战事最为惨烈，如著名的马恩河战役、索姆河战役、凡尔登战役。

这场史无前例的世界大战，利用了人类文明从物理到化学全面的科技成果，使人深刻体会到了文明的负能量。两个集团都疯狂扩军，并建立起发达

1

的军事工业，许多新式武器被投入了战场，飞机、坦克、机枪和毒气的首次使用，完全改变了以往的战争形式，大大增加了这场战争的残酷性，客观上也促进了许多军事理论的产生。在海战方面，无畏级战列舰、潜水艇及航空母舰的初次使用，则拉开了大洋海战新形式的序幕。

德国依靠它先进的军事工业基础，率先发起了进攻，但双方都低估了对方的经济和军事潜力，因此基本上都只准备打一场速决战。没成想大战持续了一年又一年，其残酷性和持久性是各参战列强始料不及的。大炮喷吐着铁雨，地球浸泡在血泊之中，战壕如同一个粉碎人体的巨大磨盘，绞杀着无数的生灵，无数青年的鲜血，喷涌而出，汇成了河。血腥、恐怖、凄惨，构成了一幅惨不忍睹的末日画卷。在为时四年零三个月的残酷战争中，有3000多万人死伤，欧洲几乎失去了整整一代的年轻人——仅就英国而言，战后就有200多万妇女无法再组建家庭。

随着1918年11月11日德国投降，第一次世界大战终于以协约国的胜利告终。人类在这次浩劫中蒙受的损失之大，令人瞠目结舌——仅经济损失就达1700亿美元（当时币值）。这次大战，使帝国主义各国的力量对比发生了巨大变化：德国战败，被迫割地赔款；德意志、奥匈、奥斯曼、沙俄四大帝国遭到摧毁和瓦解；英法虽取得了胜利，但在战争中受到削弱，元气大伤；只有美国在战争中牟取暴利，一跃成为战后世界上的头号金融强国。这场战争虽暂时调整了各当事国之间的关系，但没有消除它们之间的根本矛盾，这场号称将结束一切战争的战争，造成的结果，竟是下一场更大规模的世界大战。但大战的影响绝不止于此，它对人类历史发展的进程，对世界的政治经济格局，对人们的思想观念等，都产生了极其深远的影响。

本书不仅分析了一战战争形势和战略战术，介绍战役经过、主要将领、武器装备等，尽量还原第一次世界大战的本来面目，生动述说这段血与泪、罪与罚、生与死交织的悲剧历史。回顾这次空前浩劫，重温那段那血与火的岁月，不仅可以丰富知识，更可以吸取历史教训，更深入地反思人类的生存与发展、战争与和平等问题，从而更加珍惜生命、珍惜和平。

目 录

第一章
大战策源地
——从大炮中"孵化"出来的德国

一、德国崛起的源头——普鲁士

德国，位于欧洲西部，它东邻波兰、捷克，南接奥地利、瑞士，西接荷兰、比利时、卢森堡、法国，北与丹麦相连，并与挪威隔海相望。德国的领土面积虽然只有357000多平方公里，但它却是一个颇具影响力的世界大国，也是欧洲的核心国家之一，自中世纪以来，德意志国家就是欧洲历史发展中的一个强有力的因素。作为德国历史上的第一帝国，神圣罗马帝国曾经称霸西欧，势力盛极一时。但是在17世纪爆发于欧洲大陆的"宗教战争"中，法国一举打败了哈布斯堡王朝统治下的奥地利，从而确定了法国在欧洲大陆的霸主地位，而从属于奥地利治下的神圣罗马帝国，则从此陷入了长期分裂的局面。在其后的一百多年中，德意志陷入了分崩离析的状态。当西欧的英、法等国早已形成统一强大的民族国家之际，在德国的土地上，却散落着三百多个大小不等的独立诸侯和一千多个骑士领地。用法国著名学者伏尔泰的话说，这时的神圣罗马帝国既不神圣也非罗马，更谈不上什么帝国，它已经成了名存实亡的地理概念。

就在德国陷于四分五裂的时候，在德国东部地区，一个以柏林为中心的边陲小邦勃兰登堡却在不断发展壮大，进而形成了普鲁士王国。普鲁士王国的统治者霍亨索伦家族推行了一种实用主义的政策，把领土扩张和保持一支强大的军事力量当作自己的根本任务，到了18世纪中期以后，普鲁士王国已经建立起了一支远远超过德意志各邦的常备军。由于继承了条顿骑士团的军事专制传统，普鲁士王国的军队向来以教育素质高、纪律严明、骁勇善战而著称。在老威廉一世担任普鲁士国王以后，他对不是花在军队上的每一分钱都十分吝惜，他在赴柯尼斯堡举行加冕典礼的路程上，总共只花掉2547个银币，而他父亲为此曾经花了银币500万个。威廉一世以爱护军队著称，他所制定的全部政策都是用来为军队服务的，而他本人则是一直身着制服露面的第一位普鲁士国王。在他在位期间，大大强化了普鲁士的军事国家色彩，当时普鲁士人口只居欧洲大陆各国的第13位，领土居第十位，而军队却居第四位。到威廉去世时，普鲁士军队已经达到83000多人，普鲁士国家收入的80%被用于军队，而同期欧洲大陆霸主法国的军费开支仅占国家收入的60%。

18世纪末到19世纪初，法国大革命就像一声惊雷，撼醒了沉睡于封建社会的德意志民族，法国军队对于奥地利和普鲁士两大德意志邦国的胜利，终于使德国人认识到，德国在欧洲已经严重落伍了，只有改革德国内部陈腐的政治、经济和社会结构，德意志民族才有可能重现中世纪的辉煌，德意志国家才能重返欧洲舞台的中心。1806年后，普鲁士首相卡尔·施泰因开始推行了一系列的改革，1809年在柏林创办了柏林大学，同时又开始对普鲁士军队进行改革，经过在工业、农业和商业等各个领域里的改革，到19世纪上半期，德国经济已经出现了前所未有的发展势头。这个时候，德意志的分裂状态已经严重阻碍了社会的进步，经济的发展迫切要求德意志民族的统一。到19世纪中期，普鲁士的爱国主义情绪高涨，要求结束分裂割据状态、建立一个统一的民族国家的呼声不断高涨。虽然德国民族统一问题一直没有得到解决，但民族主义作为一股强大的思潮和一种运动已经极大地震撼了德国社会的各阶层，从而为德国的统一奠定了思想基础。

在德意志众多的邦国之中，根深叶茂的奥地利历来居于主导地位，与奥地利争夺德意志霸权一直是普鲁士统治阶级所追求的梦想，自18世纪以来，普鲁士一刻也没有停止过与奥地利争夺德意志霸主地位的斗争。1848年3月，德意志联邦的各邦代表，在美因河畔的法兰克福召开了预备会议，会上对以谁为核心组成统一的德国问题，出现了两种意见。多数的代表主张，应该由奥地利来领导，建立一个统一的大德意志帝国，称为"大德意志派"，由于当时的奥地利疆域辽阔，民族众多，所以这个"大德意志帝国"将是一个由多民族组成的国家。少数代表则认为，应把奥地利排除在外，建立一个由普鲁士领导的统一的小德意志帝国，称"小德意志派"，这个"小德意志帝国"则是一个纯粹由日耳曼民族组成的单一民族的国家。这次预备会议上奥地利占了上风，选出了奥地利的约翰大公担任临时帝国的首脑，但是在实际上，约翰大公并没有任何实权，德意志各邦的王公们依然是我行我素，根本不听他的调遣，所以这个首脑形同虚设，德意志仍然无法实现真正的统一。

在德意志各邦中实力较强的普鲁士几次尝试统一德国，但都遭到了失败，因为欧洲各国是决不愿意看到一个新的强国出现的，而奥地利也决不会轻易地放弃它在德意志联邦中的霸主地位，德意志各中小邦的统治者们为了保住自己的独立统治地位，更是不会自愿放弃他们数百年来一直捍卫的权利。当时还是普鲁士亲王的威廉一世在 1849 年以后就已经得出了结论："谁要统一德国，就必须先征服德国。"1861 年，威廉一世登上普鲁士国王的宝座，当他即位之后，在所发表的第一次训词中就说："在将来，普鲁士的陆军就要变成普鲁士的武装民族。"这句话改变了欧洲的命运，也改变了世界的命运。为了实现统一德意志各邦的目的，普鲁士立即扩充军备，计划建立一支拥有 37 万常备军和 13 万后备部队的小型军队，并在全国储备 16 万人的国民预备兵。这在当时的欧洲，可以说是无与伦比的。同时，威廉一世任命具有新思想的人物罗恩为军政部长，杰出的军事家赫尔穆特·毛奇为总参谋长，着手进行军事改革。1862 年，威廉一世又任命以"铁血"著称的奥托·冯·俾斯麦为首相兼外交大臣，这一任命，标志着普鲁士王国加快走上了用王朝战争统一德意志的道路。

奥托·冯·俾斯麦是坚决主张用武力统一德国的强硬派，早就声称若任命他担任首相，他将不惜一切强行推行陆军改革和新兵役制度。上台后的俾斯麦竭力推行他所谓的"铁血政策",着手策划德意志的统一大业,从此致力于德国的统一事业,并且由于他在实际中所取得的成绩而成为了19世纪后期德国乃至欧洲最著名的政治家。俾斯麦特别欣赏德国著名军事理论家克劳塞维茨的观点,认为要实现德国统一的道路只有一条,那就是"通过剑,由一个邦支配其余各邦"。1862年9月30日,出任首相不久的俾斯麦在普鲁士议会上发表了著名的"铁血演说",他声称:"当前的重大问题不是通过演说和多数人的决议能够解决的,而是要通过铁和血。"在俾斯麦的领导下,普鲁士王国在19世纪中后期,通过与丹麦的战争、与奥地利的战争和与法国的战争最终完成了德意志的统一,从此,在欧洲建立起了一个令欧洲各国侧目的强大国家——德意志帝国。

二、在三个鸡蛋上跳舞——"铁血宰相"俾斯麦

"让我们把德国扶上马鞍!"这是奥托·冯·俾斯麦一句著名的话语。

俾斯麦崇尚武力,素有"铁血"之名;他在俄、法、奥三个鸡蛋上跳舞,终于完成了德意志的统一;他曾充满豪气地宣称:"在这世界上,我们德国人只畏惧上帝,此外什么也不畏惧。"但他最后却不得不黯然下野。

1815年4月1日,俾斯麦出生于普鲁士一个容克贵族地主家庭,他的父亲曾是腓特烈大帝手下的军官,腓特烈大帝70岁时与这位下级军官进行了一次随意的交谈,这成为了整个俾斯麦家族的荣耀。俾斯麦在他父亲的庄园里度过了自己的童年,八岁时被送往柏林小学读书,那是一所处于首府中的小学,绝大部分学生都是新兴资产阶级的孩子,对于一个大容克地主的儿子可谓罕见,因此,被视为乡下人的俾斯麦在学校中总是受到同学们的排挤,这使得他的童年生活充满了痛苦和压力,不过这样的环境也促成了他那抗争的性格。大一点后他考入了号称"学术之都"的哥廷根大学学习,在学习期间,体格雄壮的俾斯麦强悍粗暴,曾与同学进行过27次决斗,脸上还因此留下了一道长长的剑伤而破了相。然而在当时的社会中,那是最受尊重的标志。

在普鲁士统一德意志过程中有两个最杰出的人物，那就是老毛奇和俾斯麦，这两个人的外表与他们所选择的行业正好相反。作为普鲁士的一代名将，老毛奇自青年时代就生得瘦削文弱，一副书生模样，以致曾被亲王时代的威廉一世惊呼为"这可不是一块当兵的好材料"。和老毛奇正好相反，俾斯麦是个文官，却从青年时代就人高马大、体格雄壮，很有其先祖乡村武士的遗风。同样也是这位威廉亲王，第一次见到俾斯麦时，就震惊于有这样好的体格为什么不去从军，俾斯麦的回答是"军队不适合我这种人的发展"，这在当时尚武的普鲁士，可以说是一个另类的回答。在英国、美国、法国先后爆发资产阶级革命，并完成国家独立统一的历史任务之时，位于中欧的德意志仍然处于四分五裂的状态，这对正处于求学阶段的俾斯麦影响很大，作为一个德国人，他深切感受到国家四分五裂的痛苦，从那时起，俾斯麦就成了一名主张德国统一的坚定人物。在当时的德国，大大小小共有300多个邦，还有1700多个骑士领地，威斯特伐利亚地区仅仅1200多平方公里的范围内竟然有52个邦国，许多领地内甚至不敢进行军事演习，生怕炮弹子弹掉到别的邦国上引起纠纷。整个德意志国家关卡重重，严重妨碍了经济发展，所以要求统一的呼声已经越来越高了。1832年，在美国独立战争纪念日上，俾斯麦同自己的美国朋友莫特利用25瓶香槟啤酒打赌，他宣称，在25年内德意志必然统一，虽说德意志的最后统一时间比俾斯麦所言晚了10年，但毕竟还是在他的手中实现了。

大学毕业后，俾斯麦回到家乡去管理自己的两处领地，可他根本不适合当庄园主，一心想要出人头地的他去到英国考查。自游历英国后，只要有时间，便到处游览，足迹遍布了欧洲各主要国家。1846年秋，回到家乡的俾斯麦被任命为负责易北河右岸从耶里肖夫到圣道的一段堤坝总管，这是他的第一个独立自主的公职，也是他从政的开始。35岁时，俾斯麦正式踏入政界，担任了普鲁士国会的议员，这也是他政治生涯的转折点，在此期间，他迎来了自己人生的另一次转折，那便是他的第三次婚约。他一改往日放荡不羁的性格，去迎合乔安娜的双亲，排除万难后，终于在1847年正式结婚。

俾斯麦最大的外交长处是他善于审时度势和灵活善变。尽管他唯一的愿望是要用战争去统一德意志，但在不同的场合，他会提出与自己立场背道而驰的主张。当时奥地利是德国南方强大的邻国，曾经威胁说，如果德国企图统一，奥地利就要出兵干预。尽管俾斯麦做梦都想要击败奥地利而统一德国，但令人惊异的是，这样一个好战分子居然在国会上屡次主张和平，他说："没有对于战争后果清醒的认识，却执意去发动战争，这样的政客，请自己去赴死吧！战争结束后，你们是否有勇气承担农民面对农田化为灰烬的痛苦？是否有勇气承受身体残疾、妻离子散的悲伤？"这就使得人们还以为他是个和平主义者。

1862 年，普鲁士议会举行全体会议，新当选的人民进步党议员占了多数席位。这些议员都是一些知识分子和小商人的代表，他们大力鼓吹民主和自由主义，认为普鲁士的一切都必须经过表决以多数票来决定。在国王、工人和资产阶级这三种力量中，资产阶级在议会中势力大增，因此，会场上总是议而不决，争吵不休。当年 9 月，俾斯麦被任命为普鲁士宰相，当过普鲁士驻俄大使和驻法大使的俾斯麦很了解俄、法统治者的内心想法，这就使他当上宰相后深知该如何使用武力去对付敌人。在他当上宰相的第一周，就站出来发表了经典的"铁血"演说。他非常激动地说道："当代的重大政治问题不是用说空话和多数派决议所能决定的，必须要用铁和血来解决，德国所指望的不是普鲁士的自由主义，而是它的武力！"

俾斯麦担任宰相的时候，正是普鲁士军事力量的上升时期，这正好为他的"铁血政策"打下了坚实的基础。俾斯麦深知，议会里的资产阶级议员有着很强的软弱性，他们是没有勇气对抗政府的，为了更有效地实行"铁血政策"，俾斯麦干脆一脚踢开议会，在议会指控政府"违背宪法"的情况下，他不但不害怕，反而公开表示："冲突在所难免，在冲突中最有力量的方面，一定获胜！"上台后的俾斯麦大力推进行军事改革，扩大军事预算，议会曾经要罢免他，他回答道："我们这里不是英国，我们这些大臣是国王的奴仆，而不是你们的。"

1863 年底，丹麦合并了属于德意志联邦的石勒苏益格和荷尔斯泰因，这两个公国在名义上归属丹麦，但在实际上是存在争议的，因为这两个公国中的一个，它的居民是以德意志人为主的。第二年开始，俾斯麦以这件事为借口，联合了奥地利一同对丹麦开战，丹麦以 4 万士兵对抗奥普 6 万联军，结果战败。普鲁士得到了石勒苏益格，奥地利得到了荷尔斯泰因。打败丹麦后，"铁血政策"的第二步，就是挑起对奥地利的战争，俾斯麦调转枪口，对准了奥地利。当时的欧洲形势对普鲁士极其有利，俄国在克里米亚战争中失败，奥地利在战争中没有支持俄国，反而和英国、法国结盟，战后，奥俄两国在巴尔干半岛的矛盾加剧，因此奥地利此时不可能再指望得到俄国的帮助。英国深恐法国独霸欧洲，于是支持普鲁士，牵制法国。而法国则等待着即将到来的普奥之战，好准备在双方的厮杀中坐收渔人之利。

尽管外部条件比较有利，然而奥地利毕竟是个大国，打败它可不像打败丹麦那样容易，俾斯麦先和与奥地利有冲突的意大利结成反奥联盟，然后又亲往法国，假意许诺打败奥地利后，让法国得到一份领土报酬，这样就稳住了法国。在做好了这些铺垫之后，俾斯麦挑起了普奥战争。1866 年，俾斯麦一举击溃了奥军，由于他估计到法俄此时定会出面干预，再加上从长远考虑，他拒绝了乘势攻下奥地利首都的建议，而是和奥地利签订了宽松的条约，这样，就为统一德意志迈出了第一步。法国直到这时才突然惊觉普鲁士已不再是以前那个弱小的邦国了，如果普鲁士统一德意志各邦，成立一个强大的帝国，并与法国为邻，这会令法国在欧洲大陆上的霸主地位消失，法国不能再坐视不理。法国此时不愿意德意志强大起来，便竭力阻止德国的统一，这时对法作战就成为了统一德意志最后的关键。俾斯麦在等待着有利的时机，他这次是利用南部德意志诸邦对法国的恐惧心理和它们之间的矛盾，以此促进南北德意志的民族感情。1870 年，时机到来，俾斯麦毫不迟疑地发动了普法战争。在战争中，南北德意志并肩作战，战后，南部四个邦便与北部联邦合并，成立了"德意志帝国"。

普法战争结束后，法国与德国签订了《法兰克福条约》，主要内容为：

法国割让阿尔萨斯和洛林东部给德国，赔款 50 亿法郎，分三年付清，赔款付清前德军留驻巴黎和法国北部诸省。由于《法兰克福条约》条件苛刻，令战败的法国与德国从此结怨，引起了法国的复仇主义，埋下了第一次世界大战最早的起因。在普法战争中，战败的法国割地赔款，德意志不仅完成了政治上的统一，而且来自法国巨大的战争赔款，使得德国迅速成为了欧洲列强之一。用当时欧洲列强的话来说，还没等人们看清楚是怎么回事时，一个强大的德国已经从大炮中"孵化"出来了，俾斯麦到此实现了"让我们把德国扶上马鞍"的誓言。

1871 年 1 月 18 日，在法国巴黎的凡尔赛宫，威廉一世被拥立为南北德意志帝国的皇帝，不过当时的威廉一世并不真的为此而高兴，按照他的意见，普鲁士国王才是男人一生追求的最伟大的荣誉。4 月 16 日，新选出的德意志帝国议会批准了德意志帝国的宪法，俾斯麦成为这个帝国的第一任首相。就这样，在不到 7 年的时间里，通过三次王朝战争，俾斯麦用铁和血统一德意志的计划取得了完全的成功。

才思敏捷、机智善变的俾斯麦成为举世瞩目的人物。左拉在卢浮宫详细端详俾斯麦的举止后说，他"像一位诙谐的巨人在和少数的来宾侃侃而谈"。德国人的深沉和高卢人的优雅在俾斯麦身上得到了恰到好处的融合，他是德国将国家政治和思想精神融为一体的少数典范之一。俾斯麦最大的优点在于善于拿捏尺度，打击对手的同时适可而止，让对方不会产生非常强烈的反应。但俾斯麦对法国却没能拿捏好分寸，强逼割地引发法国对德国深深的仇恨，而将法国抽干的外交政策，直接导致了威廉二世日后的严重外交失误。俾斯麦靠三场对外战争来达成统一的大业，但这并不表示俾斯麦是一位好战分子，俾斯麦最高明的地方，是记住了战争只是一种政治手段，必须为政治服务，必须有明确的政治目的，战争必须不能走得太远。他只视战争为一种协助统一的"工具"，当统一完成后，便将其弃之不顾，采用一种较"柔和"的手法来处理国际事务。他并不希望扩张殖民地，只想维持一个和平的国际环境，让德国平稳地发展，令德国强大起来。

在德国的历史上，俾斯麦是独一无二的政治人物，他堂堂的仪表和举止，确实使得国王对这位臣下深信不疑。从 1862 年成为普鲁士的首相以来，28 年来，他把普鲁士从欧洲五大强国中最弱的一个，逐渐变成了有能力决定世界格局的一支力量。但俾斯麦办事风格强悍，很少听进别人的意见，这种强势性格在统一过程中，可以坚定地完成很多压力很大的改革，但当德国统一后，这种性格的缺陷就暴露出来了。统一完成后，德国无一人地位可与俾斯麦媲美，政令基本出自俾斯麦之手，一些机密的外交文件甚至不经德皇过目，这便埋下了他日后被德皇摒弃的根源。俾斯麦的性格可以说是有些神经质，他勇敢善战，甚至晚年还接受过决斗，不过，他又易于意志消沉，忧郁寡欢；他是个彻头彻尾的独裁者，越到晚年越是专横傲慢，不过有时，他也确实能做到和别人商量，谅解别人的过失。他也曾私下里把国王比作自己的坐骑，认为必须用马刺驱使它疾驰，这一切激怒了威廉二世，成为导致俾斯麦下台的重要原因。

俾斯麦在外交领域中纵横捭阖，合纵连横，在 19 年的帝国首相任内，他与奥地利、俄国和意大利等国结盟，对宿敌法国也很宽松对待，这位"铁血宰相"借着三帝同盟巧妙地保持着欧洲的和平，从而使德国处在了一个良好的发展环境之中。威廉二世继位后，急于向世界扩张，罢免了年事已高的俾斯麦，并抛弃了他的一贯政策，挑起了第一次世界大战，最终导致了德国的战败。

三、统一德国的序幕——普丹战争

俾斯麦统一德国的第一场王朝战争是 1864 年与丹麦的战争。1848 年，丹麦与普鲁士曾因石勒苏益格和荷尔斯泰因这两个公国问题发生了冲突，为了解决丹麦与德国在两公国问题上的矛盾，欧洲列强于 1852 年签订了伦敦议定书，规定这两个公国在丹麦国王的个人领导下与丹麦联合——当时的丹麦国王是这两个公国的国王。丹麦的老国王去世后，德意志人认为，这两个公国中德意志居民占大多数的荷尔斯泰因应该归属德意志。面对德意志统一派咄咄逼人的宣传攻势，1863年11月13日，一个"黑色星期五"的晚上，由年轻的丹麦国王领导下的丹麦议会作出了一个重大决议，取消了石勒苏益格和荷尔斯泰因的传统特权，强行将两个公国并入丹麦。此事引起了两地德裔人士的愤怒，俾斯麦在德意志邦联提出动议，最后达成决议，德意志邦联派出军队占领荷尔斯泰因公国。1863年圣诞节时，普鲁士军队占领了荷尔斯泰因，第二年1月，局势持续紧张，但没有发生战斗，丹麦军掌握艾达河北岸，德军则在南岸。

两公国争端的出现，成为俾斯麦检验其"铁血政策"的良机。他的目标是利用有利时机吞并这两个公国，作为统一德国的序幕。当时的国际形势也有利于俾斯麦推行自己的政策：俄国由于普鲁士支持其镇压1863年波兰起义而心存感激，表示"绝不出兵打普鲁士"，法国则正兵陷墨西哥，自顾不暇；英国虽然威胁要干涉，但没有大陆盟国的配合，难有作为。俾斯麦利用欧洲各列强之间的矛盾，稳住了英、法、俄等国。为了避免成为众矢之的，俾斯麦联合奥地利共同出兵，并许诺奥地利可以获得两个公国中的一个——荷尔斯泰因。在俾斯麦的精心策划下，普鲁士与奥地利这两个德意志最重要的邦国站出来为荷尔斯泰因的德意志同胞"讨说法"来了。1月16日，俾斯麦向丹麦发出最后通牒，要求它在48小时之内废除合并两个公国的决议。但这在政治上是不可能的，尤其因为限时太短，丹麦政府拒绝接受。两天后，普鲁士和奥地利军队渡过艾达河，到达石勒苏益格，战争已无可避免。从表面上看，普、奥联手对付一个小小的丹麦，可谓胜券在握，可是当时的丹麦手中握有强大的海军，陆军虽弱，但在本土作战，亦占有有利的因素，更重要的是，丹麦与英、俄这两大强国的关系不错，故而这场战争的最大未知数就是英、俄的干涉。俾斯麦的解决办法是将战火严格限制在石勒苏益格与荷尔斯泰因境内，同时争取速战速决。

1864年1月普丹战争爆发后，普奥联军几乎未遇太大的抵抗就占领了石勒苏益格，迅速击败了丹麦军队。奥普两国原先没有计划入侵丹麦，但在

2月18日，一些普鲁士轻骑兵受到一场骑兵遭遇战刺激，横越边界并占领科灵。俾斯麦决定利用这一情况扭转局势，他向奥地利力陈采取强硬政策的需要，以期彻底解决公国以至德意志邦联的问题。丹麦以4万士兵对奥普6万联军，结果战败。丹麦政府在求援无望之下，被迫签订《维也纳和约》，丹麦国王放弃对公国的所有权利，将之让与奥地利皇帝和普鲁士国王。8月，普奥签订加斯坦因专约协议，石勒苏益格割让给普鲁士，荷尔斯泰因割让给奥地利，荷尔斯泰因首府基尔港由普鲁士托管。其实只要看一下欧洲地图就会发现，普鲁士正处于荷尔斯泰因与奥地利之间，奥地利得到的是一块"飞地"。奥地利要进入荷尔斯泰因，必须要经过普鲁士。其实通过停战协议，俾斯麦已为普奥战争埋下了伏笔。在这次战争中，普鲁士首次动用整顿过的军队，并充分显示了实力。不过，奥地利忽略了普军的力量，这使它在18个月后付出代价。奥普两国对于公国的管理和未来地位，不久后就起了龃龉，俾斯麦就以此为由，在两年后策划了普奥战争。奥地利在克尼格雷茨战役失败后，德意志邦联被解散。奥地利撤出荷尔斯泰因，结果普鲁士兼并了荷尔斯泰因和石勒苏益格。

四、"用铁与血"统一德意志——普奥战争

发生于1866年的普奥战争又称七周战争，是近代战争史上发生在中欧地区的一场著名战争，是普鲁士为争夺统一德意志领导权对奥地利进行的一场战争。这次所进行的战争，不是一次普通意义上的侵略战争，也不是一次征服性的战争，而是一次外交性的战争。普鲁士的目的不是想屈辱奥国，也更不想削弱它，而只是要使奥国认清，在日尔曼，民族主义已经是大势所趋，它要求统一，不准奥国加以反对。进行对奥战争，是普鲁士领导德国统一的关键性一步，俾斯麦对此花费了巨大精力。从1864年10月即对丹麦的和约签字开始，俾斯麦就领导普鲁士政府积极投入战争准备工作，决心使用军事力量来解决普鲁士在德意志的霸权问题。这场战争的爆发，对于双方来说都

不意外，而且阵线早已分明。19 世纪初，德意志分崩离析，四分五裂，随着时代的发展需要，已面临着一个统一的问题，在统一德意志领导权这个问题上，普鲁士与奥地利相争由来已久，普鲁士虽然在德意志各邦国中实力最强，但比起疆域广大的奥地利来说显然尚逊一筹，长期以来，中欧大国奥地利一直居于领导地位。1848 年 3 月，德意志联邦的各邦代表，在美因河畔的法兰克福召开了预备会议，会上选出了奥地利的约翰大公担任临时的德意志帝国首脑，但这个首脑形同虚设，并没有任何实权，各邦的王公也根本不听他的调遣。

1862 年，俾斯麦被普鲁士国王威廉一世任命为普鲁士的首相，主张用"铁"与"血"来实现德意志统一的俾斯麦马上开始策划统一德意志的活动，要建立一个由普鲁士主宰的德意志。在普鲁士与丹麦的战争胜利后，俾斯麦又开始策划对奥地利的战争，他认为只有通过一场战争，才能完成统一德意志的宏图大业。在发动与奥地利的战争之前，俾斯麦先做好了许多外交上的努力，先是跟与奥地利有冲突的意大利结成了反奥联盟，让它在战争开始后从奥地利的背后出击，使奥地利处于两面作战的地步。随后又稳定了当时的欧洲霸主法国，使法国答应不加干涉。当时的奥地利帝国在欧洲是一支强大的军事力量，在法国的拿破仑三世看来，俾斯麦是在自掘坟墓，所以拿破仑三世不仅没有做好干涉的准备，反而担心万一普鲁士输得太惨，会不会使法国丧失对奥地利的战略优势。俾斯麦就是利用了拿破仑三世的这个心理误算，加上又与俄国交好，成功避免了自己的多线作战。在一切准备就绪后，俾斯麦向奥地利提出了貌似公允却难以被对方接受的条件：两个从丹麦夺来的公国由普鲁士亲王管理，但是不并入普鲁士。奥地利对普鲁士吞并这两个公国的背后企图心知肚明，为了打击普鲁士的野心，奥地利于 1866 年 6 月 1 日提出将两公国的前途交由德意志联盟议会表决，以便使普鲁士与整个联盟为敌。这正是俾斯麦等待着的机会，他立即宣称，奥地利将两公国前途交由德意志联盟裁决的决定破坏了奥普两国共管两公国的加斯坦因协定，遂命普军于 6 月 7 日开进了由奥地利管辖下的一个公国——荷尔斯泰因。

6月14日，当奥地利组织召开的德意志联邦议会以9∶6的票数通过了反对普鲁士的方案后，俾斯麦立即公使声明：联邦议会无权以这种方式对待它的成员，并坚决要求解散联邦议会。同时向萨克森国王、汉诺威国王等三个德意志邦国提出最后通牒，要求他们接受普鲁士提出的《联邦改革纲要》，并且允许普军自由通过他们的国土。普鲁士的过分要求自然遭到三个邦国的拒绝。当日，俾斯麦请一位法国记者和他共进晚餐，席间他将对三国下最后通牒一事透露给记者，那位记者当即将消息发往巴黎，这等于是公开向奥地利发起挑战。奥地利在德意志联邦中也是有盟友的，在德意志境内，中南部的邦几乎一边倒地追随奥地利，在北部也不乏它的追随者，但是奥地利的指挥体系效率太低，各邦之间的协调也大成问题。反之，普鲁士则在开战之初就利用它战略性的铁路系统快速抢占要点，迅速控制了汉诺威与库尔黑森诸邦，并占领了德意志联邦议会所在地法兰克福。

14日，普奥战争终于在俾斯麦的策划之中揭开了序幕，20日，意大利按照意普盟约对奥宣战，普鲁士利用同意大利的结盟，将部分奥军吸引到南部战场。普鲁士方面战争的指挥者为总参谋长毛奇将军，他根据自己制定的作战计划，利用先进的铁路运输实施战略输送，使用先进的电报手段进行统一指挥，在很短的时间内，就将25万余兵力和800门火炮集结到了萨克森和奥地利的边境地区，使之在宽约420公里的正面上，完成了集结和展开。俾斯麦万万没料到的是，意大利的军队居然不堪一击，开战没多久就因失败而失去了对奥军的威胁力，这就使得预计中让奥军两线作战的设想落了空，普军在战场上的优势已然不再存在，战局变得难以确定了。但在南部意军失利的同时，北部的普鲁士军队在短时间内还是控制了整个北德意志。

7月3日早晨，一大批步行的士兵和骑马的军官簇拥着四个骑马的首脑站立在奥地利杜布村的一个山头上，在中间的是威廉一世，右边是沉着而自信的毛奇将军，左边是普鲁士的战争部长罗恩和忐忑不安的俾斯麦。在他们的眼前是比斯特里茨河谷及周边的大片荒原，在这里即将进行一场决定命运的生死拼搏。8时整，卡尔亲王的第一军团奉命向奥军阵地发起攻击，欧洲有史以来参战人数最多、流血牺牲最惨的一仗打响了！这一天在此参战的双方人数共有 45 万之多。普军第一军团自西向东对奥军发起了正面攻击，由于地形有利和炮兵的有效支援，奥军很快挡住了普军的进攻，并且展开了反击，第一军团随之陷入危急之中。卡尔亲王极为恐慌，曾要求派预备队支援第一军团战斗，建议第二军团立即投入交战。然而，毛奇对于自己的部署却信心十足，他拒绝改变原定计划。事实上，毛奇的决策是正确的，他之所以用第一军团去做正面攻击，就是要以此吸引和牵制奥军主力，而以易北河军团和第二军团攻击敌军的两侧和后方，对奥军实行南北夹击。午后一时，俾斯麦忽然发现东边地平线处有一行树林似的东西向萨多瓦方向移动，有深入奥军炮火火力范围之势，他问毛奇这是怎么回事。毛奇用望远镜观察了一会，然后神色庄重地向国王报告："陛下已经赢得了这场战役，而且也将赢得整个战争。是太子的军队到了，他们正在十分出色地分割奥军，您将马上获得全面胜利，维也纳即将俯伏在陛下面前。"

从侧翼杀来的普军劲旅使毫无防备的奥军整个阵线顿时陷于崩溃之中，奥军各部溃不成军，三个小时后，萨多瓦战役以普鲁士全胜结束。此战奥军伤亡、被俘人员虽达 45000 余人，虽然是溃败，但奥军总司令贝奈德克率领的 15 万人总算是从战场上安全撤退了。普军在作战中伤亡达 1 万人。此役决定了战争的命运，奥地利军队已无力再战。胜利之际，普军上下兴奋不已，军事将领纷纷主张长驱直入占领维也纳，迫使对手缔结城下之盟。俾斯麦毫不客气地指出，那样只能是让法国渔翁得利，只怕普军未入维也纳，法军已过莱茵河。再者俾斯麦还有更深远的用意，打败奥地利只是开头，普鲁士真正的敌手是法国，俾斯麦绝对不想把奥国变成一个死敌，因为他知道有一天为了欧洲的霸权，德法之间势必要做一次决斗，所以到了那时，他希望奥国能保持中立。因此俾斯麦不仅不进军维也纳，反而主张与奥地利签订极其宽大体面的和约。当普鲁士国王选择与军人保持同一立场时，俾斯麦断然递交了辞呈。最终在王储的斡旋下，普鲁士国王终于决定按照俾斯麦的意思办。事实证明俾斯麦是英明的，在随后的普法战争中，奥地利果然没有乘机对普鲁士下手，从而使普鲁士避免了两线作战之忧。

7月26日，德奥缔结停战协定，8月23日奥普签订了《布拉格和约》，普鲁士获得了石勒苏益格－荷尔斯泰因及汉诺威等地，而奥地利退出了德意志联邦，昔日奥地利在欧洲的政治地位就此一去不复返了。普鲁士因获得汉诺威、石勒苏益格、黑森和纳绍而大大扩张了自己的版图，与德意志南部各公国也分别订立了有利的军事盟约，次年以普鲁士为首建立了北德意志联邦，基本完成了德意志的统一。对当时的欧洲而言，普鲁士取得的是一个魔术般的胜利，正在坐山观虎斗的法国完全没有料到普奥之间的战争会是这样一个结局，完全没有给这个欧洲霸主插手的机会战争就结束了，拿破仑三世到这时才明白，一个新的强劲对手已然出现了。普奥战争后，由普鲁士控制的北德意志联邦成立了，但是南部的巴伐利亚、符腾堡、巴登、黑斯－达姆斯塔四邦仍然置身于联邦之外。俾斯麦没有因为它们在普奥战争中站在奥地利一边而惩罚它们，也没有强迫它们加入北德联邦。俾斯麦只是把普奥战争后法国对莱茵河诸邦的吞并野心通知给巴伐利亚国王及南德意志诸邦政府，从而在南德诸邦中造成了恐惧法国的心理。利用南德意志诸邦的这种心理状态，俾斯麦获得了它们的支持，促使南德诸邦与其缔结同盟，为下一步的普法战争做好了准备。现在，德国统一已经只剩最后一个障碍，当然也是最大的障碍，那就是拿破仑三世和他的法兰西帝国。

在奥普战争中，普军广泛使用装弹方便、发射速度快的线膛后装炮，并充分发挥了火车和电报在战争中的作用，第一次成功地体现了"闪击战"的军事思想，更为重要的是，这场战争的计划是由普鲁士参谋总部事先经过周密计划设计出来的，一反从前那种全靠战场指挥官的临场发挥的作战方式，从而使德军的参谋总部从此在战争中开始发挥重要的作用。当然，普鲁士两个杰出的人物也就此展现到了世人面前，他们就是首相俾斯麦和参谋总长毛奇将军。

五、他的喜怒无常反倒令人高估其智慧——路易·波拿巴

路易·拿破仑·波拿巴，是法兰西第一帝国皇帝拿破仑一世的亲侄子，从一降生，他就被赋予了波拿巴家族强烈的荣耀感。他用一生追求重现拿破仑一世的辉煌，但无奈，他虽然与伯父拥有同样的野心，却不具备先辈的雄才伟略，最终断送了法国历史上最后一个帝国，也终结了波拿巴家族的复兴之梦。1839 年，年仅 31 岁的路易·波拿巴发表了《拿破仑思想》一书，歌颂其叔叔拿破仑一世的伟大功绩。九年后，风云际会使他交上了好运，年仅 40 岁便当选为法兰西第二共和国总统。叔叔拿破仑皇帝赫然在前，总统显然难以满足他的欲望，1852 年，他尊自己为"拿破仑三世"，并随即登基成为法兰西第二帝国的皇帝。

1815 年在滑铁卢战役中惨败后，拿破仑一世选择了退位，法兰西第一帝国宣告结束。七岁的路易·波拿巴也被迫随母亲流亡国外，并于 1832 年加入了瑞士国籍。路易·波拿巴从小就非常崇拜自己的伯父，一心渴望重现法兰西第一帝国时期的光荣，并始终以拿破仑一世的天然继承人自居。1848 年法国"二月革命"爆发后，路易·波拿巴回到法国，9 月当选制宪议会议员。12 月 10 日凭借拿破仑一世的名望和农民选票当选为共和国总统。1852 年 12 月 2 日发动政变，解散立法议会，并通过公民投票使政变合法化，逮捕一切反对他的议员，稍后，又血腥镇压了巴黎无产阶级的反抗，12 月 2 日，也就是 48 年前拿破仑一世举行加冕典礼的这一天，法兰西第二帝国正式宣布成立，路易·波拿巴的名字也变为路易·拿破仑·波拿巴，并被元老院尊为"拿破仑三世"，从此靠政治投机上台的拿破仑三世竟然执掌第二帝国政权长达 19 年之久。

普奥开战时法国的毫无作为，部分原因是拿破仑三世认为普鲁士必败，战前他曾告诉前任外长瓦留斯基说："卿可信朕所言不虚，奥普之战必有意外结果，对我之利将不止一端。"很奇怪，在鼓动两方作战时，他似乎从未

自问过，若普鲁士胜算如此之小，那俾斯麦为何执意要上战场。拿破仑三世踌躇满志的外表和光辉神秘的经历曾迷倒过整个欧洲，不幸的是，同时期欧洲大陆的中央屹立着另一位政治巨人——普鲁士的"铁血宰相"俾斯麦。他早在 1850 年便用戏谑的语气将拿破仑三世一语戳破："他的喜怒无常反倒令人高估其智慧。"帕默斯顿曾将拿破仑三世的政治人格一言以蔽之："其脑中想法增殖之快，有如一窝窝兔子。"可问题就出在他这些想法没有一个更高的中心思想为依归。他赞成民族自决，却无视这对法国在中欧地缘政治地位中的风险。他支持波兰革命，但面对其后果时却又临阵脱逃。他认为维也纳会议的安排是对法国的侮辱，却未能觉悟其实这也是最能保障法国安全的重要因素。

不可为感情而结盟，当然更不可为了仇恨而开战。拿破仑三世与俄国开战是为了打破维也纳体系，结束法国的孤立和为第一帝国报仇雪恨。实际上法国在黑海地区的利益几乎可以忽略，《巴黎条约》中禁止俄国拥有黑海舰队这纯粹是为英国的战略利益服务，并导致了俄国对法国的敌视和对普鲁士的亲近。拿破仑三世是一个很有趣的人，没有人怀疑他一心一意想复兴法兰西的决心，但是他同时也是一个以不自量力和爱煽动民意而出名的人。更有趣的是这个人对待军队的态度相当有趣——大凡好大喜功的人都喜欢常常检阅军队，他衡量一支军队有无战斗力、是否忠于他的唯一标准就是在检阅时是否能高喊皇帝万岁。拿破仑三世也与叔父一样深以非正统王室出身为憾事，虽他自认是革命家，却极渴望为欧洲各正统国王所接受。因为欧洲皇室之间都彼此称为兄弟，所以他很在乎别国国君会不会称他为"兄弟"，如果不那样，他会认为这是在称呼上歧视他。后来奥地利及普鲁士君主都妥协了，但沙皇尼古拉一世却不让步，只肯称他为"朋友"。以沙皇对革命分子的观感，他觉得这个称呼已经是太抬举拿破仑三世了。

在拿破仑三世执政期间，对内建立起庞大的军事官僚国家机器，进行专制统治；依靠工商业与金融资产者的支持，大力促进法国工业革命，对外试图打破 1815 年维也纳会议所确立的欧洲体制，恢复法国的大国地位；1848

年他联英抗俄，挑起克里米亚战争，打垮了"欧洲宪兵"俄国，逼得沙皇尼古拉一世服毒自杀。又与奥地利开战，吞并尼斯和萨瓦，并发动侵略中国、安南、叙利亚和墨西哥的殖民主义战争。拿破仑三世的军队在克里米亚战争和意大利战争以后，几乎成了欧洲军队的榜样，人们在研究法军的各种组织，法军的兵营成了各国军官的学校，几乎全欧洲都坚信法军是不可战胜的。然而就是这样的一支军队，十多年之后在普法战争中却是一败涂地。拿破仑三世一生最讽刺的对照是，内政比外交更为他所擅长，但他对内政无多大兴趣，对外交又欠缺胆识。每当他暂时放下自诩的革命使命，对法国的发展便有重大贡献。他把工业革命带到法国，对大规模借贷机构进行鼓励，这一切都对促进法国经济发展居功甚伟，将巴黎重建为如今的磅礴气势，也应归功于拿破仑三世。综观拿破仑三世在位期间政治与经济上的表现，大部分的历史学家认为可以从经济上的建树为他在政治上的遗憾平反。他的执政令人想起他的伯父拿破仑一世，不过，在法国人的心中，拿破仑三世所留下的回忆，远没有他的伯父那样令人印象深刻。

19 世纪 60 年代末，随着法国内外矛盾日益尖锐，拿破仑三世的统治开始面临危机，与此同时，在俾斯麦领导下的普鲁士迅速崛起。为了维护法国在欧洲的霸权，野心勃勃的拿破仑三世试图发动对普鲁士的战争，更要命的是，在他身边还有一个虚荣心同样强烈的欧仁妮皇后，当普法战争一触即发时，欧仁妮极力鼓动丈夫大胆应战，并直言不讳地说："不发动战争，我们的儿子怎么当皇帝？"战争事关国家的生死存亡，本应慎重对待，而军事是政治的继续，外交通常能够解决大部分常规问题，拿破仑三世最大的失败之处，就了放弃了外交手段去解决问题。实际上当时法国在欧洲大陆的优势虽然打了折扣，但并非不可挽回，更没有处在生死存亡的危急时刻，犯不着去打一场毫无准备、不计后果的战争。

1870 年普法战争中，拿破仑三世亲临前线，在他的军队被营造出一片对他的"英明指挥"五体投地的虚假氛围中，最终这支军队在普法战争中输给了被用爱国主义教育和先进军事理论武装起来的对手（俾斯麦说过：普法战争的胜利归功于普鲁士的小学教师），而拿破仑三世最终也在历史上留下了一段令人尴尬的笑柄。开战前，拿破仑三世狂妄地宣称："我们只不过是到普鲁士做一次军事散步！"他自信地亲率40万大军出征，还带上了儿子。但他们到达前线后，却连吃败仗，在色当被普鲁士军队包围后，落得个向普鲁士国王乞降的下场。拿破仑三世的冒险战争，让法国蒙受了巨大的耻辱，也彻底结束了自己的帝王生涯。

如果从今天来看，我们可以发现拿破仑三世的举动是多么鲁莽：战争爆发时，德国在各个方面都已经超过了法国，力量的对比已是很不乐观，拿破仑三世对这一切却浑然不察，在完全盲目的情况下率军冒进，相对于计划周密、有备而战的德军，像这样心有余而力不足加上不识时务的领袖，法国的命运在开战的那一天就已注定。果然，1870年9月2日色当陷落，拿破仑三世和十多万法军当了俘虏。拿破仑三世在色当战败投降后，被俘于威廉堡大牢，时年62岁，《法兰克福条约》签订后被释放的拿破仑三世再次流亡英国，在那里与已逃出巴黎的妻儿会合。在英国期间，他栖身于一处疗养地，过着深居简出的日子。可笑的是，此时的拿破仑三世仍念念不忘复辟帝制，可惜仅过了两年，便病故于英国肯特郡的奇泽尔斯特，时年65岁。

六、种下仇恨的种子——普法战争

普法战争的主因有二：一方面普鲁士有统一全日耳曼的决心，另一方面法兰西也有阻止这种统一的决心。此外还包括高卢与条顿之间的积年仇恨。日耳曼与法兰西为邻，可以说很少有几个国家曾经有过这样恶劣的"邻人"：从1675年到1813年间，法国人侵入日尔曼的次数不下14次之多——平均是每10年一次。

1870年开始的普法战争，是以法国为一方，与以普鲁士及北德意志联邦和德国南部其他邦为另一方发生的战争。这次战争是普鲁士和法国之间的深刻矛盾所引起的，是普鲁士王国为统一德意志并与法国争夺欧洲大陆霸权而爆发的。普鲁士力图统一德国并将其置于自己的保护之下，竭力削弱法国及其在欧洲的影响。法国则力图从根本上挫败普鲁士，使它无法建立一个统一强大的德国，从而保持法国在欧洲大陆的优势地位。这场战争是由法国发起的，但到了战争的后期，普鲁士将战争由自卫战争转化为侵略战争。这场战争普鲁士大获全胜，因为战役发生在德法两国，因此又称为"德法战争"。

地处中欧的德意志在 19 世纪上半期只是一个松散的号称德意志邦联的政治结构，1864 年，号称"铁血宰相"的俾斯麦当政后，普鲁士联合奥地利发动了对丹麦王国的战争，丹麦战败，普鲁士得到了石勒苏益格，奥地利也得到了荷尔斯泰因。随后普奥之间的关系开始迅速恶化，俾斯麦要建立一个统一的德意志国家，下一个要对付的目标就是奥地利了。

1866 年 6 月，普奥战争开始，普军在萨多瓦大败奥军，这是关键的一仗，奥地利承认"没有奥地利帝国参加的新德意志组织"，同意在美因河以北成立一个德意志国家联邦，1867 年北方德意志联邦正式成立，这是德国统一的前奏。在普奥战争中，俾斯麦一举击溃奥军，由于他估计到法俄此时定会出面干预，再加上从长远考虑，他拒绝了攻下奥地利首都的建议，而是和奥地利签订了宽松条约，以求以后与法国争斗时奥地利不会成为自己的敌人。

在早期，四分五裂的普鲁士对欧洲其他国家并没有太大的威胁，它和英国、俄国甚至结成联盟共同击败过拿破仑的法国。但是，等到 1871 年普鲁士统一德国之后，一切都不一样了。统一的德国，人口和工业潜力都非常巨大，其发展战略非常明确，要成为欧洲大陆上最强大的国家。它的迅速强大，使其可以压倒周边的任何一个国家——包括法国。

在俾斯麦对付奥地利时，为了让欧洲霸主法国保持中立，曾许了很多好处给法国，法国也乐得坐山观虎斗，坐收渔人之利。但随着普鲁士的迅速取胜，法国人开始坐不住了，其迅猛崛起，已经开始对法国的霸权构成了威胁，法国这时才突然惊觉普鲁士已不再是以前弱小的邦国了。

法国此时不愿意德意志强大起来，便竭力阻止德国的统一。这时对法作战就成为了统一德意志最后的关键，俾斯麦在等待着有利的时机。普鲁士王国为统一德意志并扩张领土，便把枪口指向了企图保持欧洲霸权地位的宿敌法国，企图削弱法国势力并占领矿产丰富的战略要地阿尔萨斯和洛林。法国为保持其在欧洲大陆的霸权，并企图占领莱茵河左岸的德意志领土，双方矛盾激化，战争一触即发。

普法战争前夕，实行普遍征兵制的普鲁士军队是西欧兵力和战斗力最强大的军队。北德意志联邦军队（包括德国南部诸邦军队）的兵力战时可达100万人以上，其中作战军队70余万人。战时各军统一编为若干个集团军，德军炮兵装备有克虏伯兵工厂制造的钢管线膛炮，其有效射程为3.5公里。下一步是策划对法国的战争，俾斯麦寻找着、等待着、制造着有利的时机。

俾斯麦利用南部德意志诸邦对法国的恐惧心理和它们之间的矛盾，以此促进南北德意志的民族感情，1870年，时机到来，俾斯麦毫不迟疑地一手策划了普法战争这出历史大戏。这一年7月，普王威廉一世的亲属霍亨索伦家族的利奥波德亲王，应西班牙政府之邀同意继承西班牙王位，法国因担心普西联合反法而极力反对，要求普王书面保证永远不赞成霍亨索伦家族的亲王登上西班牙王位。普王虽感屈辱，仍表示将在柏林继续讨论这一问题，并将有关情况电告了俾斯麦。俾斯麦不甘心自己的如意算盘因为普王的忍让而落空，他将埃姆斯电文加以删节和压缩，使原先表示委屈和解的电文在含义上转变，似乎普王粗暴地拒绝了法国大使的要求。电文传到法国，导致了法国人的愤怒，从而诱使法国于7月19日首先向普鲁士宣战。

企图保持欧洲霸权地位的法兰西第二帝国，历来竭力阻止德意志的统一，同时还想侵占莱茵河左岸的德意志领土，因而对于普鲁士的挑衅，不但没有回避，反而迫不及待地向普鲁士宣战。

法军的作战计划是：集中兵力先行出击，越过莱茵河向法兰克福推进，迫使南德意志各邦保持中立，尔后联合奥地利取道耶拿直取柏林，最终击败普鲁士。然而路易·波拿巴的一切作为都无一不在俾斯麦计算之中。甚至在布拉格条约尚未签订之前，他就曾经要求以莱茵河的左岸作为普鲁士获胜的补偿，现在他又重申前议。因为害怕法国，南部邦联自动投入了北部邦联的怀抱中，于是它们之间缔结了一个秘密的攻守同盟，而以普鲁士国王为盟主。现在所需要的就只是一个对付共同敌人的战争，以使分裂的日耳曼合而为一。

早在 1868 年的冬季，普军参谋总长毛奇将军就已拟定了对法国的战争计划，计划规定对阿尔萨斯和洛林发动坚决的进攻，在总决战中歼灭敌人主力，尔后将其残部逼至比利时边界，并占领巴黎。该计划还规定，一旦奥、匈两国站在法国一方参战，普军将对其采取军事行动，法军总兵力战时不超过 60 万人，其中作战军队不到 35 万人。

8 月 2 日，法军以三个师在萨尔布吕肯地区首先向普军发动进攻，但并无有力的作战行动，仅同敌人前卫部队进行一些小规模接触。普军旋于 8 月 4 日转入进攻，越过德法的国境线。法军虽然在初战中有些小的失利，但并未遭到太大的损失，不过初战失利后立即产生了意想不到的政治影响，由皇后摄政的巴黎政府出于维护本身统治的政治需要，担心撤退会引起巴黎民众的革命，所以一再干预前线指挥员的作战部署，阻止一线部队向战区纵深后撤，而身在前线指挥的法皇竟然也附命于巴黎，从而铸成了自吃苦果的大错。毛奇在获悉拿破仑三世随军督战后，命令普军第三军团和新编第四军团北进迎击。法军接连败北。

8 月 31 日，法国沙隆军团被普军第三、第四军团围困在色当。在 9 月 1 日的色当之战中，法军几次突围，均被击退，次日，拿破仑三世率军 9 万余人向普王威廉一世投降。

法军在色当战役大败，拿破仑三世连同在色当的法国官兵全部做了俘虏的消息传到巴黎后，巴黎广大人民对拿破仑三世统治的不满，立刻像火山一样爆发了。工人和小资产阶级纷纷拥入波旁宫立法团会议厅，要求废除帝制，恢复共和，共和派议员甘必在市政厅正式宣布成立共和国，建立临时政府，法兰西第二帝国垮台，法兰西第三共和国建立。从此以后，帝制在法国结束，共和逐渐稳固下来。

但普军仍长驱直入，包围巴黎。1871 年 1 月底巴黎失陷，两国签订了停战协定。2月26日，双方在凡尔赛签订初步和约，5月10日在法兰克福签署了正式和约。这次战争使普鲁士完成了德意志统一，结束了法国在欧洲的霸权地位。进入巴黎的普王威廉一世在凡尔赛宫加冕为皇帝，德意志帝国宣告成立。

为了镇压巴黎的革命运动，法国政府与德国签署的《法兰克福条约》规定：法国赔款50亿法郎，割让阿尔萨斯全部和洛林大部地区。法国政府以此换取德国从法国撤军和释放战争中被俘的10万法国战俘，并随即用于镇压巴黎公社。在此期间，巴黎人民于3月18日再次举行武装起义，成立世界上第一个无产阶级政权巴黎公社，但72天后即遭镇压，巴黎公社无力抵挡法国正规部队的进攻，被法国政府消灭，成员大多被处决。

在普法战争中，南北德意志并肩作战，到战后，南部四邦便与北部联邦合并，成立了"德意志帝国"，俾斯麦此举可谓一石二鸟、一箭双雕。本不想做皇帝的普鲁士国王威廉一世"黄袍加身"，在俾斯麦的运作和鼓动下，在法国凡尔赛宫正式即位为德意志帝国皇帝，德国统一运动终于完成了，它的出现，改变了整个欧洲的态势，欧洲从此进入了各强国角逐的时代，直到第一次世界大战爆发。

德国的兴起意味着法国的衰落。在那以前，法国这个欧洲大陆上的头号政治大国，在几个月的普法战争中遭受了惨重失败，并付出巨额赔款，从此种下了旷日持久的复仇种子。普法战争中使法国蒙受屈辱的老毛奇警告说："我们在半年之中用利剑赢得的东西，必须在今后半个世纪用利剑来捍卫。"

第二章
"挑战海上霸主"
——走向大洋

一、霍亨索伦王室的终结者——威廉二世

德皇威廉二世继承了一个欧洲最强大的帝国——德意志帝国。他有着旺盛的精力和聪明的头脑，在其全盛时期，他的一言一行都足以震动世界，在声势显赫如日中天地统治三十年后，却被总参谋部架空，被人民抛弃，最后凄凄惨惨地躲到外国苟延残喘地度过余生。

1888 年 6 月 15 日，在德意志帝国首都柏林举行了一场隆重的加冕典礼，当天，一位踌躇满志的年轻人戴上了尊贵的皇冠，他就是德意志帝国的第三位也是最后一位皇帝、霍亨索伦王室的终结者——威廉二世。威廉二世于1859 年 1 月出生于波茨坦，是腓特烈三世和维多利亚皇后的长子。维多利亚皇后是亚历山德拉皇后的姑妈，英王爱德华七世的姐姐。威廉从小就接受了良好的贵族教育，大学毕业后，他按皇家惯例到军队服役，并于 1885 年被任命为波茨坦第一近卫军团司令，可谓少年得志。但可叹的是威廉二世出生时左臂因病而萎缩，失去了手臂的正常功能，这对一个崇尚武力的国家的继承人来说是一个令人烦恼的缺陷。也许是生理上有病所致吧，威廉二世显得过度虚荣和喜欢炫耀自己，他常炫耀自己的数百套军装，高兴的时候一天能换装十几次。有一则在柏林圈子流行的笑话："他不挂上海军上将徽章就不逛养鱼池，不打扮成英国陆军元帅的样子就不吃葡萄干布丁。"在第一次世界大战爆发时，五十多岁的威廉已经统治德国长达二十多年了，可是他仍

然保留着一股孩子气。许多人宣誓效忠于他，却觉得他既不成熟也不可靠，这一点都不奇怪。在很多相片中，威廉经常用左手拿着一对手套，让左手看起来长一点。他也喜欢用左手倚在剑或拐杖上，达到比较体面的效果。

霍亨索伦家族在普法战争后站到了欧洲的巅峰，外表冷漠的德皇威廉一世，做事非常井然有序，柏林人习惯于根据他出现在窗前的时刻调自己的表。他统治着欧洲最强大、最具活力的国家。威廉二世的母亲是英格兰维多利亚女王最喜爱的女儿，在她的劝说下，威廉二世的父亲决定在继位后将以英国为榜样把德国改造成一个民主的君主制国家。威廉一世逝世后，威廉二世的父亲被加冕为腓特烈三世皇帝，但仅几个月便死于咽喉癌，威廉二世继承了一个欧洲最强大的帝国，成为了德意志帝国的皇帝。威廉二世和俾斯麦一样，在年轻时代对自己的母亲充满着敌意，而且事实上，他的母亲的确有一部分的责任。作为一名英国贵族，这位维多利亚女王的女儿总是感到自己和普鲁士人格格不入，在她眼中，这些普鲁士人都是野蛮人，因而常常向儿子灌输英国地位至上的概念，使这位未来的皇帝从小就对英国有一种复杂的感觉，并可能影响了他后来对英国的态度。威廉二世是霍亨索伦家族中第三个登上德国皇位的人，与哈布斯堡家族不同，霍亨索伦家族在 1914 年所统治的国家正处于上升时期，而且这个家族表现得更加精力充沛，更加好战。德国的崛起过程并不像哈布斯堡家族那样依靠婚姻，而是依靠武力和机智。不夸张地说，才华横溢的俾斯麦帮助霍亨索伦家族创造出了现代德国。

威廉二世是一个性情冲动、头脑硬化的人，虽然也很勤勉、诚恳和具有爱国心。他理想多于实际，爱慕虚荣，一向以一个独裁者自命。即位不久，他就曾经宣布说："这个国家只能有一个主人，那就是我自己。"母亲的争强好胜和普鲁士人要求未来的国王首先是个战士的思想无形中结合在了一起，尽管威廉的左臂天生太短，完全残废，但他还是要接受很残酷的训练，他要和所有的军官一样，骑马，游泳，击剑，射击，而且他必须还要干得更出色。作为一位年轻的帝王，威廉二世在治国方面还是颇有才能和建树的，然而这些成功也助长了威廉二世的狂妄和自负，并直接导致了他与开国元勋俾斯麦的决裂。

1890年俾斯麦提出了辞呈，德皇在两日后批准，俾斯麦正式下野，自此德国的政权牢牢地掌握在了野心远大于能力的威廉二世手里。他一手把俾斯麦精心构制的外交政策全部拆毁，其政策与俾斯麦相比可谓大相径庭。提到俾斯麦，后人常用一种崇拜的口吻，似乎他的才华震烁欧洲外交政坛，一生纵横捭阖，几近于神。俾斯麦在欧洲外交上合纵连横，建立了"三帝同盟"和"三国同盟"，极大地孤立了与德国仇恨最大的法国，使德国处在一个优势的位置，然而随着他的被罢黜，德国的这种优势地位也就渐渐消逝了。

有关宫廷对威廉二世出生之记录指出，他的脑部可能患过病，以致造成脑部损害。如此的健康问题，可能令他培养了具有野心、冲动鲁莽的性格，以及在对待问题或别人时显出傲慢的态度，造成他的施政弊病，如罢黜俾斯麦的事件。虽然威廉在未当皇帝前，也曾很仰慕俾斯麦，但他登位后，马上就与这位"铁血宰相"发生了冲突。其实，这位少年皇帝是不甘受制于人的，他要亲自掌握统治帝国的最高权力。于是，他在1890年迫使盛气凌人的俾斯麦去职，任命冯·贝特曼·霍尔维格为首相。威廉尤其尊重贝特曼·霍尔维格的意见，并肯定他对内政事务的远大目光，如他对普鲁士选举法的改革。

至于俾斯麦，则自信地以为无人能替代他的位置，甚至宣称："皇帝是一个最能迁就人的主子，无论什么政事他都不敢反对我。"但重要的是，二人在内政外交政策方面出现了巨大分歧，俾斯麦抱怨说："皇上像只气球，不把线抓紧，就不知道过一会儿他会飞到哪里去。"这一切成为导致他们决裂的主要原因。威廉二世奉行帝国主义，以显示德国蒸蒸日上的国力，积极推行著名的世界政策而一改以往俾斯麦以德国为核心的欧洲中心主义。在帝国议会的讲演中，威廉二世以无比热情的口吻说："俾斯麦推行的欧洲大陆政策十分狭隘，而今我奉行的是世界政策，世界各地都应体现德国政策。"帝国议会为此爆发出雷鸣般的掌声。对外政策由俾斯麦时期的大陆政策转为威廉二世对外扩张的世界政策之后，德国便加入了欧洲国家的造舰比赛的行列，俾斯麦曾告诫德国要以陆上力量为满足，威廉二世则对意大利国王说："我在位多少年来，我的幕僚们、欧洲的那些君主们总是把我的话当作耳边风。要不了多久，有我伟大的海军做后盾，我的话就会有人洗耳恭听了。"

威廉二世刚即位不久时，他的大臣们甚至怀疑他不能胜任工作，不过威廉是个头脑聪敏的人，他善于取悦于人，很快就把这些大臣摆平。可以说，他把母亲的智慧和父亲的耐心在一定程度上结合起来，这一点的确吸引了很多人。有人说威廉二世毫无政治才能，那无疑不符合事实，如果威廉二世真的不懂得玩弄政治手腕、操控民意和培植党羽，就不可能在 1890 年的政治危机中一举搞垮俾斯麦。俾斯麦是德意志的创立者，事实上的民族之父，也是欧洲近代最受尊敬的政治家之一，可是他已经老了，虽然俾斯麦根本没有认真反抗，但威廉二世的胜利仍然是很难得的。由于天生的缺陷，威廉一直都在当演员，他扮演着既敏捷又强健的军人，当参加典礼时，他总是使劲地挥舞右臂以掩饰自己孱弱的左臂。由于担心被人看成弱者，威廉二世一直保持昂首阔步、虚张声势的架势，在几乎 1/4 世纪的时间里，他一直面对世界高谈阔论，这位年轻的统治者行使权力的后果就是将他那神经质的性格发挥到了极致。马克斯－韦伯对威廉二世时期的德国政治评价如下："我觉得我们处在一群疯子的统治之下。"为首的"疯子"就是皇帝本人，在他的脑海中，英国人、法国人、俄国人企图联合颠覆德意志帝国，用威廉二世的话来说，德国感到他们处于刺刀的包围之中，于是用人们所谓的"愤怒的沙文主义"来作出回应。"当在会议桌上发生争论时，德国总是在开口前把一支左轮手枪摆在桌面上，结果使别的国家望而生畏，联合起来对付它。"事实上，英国、法国和俄国之间错综复杂的利益冲突使它们很难联手对付德国，但威廉二世的疯狂外交手段居然把它们逼到了一起，真的搞出了一个针对德国的三国协约，而这在俾斯麦当政时是被巧妙避开了的。

1890 年德国同俄国的条约即将到期，威廉二世没有成功地继续与俄国结盟。沙皇尼古拉二世曾说过："威廉是一个没有教养的恶少。"可以看出沙俄对德国新主人的反感和敌意。此后俄国逐渐向法国靠拢，终于在 1893

年同法国正式缔结了军事同盟。也许这其中的原因也不能完全归咎于威廉二世，各国之间的关系原本也是伴随着利益的变化而变化的。在俾斯麦时期，德国国力尚弱，除陆军外无力涉及更多领域，伴随着德国公海舰队的建立和德国在世界范围内开始争夺殖民地，英国人于是选择了与法国人结盟来对抗德国。俄国本来是德国盟友，但在巴尔干地区与德国盟友奥匈帝国发生冲突，德国在协调巴尔干问题上不能有效平衡各方利益，终将俄国推向了英法一边，这也是历史的发展使然。威廉二世是一位狂热的军国主义者，其政治野心就是称霸世界。1895 年，他宣称德意志帝国要成为世界帝国，即建立起所谓的"大德意志帝国"。

1914 年，欧洲局势风云变幻，大战一触即发，威廉二世处在至关重要的位置上，他的一言一行都有可能影响局势的发展和变化。6 月 28 日，震惊世界的萨拉热窝事件发生后，威廉二世欣喜若狂，极力鼓动奥匈帝国发动战争。在他的煽动下，第一次世界大战爆发了，与他预期的相反，战争最终以德国的惨败告终。战败后的德国发生了十一月革命，当时威廉正在比利时的德军总部。兵变令他十分惊讶，此时的帝国已经失去最后的支持，就连兴登堡这个一生拥护皇帝的将军，也只能劝谕威廉退位。霍亨索伦王朝结束了，退位后的威廉二世流亡到了荷兰，在那里度过了自己暗淡的余生。但他并没有忘记德意志，当"二战"爆发后，希特勒德国打败了英法联军，法国在贡比涅森林中签署了向德国投降书后，闻讯的威廉二世给希特勒发去了热情洋溢的贺电。1941 年 6 月 4 日，这位曾叱咤一时的战争狂人终于在"德国将征服世界"的美梦中去世了。

威廉二世的遗愿有两个：一个是他死后葬礼上不能出现纳粹标志，但纳粹德国并没有按照他的遗愿去做，在威廉二世的葬礼上出现了纳粹党党徽。第二个是王朝不复辟他的遗体就不运回德国安葬，这个遗愿得到了纳粹德国的尊重，直到今天，威廉二世的遗体还安葬在荷兰。

二、高悬的达摩克利斯之剑——欧洲的两大军事集团

欧洲的稳定在德国统一以后发生了变化，自从 13 世纪以来，日耳曼就分裂成了几百个小国，因为一盘散沙而羸弱不振，而普鲁士最初只是德意志诸邦国中的一个小邦，地域狭小，主要是霍亨索伦王朝在小渔村柏林附近的一些领地。在政治上，普鲁士更加微不足道。到 19 世纪下半期，普鲁士在"铁血宰相"俾斯麦的治理下，迅速强大起来，开始了统一日耳曼联邦的进程，法国不愿意看到日耳曼的统一，出来阻止，因而于 1870 年爆发了普法战争，这场战争以普鲁士大获全胜、建立德意志帝国告终。

战争是争夺利益的最激烈形式，人类历史的经验表明，大国的崛起和衰落往往都伴随着战争。1871 年德意志帝国建立，德国统一后迅速崛起，而新兴大国需要更加广阔的生存空间。从 1871 年到 1914 年的 43 年间，德国日益强大，德皇威廉二世欲当欧洲霸主，英法俄等传统大国的利益受到新兴大国德国强有力的挑战。

普法战争结束后，德皇威廉一世以胜利者的姿态在战败国法国巴黎的凡尔赛宫被加冕为德意志帝国的皇帝，一个曾经分裂为无数小邦、彼此征战不息、内耗不断的民族，在俾斯麦手中奇迹般地在短短几十年里一跃成为欧洲最强大的国家。欧洲大陆的中心突然出现了一个统一强大的德意志帝国，对所有的欧洲大国都造成了巨大的冲击，英国很快发现，统一的德国已经在欧洲大陆上占据了支配地位，并且很快成为了欧洲最强大的国家，比之前拿破仑三世统治下的法兰西第二帝国更难以捉摸，更难以对付。

俾斯麦在统一战争中的战略上的胜利，以及其后娴熟的外交政策，曾一度将新帝国领入了欧洲一个独一无二的地位，但是他的后继者们没有看到德国位置的优越性，而且也未意识到，任何使德国成为欧洲霸主的企图都将使其他国家联合起来对抗它。自普法战争之后，普鲁士与法国结下了不解之仇，俾斯麦担心法国报复，因此采取结盟政策来围堵法国。他本来使德国与奥匈

帝国及俄国结成了"三帝同盟"，可是后来俄国在巴尔干半岛与奥匈帝国发生利益冲突，加上俄国的内心也不希望普鲁士强大起来，德国最终选择了奥匈帝国作为盟友，与奥匈帝国缔结德奥联盟。与此同时，俾斯麦又看上了与法国在殖民地事务上有利益冲突的意大利，这样就有了后来的"三国同盟"。

俄国得知德奥两国签订了"德奥同盟"后，十分愤怒。但俾斯麦是一个老练的政治家，为了保持与俄国的良好关系，于1887年与俄国签订了"再保险条约"。这一协定承诺：当协约一方和第三方发生战争时，另一方应保持中立。俾斯麦一被免职，从大臣及法官干预下解放出来的那些德国外交部的专家们就说服威廉取消了1887年与俄国共同签署的"再保险条约"，他们相信法兰西共和国和沙皇俄国绝不会结成联盟。然而1891年沙皇在演奏法兰西革命歌曲时居然脱帽肃立，加上法国在财务上支持俄国工业化后，1894年，两国结成同盟，是为"法俄同盟"。至此，倘若大国之间的冲突爆发，德国将面临两面作战的可能。英国由于与法国之间有互保条约，并且英国也希望俄国能够从背后牵制德国这个新兴的强劲对手，最终也成了俄国的盟国，这样，法、俄、英结成了"协约国"，而德国和奥地利加上后来的意大利是"同盟国"，两方对峙的力量开始形成。欧洲从此分为两大阵营，只要有任何风吹草动，都有演变为世界大战的可能。

19世纪末，德国外交政策发生了重大变化，抛弃了俾斯麦的"大陆政策"，开始推行对外扩张的"世界政策"。德皇威廉二世宣布："德国在古老欧洲的狭窄边界以外有很多任务要完成。"德国的海军大臣提尔皮茨坚持认为，德国的工业化和海外征服"就像自然法则那样不可抗拒"。威廉二世实行的"世界政策"引起英国的恐慌，因为大英帝国的生存基础就是世界性贸易和对海外殖民地的控制，德国的扩张政策，注定要损害英、俄等老牌殖民主义国家的利益，英国人开始坐立不安。

1890年，马汉的《海权对历史的影响》一书问世，他的理论受到各海军大国的欢迎，对激烈的海军军备竞赛起到了推波助澜的作用。1905年的日俄对马海战，把"大舰巨炮"致胜理论和战列舰主宰海洋理论推向了新阶段。自此，拥有战列舰的多少和主炮口径的大小，就成了衡量海军战斗力的标志、国家实力的象征。进入 20 世纪，欧洲的两大军事集团开始了激烈的军备竞赛，德国开始大张旗鼓地发展海军。在所有欧洲国家中，战前德国在工业发展上最为惊人，并且具有很高的经济和文化水平，对此英国很是紧张，为了保持自己在海上的优势，从 1905 年开始，英国开始建造"无畏"舰。德国不甘落后，1907 年，德国也开始建造"无畏"舰。倍感压力的英国不得已，遂采取"以二对一"的海军政策以相应付。

自普法战争结束后，法国失去了欧洲大陆霸权，不仅失去了了阿尔萨斯和洛林地区，而且还屈辱地让普鲁士皇帝在法国凡尔赛宫的镜厅里加冕为德意志皇帝，这导致法德之间的仇恨不共戴天。法德两国的决策者推行互相仇视的外交政策，也造成了欧洲对立的两大政治军事集团不可缓和的格局。德国迅速崛起以后，不满足于旧的世界秩序，企图凭借强大的军事实力重新瓜分世界；英国想要消灭德国这个竞争者，同时削弱法国和俄国；法国则打算收复阿尔萨斯和洛林。由于奥斯曼土耳其帝国的衰落，巴尔干地区出现利益真空，巴尔干地区的国家纷纷获得了独立，奥匈帝国和俄国都把手伸进了巴尔干。1900 年，巴尔干地区出现了 5 个独立国家：罗马尼亚、保加利亚、塞尔维亚、希腊和黑山。波斯尼亚虽名义上还属于土耳其，实际上已经被奥匈帝国控制。俄国于是想阻止奥匈帝国在塞尔维亚、黑塞哥维那和波斯尼亚的扩张，并企图攻占博斯普鲁斯海峡和达达尼尔海峡，巩固自己在巴尔干地区的地位。各自的野心，使得第一次世界大战前的欧洲战争阴云密布，山雨欲来，已经变成一只巨大的火药桶，只是在等待着某一根导火线的引爆。

三、"海权论"的鼻祖——马汉

阿尔弗雷德·赛耶·马汉，是美国著名的海军战略家和历史学家，曾两度担任美国海军学院院长，"海权论"的创立者。马汉"海权论"的要旨是：要拥有并运用优势的海军和其他海上力量去控制海洋，以实现己方的战略目的。"海权论"思想对美国以及其他海军强国的海洋战略产生了深远影响，其有关争夺海上主导权对于主宰国家乃至世界命运都会起到决定性作用的观点，更是盛行世界百余年而不衰。美国总统罗斯福称赞马汉是"美国生活中最伟大、最有影响的人物之一"。马汉在书中概述了制海权理论，鼓吹建立强大海军，宣称没有强大海军，任何国家都不能在国际舞台上树立权威。马汉的制海权理论适应了帝国主义向海外扩张的需要，对美国等西方国家的国防建设有很大影响，他曾预言在第一次世界大战中，中欧强国和德国海军必败。

马汉于1840年9月27日出生于美国一个丹麦移民的家里。他的父亲丹尼斯·哈特·马汉是西点军校的著名教授，在战争艺术和军事工程学方面均颇有造诣。具有戏剧性巧合的是，马汉父子二人都崇拜约米尼的战争思想，而儿子致力于将约米尼关于陆上战争的战略战术原则运用于海上作战之中。家庭无疑对童年时代的马汉产生了巨大的影响，1854年马汉进入纽约的哥伦比亚学院。虽然老马汉是美国陆军军官学校的校长，但马汉却违背了父亲的意愿，在两年后转入美国安纳波利斯海军军官学校三年级就读。1856年10月2日，马汉在安纳波利斯海军军官学校进行了入学宣誓，从此他抱着极大的热情投入了军校的学习生活。在日后短暂的海上航行中，马汉长时间地沉浸在一种高昂激奋的精神状态中，他感到自己终于实现了在童年时代梦寐以求的那种海上骑士般的冒险生活。军校的岁月很快地过去了，在军校学习期间，马汉树立了远大的抱负，他在致友人的信中说："产生斯蒂芬、德凯特式的海上英雄豪杰的时代已一去不复返了。如今，没有客观现实条件和一定的环境，想单凭勇敢而成为流芳百世的英雄是极困难的。因此，我下决心通过理论研究这一途径，在海军赢得声誉。"年轻的马汉怀着自命不凡的抱负开始了海军生涯的新起点。

19岁的马汉以第二名的成绩毕业于美国海军军官学校，毕业后一直在北军"国会"号军舰上任职，随舰在巴西、乌拉圭海岸执勤。但只参加过一些零星的小规模战斗，一直默默无闻，直到他43岁时写了一本研究美国海军内战的书，这本书被美国海军战争学院的院长鲁斯看到了，于是邀请马汉到他的学院去教书。在海军军校执教的生活使得马汉能有更充分的时间从事战史研究以及海军战略的思考。在教学期间，马汉的第二本书《制海权对历史的影响》出版了，此书才面世便引起了巨大的轰动，陆续被译成多国文字，成为当时影响最大的世界畅销书之一。该书被称为"海军史上最杰出的著作"。马汉也因此一下子成为美国海军历史学会的主席，俨然成为了美国海军理论的头号权威。

在制海权理论中，马汉认为，国家的繁荣、发展和安全都与海权具有密切的关系，海权不仅能够决定海上和陆上战争的胜负，而且可以决定历史的进程。他还指出，海权的强弱取决于地理位置、自然结构、领土范围、人口数量、民族特点、政府性质六方面的因素，海权实际上就是一个国家在海洋上的综合实力，建立和发展强大的海上力量对夺取制海权和打赢海上战争以及维护国家国际政治地位具有重要的意义。以此观点看，海权不仅标志着一个国家利用海洋和控制海洋的总体能力，同时也决定着一个国家和民族能否成为一个伟大民族。因此，马汉的海权论实际上是论述如何通过夺取制海权以达到控制世界的理论。

尽管马汉在自己的军官生涯中从未亲自实践过自己的理论，但他是世界上第一个海洋战略家，也是直到第二次世界大战结束前美国唯一登上历史舞台的战略思想家。在英国，马汉的书被视为"国家的福音书"；在日本，此书被列为日本海军军官人手一册的必读书；德国皇帝威廉二世则这样表达他阅读马汉《海军战略论》一书时的心情："我不只是在阅读这本书，我简直是想把它一口吞食下去。"可以说，马汉的制海权理论在日后一直影响着世界海军的发展，两次世界大战中的海上战争就是对马汉理论最全面、最完整的实践与检验。1908 年，68 岁的马汉少将前往海军学院临时服役，以便撰写《海军战略》一书，三年后《海军战略》发表，马汉在这本书中汲取了众多前人的研究成果，提出了包括"中央位置""交通线""舰队决战""集中兵力"等作战原则，丰富了海权论理论体系。从那以后，马汉的理论也在一次又一次的海上战争中得以充实，直到今天仍在影响着各国海军的发展和建设。1914 年 12 月 1 日，74 岁的马汉在华盛顿逝世。

四、走向大洋——崛起中的德国海军

"德国的目标是求得这样一个地位——在那些欧洲文明范围之外的国家，在他们的人民中间，德国的影响、德国的资本、德国的商业、德国的工业和德国的聪明才智可以和其他强国在平等条件上进行竞争……"这段话出自 19 世纪末柏林大学历史学教授德尔布吕克所写的《为什么德国建造军舰》，字里行间反映出当时德国迫切追逐海外利益的要求。

德国位于欧洲中部，北部濒临北海和波罗的海，南靠阿尔卑斯山脉，海岸线长 1300 公里。但德国海军不仅力量较弱，而且偏于西欧一隅，其主要任务局限于国内防御，使其活动和作战区域仅局限于北欧地区，也就是德国海军舰船通常只在自家门口打转。

19 世纪末，由于经济的迅猛发展，英国不断进行对外扩张，强占殖民地，掠夺财富，米字旗在世界各地飘扬。为了加强对殖民地的统治，更多地进行掠夺，英国加强了海军力量的建设。当时英国海军是世界上最强大的海军，且有效地控制了世界贸易航道。

1889 年 9 月，登基仅一年多的威廉二世接受英国邀请，以海军名誉元帅身份率领一支德国舰艇分队，出席了盛大的皇家阅舰式。英格兰南部怀特岛外斯皮特海德洋面浩大壮观的皇家海军战舰群，令威廉二世所挑选的"德国海军最好的战舰"相形见绌，盛大的典礼强烈刺激了威廉二世的自尊心，皇家海军的霸主气势使其羡慕不已。1895 年，年轻的威廉二世公然宣布："德国是个世界强国。""德国的未来在海洋上。"当然，他在大言不惭地说这番话时，根本不顾及英国人已经海上称雄的这一事实。他不顾这些，开始致力于建造一支庞大的海军。他利用英国对布尔共和国的战争在整个欧洲引发的对英国的敌意，竭力推动建立一支庞大海军的计划，这一计划与德国在非洲和太平洋的迅速扩张，引起了英国的震惊和不安。

俾斯麦时期的德国，在海洋方面一直采取防御态势，此时的德国海军的规模，比起英、法、俄等国均要弱小得多，完全属于近海防御力量，需要依托海岸掩护，但能够有效保卫重要出海口和港口。不过，它缺乏公海航行和作战的能力，也无法威胁到其他列强的远洋交通线，对于德国的海外利益不能有效地维护和支援。1898 年，俾斯麦时期的大陆政策转为了威廉二世的对外扩张的世界政策，国会通过了威廉二世扩充海军的政策，其中明确指出："这种强大海军的目的，是要使最伟大的海权国家都不敢向它挑战。"这无疑强烈地刺激了英国的感情。虽然德国并无意对英国发动战争，但是英国人却感受到了某种威胁，并由此导致了英德关系渐为紧张。随着德国海军战略的不断调整、新型武器装备的陆续服役、海军作战实力特别是远洋作战能力的逐步增强，德国海军越来越多地参与到国际军事行动中去，日耳曼战舰开始出现在世界各地。当时德国的常规潜艇技术独步天下，在 1913 年德国就率先研制出了潜艇专用柴油机，成为常规潜艇的典范动力。德国由此一直保持着常规潜艇建造技术上的优势，并建立起一支强大的水下力量。

海外贸易对于一个资本主义国家的存在和兴盛是不可或缺的，德国迅速从农业国转变成工业化强国后，海外扩张成了其通向帝国道路上不可避免的一个环节，因此其寻求殖民地的野心也不可能得到满足，扩张的欲望只会随实力的逐步膨胀而高涨，小心谨慎的发展策略已经难以满足利益阶级的需求。威廉二世梦想使德国成为拥有广泛海外领地的世界帝国。

在德国所面临的海洋挑战中，它不可能也没有实力以夺取制海权作为主要作战目标。然而，它的主要海上敌人——英国皇家海军，虽然有着庞大且实力强悍的舰队，却又有漫长的海上航运线需要守卫（这些航运线给英国运来了其遍布于全世界各殖民地的丰富的物产），因此战时只要切断英国的海上交通线就可能赢得一半的胜利。

作为世界海运业的绝对霸主，英国对德国的行动一直冷眼旁观。这是因为与法、俄、意大利等强国相比，德国海运业还相对弱小，难以威胁英国的海外殖民利益。另外德国在大力发展海运业的同时，其海军发展仍然相对保守，沿海防御的战略思想一直没改变。此时德国对于海外殖民地的追求，主要通过施展高超的外交手段获得。随着工业力量的不断壮大，德国希望在每一个领域赶上或超过英国。那时，两国海军力量的较量是最明显的标志。英国不断在军舰改进上领先，而德国持续在军舰的工程、技术质量方面占据优势。威廉二世曾说："我不把我的海军建立到和我的陆军同等水平，我决不停息。"面对这一威胁，英国自然不敢掉以轻心，德国加强舰队建设对英国控制权所造成的威胁促使英国议会决心赶上"提尔皮茨计划"的每一步。

1890 年 5 月起，德国先后开工四艘"勃兰登堡"级战列舰。与以往的德国铁甲舰设计思路不同，该级舰突出了公海战斗的要求，将舰队海上思想放在首位，与英国划时代的"皇权"相似，是海军发展史上第一批真正意义的铁甲战列舰。就在德国海军开始走向大洋的同一时期，影响深远的"制海权理论"诞生了，并立即在西方世界引起轰动，为帝国主义国家的海外扩张找到了理论依据。在 1900 年至第一次世界大战开始的几年里，世界目睹了前所未有的最大的海军军备竞赛。这一时期，德国的舰队开始壮大起来，准备与俄国、法国进行一场海上交战。这时，在如何对待英国的态度上它犹豫了：是对英国采取强硬态度呢，还是试图和解？德国有些举棋不定。1913年，英国政府建议双方在一年内停止建造军舰，但德国拒绝了这项建议。德国在海洋方面的跃跃欲试，尤其是建立至少世界第二的海军的作为，从长远看是很不明智的。威廉二世非常热爱他的海军和他的地位赋予他的这套海军制服，然而他的帝国为他所做的那个漫不经心的"世界帝国"之梦付出了沉重的代价——德国制定的排斥英国海军的作战计划，促使英国警醒并与法俄结成了同盟，以封锁德国走向欧洲霸权的道路。

其他国家对待德国的崛起，是根据自身的利益得失来决定的，德国的所为，从根本上打破了欧洲一百年来维持的均衡态势。考虑到德国强大的陆军已是大陆上无人能敌的现实，而德国政府又希图建立一支同样可怕的海军，这就迫使受威胁的国家联手与它抗衡。德国不断加强海军促使英国在 1904

年和法国达成了和平协议，这解决了两国之间的许多突出矛盾。德国于是在摩洛哥问题上挑起一场外交危机，以此作为回答并试图瓦解增进中的盎格鲁—法兰西的友谊。但这个举措使这两个国家走得更近。1907 年，作为对德国政策的反应，英国又与俄国达成了和平协定，同样解决了彼此间许多突出的争端。

五、布尔战争——大英帝国的衰落之战

"这个世界几乎已分配完毕，它所剩下的地区也正在被瓜分，被征服，被拓居，想一想你夜晚在空中所看到的那些星球吧，想想那些我们永远无法到达的远大的世界吧！我常常这样想，如果可能的话，我将吞并这些星球。看到它们这样清楚而又那么遥远，真使我感到悲伤。"

这是英国驻南非开普殖民地的总督塞西尔·罗得斯的一段话。自从有了殖民地，英国便开始喜欢使用"英帝国"一词，英国作为一个殖民帝国的历史达 350 年之久。可以说，英国的强盛是与英帝国的强大联系在一起的。到 19 世纪时英帝国逐渐攀上了它的发展巅峰，到"一战"爆发时，共拥有近 2000 万平方公里的土地和 4.3 亿人口，占当时全球总人口的 1/4 及全球面积的 1/4，而英国本土只有区区 24 万平方公里。19 世纪末，如果翻开那时的世界地图，人们会发现，从冰封荒芜的加拿大海岸到炎热富饶的印度次大陆，从广袤无垠的澳大利亚大陆到大西洋中只有几块礁岩的弹丸小岛，全世界有将近 30% 的土地标着猩红的颜色。在这些土地上，蓝白红三色的米字旗高高飘扬，向全世界炫耀着登峰造极的"日不落帝国"那不可一世的傲慢、自负和辉煌。通过几个世纪的扩张和殖民，19 世纪末的英国已处于鼎盛时期，殖民地遍及加拿大、印度、澳大利亚、新西兰、马来亚、西印度群岛、非洲等世界各个角落，面积达到本国领土的一百多倍，成为地球上实力最强大的"日不落帝国"。为了建立这个帝国，英国在先前的近 400 年时间里，发动了 230 多场战争，而派出兵力最多、斗争最为残酷的要数布尔战争。

在 19 世纪和 20 世纪相交之时，大英帝国独自发动了一场战争，继续扩大帝国的版图和势力范围，但是这场战争终止了大英帝国的扩张。这场战争位于南非，史称第二次布尔战争。大英帝国在此之前曾经发动过一次布尔战争，但规模较小，时间也就几个月，双方的伤亡和损失都不大。然而，进入 20 世纪，第二次布尔战争已成为对大英帝国的一场严峻考验——大英帝国还能所向无敌地继续扩张吗？为了征服殖民地，瓜分别的星球当然不现实，不过有一个蛮荒而富饶的大陆就摆在其眼前——在当时最后一片未完全开发的处女大陆非洲，那里有无法形容的原料宝藏，取之不尽的人力资源。为了在非洲争夺更多的殖民地、更多的原料、更多的市场，新兴的和老牌的欧洲列强们上演了一幕幕竞争、角逐、钩心斗角、纵横捭阖的好戏。

威廉二世执政以来，德国奉行的"世界政策"的核心是称霸世界，德国开始和英国争雄。英国竭力想利用武力吞并南非，从布尔人手里夺得奥兰治和德兰士瓦两个共和国，因为这里的钻石和黄金对英国有极大的诱惑力。而德国也早就垂涎这个地区，威廉二世一面鼓动德国向这一地区输入商品，向德兰士瓦进行经济渗透，一面用金钱和军火支持布尔人对抗英国。英国历史上的战争大体分为两类：一类是为建立和争夺殖民地而进行的战争，如美国的独立战争、中国的鸦片战争，布尔战争也属于这一类战争；另一类是与欧美列强争霸欧洲、争霸世界的战争，对当今世界影响最大的当数两次世界大战。如果说布尔战争中止了英帝国海外殖民扩张的步伐，两次世界大战则终结了英国的霸主地位。

"布尔"系荷兰语，意为"农民"。布尔人是指到南部非洲殖民的"海上马车夫"荷兰人的后裔。1652 年，第一批荷兰人来到南非的开普地区，建立了殖民地。经过百余年的殖民活动，布尔人已成为当地的主要民族，分别建立了德兰士瓦和奥兰治两个布尔人共和国。1867 年，奥兰治河地区发现钻石。1886 年，在南非中部的约翰内斯堡地区，又发现了世界上最大的黄金矿区。见此巨利，船坚炮利的英国人岂能坐视不理？在 19 世纪 60 年代，南非是世界各处白人殖民地中最落后的地区之一。这里人口稀少而且居住分散，居民主要从事畜牧业和半自给农业，资金极端缺乏，工业、农业和商业的发展都很缓慢。因为贫穷，白人也不愿意来这里定居，来自欧洲的移民船过好望角而不入，而是驶向更富庶的澳大利亚和新西兰。然而，南非金刚石矿和金矿的发现改写了南部非洲经济史，也使这里的政治史遽然改观。

1886 年威特沃特斯兰德地区金矿的发现增加了布尔共和国已知矿藏的价值，此时，继 1887 年吞并祖鲁人领地后，英国人已切断了布尔人入海的通道，加剧了南非地区的紧张局势。成千上万名冒险者涌入德兰士瓦来碰运气，外来者与布尔人之间的冲突也急剧上升。1895 年，英国政府秘密指示开普殖民总督罗得斯吞并德兰士瓦，于是，罗得斯派遣一支装备精良的 800人的军队，偷袭德兰士瓦首府，同时事先策划城内的英国侨民暴动作为内应。但是，这一机密被想与英国争夺世界霸权的德国政府获悉，并转告德兰士瓦政府提前做好准备。布尔共和国没有一支传统意义上的军队，只是将松散的民团编成了义勇军。他们的领导人无论在战略还是战术上都没有一致的主张，按照英国标准，布尔义勇军看上去就像一群衣衫褴褛的乌合之众，军官和士兵们都普遍轻视这些与他们作战的农夫们。但布尔人拥有现代步枪，他们的战士也都是出色的神枪手，他们了解南非的无林草原，并在开垦这片严酷凶险的土地的斗争中，拥有了一种坚韧精神。

1896 年 1 月 2 日，在克勒克斯多普城郊，2000 多名布尔军伏击英军，打死 134 人，缴获所有英军枪械。英国人接受不了如此受辱，正值鼎盛时期的大英帝国调动了本土以及加拿大、澳大利亚、新西兰的力量，投入 45 万军队，而当时布尔人在南非建立的两个国家德兰士瓦和奥兰治，全部人口加起来不过 44 万，男性青壮年即使全部上阵，也不过 8 万多人。在整个战争中，大多数欧洲人的同情都倒向布尔人。虽然皇家海军使这种同情不能转化为有意义的支援，但是，布尔人在保卫自己家园的精神支撑下，与大英帝国对抗了两年半，男性青壮年损失 70%，不得不与大英帝国谈判停战条件。从传统意义上说，这场战争已经结束了，但在现实中它却只是开始。传统意义上的抵抗崩溃后，布尔人返回了他们的家园，却拒绝接受将他们的国家置于英国殖民统治下的结局。他们转向了游击战，直搞得英国人疲于应付，使英国大众深刻体会到殖民扩张的苦涩后果。为了挽救日益不利的形势，英国人转而攻击布尔游击队所依靠的平民支持者，结果虐待和屠杀平民的丑闻不断发生。英国虽获得了胜利，但为了征服这样一个很小的民族，却花费了三年时间，派出的军队人数甚至超过了布尔人的总人口数，付出伤亡近 2.2 万人、耗资 20 多亿英镑的高昂代价，还失去了国际社会的道义支持，如此惨重的代价，使英国人的心灵深受震撼。对作为战胜国的大英帝国来说，战争前期的失利，暴露出了英国军队极大的缺陷，当时英国的陆军将领们还是满足于上百年前的陈旧战术。从布勒、哈特等人在战斗中的表现看来，当时的英国陆军不愧是一群"驴子指挥的狮子"。从俾斯麦时代起，老态龙钟的英国陆军便已显颓势，当年俾斯麦曾被问到，如果英国陆军在波罗的海登陆，德国将作何对策，俾斯麦说"我将派出警察去逮捕他们"。

布尔战争虽然以英国胜利而结束，然而，大英帝国却处于极其不利的地位。英军为了应付到处袭击的布尔人游击队，疲于奔命，伤亡重大。欧洲诸强几乎一致谴责英国在南非的政策，认为英国为了贪求黄金而欺凌两个布尔人小国。他们认为，英国在战胜布尔后所得到的巨大黄金利益，将使自己更处于劣势。于是，法俄德三国一度谋求联合，共同对抗英国。1900 年，趁英国陷于战事无暇顾及之机，法俄两国绕开英国，偷偷地瓜分了在土耳其的势力范围。布尔战争是英帝国在海外争夺和扩展殖民地的最后一场战争，此战是"一战"前英国发动的数不清的海外殖民地扩张战争中，动员兵力最多、耗费财力最大、持续时间最长、伤亡最重的一场战争。这场战争中英国遭到布尔人的游击战打击，出动大量兵力，使用残酷的手段，才得以取胜，但布尔战争引起了大英帝国内部的巨大变化，高额的战争开支使英国无力再花巨大的代价来维持帝国体系。布尔战争终于成为了大英帝国衰落的起点，这场以强欺弱的战争之后，大英帝国不再坚持一贯主张的自由贸易口号，而是同时挥舞自由贸易和保护主义的旗帜，大英帝国的荣耀彻底失去，丘吉尔说他为此痛不欲生。

德皇威廉二世眼见英国在南非的冒险行动以闹剧收场，就利用这个事件大做文章，拉拢法国和俄国，试图结成大陆同盟对英国施加压力，让英国在海外殖民地的瓜分中作出让步。对此，英国大为恐慌，急忙将太平洋上的萨摩亚群岛中的两个岛屿让给德国，又与当时尚不算超级大国的美国订约，给予美国在中美洲开凿使用运河的方便，接着，在1902年与日本签订了同盟协定。英国试图通过这些行为，拉拢德美日，以抗衡法俄。布尔战争是英帝国发展史上的一道分水岭，在此之前的帝国不断上升，在此之后的帝国开始走向没落。其重要标志是英国开始把注意力从扩大帝国转到巩固帝国上来，同时也使各殖民政府与英国政府日渐处于同等地位上，给殖民地的离心倾向提供了更大动力。布尔战争成为英国殖民体系瓦解的拐点，"一战"结束后，大英帝国则开始全面瓦解。

六、挑战"海上霸主"——阿加迪尔危机

普法战争以后，虎虎有生气、野心勃勃的德国在欧洲的心脏地区日益壮大，到"一战"前，德国的人口已上升到7000万，超过了法国或者英国的人口，其钢产量已经超过英国，开始在海外殖民地的问题上向英法发起挑战。在俾斯麦时代，鉴于统一的德意志帝国初立，故对殖民地的争夺较少参与，由于国内商人势力兴起，商人日益要求德国政府争取海外资源和市场。威廉二世即位，俾斯麦被罢后，德皇认为德国殖民地太少，原料产地及商品市场不足，于是开始实行"世界政策"，要求重新划分全球势力范围。这触犯了老牌殖民大国英国和法国的利益。阿加迪尔是摩洛哥的一个港口，摩洛哥北临地中海，西接大西洋，它的重要港口丹吉尔扼大西洋进入地中海的门户直布罗陀海峡，具有重要战略地位，是欧洲列强争夺的要地。欧洲经历过紧张和松弛，但没有经历过安宁，1905年和1911年的两次摩洛哥危机，几乎使英、法卷入对德战争。

19世纪时，得意忘形的英国殖民者曾狂妄宣称："大英帝国无落日。"

当时英国倚仗其经济和军事实力，运用炮舰政策，疯狂地推行强权政治，侵略魔爪伸到了世界各地，把凡是能够抢到的土地都攫为己有。英国人主张获得无限制的海权地位、对海域的管辖权，以及远洋贸易特权，主张对地球上所有财富的利用。"我们是世界第一的民族"是每一个英国人的信条，他们简直不能想象这一信条遭到置疑。一百多年以来，象征着英国的强大和其在世界上重要性的建筑物一直矗立在著名的特拉法尔加广场上，广场的兴建是为了让人们记住过去大英帝国海军的荣耀。广场西南角有一座巨型"海军拱门"，正中耸立着庄严的纳尔逊纪念柱，顶端是全副戎装的纳尔逊塑像，高近六米。纳尔逊曾是击败拿破仑舰队的英国海军名将，纪念柱基座四壁是他曾指挥过的四大著名战役的铜雕，英国人小心谨慎地使它免遭破坏。

1904 年 4 月，英法签订协定，法国承诺不干涉英国在埃及的行动，英国则承认摩洛哥是法国的势力范围。1905 年 2 月，法国要求摩洛哥苏丹在法国监督下进行"改革"，企图使摩洛哥成为法国的"保护国"。1905 年 3 月 31 日，德皇威廉二世访问摩洛哥的丹吉尔，表示支持摩洛哥独立，以此公然挑战法国在摩洛哥的影响力。德皇的言论令法国民众普遍震怒。法国外长德尔卡塞采取强硬态度，并得到英国的支持，局势顿显紧张。1906 年在西班牙阿尔吉西拉斯举行会议，由于英、俄支持法国，德国被迫让步。会议宣称摩洛哥"独立"，同时又承认法、西对摩洛哥拥有警察权。危机虽告结束，但危机加强了英、法结盟，也加剧了法、德的对抗。随后法国在摩洛哥的势力日益扩大，引起当地人民的强烈抵抗。1911 年春，摩洛哥首都非斯爆发反对苏丹和法国侵略者的人民起义，当年 5 月，法国以保护侨民为由，乘机占领摩洛哥的非斯及其他城市，1912 年法国宣布摩洛哥为其保护国。德国认为法国侵犯了自己在摩洛哥的殖民利益，对法国在摩洛哥问题上的不满日益加剧，德国政府宣称，他们在摩洛哥海岸的大西洋沿海地段一个港口及其腹地拥有巨大的利益，德国外交大臣冯·韦希特向法国人提出这个意见。当年 7 月 1 日，德国派出"豹"号战舰到摩洛哥港口阿加迪尔，借口是"保护德国的利益"。其实这是一种拦路抢劫的行为，德国人提出，如果他们能得到法属刚果，就可以在摩洛哥问题上有所让步。7月9日，法德两国开始谈判，最后达成协议，德国承认法国在摩洛哥的地位，法国则把法属刚果中南部及邻近地区转让给德国。这次危机总算过去了，但英国与法国联合对德国施压，迫使德国打了退堂鼓，因此毛奇将军在他的回忆录里留下了"如果再次出现这种示弱的举动，将对德意志帝国的未来绝望"的记录。

英国人最显著的性格特征就是实利主义，他们追逐权力和财富。这种商业精神鼓舞着作为独立个体的英国人，同时也影响着整个民族的政治和军事行为。英国人主张海权，这对他们自己来说是理所当然的，但他们竟然从来不允许其他国家占有优势，摩洛哥危机加重了英国对德国的敌意，英国不能容忍德国在直布罗陀附近建立海军基地。伦敦太全神贯注于巩固它的洲际帝国，以致无力策划战争，但德皇威廉的不断增长的海军力量，却是英国的政策制订者感到焦虑不安的一个问题。

英国是一个岛国，海权对英国来说是一个非常敏感和至关重要的问题，特别在科学技术还不够发达的19世纪，海权不仅意味着国家的安全，更意味着殖民地，意味着资源、财富和势力范围。自从1805年英国海军在海军将领威尔逊的率领下打败了法国与西班牙的联合舰队，一举夺得世界海上霸主的地位之后，英国不允许任何国家威胁这一海上霸主的地位。所以，欧洲大陆任何一国的海军建设和扩充，大英帝国都视为对自己海上霸主地位的挑战而不能容忍。英国与德国的关系，早已因军备竞赛而变得甚为紧张，它视德国在阿加迪尔的举动是企图挑战它的海上霸权，德英海军竞赛迫使英国承认，即使新建了无畏舰队，但是如果没有法国的协助，还是无法保护大英帝国的海上通道。在阿加迪尔危机之后，英国强化了与法国的关系，使三国协约渐渐从殖民地协定变为军事联盟，可以说，阿加迪尔事件是第一次世界大战爆发前的第一次危机。德国不断加强海军，促使英国在1904年和法国达成了和平协议，这解决了两国之间的许多突出矛盾。德国于是在摩洛哥问题上挑起一场外交危机，以此作为回答并试图瓦解增进中的盎格鲁—法兰西友谊，但这个举措使这两个国家走得更近了。

第三章
欧洲火药库
——动荡的巴尔干

一、被肢解的"西亚病夫"——奥斯曼土耳其帝国

奥斯曼帝国，是土耳其人建立的国家，创立者为奥斯曼一世，初居中亚，将伊斯兰教定为国教，极盛时的奥斯曼帝国地跨欧亚非三大洲，包括整个巴尔干半岛、小亚细亚半岛、整个中东地区及北非的大部分，西达摩洛哥，东抵里海及波斯湾，北及奥匈帝国和罗马尼亚，南及苏丹，控制了整个西欧到东方的通道，是一个名副其实的大国。奥斯曼土耳其帝国长期以来自认为自己的文明最优越，轻视工业和贸易，从18世纪后期开始，逐渐落后于欧洲，到了20世纪初，远远落后于西方列强，沦为半殖民地，被西方的殖民者称为"西亚病夫"。

19世纪刚开始，拿破仑曾断言土耳其的命运便是听凭列强瓜分。到萨拉热窝事件发生时，土耳其有着许多敌人，而无一个盟友，因为谁都认为不值得和它结盟。一百年来，它一直被窥视左右的欧洲列强看作已奄奄一息，只等它死后下手。可是年复一年，这个令人难以置信的"病人"却不甘死亡，衰弱的双手依然牢牢抓住巨大家当的钥匙不放。国势日蹙的奥斯曼帝国由此被迫寻求改革之路，几经折腾之后，改革无果而终。一度称霸欧洲的奥斯曼土耳其帝国，到19世纪上半期迅速衰落，中央政权不断削弱，被奥斯曼帝国长期统治的地区处于四分五裂状态之中，已成为昔日帝国的"遗产"，这为早已觊觎的欧洲列强大开了争夺的方便之门。尽管欧洲列强都企图利用

奥斯曼帝国的衰弱为自己攫取更多的利益，但它们都清楚一旦奥斯曼帝国崩溃，谁都没有足够的力量拿到全部遗产。由于列强特别是英俄在奥斯曼的利益难以相容，他们无法就瓜分帝国遗产达成一致。所以保持奥斯曼的存在并使有关大国在近东的势力保持一定程度平衡，便成为他们都能接受的一项权宜之计。

进入 20 世纪，垂暮的奥斯曼帝国更是江河日下，首先是刚刚统一的意大利向奥斯曼帝国在非洲的最后一块土地利比亚提出了领土要求，1911 年 9 月 29 日，意大利出兵 5 万多人，在 20 多架飞机的配合下，对利比亚发动了进攻。战争进行到第二年的 10 月 15 日，迫于巴尔干地区战争的威胁，奥斯曼帝国与意大利在瑞士洛桑附近的乌希签订和约，将利比亚割让给意大利，同时割让的还有多德卡尼斯群岛和罗得岛。

地处欧、亚、非三大洲地带的巴尔干半岛，是三大宗教和古代文明的发祥地。这里的大部分地区曾先后属于波斯帝国、亚历山大帝国、罗马帝国、阿拉伯帝国、蒙古帝国和奥斯曼帝国，自古以来就是强者逐鹿、兵马驰骋之疆。在漫长的历史长河中，众多民族、各种文化在这里冲突、交融，众多王国或帝国的版图随着时间的推移在不断地变化，形成历史上极为复杂的民族和宗教问题。奥匈帝国乘奥斯曼帝国陷于国内斗争，在 1908 年吞并波斯尼亚和黑塞哥维那。在 1911 年的意土战争之际，巴尔干同盟向奥斯曼帝国宣战。奥斯曼帝国在巴尔干战争里失去了巴尔干的领地，除了色雷斯及埃迪尔内，经过两次巴尔干战争，奥斯曼帝国丧失了它在欧洲的几乎全部领土。土耳其有一个无价之宝，就是它的地理位置，因为它正好处在各条权力之路的会合处。奥斯曼帝国的领土尽管失去了许多，但在 1914 年"一战"爆发的时候还是要比法国、德国、奥匈帝国加在一起还大。1914 年 10 月，德国送给土耳其的战舰"戈本"号突然袭击了俄国在黑海的港口塞瓦斯托波尔和敖德萨，揭开了土耳其参战的序幕，土耳其最终倒向了同盟国。

在"一战"中，土耳其也打过许多可以称道的战役，其中加利波利半岛登陆战役作为第一次世界大战中最大规模的登陆作战，其在战法运用、武器和兵种投入上，都具有了现代意义上的登陆作战的特色，被誉为"最具现代意义萌芽的登陆作战"。此役可以被称为"西亚病夫"土耳其的崛起之战，一直瞧不起土耳其的英军遭到了惨重损失，狼狈而归，英法联军唯一成功的是，他们在撤退时无一伤亡。这一战结束了英国"诗人将军"伊恩·汉密尔顿上将的军事生涯，丘吉尔被调离内阁，战役的直接后果是导致保加利亚加入了同盟国。

土耳其与俄国是世仇，加利波利战役后，土耳其于1914年底在高加索与俄国展开了搏斗。庸碌无能的土耳其陆军大臣恩维尔帕夏，亲自统率约15万人的第三集团军与约10万人的俄军对垒。在恩维尔帕夏的光荣之梦的驱使下，土耳其人在卡尔斯和阿尔达汉遭到惨败。第三集团军大部战死或冻死。到第二年初战役达到高潮时，土耳其一个完整的军又被歼灭。高加索之战，使土耳其又受到了沉重的打击。1916年，土耳其的内政部长穆罕默德·塔拉特对帝国内的亚美尼亚人成立第五纵队的可能表示忧虑，下令逮捕亚美尼亚领袖，要求实施特西尔法，开始大规模驱逐及屠杀亚美尼亚人，强行将数千人带到叙利亚沙漠的营地，事件最后演变成种族灭绝。在战争时估计有150万亚美尼亚人因饥饿、缺水、暴晒、盗贼掠夺而死亡，这场种族大屠杀在战后一直遭到人们的非议。

1917年英国人发动了加沙战役，土耳其以3.5万左右的兵力，抵挡英国12万人的军队，俘获英军9000人以上，但其余人的下落没有报告，他们大概不是被杀就是逃走了。这是一次代价很大的战役，英军伤亡了4万人，疾病也给部队造成重大损失，莫德将军本人则罹霍乱而死。英国人新派到巴勒斯坦来的一位绰号叫"公牛"的艾伦比将军于月末集结他的兵力，向加沙发动第三次进攻，土军防线后缩而且崩溃，耶路撒冷成了"公牛"艾伦比献给英国的圣诞节礼物。艾伦比的一击，使土耳其人的士气低落到无法补救，据记载，逃兵在人数上远远超过仍服军役的人，土耳其从此已不再成为中欧强有力的成员。

在战争初期，奥斯曼帝国取得了多次重要的胜利，也遭遇不少挫败，战后，《色佛尔条约》确立了奥斯曼帝国的分裂，这时，在奥斯曼帝国土地上建立起来的新国家达 40 个，奥斯曼帝国就此瓦解。"一战"后，土耳其沦为战胜国的半殖民地，凯末尔领导人民革命，取得独立后，在土耳其开始了改革，向西方学习。凯末尔认为真正的工作刚开始，获得独立只是第一步，接下来是如何振兴民族经济，走上富强，只有改革才能消除土耳其"西亚病夫"的称号，才能使土耳其崛起于世界。

二、巴尔干战争的前奏曲——意土战争

1911 年，在非洲爆发了意大利和奥斯曼土耳其帝国之间的的战争，这场战争又称为的黎波里塔尼亚战争或利比亚战争。它是意大利为夺取奥斯曼帝国的北非省份——的黎波里塔尼亚和昔兰尼加——而发动的一场侵略战争。在这场战争中，意大利开创了使用飞机完成军事任务的首例，引起了世界各国的瞩目和效法，从而大大促进了军事航空事业的发展。

1911 年的奥斯曼土耳其帝国，巨大而腐朽，周边的国家就像一群鬣狗，都想从它庞大的身躯上撕下一块肉来。号称欧洲五强之一的意大利早已对土耳其帝国在非洲的领地垂涎三尺，它一直在观望着其他欧洲势力向地中海及巴尔干半岛不断扩张的情景。法国继占领了阿尔及利亚和突尼斯后又开往摩洛哥。与此同时，英国控制了塞浦路斯、埃及和苏伊士。鉴于当时意大利人强大的民族主义运动，占领当时在土耳其统治下的的黎波里塔尼亚，是重新确立在地中海平衡地位的唯一可行的途径。但要达到这一目的，意大利必须得找到一个理由、一个借口。意大利对奥斯曼帝国北非属地的黎波里早就抱有野心，占领的黎波里是意大利争夺地中海霸权、向北非扩张的重要步骤，它的这一行动事先得到英国和法国的支持。1911 年 7 月发生的摩洛哥危机为意大利的进攻提供了有利的时机。1911 年 9 月 28 日，意大利政府以它在的黎波里和昔兰尼加的利益受到侵犯为借口，向土耳其发出最后通牒，要求土耳其同意它进驻的黎波里，在遭到拒绝后于次日向土耳其宣战。

在为宣战做准备期间，意大利军事新闻媒体和民族主义媒体均不停地报道的黎波里和昔兰尼加的"军事骚乱"，但事实并非如此。在卡内瓦将军的率领下，意大利两万多人的部队分别于10月1日和10月12日两次登陆的黎波里。但他们遭到4000多名土耳其部队，特别是柏柏尔骑兵的猛烈抵抗。登陆本格哈兹时，发生了一场激烈战斗，600多名意大利士兵战死。入侵的意大利部队迅速增扩至10万人，与2万名利比亚人和8000多名土耳其人作战。10月29日，意大利海军开始炮击土耳其伊庇鲁斯地区海岸城市普雷韦扎，并击沉了土耳其鱼雷艇数艘。11月5日，意大利海军登陆部队炮击并占领的黎波里和图卜鲁格。11日，意军进驻的黎波里，并在胡姆斯、德尔纳和班加西登陆，至月底占领利比亚重要滨海城市，但遭到阿拉伯部落军队和来自埃及、突尼斯等地阿拉伯志愿军的有力抵抗，向腹地的进攻进展迟缓。

在这场战争中，人类战争史上第一次使用了飞机，意大利驻西西里空军基地的飞机向敌人进行了轰炸。当陆地战争成为一场消耗战时，意大利发动了闪电般的海上进攻——五艘驱逐舰成功穿越达达尼尔海峡，与此同时，海军司令米洛率领的一支远征部队占领了罗得岛和位于爱琴海的12个土耳其岛屿。两万余人的意大利军队在飞机配合下，在的黎波里登陆并控制沿岸，意海军占领罗得岛和土耳其沿海的多德卡尼斯群岛的一些岛屿。这时适逢巴尔干战争即将爆发，土耳其处境危急，不得已只好被迫让步。1912年10月，意大利和土耳其两国在洛桑签订了《意土和约》，土耳其放弃了对的黎波里和昔兰尼加的主权，恢复两地的旧称利比亚，并承认意大利继续占有佐泽卡尼索斯群岛，经过近一年的战斗，意大利终于从土耳其的身上割下一块肉来。

意大利的这一行径令奥匈帝国感到慌恐，他们害怕这件事会对巴尔干半岛的局势产生连锁影响。奥匈的担忧并不是没有依据的，看到意大利如此轻松地击败了软弱的奥斯曼帝国，在意土战争结束后不久，巴尔干同盟成员就袭击了土耳其帝国。1912年10月，巴尔干半岛的黑山王国紧随保加利亚、塞尔维亚和希腊之后，也向土耳其宣战，引发了第一场巴尔干战争。巴尔干战争打破了欧洲各方势力的平衡局面，导致了地区局势的动荡不安，最终引发了第一次世界大战。

三、奥斯曼帝国的遗产——动荡的巴尔干

没有人会对欧洲东南角爆发动乱感到奇怪，也没有人会对塞尔维亚是动乱的中心感到奇怪。1914 年的巴尔干半岛，是欧洲最不稳定的地区，这里杂居着许多因边界定义不清而时常爆发武力冲突的小国家，相互仇视的民族混杂在一起，各方都坚持自己有扩张的权利。虽说塞尔维亚王国很小，却难以忍受野心和怨恨的煎熬，从来不愿被排除在冲突之外。1914 年，由于拼凑而形成的国家相互之间不安定的疆界，使巴尔干半岛成为欧洲极特别的地区。在那里，各地都在自由地说着自己的语言，而语言是认同感的主要支柱，且每一个地方都拥有自己的风俗习惯和宗教信仰。19 世纪以来，巴尔干地区就是各种势力相互角逐最激烈的地方。第一次世界大战爆发前，巴尔干地区被称为欧洲的火药桶，在整个战争期间，巴尔干地区也是介入比例最大、战事最复杂的地区。要了解第一次世界大战，首先就要对巴尔干地区的情况有个了解，而在大战爆发前发生的两次巴尔干战争尤为重要。

巴尔干半岛位于欧洲的东南部，地处欧、亚、非三大洲的汇合处，既控制着地中海和黑海的门户，也控制着通往印度洋的航路，战略地位十分重要，而且有着丰富的自然资源。自 14 世纪以来，这一地区一直处于奥斯曼土耳其殖民统治和奴役之下。在奥斯曼帝国长达四五百年之久的残酷统治中，巴尔干各国人民进行了英勇的斗争，于 19 世纪先后走上独立发展的道路。奥斯曼帝国在 19 世纪时已变成"西亚病夫"，成为第一个失去掌控力的帝国。巴尔干半岛各省一个接一个地宣称民族自治，或者脱离土耳其独立：1817年塞尔维亚取得自治权，1829 年瓦拉几亚与摩尔达维亚也争取到地方自治的权力；1832 年希腊独立；1878 年塞尔维亚完全独立，而瓦拉几亚和摩尔达维亚也在同一年独立；保加利亚则于 1878 年取得地方自治权，并于 1908年独立。尽管如此，在 20 世纪初，包括阿尔巴尼亚、马其顿、色雷斯、克

里特、爱琴海诸岛屿等，巴尔干地区仍有很大一部分领土处于奥斯曼土耳其的统治下。随着奥斯曼土耳其帝国的日益衰落，其就像草原上倒下的一头大象，吸引了一大群的狮子、鬣狗和秃鹫。它统治下的巴尔干半岛，遂成为各国瓜分的重要目标。

各国的独立，使巴尔干半岛极不稳定。它的两个邻近的帝国——奥匈帝国和沙俄帝国——无法置身事外，都希望能在瓦解的奥斯曼帝国取得新附属国、新贸易伙伴甚至新领土，这使得它们经常爆发冲突，互不相让，在巴尔干半岛展开长达 40 年的暗中较劲。以德国为首的其他列强，则利用"利益均沾"的方式卷入这场地区冲突。面对着衰老的奥斯曼土耳其帝国的大片土地，意大利首先发难，它对位于地中海南岸的土属的的黎波里早已怀有野心，于是在 1911 年发动了对土耳其的战争。战争进行了一年，奥斯曼帝国对意大利的挑战显得无可奈何，充分暴露了奥斯曼帝国在军事上的软弱无力。但同时，巴尔干国家也看到，在分割奥斯曼帝国在巴尔干的领地方面，又多了一个竞争者意大利，于是，它们开始寻求结盟。这时候俄国也担心巴尔干地区被别的列强抢占，便竭力说服和促使巴尔干地区的斯拉夫国家结盟。20 世纪初的欧洲大陆战争阴霾密布，已是山雨欲来，各列强之间以及列强与殖民地之间矛盾不断加深，斗争愈演愈烈。巴尔干地区已经成为了这些矛盾的交汇点，1912 年终于爆发了以保加利亚、塞尔维亚、希腊、黑山等国所组成的"巴尔干同盟"反对奥斯曼土耳其帝国的战争。由于各列强在巴尔干地区有着重大利益之争，所以这些交战国的身后，都有着大国的插手和较量。

巴尔干地区位于欧亚两洲的接壤处，是欧洲的下腹部，扼黑海、地中海的咽喉，战略位置十分重要，长期是各大国觊觎的对象。俄国自从 15 世纪以来一直打着解放"斯拉夫人"的旗号在巴尔干地区争夺势力范围。19 世纪中期，奥匈帝国也开始将巴尔干的西北部地区纳入自己的统治之下，并从土耳其人手中接管了一些地盘。1878 年的柏林会议削减了俄罗斯的新附庸国保加利亚的领土，奥匈帝国所得到的补偿是对塞尔维亚王国拥有强大的间接影响力，以及管理半自治的波斯尼亚与黑塞哥维那的权力，而这些地方又正是塞尔维亚人想要得到的。由于错综复杂的历史原因，巴尔干地区的历史遗留问题难以解决，特别是领土问题，各个民族都想建立单独的民族国家，扩大自己的领土范围。"巴尔干同盟"向奥斯曼帝国提出给予马其顿和色雷斯自治权，奥斯曼土耳其的基雅米尔政府拒绝了这些国家的要求，但这构成了"巴尔干同盟"对土宣战的直接口实，在沙皇俄国的支持下，黑山国首先对土耳其采取军事行动，"巴尔干同盟"的其他几个国家也随后向土耳其宣战。

巴尔干同盟国把重点兵力指向各自预先想夺取的地区，黑山军队进入阿尔巴尼亚北部，保加利亚军队攻打东色雷斯，塞尔维亚军队出击马其顿北部，希腊军队开赴马其顿南部。巴尔干同盟军情绪激昂，乘胜前进，达到了预定的目标，而奥斯曼帝国军队则丢城弃地，节节败退。巴尔干同盟各国在兵员数量和武器质量，尤其是在炮兵质量和军队战斗训练水平上，均胜过奥斯曼帝国军队。这些国家的军队在民族解放斗争目标的鼓舞下，士气高昂。经过激战，塞尔维亚和黑山两军进占马其顿和亚得里亚海沿岸，保加利亚军控制伊斯坦布尔以西地区，希腊军进占爱琴海诸岛，土耳其军败退到埃迪尔内、约阿尼纳和斯库台等地。战争爆发后不久，被几个凶悍的巴尔干小国联手打得狼狈不堪的奥斯曼土耳其政府顿感处境危急，为了集中兵力于一线作战，遂向意大利表示让步，以求尽快结束意土战争。意大利也无意再战，于是交战双方于 1912 年 10 月 15 日在洛桑草签和约。18 日正式签订《意土和约》，根据和约规定，土耳其割让的黎波里和昔兰尼加给意大利，并同意意军占领佐泽卡尼索斯。

巴尔干同盟军一连串的军事胜利并不符合一些大国的利益，俄国在支援巴尔干国家的同时，又担心保军进抵伊斯坦布尔不利于自己解决黑海海峡问题，德国和奥匈帝国则认为塞尔维亚和希腊是站在协约国一方的，因此不希望它们强大，却把土耳其看作是自己潜在的盟邦，因此竭力防止奥斯曼帝国覆灭。在各大国的压力下，1912 年底，奥斯曼帝国与保加利亚、塞尔维亚签订了停战协定。1913 年 5 月 30 日，交战各国在伦敦召开和会，原属土耳其的马其顿被塞尔维亚、保加利亚及希腊瓜分，塞萨洛尼基则被并入希腊，随后奥匈帝国加入和会，奥匈帝国恐怕塞尔维亚得到塞国西南面的阿尔巴尼亚后会变得更加强大，坚持阿尔巴尼亚必须独立。奥匈的动议与塞尔维亚的梦想相违背，塞尔维亚一直希望通过夺取土耳其在欧洲的领土建立一个包含塞尔维亚、黑山、波斯尼亚、黑塞哥维那及阿尔巴尼亚的"大塞尔维亚"。

在第一次巴尔干战争里，塞尔维亚所得甚丰，但是奥匈帝国竭力主张阿尔巴尼亚独立，以再次封锁塞尔维亚进入亚得里亚海的通道。在这几个月内，第一次巴尔干战争的胜利者们因为战果的瓜分问题而争吵不休。5月30日，经过交战双方讨价还价和大国间的背后交易，土耳其与巴尔干同盟四国签订了《伦敦条约》，第一次巴尔干战争以签订《伦敦和约》而告终。根据这项条约，奥斯曼帝国丧失了它在欧洲的几乎全部领土，巴尔干各国人民摆脱奥斯曼帝国压迫的愿望得以实现。《伦敦条约》的签订，虽然结束了第一次巴尔干战争，却加深了巴尔干同盟国家之间的矛盾，参战各国几乎都不满足，认为自己从奥斯曼帝国那里得来的不够，从而为第二次巴尔干战争埋下火种。《伦敦条约》的墨迹未干，仅过了一个月，"巴尔干同盟"内部就起了纷争，1913年6～8月，又爆发了第二次巴尔干战争，这一回敌对的双方不同了，塞尔维亚、希腊、罗马尼亚、黑山和奥斯曼帝国联合起来对付保加利亚了，保加利亚接替奥斯曼帝国成为了众矢之的。

保加利亚号称"东方的普鲁士"，在巴尔干同盟四国中它的战斗力也是最强的。保加利亚认为，在第一次巴尔干战争中，它出力最大，应分得更多更好的领土，应占有马其顿中部的斯科普里城，以及萨洛尼卡等地，甚至独霸马其顿。为此，它决定动用武力，驱赶希、塞等盟国军队。而塞尔维亚一心想得到马其顿的亚得里亚海出海口，希腊也希望牺牲保加利亚以扩大自己的领土，罗马尼亚则向保加利亚提出对多布罗加的领土要求。战利品的分配不公，使得"巴尔干同盟"国家中的三个国家都对保加利亚有意见。为了共同对付保加利亚，希腊和塞尔维亚经过秘密谈判，于1913年6月1日缔结了共同对付保加利亚同盟条约。正当这些巴尔干国家为分享战利品争得难分难解时，几个帝国主义大国又插了进来。在奥匈帝国和德国的唆使下，保加利亚于 1913 年 6 月 29 日夜间，对在马其顿的塞尔维亚军队与希腊军队采取军事行动，此时协约国集团则公开站在希腊和塞尔维亚一边。在欧洲的两大军事集团的唆使下，巴尔干那几个小国又开始了你争我夺的战争。

对于保加利亚先发制人的进攻，塞尔维亚、希腊和黑山三国早有预料和准备，所以并不感到突然。它们很快便动员了 60 万人的军队，全力应战。保加利亚错误地估计了形势，它原以为几天之内便可以打败对手，但事实恰恰相反，保加利亚军队的进攻一开始就遇到有力的抵抗，它的各集团军前进受阻，被迫转入防御。紧接着罗马尼亚利用保加利亚的困难处境，趁机向保加利亚宣战，奥斯曼帝国亦卷土重来，出兵东色雷斯。结果，在短短一个月时间里，保加利亚腹背受敌，危在旦夕，陷入了四面楚歌的困境，首都索非亚告急，保加利亚只好被迫求和，签订了割地赔款的和约，重新划定巴尔干各国的新边界。结果保加利亚不仅失去了它在第一次巴尔干战争中获得的大部分土地，而且还失掉了一部分原有的领土。虽然塞尔维亚人在战争中攫取了在规模上两倍于自己国家的土地，但奥匈帝国却阻挡了他们进入亚得里亚海和世界海洋的通路，德国又一次阻止俄国支持塞尔维亚，而在德奥建立了强权联盟之后，塞尔维亚被迫做出了让步。

第二次巴尔干战争的结果是巴尔干半岛的力量重新改组。罗马尼亚脱离了三国同盟，而与协约国靠近；因失去许多领土而大大削弱了的保加利亚则加入德奥同盟；以俄国为后台的塞尔维亚几乎把领土扩大了一倍，成了扎进奥匈帝国身边的一根刺。从此奥匈帝国和塞尔维亚的争斗日益激烈起来，一年后，奥匈帝国皇诸斐迪南大公在它们之间有纠纷的地方萨拉热窝被刺，直接引发了第一次世界大战。经过巴尔干战争，使欧洲人放松了警戒。他们认为既然列强可以为了"欧洲协调"，共同努力使这两次的冲突局部化，那么同样也可以让巴尔干冲突永远局部化。但是，在维也纳，巴尔干战争使惊恐的奥匈帝国统治者下定决心，不可以再让塞尔维亚赢得进一步的成功。两次巴尔干战争不仅没有满足巴尔干各国的领土欲望，反而加深了它们之间的矛盾，同时也加剧了业已形成的两大帝国主义集团对该地区的争夺和角逐。巴尔干各国民族主义膨胀，彼此仇视，剑拔弩张，为一场新的冲突埋下了祸根。当第一次世界大战爆发时，在巴尔干战争中处于不同命运和利益格局下的国家分道扬镳，分别参加了两个敌对的阵营。巴尔干的一系列危机为即将到来的欧洲战火提供了火种：一方面，奥斯曼帝国极其虚弱，另一方面，奥匈帝国和俄国又野心勃勃地想要使这种情形加剧，两者刚好结合起来。

四、美泉宫隐士——弗朗茨·约瑟夫一世

弗朗茨·约瑟夫一世，奥地利皇帝兼匈牙利国王，奥匈帝国的缔造者和第一位皇帝。1914 年，弗朗茨·约瑟夫占据欧洲历史上最成功家族的首领的位置已经有 66 年了，他统治着一个巨大的帝国，其疆界从现在的捷克共和国延伸到波兰腹地和意大利的里雅斯特。在维也纳城中的宫殿中，他向自己的帝国发号施令。维也纳是世界名城，其文化内涵之丰富、风景之秀美不亚于世界上任何城市，约瑟夫从 18 岁时起就统治这个帝国，所以他是世界上在位时间最长的君主。

弗朗茨·约瑟夫出生在欧洲历史上地位最高贵、历史最古老的哈布斯堡家族，是奥地利皇帝弗朗茨一世之子弗朗茨·卡尔大公与巴伐利亚公主苏菲的长子，在他年仅 18 岁时，其伯父、奥地利皇帝斐迪南一世宣布逊位，其父弗朗茨·卡尔宣布放弃皇位继承权，弗朗茨·约瑟夫继位，在维也纳登基，成为奥地利皇帝和匈牙利国王、伦巴底国王、波希米亚国王，也成了欧洲最广阔领土的主人和最年轻的一位帝王，称弗朗茨·约瑟夫一世。靠着天资和卓越的才能，年轻的约瑟夫很快平定了一些贵族的叛乱，维护了帝国的领土，初步奠定了自己的权威。在登基后的第六年，约瑟夫迎娶了自己的表妹——16 岁的巴伐利亚女公爵伊丽莎白。伊丽莎白的美貌和独有的温柔气质，让约瑟夫为之倾倒，以至于半天见不到她，约瑟夫就觉得心神不宁，无心处理国事。伊丽莎白性格活泼，喜爱运动，尤其不习惯宫中烦琐的礼仪，皇太后

苏菲很不喜欢伊丽莎白，婆媳相处得很不好，虽然在治国上约瑟夫很有才能，但面对妻子和皇太后的不和，他却显得手足无措。

约瑟夫是一个无论对待国家、民族还是家庭都非常有责任感的人，他弱化了个人的意愿，将自己的一切都奉献出来。从他的卧室中就可以看出他的努力，他摒弃奢华，卧室中只有一张简朴的铁床，每天早晨四点钟起床，用冷水盥洗后，在床边的祷告小台前开始一个虔诚天主教徒的早祈祷，然后开始一天的工作。在他的治理下，哈布斯堡王朝出现了中兴的景象。在他统治的最初十年即所谓的"新专制政体"时期，他亲自制定外交政策和战略决策，与首相和外交大臣费利克斯·施瓦岑贝格一起开始恢复帝国秩序。1850年11月以武力威逼使普鲁士签订《奥尔米茨条约》，解散德意志邦联，向奥地利称臣。正是在约瑟夫执政期间，维也纳变成了世界一流名城。他下令拆掉城墙，在原城墙的基础上建起豪华气派的环城大道，并请来欧州最著名的建筑大师建起辉煌的建筑。在约瑟夫统治的前50年间，奥匈帝国的经济发展很快，技术的改进促进了工业化和城市化，资本主义生产方式传播到整个帝国，维也纳附近、奥地利腹地、阿尔卑斯山麓和波希米亚都成为了经济发展的中心。

约瑟夫虽然很勤奋但智力却并不高，在克里米亚战争中他不顾俄罗斯帝国对他的一贯支持，调动驻加利西亚的军队到俄国边境，迫使尼古拉一世从多瑙河沿岸撤军，这造成了两国永久的裂痕。沙皇尼古拉一世自杀前曾悲叹奥匈帝国的背叛："我是一个世界上最大的傻瓜，居然指望别人知恩图报。"1866年的普奥战争更是使奥匈帝国遭受沉重打击，被迫退出了德意志邦联，从此一个强大的邻居德国诞生了，而奥匈帝国的国势则每况愈下。这引起了匈牙利对维也纳统治的不满，为了保障奥地利皇帝在匈牙利的地位，弗朗茨·约瑟夫与匈牙利的贵族举行谈判，寻求一个可以使他们支持他的折中方案，但匈牙利贵族只肯接受一个他们与奥地利之间的二元体，也就是奥匈帝国将是由奥地利和匈牙利两个国家的联合体并列组成，而约瑟夫兼任这两个国家的国王。

　　晚年的弗朗茨·约瑟夫屡遭不幸：他最疼爱的大女儿两岁的时候就夭折了；1889 年 1 月 29 日，欧洲的各大报纸都在头版报道了同一个消息——约瑟夫的儿子鲁道夫自杀身亡，年仅 30 岁。就在前一天，约瑟夫刚任命鲁道夫为王储，没想到，晚上鲁道夫便躲到维也纳一座森林中的一间小木屋，和情人私奔后双双自杀。与太后的不睦加上丧子之痛，使伊丽莎白皇后患上忧郁症，再也没有恢复过来，从此过着颠沛流离的旅行生活，1898 年 9 月在日内瓦被意大利无政府主义者卢切尼用一把磨尖的锉刀刺杀身亡，她的最后一句话是："出了什么事？" 获悉妻子离世的消息后，已经 68 岁的约瑟夫老泪纵横，他在日记中这样写道："大家都不在了，只有我还活着，像一个找不到家的孤魂。"伊丽莎白皇后的死使约瑟夫受到沉重的打击，他这一生没有再娶。但不幸接踵而至，他弟弟在墨西哥也没逃脱被暗杀的厄运，之前，他以唐吉诃德式的勇气接受墨西哥的邀请去那里做皇帝。紧接着，约瑟夫新指定的皇储、侄子斐迪南夫妇又在波黑首府萨拉热窝被刺杀。得知这个消息后，再也忍受不了打击的约瑟夫决定向塞尔维亚开战，随后德、俄、法、英等国相继卷入战争，第一次世界大战由此爆发。战争爆发后，奥匈帝国连遭失败，他从此躲进美泉宫，成了形影相吊的隐士。这时的奥匈帝国有三个不同的政府——匈牙利政府、奥地利政府和一个位于皇帝之下的中央政府。匈牙利和奥地利各有各自的议会和自己的首相，皇帝的权力理论上是至高无上的，但实际上是有限的。两个地方政府与中央政府权力的交叉往往导致摩擦和低效率。每个地方政府对中央政府的决定有很强的影响力，而每个地方政府都在利用每一个机会来扩大自己的权力。约瑟夫面临着危机四伏的现状。

　　弗朗茨·约瑟夫已经到了耄耋之年，这位看上去忧愁、疲惫、孤独的老人彻底厌倦了生活。他一直是最尽责的独裁者，84 岁的时候还要黎明起床，跪着做完祈祷后，早晨五点钟准时坐在书桌前，开始一刻不停地工作。数十年的枯燥工作，留下了无数的失望和失败，他在闲谈中谈到对死的向往，就好像他知道一个奔跑了近千年的王朝正接近终点。虽然约瑟夫发起了战争，可是就在战争爆发两年后，他却突然祈求战争能停下来，他在日记中写道：

"战争的破坏性远超过我的想象，不要打了，停下来吧，别毁了这个美好的世界和人民。"遗憾的是，战争并没能如他所愿停下来。1916 年，弗朗茨·约瑟夫在美泉宫离世，他的最后一句话是对身边的侍者说的："你能在明天凌晨三点钟叫醒我吗？我还有许多工作要做，为了战争的结束。"

约瑟夫的老年时光似乎没有一个穷尽，他很和善，虔诚地保存祖宗留下的传统，热切希望他的余生能在和平中度过。他顽固地忠诚于自己的责任，而无法让别人分担。在缅怀一位将军时，约瑟夫悲哀地说："都死了，就是我不死。"当康拉德有礼貌地表示祝愿皇帝长寿时，约瑟夫回答道："是的，是的。但是，人生原来如此孤独。"在他去世前几年，他就密嘱他最亲信的属下，开始筹划他的葬礼，他去世后，一场筹备已久的超级皇家葬礼开始了，几乎所有的达官贵人、社会名流都身着黑、黄两种皇家专属颜色的丧服，排成绵延十里的长队，护送着弗朗茨·约瑟夫的灵柩，皇家军乐队演奏着哀伤、凝重的挽歌，通红的火把照亮了半个维也纳城。弗朗茨·约瑟夫将风雨飘摇中的帝国留给了侄孙卡尔一世。这时的奥匈帝国已陷入四面楚歌之中，卡尔一世即位后，为了扭转颓势，亲自担任帝国武装力量最高统帅，但大势已去。1918 年夏，战事对同盟国越来越不利，虽然奥匈帝国国内的少数民族领导人一直对哈布斯堡皇帝保持忠心，但此时他们不得不考虑自己的利益了，当协约国的胜利显而易见时，对他们来说也是脱离旧帝国的时刻，接受协约国所宣扬的民族主义是必走的路了。此时的奥匈帝国已经无法将这众多民族联合在一起了，于是不得不向协约国求和。1918 年 11 月，卡尔一世被迫退位，持续 600 多年的哈布斯堡王朝也宣告结束，而弗朗茨·约瑟夫为之努力了一生的王国也从此四分五裂，被瓜分得惨不忍睹、所剩无几了。

五、"一战"导火索——萨拉热窝的枪声

1903 年，一群激进的民族主义军官掌握了塞尔维亚的权力，他们追求一种激烈的反奥匈帝国政策。这使奥匈帝国越来越将法俄支持下的塞尔维亚

视为其生存的直接威胁。1908年，在一种离间塞尔维亚和俄国愿望的驱使下，奥匈帝国与俄国达成了一个协议，通过这个协约，奥匈帝国吞并了波斯尼亚和黑塞哥维那，而俄国由于其他帝国的反对却一无所获。塞尔维亚在当时是个最具雄心的国家，它在俄国的支持下一心要建成包括波斯尼亚和黑塞哥维那在内的"大塞尔维亚"，此时生活在波斯尼亚的塞族也一直企图摆脱奥匈帝国的控制，同塞尔维亚合并。奥匈帝国对波斯尼亚的吞并让由俄国支持的塞尔维亚非常愤怒，因此塞尔维亚和奥匈帝国的军队在边境上互相对峙，战争一触即发。

巴尔干半岛地处欧、亚、非三大陆之间，南临地中海重要航线，东有博斯普鲁斯海峡和达达尼尔海峡扼黑海的咽喉，是欧、亚联系的陆桥，地理位置极为重要。从19世纪起，沙皇俄国就渴望打通南下地中海的通道，奥匈帝国企图向南扩张通至亚得里亚海，英、法则要保护通往印度洋和远东的交通命脉，因而巴尔干半岛成为俄、奥、英、法激烈争夺的地区，多次发生战争，素有"欧洲火药库"之称。

19世纪末，奥匈帝国的国内政治处于一种微妙的平衡，匈牙利的马扎尔人残暴地统治他们的少数民族，而奥地利的日耳曼人则寻求与某个民族结盟，以对抗其他民族。对于奥匈帝国来说，阻止俄罗斯人渗入巴尔干半岛上与他们同源的斯拉夫人居住地区是不够的。奥匈帝国是通过扑灭所有的民族独立运动才得以幸存的，所以阻止塞尔维亚人向奥匈帝国的南方扩展，变成维也纳的第一要务。20世纪初，一系列民族国家在巴尔干地区兴起，塞尔维亚在巴尔干地区强大起来，成为南部斯拉夫人反对外国统治、争取民族统一的核心。居住在被奥匈帝国吞并的波斯尼亚和黑塞哥维那两地的斯拉夫人，强烈要求摆脱奥匈帝国的统治，与塞尔维亚合并，建立统一的南斯拉夫国家。而一贯自命为"斯拉夫兄弟"保护人的俄国，对奥匈帝国入侵巴尔干半岛各国也表示不满，做了塞尔维亚的后台支柱。

以塞尔维亚为中心的南斯拉夫民族统一运动的发展，使哈布斯堡王朝的统治者极为不安。塞尔维亚是巴尔干半岛上唯一对奥匈帝国具有威胁的国家。继 1903 年改朝换代之后，塞尔维亚领袖尼古拉·帕西奇采取公然反抗奥匈帝国的政策，塞尔维亚政府不阻止反奥匈帝国的秘密组织黑手党的任何活动，1903 年以后的塞尔维亚，已经变成"猛咬奥匈帝国致命弱点的豺狼"。巴尔干战争的胜利，让塞尔维亚加强了自信心，同时也点燃了波斯尼亚的斯拉夫人的民族主义热情，塞尔维亚和奥匈帝国的敌对情绪日益上升，波斯尼亚自然成了斗争的焦点，同时奥匈背后的德国和塞尔维亚背后的俄国也摩拳擦掌，此时的巴尔干半岛已经成了一座随时可以爆炸的火药库，而 1914 年刺杀奥匈皇诸斐迪南的事件，就成了点燃这个火药库的导火索。

对于哈布斯堡皇位的继承人弗朗茨·斐迪南大公和他的妻子索菲亚来说，1914 年 6 月 28 日本来是个吉祥日子，这一天是他们结婚 14 周年纪念日，为了表示庆祝，他们要到在 6 年前并吞的波斯尼亚—黑塞哥维那去做一次特别访问。奥匈帝国从来是靠贵族联姻而发展的，是一个极为讲究身份等级的国家，而索菲亚原本只是斐迪南大公堂姐妹伊萨贝拉公主的宫廷侍女，只是她博得了斐迪南的欢心而成为了大公夫人。于是，在弗朗茨·约瑟夫看来，出身低微的她同侍女差不多，在哈普斯堡皇室的古老宫廷中，索菲亚一直受到冷遇，这次斐迪南大公带着他的妻子索菲亚一同到波斯尼亚—黑塞哥维那访问，也是想让索菲亚改善一下心情。斐迪南在到波斯尼亚视察之前，先到科诺皮施特的城堡中同德皇威廉二世举行会谈，讨论塞尔维亚的局势，他们都认为，此时俄国国内困难较大，无法插手巴尔干战争，德皇建议奥匈帝国利用这一有利形势进攻塞尔维亚，威廉二世还明确向斐迪南保证，假如俄国插手奥塞冲突，德国将援助奥匈帝国。会谈结束后，斐迪南赶赴波斯尼亚，他要视察在那里进行的一场军事演习，然后这位皇位继承人还要在夫人的陪同下正式访问波斯尼亚首府萨拉热窝。

由于在维也纳索菲亚一直受到冷遇，宫廷的礼仪禁止她和她的丈夫同坐大公的马车，她也不能和他同坐在剧院的皇族包厢里，每逢宫廷大典，当索菲亚进入时，折门只开一半。访问波斯尼亚—黑塞哥维那省的动机之一，就是斐迪南大公想使他的妻子得到她在维也纳得不到的皇室荣誉。他定于 6 月

28 日这天入城，但 6 月 28 日是塞尔维亚和波斯尼亚联军在 1389 年被土耳其军队打败的日子，是塞尔维亚人民的国耻日，奥匈帝国选定在这一天演习显然是具有挑衅意义的。皇储斐迪南要亲自检阅这次演习的消息，早已于当年 4 月传出，萨拉热窝的市长已经发出了通告，表示对奥匈帝国皇帝派皇储访问波斯尼亚感到欢欣鼓舞，并代表市民表示忠心，市民们在住宅和商店门前张旗饰花，橱窗里处处可见斐迪南的肖像。20 世纪以来，奥匈帝国用武力吞并了波斯尼亚，又想把邻近波斯尼亚的塞尔维亚纳入帝国的版图，塞尔维亚民族主义者对此早已义愤填膺，塞尔维亚的一个激进民族主义组织黑手党认为这是一个千载难逢的机会，决定派人去暗杀前来视察这次演习的奥匈皇储。风闻此事的塞尔维亚当局为避免事端的发生，曾通过本国驻奥匈公使提醒奥匈政府注意，如果斐迪南前往波斯尼亚，将会有生命危险，但是奥匈政府对这一警告置若罔闻。

当萨拉热窝的简短访问开始时，6 辆车篷折叠起来的游览车都停在火车站，第一辆车里坐的是萨拉热窝市长楚尔皮茨和他的警察专员盖尔戴博士，第二辆车载着皇储费迪南，索菲亚坐在他的右边，波斯尼亚军政府长官波蒂奥雷克将军坐在左边可以折叠的座位上，司机的旁边是大公的侍从官哈拉希伯爵。九点刚过，斐迪南大公夫妇乘坐敞篷车穿过萨拉热窝的街道向市政厅驶去，他身穿白色军装，笔直地坐在车里，和储妃索菲亚一起欣赏着这美丽的城市。斐迪南大公是个身材魁梧的职业军人，有着极高的智慧和意志，但都被掩藏在呆板冷漠的外表之下，无论谁看他的照片，不仅能感受到他的冰冷，还能感受到一种奇怪的空虚。波斯尼亚是在六年前被奥匈帝国吞并的，萨拉热窝市政当局为了讨好主子，把欢迎仪式搞得十分隆重，由奥匈帝国的近百名士兵组成的仪仗队，迈着正步走来，在缓缓行驶的敞篷汽车上，兴致勃勃的斐迪南大公和他的妻子索菲亚不时频频地向路边的人群挥手致意，他没有想到，一群刺客此刻在他所行走的路线上怀揣炸弹和手枪，正静静地守候着他。

皇室汽车的长列缓缓地驶过人群拥挤但疏于保卫的街道，数千名本地区的部队都在野外演习。按照大公的请求，萨拉热窝宣布禁止军人进入，费迪南不想使他的访问与炫耀军事力量联系起来，按常理来看，在这种情况下，原本是应该采取最紧迫的军警预防措施的，然而保卫措施的疏忽和漫不经心竟严重到了如此程度，以至于只有稀疏的宪兵警戒线布在路旁，所以有人猜疑皇储的性命在奥匈帝国政府最高层并不受到重视。波蒂奥雷克将军作为波斯尼亚的军事长官，对皇储访问波斯尼亚首府期间的安全负有比任何人更大的责任，不知是心怀恶意还是纯粹无能，他竟然完全忽略了他的职责。有7名塞尔维亚的暗杀者埋伏在预告要经过的道路旁，他们发誓要干掉大公，他们当中最年长的23岁，5个都是19岁，还有一个17岁。虽然大公本人并不对波斯尼亚的被奴役负责，许多人却把他看作是奥地利压迫的象征。共谋者利用马虎的安全防卫措施，隐身在与米利亚茨卡河并行的阿佩尔码头这条大路旁的人群中。暗杀者中第一个付诸行动的是印刷工查卜林诺维奇，当斐迪南大公的敞篷车行驶过来时，他鼓足勇气向车里投掷了一枚炸弹，但可惜的是他没有投准，炸弹在敞篷车的后面爆炸了，斐迪南大公毫发未损，只是炸伤了路边的几个老百姓。行刺后的查卜林诺维奇迅速吞下一个氰化物胶囊，然后纵身跃下运河，由于运河的水很浅，很快，奄奄一息的他就被几个警察打捞上来，而斐迪南大公的车队连忙开足马力，向市政厅驶去。

斐迪南在市政府参加完欢迎典礼之后，按照原定的安排，欢迎仪式之后去约瑟夫街参观博物院，波蒂奥雷克和警察局长为保险起见，改变了原定的路线，迅速通过亚帕尔码头，直接前往博物院。斐迪南大公的高级随员哈拉基伯爵亲自站在大公汽车的左踏板上，预防来自河边的可能袭击。当车队走到一个叫拉丁桥的路口，司机放慢速度向右转弯时，一个塞尔维亚青年向斐迪南夫妇连开两枪，一枪打在斐迪南的脖子上，另一枪打在斐迪南妻子的腹部，斐迪南的汽车立即转过头来，迅速越过拉丁桥，向总督官邸驶去，15分钟后，斐迪南夫妇相继死去，遗体被运回维也纳举行了国葬。那天较晚些时候，德皇在他的游艇"霍亨索伦"号上获悉这个消息，那时德皇威廉正在庆祝连接北海和波罗的海的运河建成19周年，在停靠在旁边的一艘汽艇上，一位海军将军把电文折叠在一个金制烟盒里，把它掷给等候在那里的人。威廉二世是真心喜爱他的朋友兼猎伴斐迪南的，得到这个报告后，他脸色发白，一声不响地回到他的特等舱房里去。

开枪打死斐迪南夫妇的是一位名叫普林西普的波斯尼亚青年，当时他只有17岁，还是个中学生。刺杀王储斐迪南时，普林西普的身份是贝尔格莱德的一名学生，事后他被判20年有期徒刑，于1918年4月死于监狱中。塞尔维亚人为纪念普林西普的爱国行为，在他行刺的十字路口铺上一块石板，上面刻着他的两只脚印，在路旁的墙上用塞尔维亚文写着："1914年6月28日，加·普林西普在这里用他的子弹表达了我们人民对暴虐的反抗与对自由的向往。"斐迪南大公的遇刺深深地鼓舞了塞尔维亚人，就在大公遇刺的第二天，塞尔维亚人开始大规模游行庆祝，在奥地利境内的塞族人有的急切盼望"回归"。当时欧洲列强正准备重新瓜分世界，相互利用和勾结，已经形成了同盟国和协约国两大军事集团，战争爆发已经不可避免，暗杀斐迪南夫妇事件破坏了欧洲本来就难以保持的平静，成了引爆欧洲火药库的火星。

六、战争倒计时——奥匈帝国的最后通牒

"我认为不会有大战，法国和俄国还没有准备好。"德皇威廉二世的这句话只说对了一半，法国和俄国的确是没准备好，但被逼无奈，被形势拖入了战争。当德皇对国际环境忧心忡忡之时，奥匈帝国也陷入了绝望之中。哈布斯堡王朝是欧洲唯一不是建立在民族主义基础之上的政权，在国家内部，捷克人、波兰人和斯洛伐克人都在闹独立，甚至匈牙利人也不完全可靠，而在边疆的意大利人、塞尔维亚人和罗马尼亚人都在为生活在哈布斯堡王朝异族统治下的弟兄们要求自由。正如那句令人发冷的德国警句所言，"一个悲惨的结局胜于没有终止的恐惧"，如此四面树敌，战争岂非唯一的选择吗？

斐迪南大公遇刺身亡后的第一天，有大量非塞尔维亚人群举着奥匈帝国

的国旗和遇刺斐迪南大公夫妇的遗像在萨拉热窝的大街上游行。当地一些主要东正教教士家里的窗户也被砸坏。实际上，萨拉热窝的游行仅持续了几小时，维也纳政府也立刻承诺补偿受害者，维也纳很快便恢复了平静。在萨拉热窝暗杀事件后一个多星期，奥地利外交部保持沉默，但许多报刊和其他机构却鼓动反塞尔维亚情绪，维也纳的广告牌宣称："所有塞尔维亚人必定灭亡。"但这些似乎都是一时的爆发，在被杀害的皇位继承人和他的妻子埋葬两天之后，弗朗茨·约瑟夫皇帝没有参加葬礼就回到他的夏季别墅去了。7月份的绝大部分时间，奥地利人都在那儿沉默，因此失掉了欧洲的许多支持者，当他们终于采取行动时，这一刺杀事件已经被排在欧洲报纸的最后几版了。当斐迪南大公遇刺的消息传来时，德皇威廉二世正在挪威海边他的游艇上，威廉二世立刻结束在挪威的航海度假，返回国内。他这样做，更多的是因为斐迪南大公是他的好朋友，而不是因为他预见到了什么紧急情况，几周前，他和夫人还在斐迪南夫妇的乡村别墅里做客。

在斐迪南大公遇刺后的一段日子中，维也纳很平静，世界其他地方也很平静，斐迪南大公遇刺产生的震动似乎已经消散了。事情的真相变得越来越清楚，刺客是波斯尼亚的塞尔维亚人，他们是在贝尔格莱德进行刺杀准备活动的。虽然奥匈帝国的领导层下决心对塞尔维亚采取行动，但是此时准备工作还没做好。领导层对于开战还是不开战意见很不统一。但是他们有一点共识，那就是必须先满足一些基本条件，然后才能采取行动。为此，奥匈帝国皇帝约瑟夫取消了例行的访问计划，他写了一封私人信件，于7月5日由帝国外交部特使转交给它的同盟国德意志帝国的皇帝威廉二世，他得先探寻一下德国的意向。对奥匈帝国而言，估计这次战争的限度是很重要的，俄国可能会介入支持塞尔维亚，这是一个很严重的问题，只有德国的支持可以让俄国保持中立，因此，约瑟夫给威廉二世发去了私人信函，力劝德国支持奥匈帝国"摧毁塞尔维亚，使其不复为一个势力"的计划。

德皇威廉二世认为，只有坚决的行动，才能吓阻俄国的介入，7月初，威廉二世收到一份德国驻维也纳大使的电报，大使在电报中说，他本人已经要求奥地利不要过快地对塞尔维亚采取行动。德皇威廉暴跳如雷，他在评注中写道："撒谎！胡说！谁给他权力那样做？塞尔维亚必须受到惩罚，立刻执行！"德皇威廉的这番话很快传开来，维也纳的官员也听到了。威廉二世在与奥地利特使的会面时说："机不可失，我们必须永远把塞尔维亚消灭掉，如果奥匈帝国与俄国之间的战争果真爆发，德国会以其惯常的忠诚站在你们一边，奥地利尽可以放心。"后来，温斯顿·丘吉尔谈到此事时说，威廉的保证是"以整个德意志帝国资源为担保而随便填写的一张空白支票"。德皇威廉刚刚结束与奥地利特使的会面，法金汉便问威廉是否应该进行军事准备，威廉说不，随后，他马上动身返回挪威去玩游艇度假去了。他走前对他的海军上将们说："我认为不会有大战。沙皇的注意力不在斐迪南大公遇刺上，此外，法国和俄国也没有做好战争准备。"但当弗朗茨·约瑟夫收到德皇的空白支票时，他的和平感突然化为乌有，他喃喃自语地说："现在我们不能再回头了，将要有一场可怕的战争。"

奥匈帝国政府并没有确切的证据，证明塞尔维亚政府事先知悉普林西普及其同伙的计划。最多也只能说，有些塞尔维亚的内阁成员与军官知道一些恐怖分子的秘密计划，而塞尔维亚政府既没有意愿也没有能力阻止他们的行动。不论如何，维也纳政府视这次的暗杀行动为"展现力量并一劳永逸地处理塞尔维亚问题"的时机。刺杀事件发生时，沙皇尼古拉二世在他的游艇"史丹达"号上宣布为期三周的哀悼，此举是为了向被杀的大公表示敬意。除此之外，他没有兴趣做更多的安排，直到奥匈帝国向塞尔维亚发出了那封类似于战书的最后通牒后，沙皇才开始有些担心起来。7月29日，沙皇尼古拉给德皇威廉发去一份电报，电文表达了"对一个弱国发动一场不光彩的战争"的愤慨。他质问德皇威廉："能不能阻止他的盟友不要走得太远？"德皇威廉给沙皇尼古拉发去的回电中，表白了自己对和平的期待，并说："我正在利用我的影响力促使奥地利人直接与你达成令人满意的谅解。"当然他所做的和他所说的并不是一回事。威廉对此说："尼古拉承认自己懦弱，却又想把战争的责任放在我的肩膀上。"

德皇认为，俄国政府可能无力参战，他要让奥匈帝国在巴尔干半岛上取得压倒性优势，以削弱俄国在那里的势力。而且他的参谋总长小毛奇也曾向他保证，即使出现最坏的情况，德国在 1914 年与俄国和法国交战，仍然要比日后交战更为有利，所以他认为这场战争的风险似乎是可以接受的。必须展开有力的行动，以维护他们日益扩展的世界势力，否则终将面临自行衰退的命运。对于在巴尔干半岛使用武力的问题，奥匈帝国一直在犹豫不决，但是这次暗杀王储事件以及德国人的支持结束了这种举棋不定的状况，有了德皇全面支持的许诺，终于挺直腰杆的奥匈帝国随即向塞尔维亚政府发出强硬的最后通牒，提出十条苛刻条件，限令塞尔维亚在 48 小时内答复。英国外长爱德华·格雷指出，此项最后通牒是"有史以来一个国家对他国发出之最可怕的文件"，一般认为，文件的条款难以实现，实际上是奥匈帝国用以惩罚塞尔维亚的开战理由。

正当欧洲已经恢复仲夏时的宁静，而德国皇帝也在挪威附近的游艇上度假的时候，维也纳却正在慢慢地制造了这枚将要震惊整个世界的定时炸弹，奥匈帝国决心击败和摧毁塞尔维亚，致使他的最后通牒排除了进行谈判的丝毫可能性。最苛刻的要求之一，是可以在塞尔维亚自由进出并由奥地利的官僚干预萨拉热窝的阴谋的调查。鉴于奥地利对阿皮斯及其黑手党全然无知，这种干涉塞尔维亚内政的行为，是奥地利人的蓄意挑衅。自诩为塞尔维亚"保护国"的俄国在拿到这份最后通牒的消息时，其外交大臣萨索诺夫惊呼："这是欧洲大战！"塞尔维亚即使要求维护国家主权和领土完整，也不得不屈服于俄国的意志，毕竟奥匈帝国作为中欧大国对塞尔维亚拥有压倒性优势，塞尔维亚政府要求俄国给予"同盟性质"的援助，而欲奋力同奥匈帝国一战。随着维也纳最后通牒的细节渐渐为人们所知，持续了三周半的观望期戛然终止了。此后，事件接连发生，形势变化速度明显加快。战争的威胁越来越真实。不仅维也纳、柏林、彼得堡意识到战争可能性，就连伦敦、罗马、巴黎也朦胧地感觉到这是一次真正的危机。

奥匈帝国和俄国之间在巴尔干半岛的竞争愈演愈烈，两国都想在这一地区扩大它们的势力，奥匈帝国向俄国保证，他们无意永久吞并塞尔维亚，只是想要展示奥匈帝国征讨塞尔维亚的决心有多坚决。但俄国担心奥匈将通过进攻塞尔维亚加强它在巴尔干半岛的势力，而且俄国人面临着这样一种处境：若再次屈服于德奥的压力，将对它在巴尔干半岛的利益造成无法补救的损失。在这种情况下，沙皇尼古拉二世宣布俄国支持塞尔维亚，俄国通知维也纳，攻击塞尔维亚会引起俄国的立即动员。当年奥匈帝国并吞俄国的"斯拉夫小兄弟"波斯尼亚和黑塞哥维那时，圣彼得堡感到无可奈何的愤怒，那时沙皇政权由于在日俄战争中败于日本，仍处于筋疲力尽中。但是到了1914 年，俄国感到已经充分恢复过来，可以动员了。而早欲通过战争重新瓜分世界的德皇在巴尔干诸国火上浇油："德皇完全理解由于奥皇陛下以热爱和平而闻名，进军塞尔维亚对于帝国和他会是困难的决定，但若我们真正认识到对塞尔维亚开战的必要性，那么假如我们没有利用这一完全对我们有利的时刻，以后是会后悔的。"

柏林的外交大臣认为，奥匈帝国的大胆加上德国的支持，"最有可能使俄国安静下来"。而沙皇的外交大臣萨索诺夫对这一威胁的反应是不祥的："俄国不能容许奥匈帝国打垮塞尔维亚，变成巴尔干半岛诸国中最占优势的国家。"而俄国的战争大臣则认为俄国的战争动员能给予奥匈帝国最严厉的警告，这样一来，开战就如同箭在弦上，一触即发。奥匈向塞尔维亚发出"最后通牒"后，塞尔维亚于 7 月 26 日表示接受所有条款，除了第六条，塞尔维亚认为以第六条条款违反了它的宪法规定，而且会损害其主权独立，所以拒绝接受此条款。奥匈帝国驻塞尔维亚大使吉塞男爵，按照事先定下的程序宣布对塞尔维亚的答复不能接受，立刻断绝与塞尔维亚外交关系。他的行囊早已准备好，半小时后便上了火车。又过了 10 分钟，他跨越边境线进入匈牙利境内。蓄意挑起战争的奥匈帝国终于拒绝了一切调停，借口没有得到满意的答复，于 7 月 28 日向塞尔维亚宣战。7 月 30 日，奥匈帝国开始炮击塞尔维亚首都贝尔格莱德，并把它的军队开进了塞尔维亚。与此同时，柏林警告圣彼得堡，如果俄国动用军队支持塞尔维亚，德国将会不惜一战。

七、"塞壬女妖"的歌声——各国的抉择

在古代希腊的神话故事中，有个叫塞壬的海妖，她住在一个海岛上，漂亮无比，专门用美妙的歌声来吸引过往的航海者，凡是听到她歌声的人都抵御不住她的诱惑，结果他们的航船都毁在了海岛边的礁石上。1914年欧洲大国的统治者们，仿佛都听到了塞壬的歌声一样被战争给迷住了，他们不约而同地把自己的国家领向了战争的边缘。

7月28日奥地利对塞尔维亚正式宣战，使定时炸弹上的钟声开始嘀嗒作响，如今已没有任何办法可以阻止这颗炸弹爆炸了。开始时沙皇只是半心半意地动员了对奥匈作战的俄军，却没有动员与东普鲁士对阵的俄军，他的将军们使他相信：那样的安排丝毫不起什么作用，而且将把优势拱手给让德国。于是在7月30日，俄国颁发了总动员令。

奥匈帝国和德国曾经希望奥塞战争可以维持局部化，就如同另一次巴尔干战争，但是，军事同盟与列强竞争从一开始就具有将冲突扩大的威胁，所以沙皇还是做出了反应，不仅调动了军队，而且还下了全国总动员命，在奥匈帝国宣战之后48小时，俄国决定实施总动员。进行夏季演练的军队回到军营，休假的军官被召回，喀山军区、基辅军区、莫斯科军区、敖德萨军区受命处于戒备状态。在华沙军区、维尔那军区、圣彼得堡军区也开始展开一些秘密的军事准备活动，这三个军区的准备活动有特别危险的意义，因为它们直接威胁德国。俄国决定增加90万现役兵力，同时征召400万的后备兵力。这么大的兵力足以吓坏地球上任何国家，沙皇的本意是想借此吓住德、奥，让战车能在最后一刻止住。但结果适得其反，按照德军事先所拟定的作战计划，一旦开战，就要在俄国进入战争动员之时开始，迟延就意味着战争的失败，现在的德国已然是拖延不起了，是战争还是蒙羞？德国只能选择前者，任何想在最后一刻前平息危机的的努力再也没有作用了。

整个7月，威廉二世一直在向他的参谋官们保证说他决不会"退缩"，

但在最后一刻，他的激情却冷却下来，他问小毛奇是否军队应该先去进攻俄国而在西面只保持防守，惊骇无比的总参谋长几乎落下泪来，他回答说：只有一个选择——"施利芬计划"。威廉凄凉地回答说：如果是老毛奇的话，他一定还会给我另一个选择。德国那个僵硬的战争计划终于把它拖入了战争，8月1日德国被迫向俄国宣战。48小时后德军就在狂热的欢呼中向战场开拔了。阿道夫·希特勒、坦克之王古德里安、"沙漠之狐"隆美尔和空军元帅戈林等第二次世界大战的知名人物当时就在这些狂热的德国年轻军人之中。

沙皇尼古拉二世是个狡猾的人，他害怕战争产生的过大的社会压力和过重的经济压力引发革命，俄国外交大臣萨索诺夫也持相同看法，沙皇和外交大臣一致认为，俄国再需要几年时间才能与德国对抗，虽然俄国当时正在扩充本来就很大的军队规模，并且在法国的帮助下修建新的铁路系统以改善战时供应能力，但是，这些计划至少要到1917年才能完成。俄国希望借战争动员来迫使同盟国增大对谈判的意愿，但实际上局势的发展违背了俄国的愿望，沙皇并不明白俄国战争动员所具有的内在威胁性，不知道从柏林的视角看，俄国的战争动员是最严重的挑衅行为。一旦德国准备好在西线进攻法国，俄国的战争动员多进行一天，他们就离在东线发动对德国的攻击的日期近一天，而这恰恰是德国的战争方案——"施利芬计划"中最最要害的关键问题。在德国的战争方案中，取胜的关键就建立在俄军尽可能晚进军的前提上。

德国不像其他国家，它发展了一个由军官和军士组成的很有效率的核心，能把一大批新兵和后备军组成一支优秀的战斗力量，战争爆发时，约有200万人结合在受过良好训练的职业士兵组成的核心周围。这是一支训练有素、组织严密、装备精良的队伍，有着极强的战斗力，一经发动，马上就可以进入战争状态。所以俄国的战争动员一发出，便促使德国必须马上出击，延误就意味着失败。经过毛奇多年的努力，他把"施利芬计划"中发动对法国闪电攻击的想法，从一个可选的攻击方式变成战时必须完成的任务。德国向俄国发出最后通牒，要求俄国在12小时之内取消所有对奥匈及德国的军备活动。在隔天最后通牒期限到来之时，德国于8月1日下午五点宣布对俄国开战。

在俄国决定动员军队的时候，法国政府也面临法军技术性要求的压力，总司令霞飞警告政府，除非有充分时间让法军做好准备投入战场，否则他没有办法让法国抵御德国的攻击。考虑到与俄国的同盟关系加上德军的动员对自己的威胁，法国也开始了战争准备，于8月1日进行了战争动员。虽然法国人对德国大使说法军将乖乖地待在边界线，可是对于德国政府来说，仅此就足够对法国开战了。于是8月3日德国向法国宣战，德军的战车开始同时往东西两线运兵。事已至此，各方面的军事策划已使战争不可避免。8月17日，德军七个集团军和一个独立支队约160万人，火炮5000门，在比、卢、法边界从亚琛到上莱茵约380公里的战线上全面展开。其中约110万人作为突击翼侧部署在梅斯以北200公里的正面上，最高统帅是威廉二世皇帝，实际上由总参谋长小毛奇将军直接指挥。

1914年的欧洲人对于在20世纪时列强将兴起什么样的战争毫无概念，人们认为战争的风险似乎都是可以接受的。当第一支渴望作战的军队开赴前线时，随之而来的战争的持续时间、狂热与暴力的程度，都远远超过了人类所既有的任何想象。奥匈帝国与塞尔维亚之间的战争迅速演变成为欧洲两大军事集团之间的战争。8月4日，德军进入了中立的比利时，英国意识到如果德国控制了整个欧洲大陆，对英国是不利的。于是英国以保障比利时的中立地位为借口，向德国发出了撤军的最后通牒，但是德国拒绝了。8月4日午夜，英国向德国宣战。这样以欧洲为主要战场的第一次世界大战终于爆发了，"萨拉热窝事件"由此成为了点燃第一次世界大战的导火索。

从8月18日起，协约国也完成了它的军事部署，法军的五个集团军和几个师集群约140万人，火炮4000余门，在贝尔福－伊尔松的350公里的战线上集结，比利时军约有12万人、火炮300多门部署在利勒运河、热特河一线。英国远征军的7万人，火炮300多门，于8月20日在法军第五集团军左翼，即勒卡托、莫伯日地域集结。在整个西欧战区，双方共投入300多万人和近万门火炮，协约国的军队主要部署在凡尔登西北。

第四章
西线狼烟
——旋转的右翼

一、一个无法完成的神话—— 奇正结合的"施利芬计划"

俾斯麦所缔造的统一的德意志帝国改变了整个欧洲的政治格局，老牌欧洲强国无不对其恨之入骨，必欲除之而后快。同时，德国地处欧洲中心，列强环绕，战略上处于不利地位，因此在德意志统一不久，德国参谋本部便开始着手研究如何应对未来全面的欧洲大战。在普法战争后不久，当时的总参谋长老毛奇就已经预见到了将来德国有可能会处于两线作战之苦。他的计划是在未来的两线作战时，对法国先取守势，快速击败迟缓的俄国后，再反攻法国。瓦尔德泽接任参谋总长后仍遵循老毛奇的观点。可是到了施利芬伯爵接任总参谋长时却发生了巨大的变化，施利芬彻底摒弃了老毛奇的思想，把作战的顺序整个改变了，他制定了一个"先西后东"的战略，也就是被后人所津津乐道的"施利芬计划"。

施利芬认为俄国疆域的广袤将阻碍他们取得确定性的胜利，但由于法国依赖一条沿着法德边境修建的坚固防御线与德国对峙，这使在西线取得迅速成功也同样成为问题。所以他建议入侵比利时，这样可以扫清法国防御工事的周围地区。通过比利时的德军就可以从侧翼包抄法国防线和巴黎，从而摧毁法军。法国被消灭之后，德国就可从容对付俄国了。

德军总参部是一架高效的战争机器，它的参谋人员的水平都很高，身为德国总参谋长的施利芬伯爵，跟所有的德国军官一样，深受克劳塞维茨"法兰西王朝的心窝在巴黎和布鲁塞尔之间"这一训示的熏陶，但这句名言存在一个问题，那就是它指引的那条路由于比利时的中立，是条涉足不得的禁途，何况比利时的中立，又是德国同另外四个欧洲大国所永远保证的。法国以法德边界的四个城市为中心，构筑了一系列长达约 200 公里的堡垒，堡垒的东南从瑞士的天然屏障阿尔卑斯山开始，以坚固的混凝土堡垒从贝尔福、厄比纳尔、土尔和凡尔登伸展，凡尔登以北 30 多公里，是卢森堡、比利时和阿登崎岖的山路和森林。要想进攻法国，施利芬认为不要指向这些大型要塞，因为攻克这些要塞需要大量的攻城装备、时间和精力，以致有可能无法达成包围，况且攻城只能从一面进行，因此，进攻者倒不如从其间隙中推进，为达此目的，必须破坏卢森堡、比利时和荷兰的中立。1891 年，施利芬一上任就提出了第一号《对法战争备忘录》。施利芬认为德国要掌握战争主动权就必须先迅速打败法国，因为战争一旦爆发法国会立刻侵入德国，而对付俄国可以利用其动员速度慢的缺点与之周旋，等到打败法国之后再全力和俄国交战。

施利芬在第一次世界大战中是一个奇怪的角色，他在任期间没有经历过大的战争，在第一次世界大战开始之时他已经去世了，但他却对整个第一次世界大战的进程都产生了巨大的影响，甚至包括在 20 世纪上半叶德国所有的军事行动中，都能看到他的影子。作为一个战略军事家的施利芬曾制定了一个著名的计划，被称为"施利芬计划"，其核心在于德军通过比利时中部做一大迂回运动，兵锋指向巴黎西侧，德军兵力的右端从里尔附近突入法国迫使法军主力向东南撤退而德军则从其侧背进攻，以同时完成了两个战略重心——占领法国首都巴黎并消灭法军有生力量。至于比利时的中立，施利芬认为那只是"一个不足道的障碍"。

对德国威胁最大的莫过于东面的俄罗斯、西面的法国与海上的老牌强国英国，对于德国陆军而言，欧洲战争意味着同时与法国和俄国两面作战，因此德军参谋本部研究的课题便是如何同时打赢两场战争。"施利芬计划"假设德军面临两线作战，即东线和西线，因为俄国不可能很快击败，所以他计划首先要在西线集中大量兵力，迅速通过比利时和荷兰，以侧翼的移动击溃法国。考虑到俄国的原始铁路系统会造成战争动员缓慢，只需在东线安排10个师以推迟沙皇部队的前进，直到法国被压倒为止。施利芬认为，法国虽然在普法战争中失败，但其陆军雄风不减，是德国在欧洲大陆上最大的敌人。反观俄罗斯，虽有600万常规部队，但装备落后，施利芬判断，俄罗斯落后的军事动员体制至少需要6～8周才能完成对德国的军事集结，而在这段时间内，德国完全有能力迅速打败法国。这份计划的日程表在时间上精确到每一天，在地点上精确到了每一条铁路和公路，即150万人的德军必须在动员令后12天内夺取列日，19天之内征服布鲁塞尔，22天之内越过法国边界，39天内攻占巴黎，也就是说，要在开战6周之内就将法国踢出战争——这是施利芬所估计的俄国完成全国动员所需的精确时间。

"施利芬计划"实施的时间表就像火车时刻表那样准确、刻板，他对整个西线战事所定下的时间正好是预计中的俄国进行战争动员所需的时间，但在实际开战中，俄国人未等战争动员完毕，就提前把军队投入了战争之中，这个变化在"施利芬计划"中却没有被提及，而这又恰恰是"施利芬计划"是否能成功的关键之处。这位伟大的战略家在大战爆发的前一年临终时一再跟他的继承人毛奇将军强调："战争一定会来，一定要加强右翼。"当战争真正开始的时候，这个计划在被修改之后付诸实施。根据当时的战争局面，毛奇不得不削弱右翼力量以应付始料未及的战况，以致部队开到巴黎的东面而没有完成包围，几个星期后，当德国人企图用正面突击攻占巴黎时则在马恩河战役中被击退了。施利芬的计划在实战中功亏一篑，终于没能得以成功。实际上，"施利芬计划"是一个纯粹的意念中的战争，在一开始就已埋下了失败的种子，因为计划的成功施行依赖于敌对各方都要按照其为自己设计的"舞蹈动作"而行动，也就是法国要把其全部力量用以对阿尔萨斯和洛林的入侵，德军还得顺利通过比利时领土，俄国还不能提前进攻，一条出错就可能导致满盘皆输。

对于20世纪两次世界大战的指挥官们而言，施利芬备受推崇，他制定的第一次世界大战的计划也被奉为"施利芬神话"。但如此伟大的计划为什么会以失败而告终呢，是不是计划本身存在着某些缺陷和不足呢？很多历史学家都把责任归咎于执行者小毛奇的无能和自作主张，但战争中没有一成不变的计划，后人必须要根据当时的实际情况去制定计划，"二战"时的曼施坦因也是因改动了施利芬的计划而获得了成功。在"一战"中，被誉为"德国战神"的兴登堡和鲁登道夫就主张先东后西，而从实际情况来看，更容易先被解决的恰恰是东线的俄军，而且"施利芬计划"的关键之处即俄军进攻的时间也出现了问题，由此看来，也许小毛奇所面对的"施利芬计划"原本就是一个无法实现的神话。

二、僵硬的德国战争计划——小毛奇的折中方案

由于地理环境所决定，一旦战争爆发，德国无可避免地要处于两面受敌的状况，依德国参谋本部的判断，德国人必须在东西两方面同时作战，这已成为一种无可避免的厄运，承担打破这个厄运的参谋本部的历届参谋总长，都为此大伤脑筋，殚精竭虑地制定了相应的作战计划。在1890年的"两线作战"计划中，老毛奇打算对法国采取守势，而把德军主力投入对俄国的战争。但在过去23年后，俄国已改善了通信并加快了动员，且对俄国的入侵将会是场持久战。法军虽比俄军强大得多，所受训练也好得多，但德国不能放弃在西线的一切主动权和攻势。如若对法国采取攻势，那将会是一场速决战，就会很快决定胜负，如果德国胜了，德军很快就可腾出力量向东转移，这些是施利芬将军改变老毛奇战略的主要理由。

继任参谋总长的施利芬将军认为，俄国拥有幅员广大的领土，如果对俄采取攻势，假如俄国沿用1812年的"规避战略"，不与德军决战，德军可能要重蹈拿破仑征俄的覆辙。故此，他制定了一套犹如列车时刻表一样准确而刻板的先西后东的作战计划，决计先在西方决战，而后再转移主力于东方击破俄军。

　　1906 年，施利芬退休，小毛奇接任参谋总长。到了 1913 年，也就是"一战"爆发的前一年，八十多岁的施利芬临终时仍念念不忘地一再叮嘱："必有一战时，切莫削弱我的右翼。"不过他九泉有知，一定会失望，他的继承人小毛奇是个生性多疑且又谨小慎微的人，他并不具备施利芬那种作乾坤一掷式豪睹所需的自信、决断、冒险精神和非凡气魄。自从小毛奇成为德军参谋总长后，自知能力不足的他将"施利芬计划"当成德军唯一的作战方案，直到开战前夕，小毛奇沉浸在这个计划中已经有十年之久。小毛奇在这十年内可以说生活在一种矛盾之中，他明知世界情况正在改变，"施利芬计划"即令毫无缺点，也还是不可能完全适应十年后的情况，但另一方面他又没有能力对这个计划作彻底的改变。此间，他不断修补这个计划，整天冥思苦想如何使这个计划更加完美。但无论他曾做过多少次的修改，这个计划永远保留着一个核心论点，即速度就是胜利，德国的任何拖延都是将是致命的，如果俄国在法国被击败前参战，那也将是致命的。

　　"施利芬计划"规定从一开始就以最快速度将德国全部兵力通过比利时直接进攻法国，必须要在 6 周内彻底击败法军，为此目的，一切牺牲都应做出，一切危险都应接受。即使阿尔萨斯－洛林遭到入侵，即使东普鲁士甚至西里西亚遭到俄军的践踏，即使比利时的中立地位被破坏，英国作为敌对力量进入战争，一切都在所不惜。施利芬信奉的是菲特烈大帝的名言："宁可牺牲一省，但在寻求胜利时决不可分散兵力。"小毛奇主持参谋总部后，开始担心东普鲁士的安全和西线左翼的安全，而那两个方面正是施利芬的大胆之处，如果战争按计划打赢了，那两个方面将成为施利芬的伟大之处，以及大气魄、大手笔的象征。但现在小毛奇的个性特征使他越来越担心这两个方向上，薄薄的防线会不会被对方一下子戳成大窟窿，甚至在短时间内被撕成碎片。小毛奇对"施利芬计划"做了一些改动，加强了阿尔萨斯－洛林和东普鲁士方面的力量，因而削弱了主攻方向的右翼，这实际都是与原计划的精髓背道而驰的。严格地讲，1914 年德军的作战计划应叫作"施利芬－小毛奇计划"，后来在战役中，由于右翼的削弱以及阿尔萨斯－洛林方向上的法军深入不够而得以回救主战场，最终导致了马恩河会战的失利，从而使整个计划彻底破产。

严格说来，小毛奇对于施利芬的基本思想几乎是完全接受，只是做了一点小小的修改，但也可以说是致命的一点，那就是兵力的分配。施利芬计划的最大特点就是其兵力的分配非常不平均，其计划的一切精髓也由此产生。小毛奇在这一战上改变了施利芬原来的计划，患得患失的他加强了德军左翼的力量，并主张在德军左翼挫败法军攻势之后，再将左翼余裕兵力调往北方，在右翼后跟进，参加决战。显然，小毛奇的部署的是个两翼进攻的方案，而按施利芬的意图，左翼在开战初应且战且退，引诱法军深入东进，使右翼更便于旋转，猛击法军后背，现在左翼却反而向西推进，这足以使施利芬在九泉之下捶胸顿足！可以说，力量的分配实为"施利芬计划"成败的关键，若不这样分配"施利芬计划"也就不可能有效执行。小毛奇一方面改变兵力分配比例，另一方面又还是照原方案执行，其结果当然是两面不讨好。平心而论，小毛奇改变兵力分配也并非没有理由，但要改变则必须连计划也要改变，总而言之，二者不可两全。

小毛奇不是参谋本部军官出身，他被大多数人认为是一个不折不扣的庸才，这多少有些过分，只是和施利芬的气魄相比他确有相当的差距。施利芬的风格是大胆、再大胆，小毛奇信奉的则是不要过于大胆。小毛奇无论在个性上还是在政治上都不是一个懦夫，对军事形势的许多方面的判断都比较准确，他的不幸在于：让一个一贯谨小慎微的他，去勉强执行一个胆大包天的人制定的冒险计划。"施利芬－小毛奇计划"还有个致命的无法回避的缺点，那就是把对法国实施闪电式攻击的想法，从一个可选的攻击方式变成战时必须完成的任务。一旦战争动员后，德军的任何拖延，就不只是一个危险问题，而是一种绝对的不可能。对于德国来说，动员就意味着战争。在大战爆发前，所有的国家，无论是俄国、奥匈帝国还是法国，他们的战争动员都是有灵活性的，也就是说他们的战争动员可以作为一种为达政治目的而采取的手段，收放自如，而德国的则完全不同，一旦发动，就刻不容缓，否则就意味着失败。

大战爆发前，德国人终于发现陷入了自己设计的陷阱之中，由于没有退路，德军最高领导层只能告诉德皇，沙皇尼古拉正在要求德国做一件德国做不到的事，只有俄国才能避免战争，办法就是同意"双重最后通牒"，而这是俄国绝对无法接受的。德国的战车一经发动，就只能一往无前了，而这辆战车的指向就是德法两国边界处的中立国比利时的军事要塞列日。

三、不屈的小国——比利时

比利时位于欧洲西北部，东与德国接壤，北与荷兰比邻，南与法国交界，西临北海，属海洋性温带阔叶林气候。境内主要河流有默兹河和埃斯考河，是 19 世纪初欧洲大陆最早进行工业革命的国家之一。比利时拥有完善的港口、铁路和公路等基础设施，为与邻国间的交通创造了有利的条件。在列强争夺世界霸权的斗争中，小国通常被列强任意摆布，各列强为了自身的利益，往往把小国当成争霸的工具或牺牲品。地处要冲的比利时自然也无法例外。欧洲列强出于争霸的需要，一直对小国比利时十分关注。

作为一个岛国，英国在某种程度讲，是被大陆边缘化的，为了介入欧洲事务，而又不被联盟条约束缚住自己光荣的独立地位，英国伙同其他各怀心思的国家，由维也纳体系承认比利时永久保持中立。1831 年，欧洲的奥匈帝国、俄罗斯帝国、法兰西王国、联合王国及普鲁士王国五强在伦敦会议签署了条约，《伦敦条约》中承认了比利时的独立，并确保其永久中立国的地位。承认比利时为"永久中立"国，这相当于将英国的前哨基地推进到大陆边缘，通过对大陆边缘地带的控制，影响欧洲均势。到"一战"爆发前，比利时的独立经有关国家保证已经有 75 年之久，他们由此享受了有史以来持续最长的一段和平时期。他们希望邻国能让这种安乐境况长此下去，不受干扰。中立的义务和对于中立的信念使他们忽略了自己的军队、边防、国防工事的建设。直到最后时刻，他们依然难以相信自己会卷入战火之中，而是依然坚信，保证他们中立的国家不会侵略他们的家园。

英国虽然承认比利时永久中立，但并没有义务帮助比利时赶跑德国人，主要是德国入侵比利时可能会造成法国的连锁反应。但法国人没有重视比利时的边界，致使德国人一但借道比利时，可能会致使法国失败，从而导致德国的一家独大。当然，如果法国人能顶得住越过比利时边界的德军攻势，并且战事胶着，谁都没有绝对优势，英国也就不会参战了。说英国是因捍卫比利时的中立地位而参战，那不过是个借口，就如同美国要借德国的无限制潜艇战而参战一样，大国的参战原因只能有一个，那就是利益。

比利时的国王阿尔贝一世在 1909 年继承其叔父利奥波德二世的王位，阿尔贝在青年时代受到良好的文化和军事教育，他的社交技巧让他成为欧洲上流社会最受欢迎的人物之一，在 1913 年访问柏林期间，阿尔贝获知了德皇威廉二世的战争计划，他立刻通知法国政府，并于 1914 年 7 月向威廉二世递交了一份私人信函，声明比利时将严守中立的立场。

8 月 2 日晚上，比利时首都布鲁塞尔接到了德国送来的照会，照会一开始说，德国收到可靠情报，法国拟欲通过比利时国境进犯德国，不能指望比利时军队可以阻止法军的推进，因此根据"自卫之需"，德国有必要"先发制人，以阻止这种敌对性的进攻"。一句话，德国人要借道比利时攻击法国。当然，德国人保证只是借道，如果比利同意，那么德国可以保证比利时不受任何损失。事情已经摆明了，比利时面临着战争的选择。阿尔贝国王代表的比利时回答说："我们将誓死捍卫自己的中立。"

8 月 3 日，阿尔贝国王亲自出任了比利时武装部队的总司令，他这时已不存任何幻想。虽然比利时的军队无法与德军相比，但比利时还有个倚仗，那就是它与德国之间有一道"大门"——列日要塞，那是个坚固无比的要塞，比利时人希望它能不负重托，挡住德国人的进入。阿尔贝国王亲自提名由 63 岁的陆军大学校长勒芒将军担任第三师师长兼列日军事长官，国王还给勒芒写了一封私人信件，要他"坚守托付给他的阵地，死战到底"。比利时人明白，如果他们屈服于德国的要求，那将等于听任德国占领比利时，而一个战胜了的德国，是很少有可能还会把撤退放在心上的。不仅如此，他们还将使比利时成为进攻法国的帮凶，成为自身中立的破坏者。不论选择哪条道路，比利时都要被德国占领。但如果屈服，还得丧尽荣誉，"如果我们必然要被化为齑粉，就让我们光荣地化为齑粉吧。"比利时的政府要员巴松皮埃尔这样记述着他们当时的情绪。

列日要塞就像一座城堡的吊闸，守卫着从德国进入比利时的大门，它雄踞在默兹河左岸高达150多米的陡坡上，这一带的河道，宽约180米，是它的天然城壕，方圆50公里，都有堡垒卫护，是一座有口皆碑的、全欧洲最固若金汤的城池。全世界的舆论都寄希望于列日，即使它不能无限期地坚守不屈，至少也能坚持到英法援军的到来。阿尔贝国王下令炸毁列日要塞附近默兹河上的桥梁，以及与卢森堡交界处的铁路隧道和桥梁。但他此时依然未向英、法两国发出呼吁，要求军事援助和结盟。他还多少心存一丝侥幸想法——德国人是危险的，但还不是疯子，难以想象德国人会明知错误，还要自绝于人，蓄意发动战争。

1914年8月3日，一支约3万人的经特别训练的德军第二军团特遣部队在艾米赫将军的率领下，在阿登高原和荷兰边界之间越过比利时边界，进入列日要塞防卫范围内狭窄的通道，比利时的列日要塞守军率先开炮，轰击正在渡河的德军。德国与比利时之间的战争爆发了，这也是第一次世界大战真正的开端，德军给列日要塞的守将勒芒发出了劝降信，但遭到了勒芒将军的回绝，两天后，在德国巨炮的轰击下，德军攻占了列日要塞，勒芒受伤被俘，德军通过列日要塞开向了比利时的首都布鲁塞尔，比利时政府被迫流亡法国。虽然失败了，但比利时的顽强抵抗推迟了德军的推进速度，还是为协约国作出了它的贡献。在整个第一次世界大战期间，阿尔贝国王率领的比利时政府与比利时人民英勇作战，为协约国的胜利立下了汗马功劳。"一战"结束后，阿尔贝一世积极参与国家的重建，在他的努力下废止了欧洲列强强加给比利时的《伦敦条约》。1934年，阿尔贝一世在登山时遇难，他的长子利奥波德三世继承了比利时的王位。

四、比利时的大门——毁于巨炮下的列日要塞

第一次世界大战的初始之战是由德军入侵中立国比利时揭开序幕的，而其中比利时的列日要塞首先接受了战火的洗礼。列日城是从德国进入比利时的大门，连接德国、比利时和法国北部的四条铁路线都在这个战略城市中汇集，然后向比利时平原作扇形展开。控制这些铁路干线是实施"施利芬计划"的先决条件，因为德国的120多万迂回大军的后勤补给主要依赖这几条铁路线的运输，只有拿下列日，组成旋转右翼的德国第一、第二和第三集团军才可以行动。

就在奥匈帝国向贝尔格莱德开炮的第二天，比利时的布鲁塞尔接到了德国送去的照会，照会中说："德国收到可靠情报，法军拟将沿着吉韦至那慕尔一线推进，欲通过比利时国境进犯德国的意图已不容置疑，根据自卫之需，德军有必须先发制人，以阻止这种敌对性的进攻。"德国希望比利时能让德军借道比利时，比利时政府的回答是："我们将捍卫自己的中立，比利时不会背叛它对欧洲的责任，一定要用自己的力量击退对其权利的每一个攻击。"在比利时存在的83年中，阿尔贝国王的国家从未打过一次仗，并且因为它的安全有赖于作为一个"永久中立国家"，直到1910年为止，军队甚至没有一个总参谋部。

德国人认为，比利时人所谓不惜一战的说法，不过是"绵羊的梦呓"，1914年8月4日清晨的雾气尚未散尽，按照"施利芬计划"，西线德军前锋第一集团军和第二集团军共10万余人，携带200门大炮，在司令官艾米赫的指挥下，突进比利时，迅速冲向比利时境内的默兹河天险，直奔比利时最重要的列日要塞。德军如果冲过默兹河，那么通向比利时首都布鲁塞尔的大门就被打开了，按照德国的战略设想，是几乎不停顿地通过比利时，预计没有或很少遭遇抵抗。在柏林，毛奇依然希望比利时人在为了面子起见开了几枪之后，或许仍会接受劝告，"达成谅解"，正是因为这样，德国最后一

份照会只是说"以兵戎相见",暂时还避不宣战。英国签订的比利时中立公约,并不单单是对一个弱小国家的崇高关怀,它的海上优势不能容忍一个强大的大陆国家德国控制极为重要的海峡沿海地区,比利时可以说是英国国防线的延伸。当德国人侵入比利时时,英国决定正式参战,成为当时唯一对德国宣战的国家。英帝国的领地加拿大、澳大利亚和新西兰也随之变成交战国,南非也于 1915 年 1 月参战。

比利时的阿尔贝国王新动员的军队由 16.5 万人组成,其中大约半数部署在列日和布鲁塞尔之间,比利时的战略目标是依靠列日和那慕尔的炮台推迟敌军的前进,直到法、英军队能够到来。列日指挥官热拉尔·勒芒将军,得到派来的后备军的增援,使他的兵力达到 4 万人,并奉阿尔贝国王之命,防守列日到底,直到英法援军的到来,但事实上他们是不可能坚持那么久的,这一点每个人都心知肚明。英国人是行动了,派出了由约翰·弗伦奇率领的人数为 6 个师的远征军奔赴欧洲战场,但日期是 8 月 14 日,是在比利时失陷以后。英国远征军到达了法国的亚眠,这支部队的主要目的是支持和配合法国陆军阻止或击退德军入侵法国或比利时领土并最终恢复比利时的中立。但在临出发前弗伦奇受到嘱托,一定要尽最大努力把死亡和损耗减到最低限度,在被要求参加任何调动时,如果有风险,弗伦奇应当首先请示本国政府,并且一再向弗伦奇强调,他的指挥权是完全独立的,在任何情况都不受任何联军将领的节制,这样的安排显然是把英军作为核心力量来加以保存而一笔勾销了统一指挥的原则,这些原则决定了英国远征军在以后的作战中以保存自己实力为主的作战风格,毕竟他们是在为别国打仗。

列日要塞位于默兹河与乌尔特河汇合处,它北邻荷兰边界,南靠阿登森林,是德军取道比利时进攻法国的咽喉。要塞周围筑有 12 座炮台,环形炮台群周长 50 余公里,炮台间隔 3～6 公里,部署有各种火炮 400 门,各炮台筑有厚度为 3 米的钢筋混凝土永久工事,是一座有口皆碑的全欧洲最固若金汤的城池。列日要塞的几座桥梁是默兹河上仅有的几条公路的渡口,列日要塞又是把比利时、德国与法国北部连接起来的四条铁路线的枢纽,因此它是向前推进的德国部队运输给养的必经之地，所以在占领列日要塞并将其周围的堡垒打哑以前，德军右翼部队将无法行动。为迅速夺取列日要塞，德军参谋总部从比洛第二集团军抽调6个旅加上两个骑兵师组成一支3万人的部队，由艾米赫将军指挥从东、南、北三个方面向列日进攻。

冲到默兹河边的德军发现河上的桥梁都已被破坏，便立即架舟桥渡河，这时驻守列日要塞各炮台的比利时守军立即用大炮和机枪向德军猛烈开火，渡河德军猝不及防，纷纷落水，死伤无数。艾米赫见状一面命德军继续发起进攻，一面调来两百门大炮向列日要塞的各炮台轰击，顿时，默兹河两岸炮声隆隆，硝烟弥漫，双方进行了激烈的炮战与攻防战。德军的巨大数量带给了守军莫大的恐慌，这是德军的大型军团首次出现在比利时人面前，尽管德国人没有高估自己的军力，但是显然低估了比利时人的勇气，在优势敌军面前比利时军队决心抵抗到底。

艾米赫直到此时仍然认为比利时人会不战而降，他派了一位使者打着休战的旗帜，要求列日投降，否则的话，他宣称，这座城市将遭到空袭。勒芒服从他的国王的命令，拒绝投降。德国的齐柏林飞艇出现在了列日的上空，这是世界上首次空袭，飞艇丢下了十多颗炸弹，只是给列日的守军一点威慑作用，几小时后，德军大炮开始狂轰东面炮台和城市本身，但坚固无比的炮台仅仅被削去一些混凝土而已。德军日夜进攻列日，不顾一切再次投入大量兵力，几乎是需要多少就投进多少，以便按期攻克目标。但三天三夜却毫无进展，德军参谋总长小毛奇闻报大惊，再这样下去势必要延误整个西线的德军的进攻行动，他马上派德军第二集团军副参谋长鲁登道夫上校率军前去增援，并从参谋总部调运巨型攻城武器运往列日。鲁登道夫接过该旅指挥权后，于第二天下午奇迹般地突入到堡垒圈内的制高点，在制高点上架起大炮向周围比军堡垒猛轰。是日，鲁登道夫又派人打着休战旗帜前往劝降，但仍然被拒绝。鲁登道夫又派人冒充英军混到要塞司令部门口，企图绑架勒芒将军，结果也没有得呈，派去的官兵反被全部击毙。

小毛奇在开战时对奥匈帝国军队的总参谋长康拉德说过，他预期到战争第 39 天西线便已决出胜负，因此答应从第 40 天开始派遣德国部队到东线支援奥匈。尽管德国人估计比利时人不敢应战，但是德国人的彻底性要求做到对于一切可能发生的情况都要有所准备。问题就在于要设计一种用于攻克堡垒的能在陆上运输的重型大炮。德军攻击列日要塞初期的野战炮对列日的钢筋混凝土地下工事有如挠痒痒，反而被杀伤了大量的战斗人员，只好等待大炮到来，而大炮再慢也终究有到达的那一天，到了那一天所有的账都会被结算清楚。

当攻城炮尚在途中时，德国政府作了最后一次努力，试图说服比利时人在其国土上让出一条通道，以便过境。8 月 9 日，杰勒德先生受托向他在布鲁塞尔的同僚转送一份递交给比利时政府的备忘录。"既然比利时部队不顾力量悬殊，对优势兵力进行了英勇抗击，从而保持了它的荣誉"，备忘录写道，德国政府"恳求"比利时国王陛下和他的政府别让比利时"继续忍受战争的恐怖"。如果德国部队能获得一条自由通过比利时的走廊，德国准备与比利时缔结任何有关协定，并"庄严保证"它绝无意侵占比利时领土，一俟战争形势发展许可，德国部队将撤出该国领土。美国驻布鲁塞尔和海牙的两位公使都婉拒转达这个建议，最终通过荷兰政府的协助，该份备忘录在 8 月 12 日送达阿尔贝国王手中，但国王表示拒绝。

德国人的进攻利器终于运来了，就是 5 门绰号"大贝尔塔"的巨炮，这是有着 50 厘米口径的攻城榴弹炮，可以把一吨重的炮弹射到 15 公里外，每颗穿甲弹有一个定时信管，只在目标被穿透后才定时爆炸，再坚固的炮台在它的轰击下也将化为瓦砾。毛奇仍然希望不必动用这些大炮而能顺利通过，可是如果比利时人执迷不悟，真的不惜一战，德国人指望用它一举攻克这些堡垒。炮击开始了，一吨重的炮弹自天而降，炮弹爆炸时的尘土、碎片和硝烟形成巨大的圆锥形，升入 300 多米的高空，地动山摇宛如发生了地震。在"巨无霸"的连续轰击下，到 8 月 16 日，12 座炮台中的 11 座遭到连续猛轰后屈服了，勒芒指挥部所在的隆森炮台是最后的一座炮台，被直接命中而摧毁，勒芒本人也被炸昏后被俘，被救活之后送到艾米赫将军面前，他交出指挥刀说："我是在昏迷中被俘的，务必请你在战报中说明这一点。""你的指挥刀并没有玷污军人的荣誉，"艾米赫答道，同时把指挥刀还给了他，"留着吧。"

战争中往往会出现意想不到的坚点，所谓坚点就是本应该很快达成的小目标付出巨大的代价也迟迟不能达成。如果没有巨型攻城炮，列日将毫无疑问地成为坚点，列日将至少阻挡德军一个月，如果援军及时赶到，马恩河战役就可能不复存在，而被列日战役所代替。因攻克列日之功，鲁登道夫和艾米赫被德皇威廉二世授予功勋十字章，这是德军最高军功奖章，鲁登道夫更是开始了他一生事业的飞跃，成为德国军界一颗耀眼的新星。列日之战终于以德军取胜而告终，但德军在要塞前伤亡惨重，损失超过了上万人。

8月20日，胜利的德军开进布鲁塞尔。一队队手持旗杆矛、戒备森严的德国枪骑兵骤然出现在街头，但他们只是可怖的军事示威游行的先遣部队而已，后面接踵而来的队伍，其兵力之强、威势之盛，几乎难以置信，观看行军的人群默默无言，对这支队伍的浩浩荡荡、绵延不绝、精良绝伦，不禁茫然咋舌。刚入城时的德军还是比较文明的，但由于遭到了比利时人的冷枪袭击，他们开始枪击平民，以报复冷枪狙击。人质都被处死，房舍遭到炮击或烧毁。如果发展成为逐屋战斗，野炮立即把村庄夷平。

毛奇写信给康拉德将军说："我们在比利时的进军肯定是残忍的，但我们是在为我们的生命而战，谁挡路，谁就必须自食其果。"根据"施利芬计划"，德军5个集团军穿过布鲁塞尔，向法国西北部边境直扑了过去，法国和英国对德军行动判断错误，只有法国的一个军和少量的英国远征军部队在抵挡这支德军主力部队，英法联军不得不后撤，很快德国军队就打到了法国边境。

五、霞飞的杰作——随拍起舞的"第十七号计划"

法国陆军在总体实力上居欧洲第二位，仅次于德国，但有一个致命的弱点。法军在该期的作战思想是完全崇尚进攻，防御战术几乎完全被忽视。在利用高地组织防御、构筑野战防御工事和运用机关枪火力防御方面，法军的技能很差。法军拥有那个年代最精良的野战火炮，即著名的法式75毫米野战炮，然而，由于法军确信其火炮优于对手拥有的火炮，而轻视中型和重型火炮。实际上，在大战之初法军仅拥有大约300多门口径在75毫米以上的火炮，而德军拥有3500门。法军炮兵连编制4门而不是6门火炮，这是它的又一个缺陷。

当德国人按照"施利芬计划"进入比利时的时候，法军也在执行他们自己的战略方案——"第七方案"，这是由法国参谋部总参谋长约瑟夫·霞飞制定的。正像施利芬所期望的那样，8月中旬，法国第一军和第二军戴着白手套的军官们，将各旅集结起来，威风凛凛地开向了阿尔萨斯—洛林。对德国展开复仇之战，收回被割让给德国的阿尔萨斯和洛林，是法国自普法战争结束以来久已期待的事情。开战之初，法国军队最早执行的是由时任总司令的霞飞将军制定的"第十七号计划"，这一计划的主要宗旨就是另一位著名将领福煦提出的"要胜，就要向前进"，即强调不惜一切代价的进攻。按照预定的"第十七号计划"，法军在一片欢呼声中，向他们期待已久的阿尔萨斯和洛林方向冲杀而去，法军的右翼部队沿着一条人迹罕至的小道，突然攻到了德军左翼部队的面前。

从1914年8月1日起，欧洲各国陆军都在动员，几百万士兵沿着公路和铁路涌流，穿过莱茵河各个大桥流动，从俄罗斯帝国最遥远的省份上火车，从法国南部和北非向北奔跑，大量军队在调动或以战斗行列在行军，战争出现了对德国来说早已预见和早已深入研究过的两线作战的情形。对付这个局势，德国人在1905年就已经制定出了"施利芬计划"。在"施利芬计划"中，假想法军将会首先夺取阿尔萨斯和洛林，因为这两个地方是在普法战争中被割让给了德国的，法国人对此一直耿耿于怀，必会倾其全力将其夺回，基于这一点德军计划用少量的左翼在阿尔萨斯和洛林牵制法军，用强大的右翼借道比利时、荷兰或卢森堡，包抄巴黎的西部，从而一举拿下巴黎。

法国在普法战争后逐渐形成了一种"攻击主义"的军事思想，摈弃一切有关防御的观点。这一军事学派的代表人物是法国战争学院院长福煦。只有一个人在唱反调，他就是内定出任法军总司令的米切尔将军，他认为，德国只有利用比利时才能对法国发动一个具有决定性的攻势，他要求重点设防之线，正是德国人后来的主要突破区域。由于他的计划属于防御性质而被一致否定了，并由霞飞接替了他的职位。就在许多人怀疑法军是否会按"施利芬计划"起舞时，法军的计划亮相了，正如施利芬所预料的那样，战争一开始，法军右翼主力便向德国占领的洛林地区发动了进攻。在霞飞指挥下法国总参谋部制定出新的对德作战计划，对这个计划他们严守秘密，称它为"第十七号计划"。"第十七号计划"规定用法国四个集团军沿默兹河两岸向东和向北发动总攻，用最后留下来的集团军放在它们中央的后面作为后备。制定这个计划的人坚信法国的右翼能深深插入阿尔萨斯和洛林，他们不相信，法国的左翼会被德军通过比利时在默兹河以西迂回包抄，他们绝没想到，"第十七号计划"与"施利芬计划"配合得竟是那样天衣无缝。在进攻的神话下推动着的法军，在8月15日至19日的几天时间里，在东边先后攻占了一些在普法战争后被德国所占领的地方。

在1914年，德国陆军的装备和训练最好，其陆军在有效力的中型和重型火炮的数量上占有很大的优势。在军队的背后是结构良好的工业组织体系。尽管在作战思想上强调进攻，但部队亦进行防御战术的训练。德方在洛林阵地的守军，是巴伐利亚王储鲁普雷希特的第六集团军，以及从8月9日起归他指挥的冯·黑林根将军的第七集团军。鲁普雷希特的任务就是把尽可能多的法军牵制在他的战线上，使它去不了面对德军右翼的法军主力阵地。法军向阿尔萨斯的进攻揭开了法德边境战的序幕，8月7日上午，博诺的第七军从孚日山出击，经6小时传统的白刃战，法军攻占了阿尔萨斯边境小镇阿尔特基希，但没能乘胜夺取牟罗兹，第二天在总司令部的严令下才进占该城，德军后撤待援。8月9日，德军向牟罗兹反攻，一天后，法军渐渐不支，为免遭包围而不得不放弃该城。

霞飞解除了博诺军长的职务，专门组成一支"阿尔萨斯军"，召回退休的独臂将军波指挥这个军，准备重新发动攻势。正当波将军所部法军在阿尔萨斯发动攻势的时候，法军迪巴伊将军的第一集团军和德卡斯特尔诺将军的第二集团军正在分别穿越洛林地区的两条天然通道，这是法军进攻的必经之路。一个步兵集团军和一个骑兵师在 8 月 13 日攻入阿尔萨斯后，霞飞开始以右翼的两个集团军攻入洛林，处于中央的几个集团军几天后跟踪进攻，直到 18 日晚上，法军的朗勒扎克将军及其左路军仍然根据命令向东北推进，法国总参谋部的意图是取道美因茨直取柏林。"第十七号计划"的特点就是以攻对攻，无论在战略方面还是在战术方面都采取进攻的作战样式，霞飞坚信法军的进攻是无法阻挡的。法国人并非不考虑德国从比利时迂回过来的可能，但认为如果德国这样做的话，他们在法德边界上的兵力一定非常薄弱，这对法军在这一方向上的进攻会十分有利。霞飞没料到，法德边界上薄弱的德军挡住了法军的攻势，而德国从比利时迂回过来的军队却撞开了法国的大门。

霞飞认为德军现役部队不足以从默兹河以西实施进攻，他们亦不相信德军的预备役部队不经进一步的训练即会被使用。实际上，德军训练有素的预备役部队可立即使用于第一线作战。因此德军实实在在而出人意料地在即将进行的战斗中，对 130 万人的法军形成了 3：2 的数量优势。8 月 3 日，在德比边境格梅尼希附近，德军在未经宣战的情况下越过了比利时的边境线，开始入侵比利时。8 月 16 日攻陷了比利时现代化要塞列日，德军强大的右翼开始全面启动。这时霞飞似乎仍然没有意识到德军的战略对法国的威胁性，更不曾企图阻止强大的德军右翼，他正努力去切断德军主力与其后方之间的联系。"我们要把他们拦腰截断"，法国这方面的对策是：只要德国人远道迂回包抄法军侧翼，法军就发动钳形攻势，在德军设防的梅斯地区的两侧突破德军中路和左翼，并乘胜切断德军右翼同后方基地的联系使其无法出击。

如果说德国小毛奇的作战计划过于小心，那么法国人的想法实在过于大胆，8 月 14 日，波将军的"阿尔萨斯军"重新向阿尔萨斯发动进攻，迪巴伊第一集团军和德卡斯特尔诺第二集团军也同时向洛林地区的萨尔布尔和莫日朗出击，德军驻守洛林的是巴伐利亚王储鲁普雷希特第六集团军和黑林根的第七集团军。在迪巴伊和德卡斯特尔诺进攻的头4天，德军按照计划且战且退，仅与法军作后卫战，蓝衣红裤的法国军队从梧桐夹道的宽阔笔直的公路上源源而来，尽管德军一使用重炮就能把法军战线打得七零八落，可是法军却未遇到德军的坚决抵抗。殊不知，就在此时此刻，"第十七号计划"正式破产——事实上，这个计划早已破产好多天了。

右翼法军两个集团军企图从8月14日起在洛林地区发起进攻，8月19日他们到达萨尔布尔、韦尔加维尔、欧龙地区，第二天便同转入进攻的德军第六和第七集团军遭遇，迪巴伊的第一集团军和德卡斯特尔诺的第二集团军在进攻萨尔布尔和莫朗日两地德军严阵以待的防线中，被打得焦头烂额，吃尽了苦头。对配有重炮、铁丝网以及隐蔽在掩体中的机枪的防御阵地，殊死进攻的局限性立即暴露无遗。法国人此时一直在犯一个极大的错误，那就是法国步兵上战场穿着蓝裤子和红上衣，在平地上十分显眼，他们的炮兵军官穿黑色与金色的制服，目标更是特别清楚，为此他们受到了残酷的教训。一位目击者回忆道："法国军队以19世纪最好的队形出现在战场上，戴了白手套、修饰得漂漂亮亮的军官走在他们部队前面18米处，就像阅兵行进那样安详，他们都很勇敢，不断冒着可怕的炮火冲锋前进，但毫无用处，没有一人能在向他们集中射击的炮火中活下来。到目前为止，我没看见一个人能前进45米以上而不被打翻的。"在德军猛烈炮击下，莫日朗要塞满山遍野的法国士兵的尸体，扑灭了法国军事教条"进攻主义"的灿烂火焰。

德方洛林阵地的守军，是巴伐利亚王储鲁普雷希特的第六集团军，以及8月9日起归他指挥的冯·黑林根将军的第七集团军。按照"施利芬计划"，他们必须先行退却，将法军引入"口袋"，拉长法军的交通线，然后把它咬住，而这时候，决战就在别处打响了。鲁普雷希特亲王原本就不甘心在这样一场决定德国命运的会战中，仅扮演一个次要角色，更不愿当别人进攻时自己却在后撤，即使出于战略上的需要。现在法军进攻受挫，他开始对参谋总部施加压力，要求立即反攻。小毛奇的思想深处一直存在着两面合围法军主力的想法，只是担心力量不足而未敢实施，这时见到自己左右两线都取得了胜利，于是改变了原来的诱敌深入的计划，同意第六和第七两集团军立即向当面法军发动反攻，并向厄比纳尔方向追击。战事从 8 月 20 日开始，当时法军右翼的两个集团军前进到梅斯以南，他们遇到前方准备充分的德军防御工事的抵抗，而从要塞出发的经过辐射状公路和铁路运来的巴伐利亚军猛烈攻击他们的左翼，全线陷于苦战的法国第二集团军，这时其左翼正遭到梅斯德国驻军分遣队的猛攻，法军的左翼垮了，后备队业已全部投入作战，德卡斯特尔诺意识到进攻的全部希望已成泡影，于是停止战斗。霞飞只好命令第二集团军跟友邻军一并撤退，好容易打了 7 天才拿下的地方，如今又被迫放弃了。

正如施利芬所预料的那样，法军开始进攻洛林，法军主力和德军左翼在德法边境上不断上演着进攻和反攻的大戏，最后德军的大炮和机枪占了上风，法军在两周的作战中损失惨重，只得撤退，而德军右翼这时却从比利时打到了法国边境。法军负责进攻阿尔萨斯的指挥官波将军在给刚解放的阿尔萨斯人的最后一份公告里流露了他内心的悲观失望，他写道："在北方，大战开始了，这一仗将决定法国的命运，同时也将决定阿尔萨斯的命运，为了这场具有决定意义的进攻，总司令在那里集中了全国的兵力，令我们深感遗憾的是，为确保阿尔萨斯的最后解放，我们不得不暂时撤离阿尔萨斯。"洛林会战法军的败退从全局来看，无意中挽救了法军的全面失败，因为法军第一、第二集团军没有进入德国为之设下的陷阱，不久后从这一方向抽调的部队组成的巴黎方面第六集团军的主力，向德军右翼克鲁格集团军实施侧击，取得"马恩河上的奇迹"从而扭转了整个战局。德军在洛林会战中犯下了战略性的错误，由于过早地反攻，把正在进入陷阱的法军右翼主力推了出来。

六、"我们要把他们拦腰截断"——法国边境战争

在布鲁塞尔被德军攻占的当天，桑布尔河战线上，法军的进攻计划并没

有却步，朗勒扎克业已到达桑布尔河，英军也已赶到一条线上，英军的指挥官约翰·弗伦奇爵士在几经摇摆不定之后，此刻向法军总参谋长兼联军总司令霞飞保证说，他准定于次日投入战斗。8月20日夜幕降临时，霞飞判断时间来到了，于是下令第四集团军开始进攻，霞飞向法国总理梅西米报告说："现在有理由信心百倍地期待战局的发展。"不料洛林方面却传来了噩耗，左翼的鲁普雷希特已以雷霆万钧之势开始反攻，德卡斯特尔诺的法军第二集团军，由于霞飞将其几个兵团调往比利时前线，因此力量悬殊，正在退却之中。

法军在洛林进攻的失利并没使霞飞气馁，相反地，他看到鲁普雷希特的猛烈反攻已使德军这一左翼深陷鏖战不脱，因此此刻正是他放手进攻德国中路的大好时机，法军总司令部深信法军中路人数占有优势，便发出了在阿登山区进攻的号令。鲁夫的法军第三集团军向山区南部进攻，德朗格尔的法军第四集团军从山区北部进攻，这两个法国集团军如果在中路得手，德军右翼和左翼将被割裂。据霞飞的判断，在中路阿登山区的德军不过18个师，他认为部队不多的德军不可能在卢森堡之西前进，法国的第三、第四和第五集团军，奉命于8月22日经由阿登森林前进，对德军展开突袭，法国统帅部深信，德军将避免困难的阿登地形，不会在阿登地区中出现，结果在一次遭遇战中，德军攻击了毫无准备的法军，损失惨重的法军开始退却，第三集团军退往凡尔登，第四集团军退往斯特内和色当，在默兹河西岸重组防线，阿登地区的会战遂告结束。

在比利时北境的战线上，朗勒扎克将军感到了形势的不妙，他预感到德军将会从比利时迂回过来，如果那样的话，他的第五集团军将首当其冲。他将自己的看法向霞飞陈述，一再强烈要求总司令部，让他北上狙击正在南下的德军右翼，而不是开往东北攻入阿登山区打击德军中路，根据他侦察到的情况，德军从列日两侧蜂拥而来，为数不下几十万，他坚决认为，一旦他深入阿登山区，德国人将会出现在他左面，到那时将束手听任敌人完成其包抄了。但法军总司令部坚决认为这些数字错了，霞飞认为他的这一看法"完全不合时宜"。法军司令部相信能将迂回运动的德军右翼击退。朗勒扎克深知霞飞的态度已完全背离了实际，但也只能无可奈何地注视着即将来到的灾难，而且朗勒扎克也绝对想象不到德军进行包抄和席卷一切的气势竟会如此之大。8月23日晚，朗勒扎克收到了一个不能再坏的消息，第四集团军在阿登山区不仅没有像总司令部先前在公报中所暗示的那样打了胜仗，而是正在被迫退却之中，这使他的第五集团军的右翼完全失去了掩护。

按照德国的战争计划，德军进攻军队经过比利时和巴黎西部地区对法军主力实施迂回，以达成围歼法军主力的目的，而按照法军总司令霞飞将军的命令，英法联军按离心方向转入进攻，双方力图通过进攻完成任务，这就导致在阿登地区和桑布尔河与默兹河之间地区的大规模的遭遇战。德军通过比利时做大范围的迂回运动，几乎一下子把34个军团200万人投入战斗，法国第五集团军费了极大力气刚完成桑布尔河上的部署，英军经过强行军刚到达蒙斯邻近地区，就遭到通过比利时进行迂回运动的占压倒优势的德军的进攻，英法联军左翼的两个集团军全靠各自及时撤退才逃脱了灭顶的灾难。在蒙斯之战中，德军克卢克将军的第一集团军，除了击退赶向这个地区支援比利时人的法军外，还击退了英国远征军，在桑布尔河，法国第五集团军被德国第二集团军和第三集团军击溃，10天内有30多万法国官兵伤亡和被俘，此时的法军只能被迫向凡尔登和默兹河退却。

现在不论法军打得如何英勇，反攻已不能挽救整个局势，朗勒扎克此刻很清楚，法军从孚日山脉到桑布尔河在全线撤退，只要军队还在，就不会出现像色当战役那样不可挽回的失败，而假使他的第五集团军被歼灭，整个战线就会动摇，接着就是彻底失败。朗勒扎克在没有征求总部意见的情况下，断然下达了第五集团军全面撤退的命令，总部得知后，对此并没有提出异议。后来法国官方为寻找替罪羊指责朗勒扎克的擅自撤退，但也有人认为朗勒扎克的撤退命令使法国军队免遭了灭顶之灾。

与欧洲大陆的陆军形成鲜明对照的是英国正规军，它由服役七年的志愿兵组成，由高质量的职业军官指挥，部队在士气、训练和稳定沉着方面是好的，其士兵个人的射击技术和火力训练是优秀的。英国远征军有15万人，编为6个步兵师、1个骑兵师和支援性部队，这支部队在开始的交战中所起的作用远远超过其能力。在正规军之后，是由志愿民兵组成的本土军，训练和装备都不足。德军出乎意料的主攻方向和庞大兵力的压迫，再加上法军第五集团军撤退时，事先招呼都不打，以及接二连三的败退和英军1.5万人的损失，使情绪易变的英军统帅弗伦奇感到惊慌、沮丧而被笼罩在末日将临的恐惧中，初来乍到的雄心壮志和豪言大语早已烟消云散，他现在唯一的想法是尽快脱离与德军的接触，以保证英军不被消灭。8月24日早上，英国海军大臣丘吉尔收到从法国前线发来的电报："那慕尔已经陷落，我记牢你正确的指示中有关必要时撤退的方法和方位，我认为目前最须注意的是阿布雷的设防。"两天前还在说的决战、乐观的进军和期望中的反击，转眼已改变为"在阿布雷设防"和"要是敌人紧追不舍军队将很难撤退"。8月8日，方寸已乱的弗伦奇下令英军各部将所有军火弹药和非必需辎重统统扔掉，显然他不愿再战而只想逃命了，但实际上英军的士气和撤退状况远不像他的总司令想象的那样糟糕，大部分部队指挥官没有理睬这道命令。

在8月末发生的"边境战役"中，以法军为主的协约国军队以失败告终，协约国的军队沿阿腊斯到凡尔登一线全面撤退，德军乘胜追击，长驱直入，已直接受到威胁的巴黎人心惶惶，八天之内就有50多万巴黎人抛弃一切，逃出首都。德军抵达马恩河的消息使首都的恐慌达到顶点，连政府也为安全起见而在9月2日迁往波尔多。此时德法边境已被突破，英法联军各部队不是在退却就是在做死守的困兽之斗，对这场灾难应负最终责任的霞飞，在法国的所有希望彻底破灭的这个时刻，查明战败原因成了他仅次于重组战线的当务之急，他毫不犹豫地认为战败的原因在于"指挥官的严重缺点"，他查问那些表现得软弱无能的将领们的名字，无情地扩大了处分人员的名单。

此时，德军正在向马恩河和巴黎前进，打击他们路上遇到的任何协约国部队，8月26日，克卢克的第一集团军在勒卡托之战中突袭英国远征军，迫使它进入疲惫的后卫战，勒卡托之战使英国远征军受到德军第一军团的巨大压力，每天均以后卫部队与德军交战。8月27日，弗伦奇企图停止撤退以求精疲力竭的英军第二军稍事喘息。该军在史密斯·多里恩的指挥下，实施了滑铁卢战役以来英军经历的规模最大的战斗。英军竭力击退由克卢克军团全力实施的两翼包围，至夜幕降落，英军幸存者成功地撤出战斗。代价是高昂的，投入交战4万人，损失近8000人。两天后，德国统帅部从科布伦茨迁往卢森堡，此刻的德国人心潮澎湃，无限自信。他们看见前面只不过是些残兵败将，施利芬的才华业已得到证实，德国人看来已稳操胜券。在法国，普恩加来总统在日记中写道："我们必须下定决心，既要后撤也要进袭，过去两星期的梦幻结束了，现在，法国的未来取决于它的抵抗能力。"

虽然德军甚为强大，但作为总司令的霞飞却始终意志坚决、头脑冷静，即便在最危急的时刻也从未惊惶失措，在最初的失利过后，霞飞一方面将尽可能多的法军从东部调到西部，一方面叫已被任命为巴黎卫戍区司令的加利埃尼将军加强巴黎的防御，伺机反攻。8月29日，霞飞为解除德军对英国远征军的压力，命令本身遭受着德军第二军团很大压力的法军第五军团向西调转90度，打击德军第一军团的左翼。最初的攻击毫无进展，但指挥朗勒扎克第一军的德斯佩雷将军，巧妙地从预备队位置向前机动，打击并阻止了实施追击的德军第二军团，并因此取得战役中法军第一次战术胜利。

8月31日，英法联军指挥部接到情报，有32列火车的德军从西部战场撤出开向东方。东方究竟发生了什么？原来俄国人的两支大军已攻入了东普鲁士，德军的东普鲁士防御指挥官普里特维茨将军只有五个半军的兵力。此时从西线各处传来的都是好消息，小毛奇相信法国战场大局已定，他可以腾出手来处理东线的局势了。被胜利冲昏头脑的德军对法军的重新部署毫无所知，为了对付已攻入东普鲁士境内的俄军，把两个军团和一个骑兵师的兵力匆匆从西线抽调到东线。德国的进军和协约国的撤退皆以每日大约30公里的速度形成了一场向巴黎的赛跑，但协约国拥有的优势是：他们正在退往自己的物资储存地，而德国却没有补给来源，所以补给很快就耗竭了。何况，由于俄国对东普鲁士的威胁，德国最高指挥部又选择了这一时刻从右翼抽走两支部队去支援东线。

七、保卫巴黎——老将加利埃尼

1914年9月2日，德军即将打到巴黎，巴黎的法国政府官员们纷纷收拾行装，踏上逃亡之路。法国把防守巴黎的任务交给了65岁的加利埃尼将军。让约瑟夫·西蒙·加利埃尼防守巴黎是法国的幸运，他是一位卓越的战略家。巴黎守军在城里城外构筑堑壕路障，枕戈待旦，准备迎击德军。美国著名战史专家米德尔顿在论及协约国将领中谁对马恩河会战的贡献最大时说："历史表明，要求得到'马恩河战役得胜者'这一称号的颇不乏人，但加利埃尼比起大部分人更加名正言顺。"

加利埃尼于1849年4月24日生于圣比特的一个意大利移民家庭，后就读于著名的圣西尔军校，1870年参加普法战争，曾被普军俘虏，普法战争结束后被释放返回巴黎。1873年，加利埃尼离开法国，在非洲留尼汪岛开始了他在殖民地的军旅生涯。可以说，加利埃尼是一位"殖民地元帅"，他的功勋几乎都是在殖民地建立的。19世纪70年代中期，加利埃尼被任命为法属苏丹的总督，镇压苏丹人民的反抗，1892年被派往法属印度支那进行殖民活动，后又改派往马达加斯加，在那里他镇压当地人民的反抗后"载誉"归国。在1911年竞争法军总司令的角逐中，加利埃尼因年老体弱败给了他曾经的部下约瑟夫·霞飞之后，于1914年4月退役，住在圣拉斐尔。第一次世界大战爆发后，加利埃尼被召回军中，就任巴黎卫戍司令，在法国的防务中，巴黎长期以来起着战略作用，所有主要铁路线都通过这个政治文化中心，9月2日，德军克卢克集团军的先头部队已挺进到距巴黎仅有约30公里的地方了，霞飞指挥的法军主力为阻遏德军右翼所作的努力已告失败。

加利埃尼的无限精力使人看不出他65岁的年龄和业已衰退的健康，他对这座一半已经荒废的城市，发表了一份值得纪念的声明："共和国政府的成员已经离开巴黎，去给国防以新的推动，我受命保卫巴黎和抵抗入侵者，这个责任我将贯彻到底。"几小时后，一支由士兵组成的队伍开始构筑堑壕和路障，并增援周围的炮台。法军在被迫退到桑布尔河以前，很少想到要保卫巴黎，只有4个师和1个本土军旅，1个独立骑兵旅和6个炮群，组成了巴黎驻防军队，尽管这些军队不久就增加了一倍，驻防军队要成功地抵抗克卢克的第一集团军的攻击也是不够的。1914年9月3日，被胜利冲昏头脑的德国第一集团军，为了追击败退中的法军，居然改变了行军方向，绕到巴黎的东南部，孤军冒进，将自己的右翼暴露在了法军面前。按照"施利芬计划"，处于最外侧的德国第一集团军应该从西面包抄巴黎，但是德军没有按计划乘势攻入巴黎，而是调转方向去追击向巴黎东南方退却的法军。

　　加利埃尼本人并不满足于仅仅防守巴黎，一位飞行员在9月3日晚些时候回来报告说，德军纵队正在改变他们的进军路线。第二天清晨，空中侦察和骑兵侦察都证实，德国人的确修改了他们从正面攻击巴黎的计划，已经转向首都的东南郊。德军的新路线给法军提供了一个侧翼攻击的大好机会，加利埃尼喊道："我不敢相信有这样的事情，这太好了，使人不敢相信这是真的！"在还未取得霞飞同意的情况下，加利埃尼就向他下属的第六集团军发布预令，让他们先做好战斗准备，然后他给总司令部打电话，请霞飞下达攻击的正式命令，但霞飞未置可否。其实，霞飞也是有反攻计划的，只是霞飞希望再有一天时间，好让增援部队赶到，让他的第五集团军做好部署，以有较充裕的时间争取英军的配合。出于对霞飞及早作出决定的能力感到绝望，加利埃尼本人乘车驶往英国人驻防的默伦，希望赢得他们的支持。加利埃尼的外貌不像军事人员，他从一副夹鼻眼镜斜眼看人，在他争辩着想争取英国人支持时，眼镜不牢靠地颤动着。当参谋人员注视着他的不整洁的制服、蓬松的小胡子、黑纽扣的长统靴和黄色的护腿时，怀疑的态度增加了。后来一位英国将军评论说："英国军官决不会同这样一个丑角式人物谈话的。"

　　当加利埃尼再次打电话时，霞飞终于批准让他的第六集团军从马恩河北岸发动进攻，并且于当晚10时下令法军其他部队停止后撤，于9月6日开始发动全面反攻。然而，英国人却拒绝执行这项反攻计划，霞飞着急了，亲自前往英军司令部说服英军司令弗伦奇爵士，最终，弗伦奇答应了霞飞的要求，表示将"竭尽全力"参加战斗。9月6日，法军的第六军团率先向德军发起了猛烈的攻击，战斗进行到第二天，法军兵力不足，如不及时补充兵力，就可能全军覆没，情况十分危急。但是，法军车辆的运输能力极为有限，短时间内不可能把内地的士兵都运往前线，加利埃尼马上发布命令征用巴黎所有机动车，包括出租汽车在内。

在巴黎的各个地区，警察拦住出租汽车，命令乘客下车，共征用了大约700辆汽车，整个夜间，征来的汽车驶往前线，只走了两个来回，就输送了整个师，这件事被称为"出租车运输队"。霞飞也向部队发布了一项简短的动员令："我们马上就要参加一个会战，这是关系我们国家命运的一战，撤退的阶段已经结束，现在我们应全力以赴，向敌人进攻并把他们驱赶回去，部队倘若不能再前进，那就不惜一切代价守住阵地，宁可战死也决不后退，在当前情况下，任何示弱的行动都是不能容忍的。"

英法联军与来势汹汹、攻势凌厉的德军展开了自大战爆发以来第一次大会战，战到9月中旬，孤军深入的德军终于后撤了，英法联军终于止住了德军的进攻，开始稳住阵脚。作为法军最高统帅，这次胜利的功绩自然要算在霞飞的名下。不可否认，加利埃尼虽然最早发现战机并提出了作战计划，但毕竟协调指挥全局的是霞飞。1915年底，加利埃尼担任了法国陆军部长，此时他与霞飞的关系势如水火，常常在办公室里与霞飞拍着桌子争吵。1916年5月，大战正酣之际，壮志未酬的加利埃尼在巴黎因病去世。1921年，法国政府终于承认了加利埃尼的功绩，追授他元帅军衔，现在在巴黎有以他名字命名的车站和他的青铜塑像。

八、"法国的镇静剂"——霞飞

约瑟夫·雅克·塞泽尔·霞飞，法国元帅。霞飞生于法国里夫萨尔特一个啤酒桶匠家庭，20岁时毕业于巴黎综合工科学校，后投笔从戎，作为一名工兵少尉参加了普法战争。在侵略越南和非洲的殖民战争中，多次主持建筑军事工程，先后任旅长、师长、军长、最高军事委员会委员、最高军事委员会副主席兼总参谋长等职。身躯魁伟，大腹便便，穿着宽肥的军服，面容丰腴，点缀着已近霜白的浓浓的髭须和天生匹配的两道粗眉，肤色白嫩，两眼碧蓝安详，目光诚挚恬静，霞飞的模样活像个圣诞老人，叫人一见便有慈祥朴直之感——尽管这两个品质在他的性格中很难见到。霞飞第一次显露他的指挥才华是在 1892 年，当时他正奉命在塞内加尔修建铁路。这年，塞内加尔的陶里格人发生叛乱，法军兵力被起义军击败，一溃千里。霞飞赶上了溃军，自告奋勇地接替指挥官尼尔上校的职务，平定了这次叛乱。他因功晋升中校，然后返回法国，相继任师长、军长等职。

霞飞性格稳重，木讷寡言，虽略显迟钝，却极其坚韧，人称"迟钝将军"。1911 年法、德两国为争夺摩洛哥而剑拔弩张，战争一触即发。新上任的法国陆军部长阿多福·梅西米举荐贤才，把当时并不出众，但比较年轻，而政治上属温和派的霞飞推上高位，让他当了最高军事委员会副主席兼总参谋长，霞飞从此圆了统率三军之梦。在总参谋长任内，霞飞为法国击败德国、取得世界大战的胜利打下了坚实的基础。可以毫不客气地说，没有霞飞，就没有法国最后的胜利。他决定了革新法国陆军的主要路线，加强军队训练和军官培训，组建了一只能适应工业时代的陆军，拟定了几乎一切军需生产计划——尽管到 1917 年这些计划才被大量投入生产。1911 年的欧洲已走到了战争的边缘，面对德国咄咄逼人的气势，霞飞主持制定了新的对德作战计划，即"第十七号计划"。计划规定法军主力直取阿尔萨斯和洛林，正好掉进"施利芬计划"的陷阱中。与其对手小毛奇相比，霞飞显得不够大胆，也缺乏足够的想象力。他认为德法边境将是未来德军入侵法国的唯一方向，因此把法军主力部署在这一地区，而在法比边境和法国北部只部署很少的警备部队，基本没有设防。

第一次世界大战爆发时，霞飞被任命为法军总司令，德军执行"施利芬计划"，从法军设防薄弱的方向攻入，法军在边境交战中接连失利，在 8 月的边境交战中损失 30 多万，全军溃退，在每个人都惊慌失措的时候，只有霞飞若无其事，沉着冷静，近乎迟钝地继续指挥部队一边撤退一边抵抗，在整个战争中，霞飞从未有过惊慌失措，无论战局是多么的火烧眉毛，他每天准时吃两顿美餐和每晚10时一定上床就寝的习惯上从来没受过影响。霞飞那超人的冷静就是这种情况下最有利的武器，他成了"整个法国的镇静剂"，这与他的对手小毛奇、比罗甚至克卢克形成了鲜明对比。当然他也不是完全迟钝，至少在这个时期，他雷厉风行地撤掉了许多作战不力的将军，并破格提拔了贝当、福煦、德斯佩雷三位后来的法国元帅。当两路德军在巴黎城下由于配合不良，出现巨大空隙且把侧翼暴露出来的时候，战机稍纵即逝，不慌不忙的霞飞在约瑟夫·加利埃尼的再三催促下发动了反攻。

9月6日，霞飞向部队发出了命令，同时号召法军士兵："正值国家存亡在此一战之际，必须提醒大家不得瞻前顾后，应当全力以赴，进攻并打退敌人，部队倘若不能再前进，那就不惜一切代价守住已经占领的区域，宁肯就地战死也决不后退，当前情况下，任何怯懦都是不能容忍的。"在霞飞的一声令下，100万把刺刀转变了方向，1000门大炮指向了德军，英法联军的大反攻开始了。至9月9日，德军右翼主力受挫，德第一集团军30万大军陷入被分割包围的境地，这时小毛奇才如梦初醒，慌忙下令全线撤退。马恩河战役的失败宣告了德军速决战略的破产，法国得救了，德意志帝国的丧钟敲响了，霞飞则因此名声大震。但要说霞飞完全是一个英明的名将，倒也不合适，开战初期恰恰是他的"第十七号计划"完全配合了德军的"施利芬计划"，导致了法军兵败如山，政府迁都，当加利埃尼向他指出战机出现时他又拖拖拉拉，几乎殆误。但他能处乱不惊，败中取胜，的确也算是了不起。谁都会有失误，问题在于看谁能抓住对手的失误，霞飞抓住了对手的失误，所以胜利的桂冠还是落到了他头上，真是有福之人不用忙，该出名的时候推都推不掉。

法军在马恩河会战中阻止了德军的进攻，粉碎了德军"速战速决"的计划，接着霞飞再指挥军队进行一系列迂回行动，1915年春季，他发动了香槟和阿尔图斯攻势，但遭到了极大的伤亡，而所得甚少，从此西线战争从机动作战转入持久的阵地战阶段。1916 年 2 月，德军在东线取得对俄作战胜利后，决定在西线重点进攻法国的凡尔登要塞，把该要塞作为"碾碎法军的磨盘"，要在此让法军把血流干。而霞飞采取"以磨盘对磨盘"的战术，决心集中兵力死守凡尔登，不断地向凡尔登增兵，由于双方死伤惨重，使凡尔登战役获得了"绞肉机"之称。经过六个半月的拉锯和争夺，法军终于转守为攻，夺回了失地，德军的战略企图落空。为减轻凡尔登守军的压力，从 7 月 1 日开始，霞飞指挥英法联军在索姆河一带发起对德军的强大攻势，迫使德军降低了在凡尔登的进攻势头。在掌握战役主动权之后，法军于 10 月和 12 月实施两次反击，并取得胜利。凡尔登战役和索姆河战役是第一次世界大战中最重大的战役转折点，也是霞飞为法国军事史增添光彩的重要一页。

1916 年 12 月，霞飞被免去实职，改任法国政府军事顾问，同月晋升法国元帅。在大战的后两年任法国驻美国军事代表团团长，后又任驻日本军事代表团团长，1918 年 12 月被选为法兰西学院院士，1922 年任法国国防委员会主席，1931 年 1 月 12 日在巴黎病逝，遗有《战争准备与战役实施》和《霞飞元帅回忆录》等著作。

九、扭转乾坤——"马恩河奇迹"

对于法国来说，马恩河会战是一次干净漂亮的战略性胜利，它导致了"施利芬计划"的彻底破产。马恩河会战结束后，第一次世界大战的西线战场从此形成了对峙的局面。1914 年 8 月，德、法两军经过法国边境之战后，法第四、第五集团军和英国远征军于 9 月初撤至马恩河以南，在巴黎至凡尔登一线布防，德军在占领了比利时后，其五个集团军的近百万人马，像一把挥舞的镰刀，从比利时斜插入法国，走在最右面的是克卢克指挥的德国第一集团军，约 30 万人，被视为右翼的主力和向巴黎进军的主攻部队。他们杀开了一条近 130 公里宽的地带，浩浩荡荡向巴黎方向挺进。

随着德军的滚滚南下，巴黎像一条巨大的防波堤隐约地出现在他们前面，这里不但是法国的心脏，还是世界上最大的堡垒，任何人不用正式的围攻不能指望进入巴黎，而德军的大炮此时还部署在安特卫普前线，所以还没有开来足够的军队进攻巴黎。8 月 30 日，克卢克的第一集团军在右翼击退了法军第六集团军的几支分队，在中路发现英军撤退时仓皇丢弃的大批弹药和辎重，他的左翼报告法军第五集团军已被打得抱头鼠窜，克卢克感到决定性的时刻已到来，他决心不让对手获得丝毫喘息之机，决定向巴黎和凡尔登之间进军，以彻底击败法国的第五集团军！这时克卢克的第一集团军的先头部队已挺进到距巴黎仅有 24 公里的地方了，法军总参谋长霞飞指挥的法军主力为阻遏德军右翼所作的努力已告失败，德军即将席卷巴黎的姿态使法国首都陷于一片惊慌中，法国政府也迁往波尔多。老将军加利埃尼出任巴黎军事长官兼巴黎部队司令，他是在政府答应调拨三个军给他的情况下任职的，从洛林新组建的第六集团军主力急忙赶到巴黎附近的亚眠，准备投入保卫首都的战斗。

自开战以来德军似乎是无往不胜的，阿登会战、桑布尔河会战、蒙斯会战，几乎所有重要会战都是以英法的败退为结局。在整个 8 月中，德军的右翼都在不断发出捷报。德军向马恩河和巴黎前进，打击他们路上遇到的任何协约国部队。此时德军大本营和德皇都沉浸在胜利的喜悦之中，人们都认为法军和英军都已被打败了，只有小毛奇忧心忡忡。此时间谍的报告表明，虽然平民都离开巴黎，部队却开到了，但小毛奇并没能及时把这个情报转送给正在前线指挥作战的两位关键性的陆军将领，即德军第一集团军指挥官克卢克和第二集团军指挥官比罗。情形正如毛奇所担忧的那样并不乐观，8 月 25日东线由于俄国提前到来的攻势而告急，而此时西线的战场已被认为胜局已定，小毛奇从第一集团军和第二集团军分别抽调一个军去支援，这样进攻过程中的右翼非但没有得到原计划增援 6 个军的加强反而削弱了 2 个军。克卢克的第一军团已将英国远征军赶出战线，在克卢克看来，英军目前已毫不相干了。在其右翼，德军与法军实施了一些轻微冲突。好斗的克卢克认为法军现在处于其左翼，由于他不能和毛奇取得联系，于是他抛弃了最后一点点"施利芬计划"。8月31日，他将进军方向转向东南以进攻法军第五军团。这一转向将使他从巴黎以东通过，他对法军正在首都筑垒地域集结一无所知。到9月2日，克卢克的左翼抵达马恩河畔的沙托－蒂耶里，其右翼抵达瓦兹，靠近尚蒂伊。

8月31日，德国第一集团军的漏洞被法国人发现了，被胜利冲昏头脑的德国第一集团军，为了追击败退中的法军，居然改变了行军方向，绕到巴黎的东南部，孤军冒进，而将自己的右翼暴露在了法军面前。从9月2日起，小毛奇对克卢克向内转后侧翼暴露的情况越来越感到不安，他给克卢克下了一道命令，要求保持与第二集团军的距离，但克卢克根本不愿执行这道命令，他认为这将使法军获得喘息的机会。9月3日晚，克卢克的德军第一集团抵达马恩河，而他所追赶的法第五集团军和其外侧的英国远征军已在当天早些时候渡过了马恩河，克卢克不顾柏林最高统帅部要他与比罗的第二集团军保持齐头并进的命令，准备立即于次日清晨渡河，继续他追逐法国第五集团军的行动。

打从撤退开始时法军总参谋长霞飞就说过，"在我的两翼有包抄的有利位置时我将发动进攻"，但是在什么地方、什么时候、怎样才有这种条件呢？到目前为止他似乎还没看到这个时机，但是被授权指挥第六集团军、负责巴黎防务的老将加利埃尼却发现了这个反攻的转折点，加利埃尼的法国第六集团军的职责是防守巴黎，但在8月31日加利埃尼得到报告说，德军第一集团军正折向东南朝贡比涅进军而不是继续向巴黎进发，"他们把侧翼送上门来了！"加利埃尼心头不禁一阵狂喜。这个消息第二天得到英国与法国飞行员的证实，到9月2日夜幕降临时，到达巴黎北边附近的莫努里将军的第六军报告，在桑利斯至巴黎一线之西没有德军，也就是说，由于德第一集团军的冒进，已经造成了德军的战线出现了一个很大的漏洞，加利埃尼立刻看出这一稍纵即逝的机会，他决定尽速对德军暴露的右翼进行侧击，并说服霞飞停止向塞纳河后撤，立即在全线恢复攻势。显然这一战略行动取决于霞飞的同意和英国远征军的配合。此刻，霞飞也在忙着反攻的事，不过不是在考虑具体地点和时间，而是在撤换指挥极不顺手的第五集团军司令朗勒扎克。

9月3日晚，加利埃尼的信使把他的反攻计划带给了法军总参谋长霞飞，他要求霞飞批准他已经命令莫努里的第六军执行的这个行动，并竭力主张巴黎和凡尔登之间的全部法军在他发动攻击时同时进行总攻，但霞飞对他的这个方案并没表现出多大的兴趣。出于对霞飞的绝望，加利埃尼乘车驶往英国人驻防的默伦，希望能赢得他们的支持，但并未如愿。在此时的柏林，从德皇到普通百姓都认为法军即将被彻底消灭，德国的胜利即将到来，只有总参谋长小毛奇心里充满疑窦："胜利者必然有俘获，但追击法军以来我们的俘虏在哪儿呢？在洛林有两万，其他地方合计起来，也只不过一两万人而已，再说缴获的大炮数量也较少，法国人是不是在有计划地撤退呢？"

9月4日晚9时，加利埃尼走到电话机旁打电话给霞飞，再次重申了自己的主张，霞飞感觉到了这位勇敢的下属那种强烈而明显的指导行为，而且显然也看到了这一举动的重大意义，终于同意了加利埃尼可以在5日攻击马恩河以北的敌人。随即霞飞回到他的军官小圈子，对聚集在那里的军官们说："先生们，让我们在马恩河战斗吧。"然后下令于6日进行大决战。现在骰子已掷下去了，从凡尔登到巴黎，百万大军一齐向后转，把100万把刺刀和1000门大炮指向了入侵的德军。9月5日，当德国的第一集团军到达巴黎东面，可以望见埃菲尔铁塔时爆发了马恩河会战，此时德国人再也无法前进了，法第六集团军先遣部队和德第一集团军的右翼在乌尔克河地区爆发战斗，法军首次使用临时征用的出租汽车把第六集团军一部由巴黎运往前线，克卢克将军察觉到自己的第一集团军的右翼和后方受到了威胁，遂由马恩河阵地抽调两个军加强乌尔克河防务，9月6日，英法联军全线转入了反攻。

撤退到凡尔登与巴黎间的法军要花相当时间转变方向，这些庞大沉重的队伍只有经过好几小时甚至几天才能有效地倒转它们的移动方向。就在法军转过身来开始前进时，迎面碰上了追赶他们的德军，他们极其镇定地立刻停下来向德军开火，德军在其枪弹前纷纷倒下，德第一集团军的攻势被止住了，经过数日的血战，德军从8日起渐呈不支。德第一、第二集团军陷于孤立之中，面临着被法军包抄的危险。9月8日，关键时刻，弗伦奇率领英军的3个军悄悄地插进了德第一集团军和第二集团军之间的缺口，将德国第一集团军与第二集团军隔开了，这使克卢克和比罗陷入被分割包围的境地。但弗伦奇面对两个师的德军警戒部队，总觉得自己正在进入一个巨大的埋伏圈。三天内英军在这个缺口里小心探路，竟只推进40公里，从而成为后世笑柄。如果弗伦奇以一个真正的骑兵老将的姿态，迅速插入，便可轻松地从背后将克卢克集团军包围起来。9月9日，比罗的第二集团军和克卢克的第一集团军不得不于同一天向后撤退，第二天，德军统帅部下令全线撤退，马恩河会战至此结束。

马恩河会战以德军的失败而告终，英法联军在宽达200公里的地带内，8昼夜推进60公里，伤亡25万人，德军损失30万人。这次进攻是一次高度机动的战役，它成为西线战场1914年战局中英法联军反败为胜的转折点，意味着德军企图在西线战场迅速歼敌的战略计划彻底破产。在这场战役中，因为德第一集团军的贪功冒进，致使英法联军有机可乘，从而导致了德军主力部队被分割包围，原本想要用分割包围的战术打败法国的德军，到头来却自己败在这一招下。在马恩河会战中，没有公认的战功，也没有产生与之相应的轰动，只是疲乏的军队沿着300多公里战线，进行松弛而绝望的战斗，然后一方主动撤出了战场。但这场战役打破了德国人速战速胜的希望，使战争进入了一种持久战和消耗战的模式，由此欧洲便被拖入了战壕战的深渊，无数的人力物力被丢进了战壕的无底洞中。而这正是德国人所拖不起的，在马恩河战役以后德国便再也无法获得绝对胜利的机会了，正如9月10日小毛奇向德皇报告的那样："陛下，德国输掉了这场战争！"德军从马恩河地区开始撤退了，撤退到埃纳河北岸事先选好的阵地，当联军进一步逼近时，西线战事的前景渐渐变得明朗起来。联军虽没能把德军从埃纳河驱离，但"施利芬计划"的功亏一篑迫使德军中止了他们的前进，毛奇当众落泪，不得不通知德军撤退。当年12月下旬，当战线开始稳定下来之后，法国政府及议会均从波尔多迁回巴黎。

马恩河之战，大都由沿着 300 多公里前线无数凶猛的、短促的、混乱的冲突和战斗组成。为了避免在马恩河溃散，德军退得井井有条，成功地击退了协约国的追兵。德军士气依然良好，但在最高统帅部却深感绝望，因为这一场败仗粉碎了德军不可战胜的神话，同时，也使毛奇丢失了前程，因为失利，毛奇随后在 9 月 14 日被解除指挥权，由埃力克·冯·法金汉接替。马恩河战役是法国的一次战略性胜利，协约国军队粉碎了德军的速战速决的计划，保住了巴黎。这场会战的战略性结果十分巨大，德国人丧失了其优先击败法国再转过身来对付俄国的唯一机会。当德国人的胜利似乎唾手可得、法国人的灾难迫在眉睫时，协约国军队却在马恩河畔转败为胜，所以法国人把这场战役称为"马恩河奇迹"。马恩河战役结束后，第一次世界大战的西线战场就形成了胶着对峙的局面，以机枪和堑壕为核心的堑壕战从此一直延续了四年，直到战争结束。马恩河战役结束后，防线已被勾勒出来，德军在别处寻找着突破口，其军事注意力开始转向北边的佛兰德斯。

第五章
东线风云
——"俄国压路机"乘虚而入

一、罗曼诺夫王朝的覆灭——末代沙皇尼古拉二世

罗曼诺夫王朝是俄罗斯历史上第二个也是最后一个王朝，也是俄国历史上最强盛的王朝。罗曼诺夫家族在 1914 年举办了一次盛大的庆祝典礼，庆祝家族占据俄国皇位长达三百年之久。在这混乱的三个世纪中，沙皇皇冠交替地被戴在天才和庸才头上。俄国由东欧一个闭塞的小国变成一个欧洲强国，虽然其现代化程度还不完满，还不完全像一个真正的欧洲国家，却是一个拥有巨大财富的帝国，领土从波兰一直延展到太平洋。1613 年，在缙绅会议上，贵族、商人、僧侣和哥萨克上层的代表推举罗斯托夫总主教菲拉列特的儿子米哈伊尔·费多罗维奇·罗曼诺夫为沙皇，是为罗曼诺夫王朝之始。1741 年，伊丽莎白·彼得罗夫娜继位，男嗣断绝。后由外戚当权，仍袭用罗曼诺夫王朝的室号。罗曼诺夫王朝长达三百余年，对内实行绝对君主统治，对外实行侵略扩张政策，成为欧洲反动势力的主要代表。欧洲的事务处处都有沙皇俄国的插手，沙俄也因此被人们称为"欧洲宪兵"。

尼古拉二世是罗曼诺夫王朝最具悲剧色彩的末代君主，生于 1868 年，是亚历山大三世的长子，自幼受到良好教育，但由于常年生活在宫廷，很少和外界接触，甚至对朝中的大臣也不甚了解。19 岁时尼古拉开始在军队服兵役，一年后开始出行欧洲。在途经德国黑森－达尔姆施达特公国时，尼古拉遇到了公国的公主阿莉萨，也就是英国维克多利亚女王的孙女，尼古拉

对阿莉萨一见倾心，与她成婚。阿莉萨是个好弄权术的女人，她不甘寂寞，对朝政处处干涉，作为皇帝，本该保持公正的尼古拉二世却没有对爱妻进行干预。在皇储阿列克塞血友病发作时，阿莉萨请了一位名叫拉斯普京的妖僧来为皇储"治疗"。这位拉斯普京也算是个怪人，在战前曾给尼古拉的皇后阿莉萨写信说"不要参战，这场战争将会使你失去一切"。事实正是如此。拉斯普京幸运地"运功"治好了皇储的病痛，从此之后，拉斯普京就在阿莉萨的庇护下祸乱宫廷，引起了所有人的不满，沙皇一家，尤其是皇后的威信跌到了最低点。

1894年10月，年仅49岁的亚历山大三世突然暴死，26岁的尼古拉二世被推上了沙皇的宝座，老师告诉尼古拉："所有政治原则中最错误的一条就是让人民拥有权力，如果命运给我们一个致命的礼物——人民议会，我们的生存条件将不可想象。"年轻的尼古拉记住了一条原则，即沙皇是所有俄罗斯人的父亲，这不仅是沙皇的权力，也是神圣的义务，绝不许把这个权力让与他人。尼古拉二世是罗曼诺夫王朝最后一代沙皇，他在1896年5月18日登基时，按照传统，俄国宫廷在莫斯科为尼古拉二世举行加冕典礼，因谣传沙皇将赏赐丰厚的礼物，使数十万群众聚集在莫斯科的霍登广场，因拥挤而互相践踏，造成3000余人伤亡，史称"霍登惨案"。加冕典礼上的悲剧为新继位的尼古拉二世的统治蒙上了一层阴影。尼古拉二世继位之初，即逢俄国的动乱之秋。自1856年的克里米亚战争失败后，俄国便丧失了它在欧洲国际舞台上的霸主地位，与昔日盟国德国间的政治和经济矛盾也越来越深。面临身边强国的威胁和不利的国际处境，沙皇政府不得不与昔日的死敌法国结盟，希望借助法郎和法国的军事援助而站稳脚跟。

在国内，尼古拉二世统治下的俄国是一个经济上落后政治上反动的军事封建帝国主义国家，国内充满尖锐复杂的矛盾，群众斗争此起彼伏，连绵不断，社会各阶层掀起了声势浩大的政治民主运动。在1904年爆发的日俄战争中，俄国战败，在首都爆发了"流血星期一"事件，引发了1905年的革命，有"俄国的俾斯麦"之称的斯托雷平担任了内务大臣的职务，他提出"先安定，后改革"的口号，将行刑队和战地军事法庭派往俄国各地，大肆逮捕和屠杀进步人士，行刑队的绞索被戏称为"斯托雷平的领带"。1905年的革命被血腥镇压了，但是不久后，沙皇统制下的俄国又陷入更复杂的巴尔干问题。

在19世纪末期至20世纪初期，世界上的几个新兴强国的发展相继进入大规模的工业化阶段，它们为了获得原料产地和海外市场，展开了激烈的争夺。在这个过程中，逐渐形成了以英、法、俄三国结成的协约国和德、意、奥三国结成的同盟国两大集团，这两个政治军事集团对抗的结果就是1914年爆发的世界大战。7月29日，第一次世界大战爆发前夕，沙皇尼古拉给德皇威廉发去一份电报，电文表达了"对一个弱国发动一场不光彩的战争"的愤慨。他质问德皇威廉："能不能阻止他的盟友不要走得太远？"德皇威廉给沙皇尼古拉发去的回电中，表白了自己对和平的期待，并说："我正在利用我的影响力促使奥匈人直接与你达成令人满意的谅解。"这说明当时的尼古拉二世还是希望能避免战争爆发的。

第一次世界大战爆发后，尼古拉二世把俄国带入了战争中，由于战况不利、粮食困难等原因，激起人民的不满，同时由于皇后宠信"妖僧"拉斯普京，引起了年轻贵族和军官团的不满，沙皇失去了军部、官僚和资本家的支持。在战争中俄国军队屡遭失败，本来就很落后的俄国经济遭到了极大的破坏，战争的灾难引起了广大人民的强烈不满，处于饥寒交迫之中的人民再也无法忍受沉重的压迫，此时的尼古拉二世已经众叛亲离，内阁提出辞呈，杜马也在军队的支持下要求沙皇退位。1917年3月8日，俄国二月革命爆发，末代沙皇尼古拉二世被迫在奥拉宁堡宣布退位，罗曼诺夫王朝的腐朽统治就此被推翻。

尼古拉二世宣布退位后，把皇位让给他的弟弟米哈伊尔，但整个杜马临时委员会以及大多数其他大公都反对他当皇帝，新任内阁首相李沃夫公爵、克伦斯基等都向米哈伊尔表示，不能保证他的人身安全，在这种情况下，米哈伊尔拒绝继承王位。当天米哈伊尔再次发表声明，宣布拒绝接受皇帝位子。他于3月2日晚6点签署了放弃王位的诏书，诏书写道："我请求俄罗斯帝国所有公民服从在国家杜马提议下产生的、拥有全权的临时政府，直到在最短时间里在普遍、直接、平等和无记名投票基础上产生的立宪会议作出表达民意的管理方式的决定。"

当天晚上，临时政府成立。就这样，在俄国持续了千年之久的君主制宣告结束，统治俄国三百余年的罗曼诺夫王朝就此宣告灭亡。

临时政府成立后，沙皇一家被安置在皇村，当时，皇后亚历山德罗和4位公主及皇太子阿列克塞早就提前被软禁在那里了，随后沙皇也被押送到那里。至于要如何处置沙皇一家，资产阶级临时政府准备先把沙皇一家送到摩尔曼斯克，再去丹麦，英国政府也决定派巡洋舰来接走沙皇。但形势发生了变化，临时政府决定把他们转移到西伯利亚的托博尔斯克。1917年8月1日，尼古拉全家离开皇村，在300多人的武装卫队押送下登上去西伯利亚的火车，于8月6日到达托博尔斯克，皇室一家被安顿在前省督的住宅里。

当年11月，俄国爆发了"十月革命"，"十月革命"胜利之后，有一段时间托博尔斯克处于革命热潮之外，老的市议会继续掌管这座城市，皇室一家仍由临时政府任命的委员会负责看守。11月下旬，当地第二步枪团成立了士兵苏维埃，沙皇全家被布尔什维克军队逮捕，转而囚禁于叶卡捷琳堡，这是沙皇一家在人间最后的住所。1918年5月，捷克兵团发动叛乱，6月，在西伯利亚的鄂木次克成立了西伯利亚临时政府，叶卡捷琳堡处于危险状态，沙皇有落入白卫军手中的危险。当时白卫军的队伍正在渐渐逼近叶卡捷琳堡，在十分紧急的情况下，1918年7月17日凌晨，沙皇夫妇和他们的五个儿女，还有一个医生、一个厨子、一个男仆和一个女佣被看管他们的布尔什维克官员枪杀。

此后在1918～1919年间，共有19名罗曼诺夫家族成员遭到处决，亚历山大三世的后代完全被消灭殆尽。尼古拉二世的结局以悲剧告终，罗曼诺夫王朝以覆亡收场。几天后，苏维埃的敌人攻占了乌拉尔首府，但他们没有找到尼古拉二世。苏维埃政权枪决尼古拉二世，不但扼杀了那些想要打着尼古拉二世这杆大旗向苏维埃开战的人的幻想，而且结束了俄国的一个时代。

不经审判枪毙沙皇全家，这种做法并没有为苏维埃政权添加光彩，反而授人以柄，毕竟尼古拉二世是自动退位的沙皇，并没有现行的反革命行为。而其家人和随从更是全然无辜的，最小的王子尚未成年，正因为如此，枪杀皇室一家的真相长期以来一直被保密。

二、"欧洲宪兵"——沙皇俄国

被称为"欧洲宪兵"的俄国，在欧洲有着举足轻重的位置，在欧洲所有的事务中，都离不开它的影子。为了对抗以德奥为主的同盟国，英国和法国把它拉到了自己的一方，组成了协约国，共同对付新崛起的德国。地广人多的俄国巨人，像具有魔力似的迷惑着欧洲。尽管它在19世纪的克里米亚战争和日俄战争中的惨败暴露出了它在军事上的无能，但是人们仍然认为俄国是不可能被彻底战胜的。俄国凶悍残忍的哥萨克骑兵和取之不尽的兵源，在欧洲已是深入人心，只要一想起德国后背的这个庞然大物，协约国中的英国和法国就感到心中踏实，而德国人则对他们背后的那只"北极熊"提心吊胆，寝食难安。

俄国陆军人数之多，对欧洲任何一个国家来说，都是一支不可轻视的力量，它在平时的常备兵力有150万人，一经过战争动员，马上就可以达到近700万人。当然，腐败的机构和落后的交通，使俄军在开始发动时不免缓慢，但是一旦充分发动后，它那惊人的潜力，将足以拖垮任何敌人。对此，英国的外交部长爱德华·格雷爵士曾对法国总统普恩加来说："俄国的资源非常富足，就是我们不去支援俄国，时间一长，德国人也要山穷水尽的。"在法国人的想法中，一旦战争爆发后，霞飞的"第十七号计划"能不能取得成功，关键得取决于俄国，取决于俄国人到时能不能在德国的东部拖住德军的部分力量，也就是要看俄国人能不能在战争的前半个月内对德国发动进攻。当然，法国人心里也明白，这样的要求对于俄国来说是不可能办到的，法国人只希望在战争的前半个月中，俄国人将其手头已有的力量投入战场就心满意足了，不管怎么说，一定要让德国在一开战的时候，就要陷入两面作战之中，借以削弱德军在西线所投入的兵力。为了达到这个目的，法国陆军部的参谋长迪巴伊将军在战争爆发的前三年就被派到了俄国，去给俄国的战争决策者们灌输必须夺取主动的作战思想，并把它变成了两国之间的协议。要求俄国尽早发动攻势的协议在随后的两年中，经过两国的总参谋部之间的商谈而越来越得以确定。

经过日俄战争的惨败，俄国人已经对它庞大的军队进行了一系列的改革，俄国人因为他们的军队蒙受的耻辱而急于重振军威，现在的圣彼得堡充满自信，认为一切都已经准备就绪。然而，出于俄国人所惯有的惰性，他们只是制定了战略上的计划，而对于这个计划的具体细节，并没有事先制定。井井有条，一丝不苟，那不是俄军的习惯。但俄国人同意和法国人同时对德军展开进攻，法国人派往俄国的迪巴伊参谋长得到了俄国人的保证，一旦开战，俄军对德国的进攻将在动员后的第 16 天开始，不等动员完毕，俄军将把它的前线部队先行越过德国与俄国的边界。其实俄国人的这个承诺是没有经过深思熟虑的，派出大军进入敌国境内打一场战争，是一件充满复杂而又危险的事情，是需要做好充分准备的，然而俄国人完全没有考虑那些，比如它的战时运输是否对够对此提供足够的保障，俄军的武器弹药到时是否能够得到充分的补充。开战后这些问题让俄军吃尽了苦头，没有粮食，没有弹药，没有援军，使得俄军因此遭到了败北，但是此举却救了法国人，使德国在西线最为紧张时分兵东线，从而导致了马恩河会战的失败，俄国人这种舍己为人的精神实在是难得。当时的俄军是存在许多不足的，这一点英国的军事观察员早就指出过，俄军在训练以及情报和保密方面都有明显的问题，但对于俄军这些军事上的弱点，英法并不担心，它们所关心的只是要让俄国这个巨人动起来，至于它所发挥的作用则无关紧要，英法对俄军的企望，也只不过是牵制德军。

俄军的优势在于易于管理、吃苦耐劳和视死如归的巨大人力资源，但装备和弹药严重不足。在高层指挥上，除了作为总司令的尼古拉大公和少数人之外，大都是漫不经心和庸碌无能之辈，其总参谋部亦同样糟糕。俄军有个庞大的军官团，其中的军官们基本上都是依仗有社会关系而得到提升的，在俄国的制度下，真正有才干的人是很难被提到重要位置上的，那些高级军官们平时从不锻炼，斗纸牌就是他们平时的工作。在战争爆发后的一年中，被淘汰的军官人数比法军全部的军官还要多，而真正称职的军官却严重缺乏。曾任英国首相的维特伯爵曾说："它是集怯懦、盲目、狡诈、愚蠢于一体的大杂烩。"沙皇尼古拉二世是个既无才智也无精力的人，他所依靠的朝臣们都是出身于贵族世家的官僚阶级，管理政府的就是这批人。这个政体得以生存主要是依靠人数众多的秘密警察，这些秘密警察遍布全国，无孔不入。尼古拉二世在处理国家大事上处处受皇后亚历山德罗的影响，当皇后被一个叫拉斯普京的"妖僧"左右了之后，尼古拉二世便失去了许多人的支持。随着战争的失败，俄国的国家经济濒于崩溃，民不聊生的俄国终于爆发了革命，尼古拉二世失去了他的政权，十月革命后，俄国退出了战争。

三、东普鲁士之战——可悲的冯·普里特维茨

在西线即将开战前，德军把普里特维茨将军的第八集团军的20余万人、火炮1000多门，派往东普鲁士，并把沃伊尔施将军的两个后备师派往加利西亚。奥匈帝国在加利西亚派驻三个集团军约75万人，近2000门火炮，还有25万人尚未到达。而俄国则在400多公里的战线上派驻两个方面军共100多万人和3200多门火炮。尽管俄国人才动员了1/3的兵力，而且明显地缺乏补给和支援部队，但他们还是于8月13日发动了攻势。向东普鲁士的进军兵分两路，矛头均指向德国第八集团军：一路为俄国第一集团军，由帕·伦宁坎普夫指挥，位于马祖里湖区以北；另一路为俄国第二集团军，由亚·萨莫索诺夫指挥，位于湖区以南。两个集团军都受俄国西北方面军司令官吉林斯基将军协调，但是通信装备不足，参谋工作不力，车辆匮乏，加上指挥拙劣，恰恰暴露了这次东普鲁士进攻战役的一个突出特点——缺乏协

调。与俄军对阵的是由冯·普里特维茨将军指挥的德军第八军团，分散地配置在从波罗的海南至弗兰克瑙河一线，以柯尼斯堡为基地，根据修改过的"施利芬计划"，其任务是实施弹性防御以迟滞俄军。

俄国在欧洲各国的眼里向来被视做庞然大物，平时常备军有150万人，一经动员可达到300万人，此外还有一支200万人的地方部队和可以征召的后备力量。整个国家可使用的兵员总额达650万人。然而，沙皇的专制政体在制度上不利于最优秀的军人被推上最高层。这是一个愚不可及的政体，除了数量的优势足以吓坏胆小者外，就其素质而言，几乎没什么可以称道的地方。俄国对中欧强国德国的最大威胁，在于它有600万部队，但是其"蒸气压路机"开动起来效率很差，大多是文盲的部队虽由勇敢的士兵组成，但他们由贵族和有钱人组成的军官团所受到的训练很差，那些人的战争知识，还局限于使用军刀和剑。直到开战前，俄国军官缺额达3000名之多。陆军大臣苏克霍姆利诺夫是个贪污枉法之辈，他压制军队中的改革派，一口咬定俄国过去的失败，只是由于司令官的错误，而不是由于训练、准备和供应方面的不足。他顽固地坚信刺刀胜过子弹，所以根本不肯花力气去增产步枪、子弹和炮弹，以至于俄国在开战时，每门大炮只摊到850发炮弹，成千上万的补充兵员赤手空拳地待在前线战壕里，等着同胞战死后留下的武器。不过在人们的脑海中，俄国军队是个庞然大物，开始时不免臃肿迟钝，但是一旦充分动员起来投入行动，它一浪接一浪永无穷尽的人海波涛，不论伤亡多大，都会不屈不挠，前仆后继，滚滚向前。

问题在于要使俄国人在德、法两国各自在西线发动攻势的同时，在德军后方发动攻势。直到1913年都担任俄国参谋总长并将统率参战军队的伊凡·吉林斯基将军，向法国保证，战争动员后两星期，80万俄军就会做好战斗准备。到了8月中旬，有65万多人已经准备就绪，这一业绩使德国人感到惊愕和担心。初期德国在西线的胜利，引起法国人连续恳求俄国迅速打击德国的东部，承受着德国几乎全部力量的法国后来开始大声求援，按照法、俄之间1911年以来协商一致的安排，如果德国把它的主力投入西线，俄国从一开始就要勇猛地杀入德国，以减轻德国对法国的压力。现在这个情况显然发生了，法国政府提出比战前协议更进一步的要求，敦促俄国直接向德国进军。

俄国早在开战前就开始了总动员，至 8 月底，俄军已从 120 万增加到530 万。但俄国交通十分落后，集结速度实在慢得吓人。俄军在 8 月中旬可立即投入东线作战的只有 65 万人，多数部队还挤在路上，远东的一些军队甚至要三个月后才能赶到。鉴于西线的严峻形势，俄军统帅尼古拉大公决定提前发动攻势，其中西北方面军负责进攻东普鲁士，西南方面军负责进攻加利西亚。1914 年 8 月上旬，应英法联军指挥部的再三请求，俄军在没有完成动员和集结的情况下就开始了进攻，以粉碎德军主力对法国的进攻。战役的直接目的是歼灭德国第八集团军和攻占东普鲁士，为尔后进攻加利西亚创造条件，以减轻德军对西线的压力。在军事计划的棋盘上面，俄国以其地大人多而被视为庞然大物，尽管它在对日一战中丢脸出丑，但是只要想起俄国"压路机"，法国和英国就感到心宽胆壮，而德国人因害怕在他们背后的斯拉夫人而提心吊胆，寝食难安。

俄国同德国和奥匈帝国有一条共同边界，延伸 1800 余公里。那时是俄国一个省的波兰，形成一块 400 多公里宽的突出部，这个突出部向西突出320 多公里，在西部和西北部与德国毗连，在南部则与奥匈帝国邻接。它的西部边界离柏林只有不到 300 公里，它的北面是东普鲁士，这块约 130 公里宽的德国领土夹在波兰和波罗的海之间，俄国一次胜利的大规模进攻，就能把它同整个德国切断。俄军的集结部署是按照第十九号计划"A"方案进行的，面对德、奥两个方向，俄军编成西北、西南两个方面军，在德国战线上投入吉林斯基的西北方面军，它由莱宁坎普夫的第一集团军和萨姆索诺夫的第二集团军所组成，总兵力为 25 万人，计划是分北、南两路向东普鲁士发动钳形攻势。

大战刚刚爆发，俄军西北战线的指挥权就交付给了吉林斯基将军，他在一年前出任俄军参谋长时，与法国就现已开始的大战中两个协约国的合作做了最后的秘密安排，吉林斯基从战争动员的第 12 天起即在比亚韦斯托克的司令部指挥至少 10 个步兵军和 10 个骑兵师发起了进攻，他的意图就是要丝毫不失时机地入侵东普鲁士，制服它的守卫者。俄军大本营的计划是以第一集团军从北方切断德军与柯尼斯堡的联系，以第二集团军切断德军与维斯瓦河的联系，把德第八集团军包围在东普鲁士突出部加以歼灭，进而直取柏林。根据方面军指挥部的企图，莱宁坎普夫将军的俄国第一集团军应当从北面向马祖里湖地区实施迂回突击，以吸引德军主力，萨姆索诺夫将军指挥的第二集团军应当从西面对该区实施迂回突击，以切断德军向维斯瓦河的退路并歼灭之。1914 年 8 月，俄军兵分两路，一路直扑西北面的东普鲁士，另一路开向奥匈帝国境内的加利西亚，俄国第一集团军和第二集团军试图通过南北合围的战术歼灭东普鲁士的德国守军。

三天之后，第一军向德军主力发起进攻，迫使德军后撤，与此同时，俄第二军趁势从南面进入了东普鲁士境内，但是，俄第一集团军没有乘胜追击，这就让俄第二集团军陷入了非常危险的境地。8 月 17 日，莱宁坎普夫率军在宽广正面上攻击，其中部与弗朗索瓦将军的德军第一军相遇，并遭受严阵以待的弗朗索瓦的重击，被击退到边界一线，损失了 3000 多人，弗朗索瓦则随后撤至古姆宾嫩。8 月 20 日，俄军再次缓慢地推进。弗朗索瓦猛击俄军右翼并将其驱退了 8 公里，但德军其他各部的攻击没能成功，战斗打成了平局。德军此刻面临的困难非常严重，俄军南北合围的两个集团军人多势众，似乎难以抵挡。但施利芬为此事预先留下了一套计划。按照施蒂芬制定的计划，把整个集团军放在了一个叫坦能堡的要害地区，俄军两个集团军中不论哪个首先进入有效打击距离，德军都将予以打击，然后再迂回运动打击另一个集团军。这个作战计划充分体现了施利芬的主导思想，那就是集中自己的优势兵力，对敌人给予各个击破，这对当时在总体人数上占劣势的德军来说，是最可取的办法。这要求指挥者有高超的才能，但是也向总司令提供了最辉煌的机会！对于这种任务，德军留在东线的指挥官冯·普里特维茨将军从一开始就感到力不从心。

普里特维茨错误地分散兵力，然后对莱宁坎普夫的第一集团军进行正面攻击而不是进行侧翼攻击，8月19日德国第一军在施塔卢珀嫩的战斗中被击退。次日，在贡宾嫩－戈乌达普一线，俄国第一集团军遭到德第八集团军主力的反击，俄军右翼一度被击退，但中路粉碎了德第十七军的正面攻击，德军遭到失败后，开始向西撤退。随着萨姆索诺夫对其交通线构成潜在的威胁，惊慌失措的普里特维茨没有通知任何下属就拨通了在科布伦茨的德军总司令部的专线，小毛奇说："你必须不惜一切代价守住维斯瓦河。"对此，普里特维茨认为如果得不到增援，甚至这一点也无法保证，他未加思索就回答说："河水很浅，有多处可以涉水而过，我只有这么一点人，怎么守得住维斯瓦河？"

关键时刻的一句话足以决定命运，就是这句话结束了他的军旅生涯，甚至影响到了战争的全局。数小时后，普里特维茨回到了他的指挥位置，听取和批准了作战处长霍夫曼所制定的进攻计划，作为一个军人，这个计划必定会给他带来历史性的荣耀。然而就在此同时，小毛奇发来的一个电报也到了，普里特维茨和他的参谋长瓦尔德泽被新的总司令官冯·兴登堡和新任参谋长鲁登道夫取代了，半小时后，第二个电报通知麻木了的普里特维茨和瓦尔德泽退役，荣誉的桂冠已然对他落下。

8月22日，刚接到任命的鲁登道夫匆忙研究了来自东线的报告之后，向第八集团军各个军的指挥官发出电报命令，要求他们朝着萨姆索诺夫的第二军团实施进攻，同时迟滞莱宁坎普夫的第一军团进一步向东行进。当天晚些时候，鲁登道夫与兴登堡一起乘火车赶往东线，并在路上报告了他的计划，兴登堡表示赞同。兴登堡与鲁登道夫这两位人物，可以说是来自不同时代又具有完全不同性格的人。然而，共同的任务和共同的总参谋部思想将他们结合在一起，而且配合默契，成效卓著。兴登堡具有数十年的军队实践经验，在军界享有崇高的声誉、威望和自主权，而鲁登道夫则具有毋庸置疑的战略天才，雄心勃勃，精力充沛，脾气暴躁但外表又表现得镇定自若——这最后一点是权威性领导所必需的。

23 日夜间，当鲁登道夫匆匆走进首长已被免职的第八集团军司令部的时候，他从霍夫曼将军那里接到了实际上正在进行的部队调动的报告，他对这些调动均表示同意，他发现对计划无需作任何增删与修改。鲁登道夫原本预计面对一个瘫痪的参谋部和一支不稳定的军队，但他发现参谋部以罕见的能力和决断为即将进行的战斗做好了一切安排。这本来是命运给普里特维茨的成为英雄的机会，可惜他没能把握住，鲁登道夫因此一举成名，成为"一战"中的重要人物。普里特维茨给后人留下了一个教训，那就是万万不可对人表现出自己的无能为力，决不言败，纵使失败已然临头。

四、"护国之神"——兴登堡

普鲁士是一个军国主义色彩极为浓重的国家，这个国家及以后的德意志帝国不断涌现出大量的杰出军人，在这些人的头脑中，忠于国家、履行命令就是军人的职责所在，在第一次世界大战中，有一位将领把他的忠于国家和履行命令真正做到了完美的地步，其思想也被后人奉为军人的法则。他，就是保罗·冯·兴登堡。1847 年 10 月 2 日，兴登堡出生于东普鲁士波森市一个贵族家庭里，父亲是少尉军官，母亲是军医的女儿。兴登堡从小就受到普鲁士黩武精神的熏陶，立志当个军人。他童年时代体弱多病，经常旷课，学习成绩不佳。11 岁时，兴登堡被母亲送进了一所寄宿制的陆军少年学校，在那里，他接受了启蒙的军国主义教育，普鲁士那种绝对服从、对上忠诚、勇猛果敢、永不言败的精神在少年兴登堡心里扎下了根，这种心理意识伴随了他一生。当时为了培养忠于普鲁士王室的感情，军事学校的学生有时去王宫实习，1863 年兴登堡曾担任菲特烈·威廉四世的遗孀伊丽莎白太后的禁卫，王太后赠他怀表一块，兴登堡对此没齿难忘，每次打仗都要把此表带在身上。

1866 年 3 月，19 岁的兴登堡少尉来到普鲁士驻但泽第三步兵近卫团，参加了随后爆发的普奥战争。普奥战争是德意志统一过程中的关键一仗，也是兴登堡的初出茅庐之战，克尼格雷茨之战中兴登堡表现突出，在进攻奥军炮兵阵地时英勇奋战并头部受轻伤，从而闻名全军，得胜而归的他随着部队第一次通过柏林凯旋门，得到了威廉一世的称赞，把一枚只有上尉以上军官才能得到的赤鹫勋章亲自颁给了他。1870 年 8 月，普法战争爆发，兴登堡作为第三步兵近卫团一营营长的副官参战。不久，该团团长在战斗中负伤，一营营长代理团长之职，兴登堡也跟着晋升一级。"铁血宰相"俾斯麦通过三次王朝战争，统一了德国。1871 年 1 月 18 日，德意志帝国宣告成立，兴登堡作为部队的一名代表，参加了在凡尔赛宫镜厅举行的典礼，这是他毕生引以为荣的一件大事，同年 6 月，他再次通过柏林凯旋门。

普法战争后，德意志帝国宣告成立，名声鹊起的兴登堡也成为德意志帝国一位颇有前途的少壮派军官，1872 年，兴登堡被推荐到陆军大学深造，以优异成绩毕业的兴登堡受到总参谋长老毛奇的赏识，于 1877 年进入参谋总部任职。1879 年他和杰屈德·冯·史伯林在斯特丁成婚，婚后育有两个女儿和一个儿子。1903 年，兴登堡已荣升为中将并在马格德堡之战中指挥第四军。这个时期正是各主要资本主义国家向帝国主义过渡的最后阶段，欧洲形成两大军事集团，即以德、奥为首的同盟国和以英、法、俄为首的协约国，双方为争夺殖民地、重新瓜分世界展开激烈斗争。但是习惯以旧眼光观察国际形势的兴登堡，并不认为会爆发战争。由于年逾花甲，进一步升迁已无指望，他就在 64 岁那一年退伍。

1914 年，人类历史上的第一次世界大战爆发，东线德军形势很糟，德军总参谋长小毛奇决定派曾在比利时列日战役立下赫赫战功的猛将鲁登道夫去东线对付俄军，但鲁登道夫资历太浅，性格专断，难以服众，所以还得选一个威望高、会处事、脾气好的老将和鲁登道夫配合才成，于是，小毛奇马上任命兴登堡为东线德军第八集团军司令。兴登堡临危受命，于 1914 年 8 月在马林堡接管了第八集团军，这是他和鲁登道夫合作的开始，在这个组合中鲁登道夫的智谋和兴登堡的统帅力得以完美地结合在一起。兴登堡采纳了鲁登道夫和霍夫曼拟定的作战计划，于 8 月 25 日发动反攻并从两翼包围歼灭了萨姆索洛夫的俄国第二集团军，取得了坦能堡之战的辉煌胜利。坦能堡之战的胜利不仅提高了德军在这场欧洲战争中的战略地位，更主要的是在心理上激发了德军的士气，使协约国对俄国的信心渐渐减弱。

击败俄罗斯军队为兴登堡带来了许多荣誉，他被晋升为元帅，他的这次胜利后来成为他的名声和传说的基础，但与他共事的人都认为他只是一个傀儡而已，真正运筹帷幄的是埃里希·鲁登道夫将军，在坦能堡之战中发挥了重大作用的德第八集团军司令部参谋官霍夫曼不知是出于什么心理，对来参观司令部的记者介绍时着重地介绍道："这里是战前元帅睡觉的地方，这里是战时元帅睡觉的地方，这里是战后元帅睡觉的地方。"仿佛是在说，元帅在整个战役中所做的只是在睡觉。霍夫曼这么说也是可以理解的，因为作战计划的制定他是起了重大作用的，而功劳却归了只是在睡觉的兴登堡，殊不知其实睡觉也是一种领导艺术——当部下的计划已很完美时，为什么要去画蛇添足呢？兴登堡曾坦率地讲过，他的主要任务之一就是"使我的参谋长的聪明才智、几乎超人的精力和从不懈怠的干劲得到充分的发挥，必要时为他创造条件"。

东线的德军就是在这个只知道睡觉的元帅指挥下，在取得坦能堡大捷后，经过一年多的激战，获得了一连串的巨大胜利，俄军不仅无法染指东普鲁士，而且还被迫放弃了波兰、立陶宛、里加以西的土地和沃伦地区，人员损失超过170万人。由于兴登堡取得了一连串的辉煌战绩，他被德国人誉为"护国之神"。兴登堡大智若愚的统帅风格和鲁登道夫锋芒毕露的指挥特色相得益彰，成为20纪军事史上经典的名将默契配合、克敌制胜的典范。大战持续到1917美国的支持下，经济实力雄厚的协约国开始占据了优势，这时，在西线战线上，法国的尼韦尔将军取代了一向谨小慎微的霞飞将军，他决定用闪电战取得战争的胜利，同时德国方面，用东线取得胜利的兴登堡取代了法金汉，兴登堡鉴于在前一年凡尔登战役和索姆河战役的失败，决定在西线采取守势，而在海上展开无限制潜艇战，他希望通过这种策略迫使英国人因饥饿而投降。

战争后期，虽然兴登堡和鲁登道夫指挥德军取得了不少胜利，但已无力扭转战局了，兴登堡这位"护国之神"和他聪明的参谋长鲁登道夫越来越力不从心了，打到1918年，德国经济几乎崩溃，德军士气也一落千丈，以兴登堡命名的、号称易守难攻的"兴登堡防线"也被协约国军队突破了。德国国内的革命运动也汹涌澎湃地发展起来，11月3日，基尔海军爆发起义，到11月8日，革命红旗飘扬在许多城市的上空，军队内部也有不少士兵倾向革命。在这种形势下，兴登堡不得不劝说威廉二世退位。11月10日凌晨，威廉二世逃往荷兰。11月11日，德国代表在福煦将军的火车车厢里签订了停战协定，第一次世界大战至此结束。

兴登堡签署了停战协议后，这位71岁的老人解甲归田，再次回到了他在汉诺威的庄园。1925年2月28日，魏玛共和国总统艾伯特因病去世，在随后的大选中，78岁的兴登堡获得胜利，于4月26日成为共和国的第二任总统，并在85岁高龄时获得连任。1933年1月，兴登堡任命阿道夫·希特勒为德国总理，虽然兴登堡本人对纳粹反感，但他越来越陷入这些人的影响之中。1934年8月2日，这位87岁的总统在他位于东普鲁士的领地纽代克溘然而逝，为他充满传奇色彩的一生画上了句号。本来兴登堡应该葬在他的庄园中，但希特勒将他葬在他过去战胜俄罗斯的坦能堡战场上，并为他树立了一座雄伟的纪念碑。兴登堡死后，希特勒成为独裁者的障碍也被消除了。

五、将"总体战"进行到底——鲁登道夫

鲁登道夫，德国将军，军事战略家。历任德军总参谋部作战处长、步兵旅旅长、集团军参谋长、东线德军参谋长、德国最高统帅部第一总军需长等职。在第一次世界大战中率部取得赫赫战功，"一战"后被解除军职，从事政治和写作，他著述甚多，最著名的是《总体战》一书。

鲁登道夫出生于普鲁士的波森省附近的一个小镇，他出身农家，虽然其母属于贵族阶级，严格而言他始终不属于容克阶层。12岁时进入陆军幼年学校，后来他凭借耿直的个性、出色的才智和胜任艰苦工作的能力进入柏林

陆军军事学院。17岁时以优异的成绩毕业并获得如下评价："头脑清楚，思维严密，生活习惯良好，各科成绩都很优秀，战史和战术成绩尤为出色，适应任何工作。"毕业时他被授予少尉军衔。因表现优异，在1894年晋升到德国参谋部。1908年，鲁登道夫调任总参谋部第二处处长，主管军队的训练、装备、动员等事宜。鲁登道夫逐渐成为一个精力旺盛、权力欲望极强而又有些神经过敏的军人，他对一切的兴趣都从属于军事，但其缺点主要在于缺乏真正的政治眼光，而且其情绪不稳定，面对困境容易陷入沮丧和失望。德国"一战"前的首相冯·贝德曼评价说："你不了解鲁登道夫，他只是在成功时才了不起，如果事情变糟了，他就会沮丧起来。"

鲁登道夫的成名之战是德军进攻比利时的列日战役，当时大战刚刚爆发，按照"施利芬计划"，德军打算取道比利时插入法国，但比利时的列日要塞阻住了前进的德军，在遭到重大损失后德军总参谋长小毛奇把鲁登道夫派到战场接替指挥，并给他调去了大口径的攻城重炮，鲁登道夫利用这些重炮一顿猛轰，一举荡平了要塞的12座炮台，率领他的部队在晚上经由弗莱龙和埃夫涅的缺口悄悄地进入列日，对最后反败为胜夺取要塞起到了关键作用。因攻克列日之功，鲁登道夫被德皇威廉二世授予功勋十字章，这是德军的最高军功奖章，鲁登道夫一战成名，从此开始了他一生事业的飞跃，成为了德国军界一颗耀眼的新星。

鲁登道夫的辉煌始于东普鲁士的坦能堡之战。"一战"爆发后，正当德军在西线与法军大战马恩河之际，东线的俄军乘虚而入，攻入东普鲁士，东线德军溃败，形势岌岌可危，在这紧要关头，鉴于鲁登道夫在列日之战的表现，小毛奇任命鲁登道夫接替瓦尔德泽为第八集团军的参谋长，鲁登道夫迅速乘专列在汉诺威和新任第八集团军司令兴登堡会合，并赶往东线。临危受命的鲁登道夫被派到东线战场，德皇本意是指派鲁登道夫成为东线战场的实际负责人，但由于鲁登道夫的中下等阶级出身和德意志帝国军队严格的等级观念，使他不能被任命为指挥官。但是这种安排却形成了兴登堡与鲁登道夫这一对绝妙的搭配，这一搭配在整个"一战"中对德国产生了重大影响。鲁登道夫和兴登堡联手，不少人称其为珠联璧合。作为司令官的兴登堡十分信任他的参谋长鲁登道夫，说他要使"参谋长的聪明才智、几乎超人的精力和从不懈怠的干劲得到充分的发挥，必要时为他创造条件"，因此鲁登道夫得以放手指挥作战。

在第八集团军杰出的参谋官霍夫曼的协助下，鲁登道夫与兴登堡采取诱敌深入、各个击破的战术，先后打败了俄第二和第一集团军，一举扭转了东线的不利战局，在随后的一年中，在鲁登道夫的谋划下，德军获得了一连串的巨大胜利。俄军则损失惨重。由于这些辉煌的胜利，鲁登道夫和兴登堡成为德国民众心中的战神，兴登堡被德皇授予元帅军衔，鲁登道夫则获得一级上将的军衔。1916 年，德总参谋长法金汉不顾鲁登道夫等军事将领的强烈反对，将军事进攻的重心从东线移至西线，并指挥德军从西线发起攻击，结果在凡尔登大败，法金汉引咎辞职，兴登堡继任总参谋长。8 月 29 日，鲁登道夫被任命为最高统帅的第一军需总监及德军副总参谋长，成了德国第三届最高统帅部的要员。自此，鲁登道夫实际上已在行使德军最高军事指挥权，他不仅成为德国军队的主宰，甚至可以说，他操纵着德国的命运。

1916 年，德军最高指挥部特意让列宁秘密乘坐火车返回俄国，结果一如鲁登道夫所愿，1917 年俄国发生革命，1918 年俄德签订了《布列斯特－立托夫斯克和约》，该条约让俄国付出了高昂的代价。由于在和约的签订中发挥的关键作用和在战争中的卓越表现，鲁登道夫被封为贵族，成为埃里希·冯·鲁登道夫。东线战事缓和，这使得德军得以从两面作战中解脱出来，东线的德军开始大批地调往西线战场。鲁登道夫在 1918 年春天对西线发起了攻势，德军采取突袭的进攻方式，取得了一定的进展，但在德国军队向协约国军阵地逼进约 65 公里后，终于因等待补给而停顿下来。尽管战绩辉煌，但这次攻势仍让鲁登道夫付出了高昂代价——25 万德军伤亡。"我们要来个中心开花，其余部分就会跨下来。"这是鲁登道夫 1918 年 3 月发动大规模进攻前，对他的一位集团军指挥官说的一句话，可以说，这正是他军事思想的表露。鲁登道夫思维敏捷，知识渊博，在军事战术上的创新令人叹服。

他的新战术运用曾大大减少了德军人员的伤亡，在相当程度上弥补了物力的不足，使德军的军事研究水平高人一等。这时的兴登堡－鲁登道夫组合获得了实际上是军事独裁者的地位，以鲁登道夫为首的军方在国内实行军事专政，严格限制集会，动用武装镇压罢工，认为只有军事上的胜利才能避免社会革命的发生。鲁登道夫提出了"总体战"的口号，提出一切为了前线，一切为了战争，并在此同时恢复了无限制潜艇战，指望能在最短的时间内打败协约国。

在前线，鲁登道夫打算趁美军还没到达欧洲之前先把英法军队打残，他用上了包括毒气在内所有的武器在西线与英法血拼，数次重创英法联军，无奈德国力量有限，越打越吃不消，而英法有源源不断的美军支持，越发壮大。此时实力强大的美军也源源不断地加入到战场之中，处于强弩之末的德军已经无法改变战争的大局了，虽然也曾取得一些局部的胜利，但最终还是归于失败了。美军与协约国军队的猛烈攻势令德军节节败退，在大势已去的战况下，鲁登道夫的缺点表现出来了：面对困境的他陷入沮丧和失望之中。6月，德军又向协约国军阵线发动两次袭击，结果却被法国和美国军队所牵制。当时的联军战机和大炮猛烈轰击德军占领的桥梁，摧毁其补给线。鲁登道夫气数已尽，他的士兵已经没有再继续奋战的勇气和意愿。而在联军方面，每个月却还将有30万美军持续增援。鲁登道夫后来在回忆录中写道："我惧怕的所有事情以及我常常受到的警告已经全部变成现实，我们的战争机器不再有效了。"

8月8日开始的亚眠战役让鲁登道夫再次遭遇了"暗淡的日子"。9月26日，当协约国发动了默兹－阿尔贡攻势的时候，保加利亚退出了大战，这对鲁登道夫是一个双重的打击，鲁登道夫的精神很快地垮下来，开始变得焦躁不安。在9月28日总参谋部召开的例行会议上，鲁登道夫为德国的处境，责备除他自己以外的任何一个人。

英军于10月5日成功突破兴登堡防线，德军前线处于崩溃之中，而德国内部的反战呼声日高一日，已经出现了革命的浪潮，除了承认战败，德国政府已别无选择。德军最高指挥部陷入一片恐慌，鲁登道夫确信，由于德国缺乏支援，他又被自己人从"背后插了一刀"，只好提出了辞职。两天后，德国公海舰队发生叛乱，德国人的不满终于爆发了。辞职后的鲁登道夫旅居瑞典，撰写文章和回忆录，不承认失败的他宣称，在战场不败的德国军队是被左翼政客"从背后插了一刀"。战争结束后，鲁登道夫返回德国，成为魏玛共和国国会中的纳粹成员，1928 年后，鲁登道夫因与纳粹党不和，最后退出政坛。

1935 年，希特勒想让鲁登道夫担任陆军元帅，但被他拒绝了。鲁登道夫晚年极力主张恢复德国军事实力，建立法西斯专政的国家，但他没有等到希特勒发动战争的那一天，也没有看到希特勒德国失败的那一天。1937 年 12 月 20 日，鲁登道夫在慕尼黑逝世，终年 72 岁，希特勒等纳粹党中坚分子参加了他的葬礼。

六、东线奇迹——坦能堡会战

由于在攻克列日要塞突出的表现，鲁登道夫被选择接替瓦尔德泽为第八集团军参谋长，德皇和小毛奇接见了他，对他简单介绍了情况。3 小时后，他乘一列专车开往东线，专车一路上预定只在一个地方停车，就是在汉诺威，第八集团军的新司令官兴登堡将在那里和他会合。此时的东普鲁士，在东面，莱宁坎普夫的俄军第一集团军有 24 个超编步兵师，它以无数骑兵为先行，在南面，萨姆索诺夫的俄军第二集团军的实力稍逊于前者，但此集团军对东普鲁士德军仅有的防御力量仍占有优势。面对双重的敌人，德军第八集团军必须一分为二，否则有被两个俄国集团军压碎的危险。德军指挥部利用了俄军两个集团军之间的缺口，并从截获的俄军明码电报中得知了他们的行动计划，于是在 8 月 21 日命令部队停止退却，24 日，新任德第八集团军司令兴登堡和参谋长鲁登道夫利用发达的铁路网，重新部署部队。施蒂芬在他的计划中已指明一项对此局面的解决策略！鲁登道夫毫不犹豫地采取了这个大胆的办法，在审视了俄国两个集团军在东普鲁士所处的位置之后，决定先攻击萨姆索诺夫的第二集团军，然后在莱宁坎普夫来不及驰援前者之时，转身向其发动进攻。

俄国骑兵侦察的报告说，德国的阵线暗示要进行侧翼袭击，这使萨姆索诺夫减低了追击的速度，他发电给吉林斯基，建议暂停前进。但吉林斯基深信德军正在按照普里特维茨的计划退却，把萨姆索诺夫的警告看成是怯懦。他安然坐在离前线 300 多公英里的沃尔克指挥部里，命令萨姆索诺夫不要再扮演懦夫角色，继续进攻。德军前任指挥官普里特维茨惊慌失措地决定停止贡宾嫩的战斗进而大撤退的行为，蒙蔽了俄军指挥官的头脑，这种欺骗效果是无论怎样仔细策划都无法达到的。此时的萨姆索诺夫将以他那些疲惫不堪而且后勤严重不足的军队面对德军在东普鲁士的全部力量，鲁登道夫知道莱宁坎普夫所部的俄军第一集团军在他后方，急于先同萨姆索诺夫的第二集团军决一死战，他命令第一阶段的战斗于 8 月 25 日打响。德军一直在监听萨姆索诺夫没加密的无线电通信，现在已了解所有俄军部队的部署，并知道了他们明天的行动计划。

德军从马祖里湖区退却的两个军发出了天才的一击，鲁登道夫留下由两个师组成的掩护队牵制来自后方的俄第一集团军，调遣第八集团军的几乎全部兵力去攻打来自南边的俄国第二集团军。经两天激战，德军击退了萨姆索诺夫的第二集团军两翼部队，而对其中路三个军形成包围态势。8 月 27 日黎明开始，对俄军来说是世界末日，德国信号兵截获了萨姆索诺夫求援的电讯，但吉林斯基和莱宁坎普夫都不理睬他的请求，饥饿和士气低落的俄军，无可避免地溃散逃走。尽管处境危险，萨姆索诺夫还是命令他的中央部队进攻，造成德国人的短暂的不安。8 月 27 日，萨姆索诺夫的右翼遭到来自北面的德军第十七军和第一预备役军的打击，他的左翼遭到弗朗索瓦勇猛的第一军的迂回和包围，而他的正面遭到第二十军的打击。八月二十八日，俄军开始了反突击，俄第十三军和第十五军猛攻德第一军阵地，战斗空前激烈，萨姆索诺夫亲临前线指挥，但是饥饿又疲劳的俄军已经达到了耐力的极限，无力突破德军防御，到 8 月 29 日清晨，弗朗索瓦将他的部队插入俄军后部，包围圈合拢了，剩下的事就是对试图逃脱大网的一股股乌合之众大开杀戒。俄军被围于科慕辛森林地域，士气彻底崩溃，已经无法进行有组织的抵抗，夜幕降临之际，走投无路的萨姆索诺夫在卡罗利南戈夫的一片小树林里开枪自杀。

鲁登道夫属下的弗朗索瓦军长看到萨姆索诺夫的部队正在解体，他知道剩下唯一要做的事就是拦截因昏乱而失去战斗力向波兰慌乱逃跑的俄国兵，在接下来的三天中，弗朗索瓦的薄弱包围网，一网捕获了 6 万名俄国战俘，而德国人一共捕获 9.2 万名俄国战俘，俄国人的总伤亡人数是 25 万，约有 500 门大炮被缴获，而德军损失仅 1 万人。到 30 日晚，鲁登道夫对取得完全胜利感到心满意足，他也满意于他已经构筑起对付莱宁坎普夫的防线，莱宁坎普夫的骑兵师此刻终于接近科慕辛地域，几乎可以俯瞰他们的友军刚刚覆灭的战场，下一步就要轮到他们了。8 月 31 日，获胜的德军开始向北转进，准备打击俄第一集团军，将俄军彻底赶出国境。这时从西线来的两个步兵军和一个骑兵师也开始到达，加上这批生力军，德军在数量上也超过了对手。到 9 月 1 日夜晚，坦能堡战役的胜利者已转向新的任务，这个新任务应该是什么，胜利者没有丝毫的疑虑。霍夫曼说得很简洁："萨姆索诺夫的军队实际上已经被歼。他所率的五个半军，其中有三个半非死即俘，所剩约一个半军不得不返至华沙附近整编，现在我们可以腾出手来对付莱宁坎普夫了。"

直到 8 月 27 日，吉林斯基才开始认识到他的第二集团军已处于真正的危险之中，他命令莱宁坎普夫率第一集团军前去救援，但莱宁坎普夫只是虚晃了一枪，并未及时赶到战场。吉林斯基关心萨姆索诺夫的命运，命令莱宁坎普夫的第一集团军去找现已不存在的第二集团军的方位，因为获胜的德国第八集团军对其部队集中了火力，莱宁坎普夫担心退路被切断，也落得个萨姆索诺夫的下场，他没有费心跟吉林斯基打交道，便命令所部撤退，以两个师的兵力从正面实施反突击，掩护主力撤退。这两个师进行了最英勇的反击，完全成功地达到了目的。这次反击持续了一整天，致使德军围歼俄国第一集团军的企图未能得逞。在随后的马祖里湖战役中，俄第一集团军被俘 4.5 万人，伤亡约 10 万人，损失火炮 150 门，德军肃清了东普鲁士的所有俄军。正如西线的马恩河战役一样，坦能堡 – 马祖里湖区战役产生了巨大的后果，全世界都感觉到了这场大战役在军事上、战略上、政治上和心理上的冲击波。两个俄国集团军被击溃，总共损失约 30 万人，所谓俄国"蒸气压路机"的神话破灭了。的确，俄国人并不是以压倒一切的力量来对付敌人，而是拖着沉重的脚步茫然地迈向死亡。他们的失误是如此之多，以致成了所有的军事院校都采用的反面战例教材。

兴登堡有意将此次会战称为"坦能堡会战"。坦能堡是德国境内的一个小村子，在历史上 1500 名波兰人和立陶宛人曾在这里给德国骑士团以毁灭性打击。在给他夫人的信中他却写道，他没有因此次胜利而忘乎所以，荣誉是上帝恩赐的。小毛奇把坦能堡会战胜利的消息压了一段时间才公布，以抵消马恩河会战败北带来的消极影响，对德国人来说，坦能堡的捷报有助于掩盖马恩河的败绩。德国人民在兴登堡和鲁登道夫身上发现了英雄，他们将追随这两尊偶像直到土崩瓦解。德军东线指挥官兴登堡元帅一夜之间名声大振，为以后的飞黄腾达打下了基础。在大战期间以及此后数年间，坦能堡之战的荣耀被鲁登道夫成功地据为己有，这是他上升到实际控制整个德国战争的地位的垫脚石。在俄军惨败之时，法国武官德拉吉什将军曾向俄军总司令致以慰问，俄国人回答说："能为我们的协约国作出这样的牺牲，我们很高兴。"俄国人深知他们有无穷的人力资源，多大的灾难他们都惯于泰然处之。俄国的这个牺牲成全了法国，德国从西线调往坦能堡的兵团，将不能参加西线的马恩河战役了。俄军在西北面战场上虽然全线溃败，但西南方面的俄军却进展顺利，俄军打败了在加利西亚的奥匈军队，此刻西线战事愈演愈烈，奥军已无力派兵增援东线，德国感到事态紧急，立即向西南方向派出了援军。

第六章
三方角力的战场
——加利西亚

一、"他手中的剑是脆弱的"——弗朗茨·康拉德

"在 1908 年和 1909 年，我们一直处于有利地位，在 1912 年和 1913 年，我们仍然有好机会，而现在，我们必须取得彻底胜利，否则什么都没有了。"

——奥匈帝国陆军大元帅弗朗茨·康拉德。

弗朗茨·康拉德·冯·赫岑多夫，奥匈帝国的陆军元帅，第一次世界大战爆发时任奥匈帝国军队总参谋长，比起他所指挥的奥匈帝国的军队来说，康拉德要更出色一些，他是一个比较杰出的战略家，他的许多想法都是很好的，但是他手中的剑是脆弱的。康拉德有着军人的铮铮铁骨，他身材结实魁梧，灰白的头发被修剪成矮树丛状，胡须在嘴角处向上翘起，看上去令人生畏。作为一个军人来说，他有时甚至过于狂热，他是个工作狂，专注于把大杂烩式的奥匈帝国军队转变成一支现代化的高效战争机器。

康拉德出生于维也纳郊区一个世袭贵族的家庭中，他的父亲是一名退休骑兵上校，他的母亲是著名的维也纳艺术家库伯勒的女儿。从 11 岁起康拉德就接受了军事训练，青年时代就因为聪明才智而在军中青云直上。1906 年，在他 54 岁的时候，在皇储斐迪南大公的推荐下出任奥匈帝国总参谋长。在19 世纪的奥德战争之后，奥匈帝国就已是个衰败之中的二流帝国，却拼命想维持自己在欧洲各强国之间的传统大国地位。尽管在弗朗茨·约瑟夫一世

的统治下有些起色，可它仍然是个多民族的松散的集合体，而且还是个二元制的国家，有奥地利和匈牙利两套政府机构，这就使它应付战争的能力大大受到影响。在萨拉热窝刺杀发生前的半个世纪中，奥匈帝国丧失了领导德意志诸邦国的地位，接着又丧失了包括托斯卡纳、伦巴第在内的大片领土，掠夺者是新成立的意大利王国，此时的意大利国势并不强，主要是因为有法国的帮助。

康拉德是一个坚定不移的民族主义分子，狂热的推行军队现代化运动，他认为日耳曼文明与斯拉夫文明之战不可避免，他反对匈牙利贵族在帝国中的特殊地位，认为这会削弱帝国的根基，不过他最大的愿望，就是主张对塞尔维亚王国发动预防性战争。塞尔维亚是巴尔干地区的一个小国，但在俄国的支持下，总是在不断地给奥匈帝国制造麻烦，从康拉德出任奥匈帝国的总参谋长到第一次世界大战爆发这八年间，他提出了不下 25 套对塞尔维亚的作战方案。他不断地草拟和颁布新的命令及作战计划，因为他痛苦地感到奥匈帝国软弱的军队已无法维持帝国在欧洲大国间的地位，他坚信能拯救帝国的唯一办法就是在巴尔干问题上坚持己见，其中最重要的是阻止塞尔维亚人无休止的颠覆活动，如果有机会，就应该消灭塞尔维亚。他不断地向奥匈帝国皇帝弗朗茨·约瑟夫请求进攻塞尔维亚，这使得无心与塞尔维亚开战的约瑟夫皇帝很讨厌他。

对于在东方可能发生的战争，康拉德设计了两种作战方案：如果俄国保持中立，他就把主要兵力投向塞尔维亚；如果俄国卷入战争，就把军队集中到加利西亚战线上去。意大利王国是奥匈帝国的官方盟友，已经从奥匈帝国攫取了不少领土，还觉得不够，康拉德因此多次要求进攻新成立的意大利王国。1911 年，康拉德由于过于好战而被斐迪南大公免去了总参谋长的职务，直到第一次世界大战爆发后才官复原职。在斐迪南大公遇刺 48 个小时后，康拉德以他一贯的好战作风，呼吁给予塞尔维亚一个"决定性的最后清算"。

因为皇储斐迪南大公在萨拉热窝被暗杀，康拉德终于找到了与塞尔维亚开战的借口，可事实证明他的两线作战计划不是一个成功的作战计划。康拉德低估了敌人的力量，塞尔维亚军队明显比他预计的要强，而他自己那支由多民族组成的军队的战斗凝聚力明显不够，致使他在没有击破塞尔维亚军队的情况下被迫转兵北上展开对俄军的加利西亚战役，结果两个战场都没有取胜，在战争的第一年中，就大大削弱了奥匈帝国的军事力量。在加利西亚会战过程中，奥匈军队损失约40万人和400门火炮，俄军损失约23万人和90多门火炮。实施加利西亚会战的结果，使加利西亚和奥匈帝国占领的波兰部分领土，落到了俄国人的手中，匈牙利和西里西亚已面临入侵的威胁，奥匈帝国的军事实力则受到严重削弱，奥匈军队如果没有德军的支援已经不能单独作战。

1915年，康拉德所设计的德奥联合对戈尔利采的突破被认为是成功的，这次战役给俄国军队造成了重大损失，一举收复了在之前所丢失的全部地方，但是从那时起，奥匈帝国总参谋部就越来越从属于德国总参谋部了。1916年，康拉德在意大利发起的攻击特伦蒂诺的战役也是成功的，但俄军的勃鲁西洛夫攻势使这一切都化为乌有，东线奥军两个月就损失了60万人，奥匈部队这一年的总损失超过了150万人，奥匈军队已经不能在没有德国帮助的情况下单独发起攻击了。1916年，弗朗茨·约瑟夫去世，将风雨飘摇中的帝国留给了卡尔一世，卡尔一世是弗朗茨·约瑟夫一世之弟路德维希大公的后人，他在四面楚歌中继承了奥匈帝国的皇位，为了扭转颓势，卡尔一世亲自担任帝国武装力量最高统帅，而刚愎自用的康拉德被继任的卡尔皇帝解除了职务，被派到特伦蒂诺前线担任野战司令官。据称卡尔一世还曾下令使用过毒气，但此时奥匈帝国大势已去，随着战争进程的加速，奥匈帝国军队伤亡惨重，士气极端低落。1917年，俄国因为爆发了"十月革命"而退出战争，奥匈最伟大的战士康拉德终于交了好运，他把部队集中起来，在卡波雷托战役中冲破了意大利军队的防线，赢得了他一生中最大的一次胜利，把他心中最鄙视的"背信弃义的意大利"狠狠地教训了一顿。

1918年夏，战事对同盟国越来越不利。虽然当时奥匈帝国国内的少数民族领导人一直对哈布斯堡皇帝保持忠心，但他们不得不考虑他们自己的利益了。1918 年 9 月和 10 月，奥匈帝国的许多地区宣布独立。1918 年 11 月 3 日，奥匈帝国与协约国达成了停火协议。战争的结束也是奥匈帝国的终结。战后，奥匈帝国四分五裂而不复存在了。战争结束后，康拉德退休归隐，晚年著有回忆录《我的开端，1878 ~ 1882》和《我的服役，1906 ~ 1918》。在回忆录中康拉德宣称，他只是一个军事专家，只有发言权，没有关键的决策权。崇拜他的人认为他是一个军事天才，只是奥匈帝国的军队不足以展示他的才华。

二、挥舞的马刀——"哥萨克来了"

我们光荣的土地不是用犁来翻耕，

我们的土地用马蹄来翻耕，

光荣的土地上种的是哥萨克的头颅，

静静的顿河到处装点着年轻的寡妇，

我们的父亲，静静的顿河上到处是孤儿，

静静的顿河的滚滚波涛是爹娘的眼泪。

——古老的哥萨克民歌

"哥萨克人来了！"没想到这样的喊声到了"一战"的战场上还能出现，可见奥匈帝国军队的处境是多么狼狈了，如果它的军队能在阵地上架起机枪狠狠地打，那么哥萨克人也没什么可怕的，但如果你在慌乱的败退中，那"哥萨克人来了"将是可怕的灾难，因为他们将如同旋风一样地冲进来，飞舞的战刀令敌人身首异处。在加利西亚战场上，败退中的奥匈军队就陷入了这种可怕的处境。早在数百年前，哥萨克骑兵就已经成名了，俄罗斯征服中亚、远东的时候，无时不闪现着他们的身影，剽悍，野蛮，甚至是死神，都可以用在他们身上。哥萨克人骑着他们特有的顿河马，举着闪亮的马刀，如同一股旋风般地冲进敌军阵营，长刀挥舞处，敌人一个个身首异处，不多时这些骑兵便又呼啸而去，这恐怖的场景曾出现在拿破仑远征俄罗斯的战场上，现在又出现在加利西亚战场上了。世界上各式各样的战刀很多，但是称得上"鹰之利爪"的只有哥萨克骑兵刀，它是属于勇士的战刀！在俄罗斯历史上，穿着黑色披风、挥舞哥萨克骑兵刀冲锋的哥萨克骑士被称为"顿河流域的雄鹰"。曾经在空中俯瞰过哥萨克骑兵的美国飞行员有这样的描述："骑兵每行八人八骑，有的头戴圆筒卷毛高帽，有的身披黑色大氅，他们背上斜挎步枪，腰间悬挂马刀，在尘土中浩浩荡荡前进，数万匹马纵横驰骋，数万把刀交错挥舞，这场景极其令人震撼，是骑兵战史上最壮烈的一幕。"

哥萨克人是俄罗斯和乌克兰民族内部具有独特历史和文化的一个地方性集团，现多分布在顿河、捷列克河和库班河流域等地，哥萨克并不是一个民族，只不过是一群生活在东欧大草原上的游牧社群，在突厥语中，"哥萨克"就是"自由人"的意思。它们的组织形式是军民合一的部落形式的自治体，他们建筑一种特殊的营地叫"塞契"，由土围子、堑壕、原木围墙和带有射击孔的塔楼组成，营地定期举行全体成员大会，其中以乌克兰的札波罗什哥萨克最为有名。在历史上，哥萨克人以骁勇善战著称。在18世纪初以前，俄国统治者为了利用哥萨克的力量保卫边疆，向他们提供战斗装备、给养以至军饷，哥萨克兵不仅拿着御赐俸禄，免交土地税，而且拥有相当大的行政、司法和外交自治权，成为俄国历史上享有最多特权的群体。但是这种特权是以哥萨克为沙皇效力为前提，以生命及和平生活为代价的。哥萨克军团曾一度成为沙皇俄国向中亚、西伯利亚和中国东北进行侵略扩张的急先锋。

哥萨克人是世界上最具传奇色彩的群体之一，如果说吉卜赛人是大篷车上的民族，那么哥萨克就是战马上的族群。哥萨克人正是凭着一匹战马、一柄军刀在横跨欧亚大陆的广阔疆场上，驰骋数百年，纵横千万里，以英勇善战著称。在俄国历史上，哥萨克人组成的骑兵，是沙俄的重要武装量力。说哥萨克是一个群体，是因为哥萨克人并不是一个真正意义上的民族，只是一个源流成分复杂的"族群"，其成员主要是斯拉夫人，此外还有少数鞑靼人、高加索人、格鲁吉亚人、卡尔梅茨克人和土耳其人等。从14世纪开始形成的哥萨克人主要由不堪忍受农奴生活的逃亡者组成，"哥萨克人"意为"因逃亡而获自由的农奴"，最初生活在连成一片的东欧草原和南俄草原上的各大河流域。他们在肥沃的顿河草原安家后，开始形成了哥萨克。哥萨克从来没有过自己的国家，虽然沙皇为了表彰他们的战功也曾赐给了他们许多的封地和自治权。哥萨克人一般充当沙皇的禁卫军和骑兵野战部队，由于一般家庭比较富裕，因此装备比别的部队好，战斗力也比较强。

哥萨克人是最具有草莽风格的经典骑兵，他们的骑兵马蹄是与沙俄向外扩张的步伐同步飞扬的，多次为俄国开拓疆土立下赫赫战功。第一次世界大战中，俄国大约组建了30万人的11支哥萨克军团，但是由于现代化武器机枪、排炮、坦克等的投入，骑兵注定将成为被淘汰的兵种，所以他们在加利西亚把奥匈军队教训了几次以后，也就没有什么惊人的战绩了。

经过第一次世界大战和苏联国内战争以后，哥萨克军事力量遭受重创，内战结束以后，苏联采取"非哥萨克化"，对不服从者就从肉体上消灭，特别是到了第二次世界大战以后，斯大林更是对他们采取高压政策，加上随着现代武器的发展，作为一支军事力量，哥萨克骑兵早已结束了自己的历史使命，最终使这个存在了几百年的特殊群体融化到普通百姓当中，结束了哥萨克的历史。

三、康拉德的悲哀—— 奥匈兵败加利西亚

由于俄国在东普鲁士的失败，使它在别处的胜利也失去了光彩。事实上，1914年俄国人主要的精力并非针对东普鲁士，而是针对加利西亚的奥匈帝国军队。在南部，奥匈首先发起进攻。他们的总参谋长康拉德从互相背离的几条线上派遣三支军队进入波兰，在那里他们很快陷入了困境，几乎完全是跌跌撞撞地退回到自己的领土。奥匈陆军是模仿德国的，但其总参谋部水平低劣，并存在语言障碍，大约四分之三以上的军官出身于日耳曼民族，仅有四分之一的士兵能听懂他们的语言，这是一个缺陷。而影响其战斗力最大的

障碍是许多不满的斯拉夫人集团，导致士气低落，他们不忠于或很少忠于哈布斯堡君王，有许多人还同情俄国。

　　哈布斯堡皇室有一个易受袭击的省份加利西亚，它的富饶土地被喀尔巴阡山脉同奥匈帝国的其余地方隔了开来，奥匈帝国的对俄作战计划是把部队集结在桑河和德涅斯特河后面以及喀尔巴阡山脉前面的加利西亚平原，在这里集结军队对于直接攻入俄国领土十分合适，万一失败的话，奥军可通过普热梅希尔进入波希米亚，或者通过波兰与西喀尔巴阡山脉之间称为"摩拉维亚之门"的狭窄走廊进入德国西里西亚。按照奥匈帝国的战争动员计划，奥匈将20个师大约30万人部署在离贝尔格莱德几公里远的地方。加利西亚以北地区只剩下18个师的兵力。这表明康拉德内心里有一个盲目的信念，他相信俄国将置身事外，因而他可以给予塞尔维亚一次沉重的打击。当德军总参谋长小毛奇将军听说康拉德为了追求自己入侵塞尔维亚的梦想而向南线派遣大量多余的军队，他感到一阵恐慌，因为以当时的局势看，如果俄国加入战争，靠近俄国边境的加利西亚奥军将严重不足，小毛奇发了一份电报给康拉德，要求他把主要兵力转移到北线来与俄军对垒。

　　1914年8月中旬，正当德军大举进攻法国之际，俄国大本营应协约国的要求，在发动东普鲁士战役的同时，发动加利西亚战役，从战略上配合英法军队的行动，俄国本身也企图夺取加利西亚。俄军西南方面军总司令伊万诺夫将军受命围歼奥匈军队在加利西亚的基本兵力。在战役展开前，俄国西南方面军兵力为60多万人，但有些师、团尚在开往集结地途中，故而这个方面军的总数未超过45万人。俄国这两个方面军之间约有200公里的空隙，后来组建了第九集团军来加以充实。西南方面军的总目标是在德涅斯特河东岸围歼奥匈部队主力，阻止奥军撤向德涅斯特河西岸。由于伊万诺夫误判奥匈军主力会在利沃夫地区集结，故计划以该地区为主攻方向，以第三、第四、第五、第八集团军形成大包围态势，歼灭奥匈军主力。在巴尔干方面，奥匈帝国总参谋长康拉德手里可供使用的兵力共8个集团军，他准备用第五集团军和第六集团军进攻塞尔维亚，占领其首都贝尔格莱德。把第一、第二、第三、第四共 4 个集团军部署在加利西亚方面，以对抗俄国的西南方面军，准备在东普鲁士德军的协助下，攻占华沙。在制定对俄作战方案中，康拉德决定先发制人地发起进攻，在这种情况下，在大约一个月之内其对俄国人的优势会是相当大的。

如果康拉德要他的部队掘壕固守，俄国的冲击是闯不过这些障碍的，但他误信人言，以为俄国人尚未充分动员兵力，易受攻击，他计划从加利西亚发动迅速的攻势，以攻占华沙和布列斯特－立托夫斯克之间的铁路线，他深信，在他的军队抵达布格河时，德军一定会采取行动。小毛奇曾对康拉德说过：“奥军在进攻俄国的战斗中，绝对可以指望在东线集结的整个德军的战术支持，向俄国进军越早，延续的时间越长，德、奥联合取得的胜利就越大。”

由于英法联军请求加速进攻，俄国各集团军尚未全部集结完毕，即于 8 月 18 日至 23 日期间先后发起进攻，奥匈军队指挥部计划以第一、第四集团军的兵力，在库默尔将军的集团军级集群和沃伊尔施将军的德国后备军的支援下，向卢布林、海乌姆实施主要突击，粉碎俄西南方面军的右翼。康拉德指望毛奇在战前会谈中许下的诺言，即在他北进的同时，德国将以大军从东普鲁士向南方和东南方的华沙和布列斯特－立陶夫斯克之间的地区猛攻，与他两面夹击。康拉德要求德国第八集团军从东普鲁士发动攻势，这位哈布斯堡的统帅需要德军横扫涅曼河之东，然后打击俄国的右侧翼。他渴望把奥军首战的胜利归功于他的皇帝，因此他继续深信，在他的军队抵达布格河时，德军一定会采取行动。他以想入非非的心情建议，德军至少动用两个或三个师推进 100 多公里，进入挤满实力不详的俄国部队的敌人领土。但此时小毛奇判断要遭到来自两个方面的人数约为自己两倍半的敌人进攻东普鲁士，因而既不愿也没有力量去冒这个风险，他下的命令是：“除非俄军取防守姿态，否则不应进入俄国。”但这点他没有告诉他的盟友。

俄第四集团军和奥匈第一集团军首先遭遇，23 日起，双方在克拉希尼克地区进行了两天的激战，俄第四集团军退守卢布林以南，在随后的五天中，俄第五集团军遭到奥匈第四集团军攻击，退至海乌姆西南弗拉基米尔－

沃伦斯基一线，但向利沃夫进攻的俄第三集团军，在第八集团军配合下，以30个师的优势兵力挫败奥匈第三集团军的14个师，强渡格尼拉亚利帕河，9月3日占领利沃夫，奥匈军退至戈罗多克地区。此时，康拉德直接向东线德军指挥官普里特维茨说话了："总的形势表明，德国东线军队朝锡德莱茨方向发动进攻十分重要，尽速抵达锡德莱茨十分重要，恳请回电告知东线德军司令部的意图。"普里特维茨回电说："此刻敌人正在从科夫诺、奥科塔及以南一带进攻东普鲁士，德军只有在获胜后才能开始朝锡德莱茨的军事行动。德国东线军队已吸引了大量敌军到它那里去，我们相信，此举可以为奥匈帝国的攻势扫清道路。"

9月4日，俄军三个集团军全部转入反攻，迫使奥匈军队开始退却，俄第五集团军向拉瓦的进攻，开始威胁到奥匈第四集团军向后的退路，奥匈军队指挥部被迫中断在戈罗多克的交战，9月11日夜间，康拉德将军被迫发出极不情愿的撤退信号的时候，他们几乎已经没有战斗力了。恐怖的叫声"哥萨克来了"引发许多人的惊恐和慌乱。奥军退过了桑河之后，俄军的追击放松了，由于对奥匈军队的追击迟缓和组织不善，致使其得以摆脱俄军，免遭全歼。六个星期以前在加利西亚投入战场的90万奥匈军队，现在只有一多半重新渡过桑河。21日俄军停止追击，至此，俄军控制了加利西亚大片地区，东普鲁士的德军并没有南下接应，总计俄方损失约23万人，奥匈损失40余万人，此役双方都没有实现围歼对方主力的计划，但俄军打进了战略要地加利西亚。

在大战爆发之际，俄军被它的盟国法国要求立即同时对德国和奥匈帝国实施进攻，而不顾其缓慢的动员在三个月内不能完成的事实。沙皇新任命的俄军司令尼古拉大公受到来自法军最高统帅层的压力与哄诱，加速其动员并实施仓猝的进攻，结果导致了俄军在东普鲁士的惨败，但俄国对加利西亚仓猝的进攻由于奥匈军队的愚蠢和无能而侥幸取得部分的胜利。

伊万诺夫在加利西亚的胜利，把德国的西里西亚暴露在俄国的入侵面前，因为西里西亚平原直接通向德国心脏，德军新上任的总参谋长法金汉于是命令兴登堡立即援助在加利西亚被打败的奥军，并阻止俄军侵入西里西亚。9月28日，一支由四个军组成的、由马肯森将军领导的德国第九集团军，乘火车前去增援奥军。这支德国援军迅速抵达奥军北翼的克拉科夫附近，9月28日，奥德联军开始对俄军展开了全面反攻。

四、君主制的坚决拥护者——马肯森

奥古斯特·冯·马肯森出生于符滕堡附近的豪斯－莱比锡，他被认为是"一战"中德军最杰出的战场指挥官之一。马肯森的祖父曾经在拿破仑战争期间担任过汉诺威的骑兵指挥官，在马上一直活跃到90岁，不过他的父亲路易斯·马肯森这时只是一个土地经纪人，到1887年才靠其财富成为一名贵族。马肯森从小就想像他的祖父那样当一名军人，在他19岁那年终于如愿以偿，加入了普鲁士精锐的"死亡轻骑兵"部队。"死亡轻骑兵"隶属于普鲁士第四骑兵师，该师属于威廉王储率领的第三集团军。在随后的普法战争中初临战场的他作战十分勇敢，被提升为军士长。奥尔良战役后，他晋升为少尉。1880年马肯森进入总参谋部，获得了总参谋长毛奇的赏识，并于1901年被威廉二世提升为将军，派往指挥死亡轻骑兵旅。1903年，他被调去指挥位于但泽的第36师，同时兼任皇帝的将级副官。同年9月被晋升为中将，1908年1月，马肯森又被晋升为骑兵上将，负责指挥第十七军。

"一战"爆发时马肯森在东线的第八集团军第十七军任军长，初战不利，在优势的俄军面前德军全线败退，但第八集团军马上更换了最高指挥官，在兴登堡和鲁登道夫的领导下，马肯森在东普鲁士战役中大胜俄军，立下了赫赫战功，随后升任第九集团军司令。马肯森率所部在加利西亚大败俄军，屡立战功。9月在波兰参加了围攻华沙和进攻罗兹的战役，马肯森指挥第九集团军进行对华沙的围攻和对罗兹的进攻，其中后者尤为令人称道，树立和巩固了他在德军中最优秀战场指挥官的名望，随后因此获得了德国最高荣誉奖章蓝马克斯勋章，并赢得了"突破战术大师"的声望。1915年4月，马肯森被调任第十一集团军司令并参加了戈尔利采战役。1915 年夏秋两季，俄军不得不面对德军近 40 个师和几乎全部奥军几乎无休止的进攻，沙皇的军队在 1000 多公里的防线上遭到德军时而在这里时而在那里的连续攻击，防线一再被突破，被迫做迅速的纵深退却。

马肯森指挥的德军第十一集团军和奥匈的第四集团军负责实施这次战役，由马肯森统一指挥。在此战中，马肯森的第十一集团军一举突破俄军防线，马肯森充分利用骑兵的机动力，接连发动了三拨攻势，其先头部队俘虏了 15 万俄军，消灭了俄国第三集团军。这次胜利使他在 6 月 20 日被提升为陆军元帅。1915 年 9 月，马肯森被调往巴尔干半岛，指挥了对塞尔维亚的新攻势。10 月，他指挥德军十一集团军、德奥第三集团军对数量处于劣势和厌战的塞军实施心理攻势，10 月 9 日，即顺利拿下塞尔维亚首都贝尔格莱德，并在两个月内横扫了整个塞尔维亚。

1916 年 8 月，罗马尼亚向奥匈宣战，9 月 1 日，马肯森指挥的德军攻入多布罗加。9 月 6 日，他率领保加利亚军队和德国榴弹炮队摧毁了图尔卡伊的多瑙河要塞，俘虏 2.5 万名罗马尼亚人，并缴获 100 门大炮。10 月中旬攻克康斯坦察，横渡多瑙河，离罗马尼亚首都布加勒斯特只有 65 公里，对罗马尼亚的首都形成了巨大的威胁。12 月 6 日，德军进驻布加勒斯特，同年秋，马肯森出任多瑙河集团军司令。

马肯森在战争的最后几年一直担任驻罗马尼亚德军总司令。1918 年 11 月德国战败前夕，他率部撤军回国。战败后被法国扣押，1920 年退役，战后积极参加社会活动。他在政治上是纳粹主义的支持者，并于 1933 年加入了纳粹党，还加入了希特勒的政府。1934 年 6 月马肯森曾和兴登堡联系，以阻止在长刀之夜的屠杀，但没有成功。马肯森虽然支持希特勒，但他依然是一名君主制的坚决拥护者，并试图在德国恢复君主制。已退位的威廉二世于 1941 年在荷兰去世时，马肯森作为那个时代的唯一幸存者出席了葬礼。第二次世界大战中，实际上处于退休状态的马肯森没有再扮演任何活跃的角色，1945 年，他在施密德堡去世，享年 95 岁。

五、自投罗网——伊万哥罗德战役

俄国在第一次冲击中经历了大规模盛衰无常的命运，在南方，125万俄军取得了巨大胜利，在北方，将近100万人的军队被打得七零八落，陷入一片混乱之中，又退回到他们的边境。法国政府要求俄军开赴维斯瓦河左岸集结，并直接入侵西里西亚，毫无疑问，此举是进入德国心脏的最短途径。

俄军在加利西亚会战中击溃奥匈军队之后，实际上已具备进袭德国东南部的条件，但是德军对东普鲁士北部设防区的胜利控制仍然表明，俄军渴望采取的军事行动会面临来自北方的致命危险。俄军指挥部在拟订进攻加利西亚作战计划时，开始变更部署，把西北方面军的第二集团军从纳雷夫河和涅曼河一线调到华沙一带，而把西南方面军从桑河调往华沙至桑多梅日地段，上述集团军再加上华沙筑垒地域的部队共有50余万人和2500门大炮。此时大败后的奥匈帝国的军队在桑河后面远处重新集结，他们的军队支离破碎、组织涣散、士气低落，呈现出一片令人悲哀的凄惨景象。此时德军的总参谋长法金汉所面对的，不只是奥匈帝国的求援申请，而且还有康拉德的严厉指责，因为他所保证的支援未能及时到达，奥军状况凄惨，存在着单独媾和的危险。好在这时坦能堡大战结束，俄军被赶出了东普鲁士，这使得法金汉得以从兴登堡的第八集团军抽调出4个军组建了第九集团军，南下部署在克拉科夫以北的地区。

德军统帅部计划以新编第九集团军和奥匈第一集团军，对俄军西南方面军北翼和后方迂回突击，阻止俄军进攻并支援奥军。1914年9月28日，兴登堡将军指挥德军第九集团军从克拉科夫和琴斯托霍瓦一带向维斯瓦河挺进，于10月8日进至维斯瓦河和桑河河口，直逼伊万哥罗德，在此遇到俄军第四、第九集团军所属兵团的顽强抵抗，奥德联军多次企图强渡维斯瓦河和桑河均未成功。从9月底到10月，俄国大公着手大规模调动此前用于对付奥匈的部队，集合了四个集团军共计125万人充实了从桑河与维斯瓦河汇合处向北至华沙的防线，这样，大公既有利于向德国进军，又可以迎击德军即将发动的针对俄军防线如今最薄弱部分的进攻，然而就在俄军尚在调动之时，德奥联军就发起了进攻。10月9日，德军在科杰尼采和拉多姆一带组建马肯森军队集群，并由南向北进攻华沙，德第九集团军的其余部队继续在伊万哥罗德至桑多梅日地段发动攻势，以掩护对华沙方向的进攻。

在发起进攻的当天，德军在格鲁耶茨附近的一具俄军尸体上发现的一份命令泄露了俄国的计划，兴登堡已经知道在通往华沙的路上俄军有60个满员的师正对着他18个减员几乎过半的师，但兴登堡还是决定大踏步前进，不过他们采取了一切预防措施，以备一旦遭到失败就逃之夭夭。但德国第九集团军还拖着奥匈帝国第一集团军一起从正面向维斯瓦河防线进攻。10月11日，双方的军队在华沙和伊万哥罗德附近遭遇，德军对华沙的进攻被击退，俄军在伊万哥罗德地区横渡维斯瓦河，并在左岸科杰尼采附近建立登陆场，德军的攻击逐渐减弱，俄军的西北方面军和西南方面军的各集团军由新格奥尔吉耶夫斯克、华沙、伊万哥罗德和桑多梅日一线地区相继转入进攻。

俄国大公非常满意地看到德军的自投罗网，随着德军向前挺进，兴登堡发现自己遭到了不断集结的大军的抵抗，这批军队人数越来越多，马肯森军的4个师离华沙已不到30公里，占领了几乎就在城市边缘的一个重要铁路枢纽站，华沙已经在望。但是，如同巴黎一样，华沙城那朦胧的塔尖却可望而不可即。鉴于俄军人数上的优势和防线的漫长，德军向康拉德提出要奥军给予支援的紧急请求，但得到的是不肯定的回答。兴登堡再也不敢坚持下去了，于是下达了撤退令，将马肯森所率军队集群从华沙附近撤走，在俄军优势兵力进攻下，马肯森军队集群被迫于19日从华沙附近撤退，德军放弃了他们的全部占领区，秩序井然地退到他们的边境，同时炸毁桥梁，实施焦土政策和大规模的破坏，阻止敌人的追击部队，从而结束了波兰西南部战役。10月21日，奥匈第一集团军企图增援德军，向伊万哥罗德发动进攻，但在遭遇战中被击溃。10月27日，德奥军队开始向原出发阵地全面撤退，从19日起，俄军从姆拉瓦河到桑河的整个战线不遗余力地滚滚向西进军，以便占领向德国内地进军的有利地形。

德军在 6 天之内退却近百公里，中途不止一次停下来作顽强抵抗，大致上说，到 10 月底他们都回到了出发点。失败引起了相互之间的责备，德军指责奥第一集团军不该在关键时刻作不必要的撤退，从而暴露他们的右翼，但光是找奥匈帝国的过错有什么用？不论好歹它也在作战。虽然德军敌得过两三倍人数的俄军，但是很显然，奥军没有能力与俄军一对一地作战。俄军由于指挥上的失误及后勤工作缺乏准备，各集团军进展缓慢，德奥军队虽损失惨重，但终免于全军覆没，至 11 月 8 日，俄军各集团军推进到乌涅尤夫、瓦斯克、普热德布日、梅胡夫和塔尔努夫以西地区，但在此受阻而暂时停止了进攻，德国拥有战争必需的工业和矿产的富饶的西里西亚再次处于危险之中。

刚被任命为奥德东部战线司令的兴登堡被告知，虽然面对俄军将重新实施推进的行动，但不要指望能得到增援兵力，眼下德军唯一可用的机动集团只有第九军团。德军眼前最迫切的需要是粉碎俄军对西里西亚迫在眉睫的入侵，德第九集团军在对华沙的进攻中损失了 4 万人，它必须毫不拖延地再次出击，对华沙作正面冲击。若不能恢复奥匈的活力，现在从左侧进击，则可以保全德国自身免遭入侵。从波兰南部撤退还不到两个星期，第九集团军已经作好准备向前推进，以完全不同的面貌、目的和方向发动了新的进攻。

六、猎人变猎物——罗兹战役

德军自华沙被击退只能是俄军发动最大规模猛攻的前奏，奥军士气极度低落，组织涣散，康拉德又不断地指责盟友不提供援助，法金汉于是派亨奇上校前往奥匈军司令部，将一封重要信件交给康拉德，表示眼下只能派遣 3 个骑兵师和 4 万名步兵增援东线，希望在大约两周内使东线得到五六个军的援兵。俄军结束华沙 – 伊万哥罗德战役后，俄军大本营制定了以西北方面军第二、第五集团军及西南方面军第四、第九集团军继续进攻的计划，目的在于深入德国境内，进攻开始日期定为 1914 年 11 月 14 日，德军指挥部从截获的无线电报中获悉这一计划，遂决定先发制敌，夺取战略主动权。

不知疲惫的德军于 11 月 10 日展开了向波兰北部的进攻，马肯森率第九集团军沿维斯瓦河挺进，俄军第二和第五集团军在向西里西亚涌进时，突然发现自己的右肩遭到了来自托伦方向的猛烈攻击。在三天里，马肯森抓获俘虏 1.2 万余人，击退俄军右翼，使其陷入一片混乱，俄军各师甚至各旅分别遭遇了从意想不到的方向袭来的德军，所有的溃败部队都向罗兹后退。俄军总司令尼古拉大公行动果断，当即把第五集团军从南线调来，俄军第二集团军司令依据当前情况将部分兵力北调，并在罗兹以北地域设防，而西北方面军司令鲁兹斯基令第二和第五集团军向北方变更部署。德军为从东、南两面包围罗兹，马肯森派出谢费尔将军的突击集群，该集群不顾重大伤亡迂回到俄第二集团军右翼，进至该集团军后方的罗兹至彼得罗库夫路段，现在德军已经包围了罗兹。大概有 15 万俄军在三面防守该城。德军满怀希望地准备收网，至少有俄国 4 个军被围在一长约 25 公里宽约 13 公里的区域内，他们的彻底失败似乎就在眼前。

11 月 17 日夜间，正当战事高潮行将到来时，俄国大公命令驻守西南防线的整个第五集团军转过身来反方向进军，击退前来包围的德军的左翼，以拯救第二集团军，德军突击集群在此被由南方赶来的普列韦将军的第五集团军所阻。从 11 月 18 日起的三天战斗中，德国的“波森”和“布雷斯劳”两军从西南方和南方迂回到罗兹以便与谢费尔突击集群会合的企图被粉碎了，俄军第一集团军在沃维奇一带组建的突击集群由北方实施进攻，协同第二集团军封闭了罗兹以东布列兹纳城附近的一段战线。结果使迂回到俄第二集团军后方的德军谢费尔突击集群自己陷入重围，谢费尔突击集群被击毙和被俘多达 4 万余人。德军不但未能围困罗兹城的俄国大军，反而遭到包围，四面受敌，德军的大胆迂回运动，不但使它的正面遭到拥有优势的俄军的攻击，而且使它和第九集团军余部的联系被切断，且使其后方遭到四个俄军师的攻击。俄军封锁了德军的每一条退路，局面就这样完全倒过来了。

德军所下的赌注之高，是战争史上闻所未闻的，他们没有获得成功，而当 11 月 21 日的黑夜降临时，看来他们悲惨的失败是确定无疑的了。但因莱宁坎普夫错误地把沃维奇突击集群大部兵力调往其他方向，仅留西伯利亚第六师扼守被围德军的退路，而该师又无力完成阻击任务，致使在罗兹的德军第二十五后备军进行了一场混乱而又可歌可泣的会战，最后于 11 月 24 日突围成功，战俘和缴获的火炮均全部带出。

罗兹战役结束了，25 万德军与 60 万俄军相对抗，战斗中，德军几乎包围了一个俄集团军，然后他们自己被敌人完全包围了。俄军虽一度包围了 6 万名德军，但最后未能将他们捉住，双方都尽力使自己摆脱了可怕的遭遇，在精疲力尽的情况下，俄军固守罗兹到 12 月 6 日，然后他们在华沙以南重新部署了防线。罗兹战役后，伤亡惨重的俄军不得不进入休整，这使俄军进入西里西亚的希望彻底破灭了。至此，从西线抽调的和新动员的部队开始源源不断地加强兴登堡的实力，到 1914 年底的严冬，东线局势平静下来。奥匈帝国在当年秋的一场极具讽刺意义的失败甚至将其军队作为战争残余物从东线的主要角色中清除出去，但俄国人也彻底衰弱下来——他们已耗尽了兵力。更为危急的是，他们的后勤供应系统已经崩溃。

第七章

盛衰无常

——变幻莫测的东线

一、"巨人同矮子"的战争——奥、塞之战

奥匈帝国同塞尔维亚作战，就军事力量和经济实力对比来说，是一场"巨人同矮子"的战争。经过两次巴尔干战争，塞尔维亚军队已疲惫不堪，缺乏军饷和武器，塞尔维亚经全国动员后只有 40 万现役和预备役兵力，它面对的是拥有 200 万全副武装的强大的奥匈帝国军队。各协约国的内阁都想当然地认为，塞尔维亚在大战中将很快被奥军轻易击溃，然而，当在 1914 年 8 月的最后一周时，已经没有一个奥匈帝国的士兵留在塞尔维亚领土上，奥军曾蜂拥而入，又被狼狈撵出，他们在德里纳河和萨瓦河丢掉了大量士兵的性命，而这些士兵是加利西亚迫切需要的。奥军总司令康拉德将军，对发动一场战争要比打一场战争更为擅长，他在战前的计划，是压服塞尔维亚，同时派出大批军队到加利西亚，对俄国发动攻势。但当康拉德把他的 6 个集团军分到两线作战时，实际上取消了胜利的机会，他派波蒂奥雷克去塞尔维亚战线，进一步减少了那些机会。

第一次世界大战爆发时，塞尔维亚总参谋长普特尼克正在奥匈帝国的巴特格莱贝格接受治疗，在奥匈帝国的战争动员期间，被布达佩斯官方抓住。但是，奥匈帝国皇帝弗朗茨·约瑟夫下令不仅让老元帅走人，而且还安排一列专门列车送他回贝尔格莱德。这种绅士的姿态，也只有像弗朗茨·约瑟夫那样既有尊严又有礼貌的君王才能做得出来，但奥匈帝国皇帝的骑士精神后

来让康拉德和奥匈帝国军队吃够了苦头。塞尔维亚拥有野战部队约 24 万人，再加上预备部队共动员兵力近 40 万人，有火炮 600 多门。摄政王亚历山大亲王担任武装力量总指挥，战场实际指挥为总参谋长普特尼克将军。塞军以一部兵力部署在西部和北部同奥匈接壤的边界，将主力集中部署在瓦列沃以东多山地区之预设阵地，以防御姿态迎击来犯的奥匈军队。

普特尼克自返回塞尔维亚后就负责了塞尔维亚军队的指挥工作，糟糕的身体状况使他只能待在火车上按照地图指挥塞尔维亚军队作战。奥匈军队在波斯尼亚总督波蒂奥雷克将军的率领下，投入近 50 万兵力向德里纳河的塞尔维亚军队发起进攻，爆发了米尔战役。波蒂奥雷克作为波斯尼亚总督，自从未能保护费迪南大公不被暗杀以来，一直没有恢复过来，现在他忧虑而怯懦，担心自己也可能遭到暗杀，拒绝在其部队前露面，只在远离战场的地方作出他的"决定"。面对波蒂奥雷克指挥的装备精良、人数众多的奥军，普特尼克指挥的人数稍少但勇敢顽强、能吃苦耐劳的塞尔维亚军虽装备不足，但由于参加了巴尔干战争而富有战斗经验。8 月 16 日，塞尔维亚军队在亚尔达河实施了猛烈的反击，由于康拉德把参战的第二集团军抽调到俄国战线，使得塞尔维亚军在数量上略占了优势，奥匈军的首次进攻被止住了，战斗陷入了堑壕战的僵局，这一切都发生在短短 12 天内，奥匈付出约 5 万人的代价，不久奥匈军队就被塞尔维亚军队从德里纳河的对岸赶了回来。

9 月初，普特尼克的塞军第一集团军越过萨瓦河，进入奥匈占有的波斯尼亚，意图切断奥军第六集团军的补给线。波蒂奥雷克有能力将他们赶出去，但是他的努力在塞尔维亚军坚强的防御前失败了，不管他是率第六集团军越过德里纳河去威胁普特尼克的左翼，还是试图从后面切断他的右翼，或者进攻其中坚部队，都同样被迫停滞不前，而且损失惨重。

与 40 多万奥匈部队隔河对峙的 45 万塞黑联军，虽然狼狈，不过也算从某种意义上在完成着自己的任务，因为塞尔维亚只是个 300 多万人口的小国，动员到 40 万人，已经是极限了，尽管两次打败奥匈军的进攻，然而自身毕竟也有损耗，野战部队一度下降到 27 万左右，经过首相巴西奇的疯狂征兵，才将野战部队维持在 35 万人水平线上。

普特尼克的第一集团军构成了对奥匈第六集团军交通线的严重威胁，直到 11 月份，波斯尼亚才清除了塞尔维亚部队，康拉德对装备不良的塞尔维亚军队击败他的军队非常愤怒，决心结束这种局面。现在，它的战斗兵员在数量上与塞尔维亚相比，约占三比二的优势，在武器装备和弹药的数量与质量方面也占有很大的优势。在山区冬季严寒条件下经过顽强的拉锯战，到 11 月 15 日，普特尼克在亚达尔河之战中的司令部所在地瓦列沃落入奥匈第六集团军之手，塞军在奥军的进攻面前步步退缩，到 22 日波蒂奥雷克的战线已经跨过科卢巴拉河，经过激战，奥军以重大伤亡俘虏塞军 8000 多人，缴获大炮 40 门。奥匈军队开始从侧翼迂回到贝尔格莱德，在奥军的攻势下，普特尼克干脆放弃首都贝尔格莱德，把部队撤往西南山地，拉长奥军的补给线。他利用奥军后方的科卢巴拉河水泛滥，于 12 月 3 日发动了一场凌厉的反击，再一次粉碎了占优势的奥军，并收复了贝尔格莱德。到 12 月 15 日，奥军向塞尔维亚发动的第三次攻击被击退，奥军处于彻底溃败状态，被迫越过科卢巴拉河，退到原出发地。

几个月的战斗使双方都付出了高昂的代价，伤亡或被俘的塞尔维亚人约达 10 万之众，奥匈军的损失也不相上下。塞尔维亚人为了惩罚奥军，几乎不遗余力，把一切一切都投入战争，而奥匈帝国编年史上因而又增添了这一最不光彩的可耻失败，波蒂奥雷克被奥匈皇帝解除军职，宣布退役，取代他的是欧根大公。

二、战局的重心转移——马祖里湖的冬季

为了进袭匈牙利并迫使奥匈帝国退出战争，俄军最高统帅部计划于 1915 年初经东普鲁士对柏林实施主要突击，俄国第十集团军担任助攻，布鲁西洛夫将军的第八集团军承担主要任务。德军统帅部获悉喀尔巴阡战役的准备情况后，急速派军驰援盟国，决定由康拉德和兴登堡分别从东普鲁士和

喀尔巴阡山对俄国发动钳形攻势，以期歼灭集结在波兰的俄军。

在同盟国的阵营之内，关于战略思想也分为两派。兴登堡和鲁登道夫强烈要求对摇摇欲坠的俄国实施全力一击。法金汉虽然也承认战争现已变成了消耗战，但他相信只有在西线取胜才能赢得战争，他指出，在东线取得战术性胜利是没有意义的，因为俄国有广阔的地域和巨大的人力资源。但德皇站在兴登堡的一边，因此，德军决定在西线采取防御姿态，而在东线则寻求对俄作战的决定性战果。根据从俄军无线电报和其他来源获悉的消息，德军总部相信俄国大公有自己的一套"庞大计划"，他们相信一俟冬季转暖，俄国大公就会袭击东普鲁士，一路北上，向托伦推进，同时另一路在北面从科夫诺方向出发。俄军兵源绝无短缺之忧，可以无限供应的驯服农民正在沙皇的国境线内接受军训，一旦有了军服、装备和武器，这些人员便可以补充不足的编制或增加军队的人数。鉴于奥匈的虚弱，1915 年初，法金汉决定必须由德国来承担进攻的任务。他的主要目标并非像兴登堡和鲁登道夫所鼓励的那样大肆入侵俄国，而是有限制地发动战役以消灭俄国军队并迫使俄国人后退，从而消除他们对奥匈的战略威胁。随着这种有节制的战役，德国人开始了他们精心策划的阴谋损毁俄国政治和军事士气的努力。

鲁登道夫想先发制人，自从德军统帅部将 1915 年战局的重心从法国战场转移到俄国战场后，他们得到了从最高司令部争取来的 4 个军的增援，计划以第八、第九和第十等三个集团军的兵力向俄军右侧实施深远迂回，拟用突击集团从北、西两个方向实施两面夹击，围歼在希莱嫩西南 170 公里正面上展开的俄国西韦尔斯将军所辖的第十集团军。德国和奥匈在东线的全部军队将联合发动双管齐下的大规模进攻，一路在东普鲁士，另一路远在喀尔巴阡山地区，同时向俄国大公的南、北两翼展开攻势。法金汉曾对此尖刻地指出，相隔 600 公里的两翼进攻不可能形成有效的联系，鲁登道夫对奥匈的军队也不抱幻想，在军事行动中，他们全身心放在北翼的德军上。

1 月下旬，德军和奥匈军队转入进攻，向桑博尔和斯特雷实施突击，几乎与此同时，俄军第八集团军也发起了进攻。由于在山地复杂地形条件下进行冬季作战，双方又多次发生遭遇战，俄军进展迟缓，直到2月初，俄军第八集团军右翼才占领喀尔巴阡山的科内奇纳、巴利格鲁德地段。在斯特雷方向，俄军顽强防御，但方面军左翼军队在德奥联军优势兵力的压迫下，被迫向普鲁特河和德涅斯特河撤退。依照鲁登道夫的计划，他的北翼大军将突然前伸，穿过安格拉普河－勒岑湖区一线，抓住那里的俄军第十集团军并歼之于瓮中。为了掩盖德第九集团军的部队向北调动，德第九集团军的余部于1月31日在博利莫夫发动了一场追求轰动效应的进攻，此次战斗的一个特点是旨在引起纷纷议论，因此它第一次使用了1.8万枚毒气弹。2月7日德第八集团军在奥古斯图夫方向对俄军左翼发起进攻，翌日德第十集团军向韦尔日博洛沃和苏瓦乌基方向上的俄军右翼实施迂回突击，德军这两个集团军的进攻出乎俄军统帅部的意料，在俄第十集团军总退却时，步兵第二十军陷于困境，在经过顽强的防御战后被围困于奥古斯图夫，该军的顽强抵抗阻止了德军进攻达10天之久。

2月13日，奥古斯图夫的俄国守军在两翼被包抄、后面受威胁的情况下，有条不紊地撤离了自己曾英勇防守的阵地。德军于14日开进奥古斯图夫，在城中抓获5000名战俘，紧跟军队前进的德皇，于当日访问了该城，并向胜利的军队表示了祝贺。由于俄第二十军在奥古斯图夫的顽强抵抗，使俄国第十集团军的主力得以撤至利普斯克－奥索维茨要塞一线，德军向东南方向进攻的道路被封锁了。德第八集团军已经推进到博布尔河一线，希望攻击奥索维茨要塞，奥索维茨的堡垒构筑在它所在的大平原仅有的几处高地上，德军竭尽全力攻城，但毫无结果，冬季战役已近尾声，俄第十集团军虽没有全部落入陷阱，但损失了20多万人，作为一支有效战斗力量的俄第十集团军已是不复存在了。

三、狮子博兔——戈尔利采突破

由于在西线的战斗陷入了僵局，难以取得决定性的进展，奥匈帝国的局势开始显得重要起来，一惯主张西线至上的法金汉第一次违背自己的意志开始关注东线了，德皇的希望是能借此一举重创俄军以达到迫使俄国单独讲和的目的。但法金汉不是这样想，他从来也不认为对俄国的作战能够速战速决，他只是想对俄国来一次沉重的打击，只要能在一段时间内削弱俄军的实力就心满意足了，因此只有4个德国新编军被派到了戈尔利采前线。

为了不让从法国调离的德军引起敌人的注意，德国人搞了一些小动作用以吸引协约国的注意力，4月中旬，德军在伊普雷施放了毒气，德国人在手头缺乏兵力的情况下，轻率地就将毒气这种致命武器暴露了，英法真是应该好好感谢东线的俄军。为了使这次军事行动获得最大限度的成功，德国人建议奥匈帝国军队应该以退却的方式诱敌深入，将敌人引入匈牙利，但奥军统帅康拉德不同意。他既不愿意放弃自己的领土，也不愿意鼓励他的军队退却。

5月初，戈尔利采战役开始了。这场战役的打法和德军以往的传统作战方法完全不同，这次德军并没有采取以往那种大规模迂回包抄的战术，而是采用了直接从中间突破。在戈尔利采正面宽约50公里的战线上，由四个德国军组成的德第十一集团军在4月份完成了战役集结。为了确保战役的胜利，德军还特地为奥军配备了一批优秀的军官并准备了充足的弹药。为了不被俄军发现正在集结的部队，德军让自己的前沿部队都穿上了奥军的军装。

俄国人对即将来临的攻击完全没有察觉，驻防加利西亚的西南方面军指挥部对于敌人准备进攻的情报置若罔闻，他们认为西南方面军的主要任务仍然是对付德国第八集团军以及奥匈第三集团军的部分兵力。而对付这些敌军，俄国人认为完全没有什么问题。关于战场指挥权的问题，考虑到奥匈帝国方面的尊严，战场上的指挥权虽然交给了德国的马肯森将军负责，但又规定马肯森隶属于康拉德的奥军司令部领导。当然，这只是形式上的，事先已经商定，在战斗中康拉德并不向马肯森发出任何指令。4月底，德国第十一集团军已经全部进入攻击位置，这时俄军已经发现了前线骤然增多的德军，但是俄军的指挥官季米特里耶夫并没有请求增援。炮击在5月1日开始了，整整轰击了一天一夜，俄军的大炮几乎没有任何回击，他们的炮弹奇缺，根本没有对战的能力。德国人的炮击摧毁了俄军的所有工事。次日凌晨6时，在一阵异常猛烈的炮击之后，随着德军炮击向俄军后面的移动，德军发起了冲锋。第一线的俄军没有抵抗，拼命向后逃去。直到德军冲到俄军的第二道防线，才开始受到俄军的阻击。

5月4日，俄军的后备军试图进行反攻，但他们的反攻无济于事，只不过是起了掩护前线溃败的部队撤离的作用。德、奥两军并肩出击，全线突破了俄军的防线。经过7天的战斗之后，败退的俄军大部被歼，俄军损失惨重，有14万人被俘，所有的武器都落入了德军的手中。到了6月中旬，俄军被迫放弃加利西亚，退到了布罗德以西20公里和布恰奇以西15公里一线。德奥军在戈尔利采的突破，使俄军在1914年开战以来和在喀尔巴阡战役中取得的胜利全部化为乌有，而且还出现了即将丧失波兰的危险。

四、雪崩的俄军——华沙易帜

到1915年4月，俄国在沿喀尔巴阡山脉的广阔战线上，支配着每一条通向匈牙利的公路，而且俄国的占领城市，威胁着奥匈帝国的后方。康拉德认识到，单靠他的军队，是推不动尼古拉大公的军队的，此外，南面酝酿着的危机，也使奥匈帝国处于危险中。1915年5月，西线相对平静，东线奥匈帝国面临俄军大举入侵的威胁，内部不稳，加上意大利和罗马尼亚即将站在协约国方面参战，对奥匈压力甚大。德国统帅部为支援奥匈，稳定东线，决定从西线抽调兵力，对俄国西南方面军右翼发动大规模进攻，计划突破维斯瓦河上游与贝斯基德山麓之间的戈尔利采地区，围歼俄国第三集团军。

俄军在马祖里湖的冬季战斗中被逐出东普鲁士，为兴登堡赢得了陆军元帅的军阶，由他统领东线的全部军队，鲁登道夫则成为他的参谋长，两个人现在都坚定地认为，如果手头有足够的部队，可以用一场战役中把俄国击败。法金汉不同意他们的观点，他深信战争将在西线取胜，因而决定把他的主力集中在西线，只在奥匈帝国出现困境后，他才勉强把4个军从法国调往加利西亚。1915 年夏秋两季，俄军不得不面对德军近 40 个师和几乎全部奥军无休止的进攻，俄军的素质和组织结构因连连受损均已削弱，又处于武器弹药供应最糟的阶段，沙皇的军队在 1000 多公里的防线上遭受到德军时而在这里时而在那里的连续攻击，防线一再被突破，他们被迫作迅速的纵深退却。

马肯森指挥的德军第十一集团军和奥匈的第四集团军负责实施这次战役，由马肯森统一指挥。德奥军队的任务是在戈尔利采和格罗姆尼克一带突破西南方面军的阵地，在萨诺克以西合围德米特里耶夫指挥的俄军第三集团军，并向佩列梅什利和利沃夫发起进攻。在敌对两军之间的无人地带，是一片开阔的丘陵，在德军开始攻势之前几天从这个地区撤退所有非战斗人员时，俄军也显然漠不关心。俄军并不注意德军所挖掘的深沟，而满足于仅足以隐蔽跪着的士兵的堑壕。俄军还选择丘陵和村庄作为支援阵地，这是一个严重的战术错误，因为德国大炮很容易发现这些射击的目标。德第十一集团军担任主攻，奥匈军在两翼配合，在 35 公里宽的突破地段上集中了 10 个步兵师、1 个骑兵师的兵力，俄国西南方面军战线长达 600 多公里，兵力分散，没有应付德奥军发动进攻的准备，俄第三集团军在德军预定的突破地段上只部署了 5 个步兵师，防御工事薄弱，等到战斗开始，德国人才充分认识到俄军的虚弱情况。三分之一以上的俄军连步枪都没有，指挥官为了保存弹药，甚至奉命每门炮每天不得发射炮弹三发以上。

5 月 2 日的闪电式进攻中，德国使用了飞机，丢下了第一次世界大战的第一批炸弹，德军以空前猛烈的轰击，摧毁了喀尔巴阡山到维斯瓦河一线的俄军阵地，俄国第三集团军是这次突然打击的重点对象。到 5 月 4 日，该集团军几乎已被歼灭，德奥联军一举突破俄军防线，并不断扩大突破口，俄国大本营匆忙抽调部队增援，但零星投入的部队，无法扭转局势。马肯森在随后两周内向前推进了约 160 公里。成千上万名感到茫然的俄国士兵被俘虏，整个俄国战线土崩瓦解。俄军费尽九牛二虎之力才得以攻克、且只坚守了很短时间的喀尔巴阡山脊终于被迫放弃了。德军粉碎了俄第三集团军主力及零星投入战斗的援军后，向桑河推进，迫使俄军放弃戈罗多克阵地，从侧后威胁部署在喀尔巴阡山脉一线的俄军西南方面军主力。与此同时，德奥联军突击集团对俄军喀尔巴阡山脉防线实施正面进攻，迫使俄向德涅斯特河撤退，6月底更将俄军全部赶出了加利西亚。此役，俄军兵力部署分散，后勤补给困难，损失惨重，仅马肯森的部队就俘获了15.3万名俘虏和300门火炮。

俄国大公军队的随军英国联络军官诺克斯爵士早就预见到了俄国的溃败，因为年轻的新兵只训练了4周，就被送去参战了，他们往往还没有摸过步枪，更不必说射击了。没有武装的后备军蹲在后方，等待从一位负伤或死亡的伙伴那里接过一支步枪，身居高位的俄国军官，不去设法解决这样那样带关键性的军事问题，而是视若无睹。俄第三集团军的溃退，导致友邻两个集团军的全线后退，俄军西南方面军先后放弃所占领的奥匈要地，于6月底退回俄国本土，第三集团军损失殆尽。由于德奥集中兵力火力在狭窄地段实施正面突破，忽视了迂回包围，俄国西南方面军得以保存了部分兵力。

1915年的夏季战役中，大批德军对俄军防线实施连续的进攻，德军带着奥军长驱直入，这正是康拉德长期梦寐以求的，但是这种作战方式是奥匈帝国的军队从来也没有能力实施的。俄军放弃了一个又一个城市、一条又一条河流，被赶出了加利西亚，被赶出了波兰，整个战线瓦解于德奥联军凌厉的攻势之下，所有的铁路转而为入侵者服务。现在德国人致力于布格河和维斯瓦河之间的广阔防区，大部分俄军集结在那里。在这次两路并进的大规模进攻中，兴登堡向东南前进，从东普鲁士越过那累夫河，直趋布格河，同时马肯森向北方前进，直趋布列斯特地区，同时德皇子莱奥波尔的第九集团军正在追近华沙，尼古拉大公的唯一选择只能是使他的军队从华沙这个突出部分脱身出来，在敌人发动猛攻前痛苦地奔跑逃窜。

俄国大公并未被捉住，他不失时机地退却，8月5日俄军撤离华沙，德奥军的切断运动仅仅变成了尾追，维斯瓦河整个防线已为俄军所放弃，当秋雨来临，泥浆阻塞道路，隆冬为这个饱受痛苦的民族设起屏障的时候，俄军摆脱了危亡，站了起来，建筑了一条从波罗的海海岸的里加到罗马尼亚边界的寂静的连绵的防线，在他们前面，取得全面胜利的希望并未破灭。1915

年 8 月 5 日，德军终于开进华沙，并在华沙组建了临时战区政府。从 1914
年 8 月 23 日兴登堡担任德军指挥官到 1915 年 8 月 5 日在华沙组建临时战区
政府的一年时间里俄军损失惨重，数十万俄军被打死或者被俘获，军队的
补给迅速减少，很多士兵连步枪都没有，德军的胜利让俄军高层无计可施。
但法金汉不愿把他的兵力分散得太单薄，他中止了德国在东线的所有主要攻
势，把德国在那条战线的活动降低到局部性战斗的规模。

到 1915 年底，东线从波罗的海的里加到邻近罗马尼亚边界的切尔诺夫
策，绵亘 900 多公里。这一年俄国的损失，死伤逾 100 万人，还有 100 万人
被俘，加上在 1914 年 5 个月期间的伤亡，又是一个 200 万人。沙皇尼古拉
二世撤掉了叔父尼古拉大公最高司令官的职务，尼古拉大公成为宫廷阴谋、
政权内部的腐败和战场上的灾难的牺牲品。沙皇受皇后的影响解除了尼古拉
大公的指挥权后，把他派到高加索去。沙皇以米哈伊尔·阿列克塞耶夫为参
谋长，自己亲自担任最高统帅，并亲自到前线督战。俄国仍在战斗，但沙皇
已铸成了他最后的一次大错。

五、土耳其的"自由英雄"——恩维尔·帕夏

1881 年 11 月 22 日，青年土耳其党人领袖恩维尔·帕夏生于伊斯坦布
尔一富商家庭，他的父亲埃米尼·阿赫梅德是土木工程师，恩维尔从小就跟
随父亲到摩拿斯提，在那里上学，直到进入摩拿斯提的军校，毕业后又到伊
斯坦布尔军事学院继续深造。恩维尔从小的愿望就是成为一名军官报效国
家，在军校上学期间，他只是专心于学习，而对那些与军事无关的事从不上
心。在君士坦丁堡军事学院毕业后，获骑兵上尉军衔的恩维尔被派到马其顿
的第三军参加对当地游击队的镇压。当时的马其顿是奥斯曼帝国各种矛盾的
焦点，当地的各种势力非常活跃，也是青年土耳其党人的活动中心，那里的
现实对恩维尔产生了影响，他渐渐卷入了青年军官的政治活动中，而且还加
入了青年土耳其党人的组织。到 1908 年，恩维尔已成了青年土耳其党人的

中央委员。

在 1908 年时，英国、俄国和奥匈帝国等国家都对奥斯曼帝国虎视眈眈，想要瓜分其所辖的巴尔干地区。为了推翻苏丹阿卜杜勒·哈米德二世的统治，也为了不让土耳其被外国进一步瓜分，青年土耳其党人决定举行武装起义。1909 年 4 月 13 日凌晨，效忠于苏丹的首都第一军团的部分士兵包围了议会，要求驱逐议长，并取缔青年土耳其党人的组织。苏丹阿卜杜勒·哈米德二世随即下令撤换首相，并责令各省总督保护教法。面对这个局面，在马其顿的青年土耳其党人立即组成由恩维尔统率的"行动军"，在 4 月 23 日开进君士坦丁堡，三天后控制了土耳其的首都。4 月 27 日，青年土耳其党人通过议会废黜了苏丹阿卜杜勒·哈米德二世，把他的弟弟穆罕默德·赖希德立为新的苏丹，也就是穆罕默德五世，恩维尔由此成为了全国瞩目的"自由英雄"而受到推崇和赞扬。

刚开始时，恩维尔很赞成奥斯曼帝国中的各民族团结平等，曾说从此以后在蓝天之下奥斯曼各民族兄弟一律平等，再也不分什么保加利亚人、希腊人、罗马尼亚人、犹太人，都要以身为奥斯曼人而感到光荣。其实他的这个主张，从根本上来说，是希望奥斯曼帝国不要再闹分裂。可事情并不像恩维尔所希望的那样，奥斯曼帝国属下的各民族是不可能安于现状的，在各种外国势力的插手下，奥斯曼帝国属下的各民族的独立运动风起云涌，越演越烈。青年土耳其党人掌握政权以后不久，就开始推行大奥斯曼主义，镇压各民族的独立运动，对外奉行亲德政策。曾做过奥斯曼帝国驻德武官的恩维尔对于德国人的效率和组织性非常赞赏，是个彻底的亲德派，他曾说"土耳其是土耳其人的，但要有德国的帮助"，把土耳其的命运同德国拴到了一起。

当时被称为"西亚病夫"的奥斯曼帝国被人们被为一块肥肉，谁都想咬上一口，1911 年秋，意大利利用动荡的国际局势和土耳其的严重困难，决定向的黎波里塔尼亚派遣海军舰队，并对土提出领土要求。遭拒绝后于 28 日以当地意大利人受到伤害为由发出最后通牒，29 日对土耳其宣战，从海上炮击的黎波里、胡姆斯等地，意土战争爆发。战争爆发后，恩维尔自告奋勇亲自前往北非前线指挥战事，在那段时间里，恩维尔同他的部下青年军官凯末尔发生了摩擦。这两个人的性格完全不同，恩维尔是个沉醉于大的计划、大的理想而忽略细节的人，而凯末尔是个现实主义者，他重视可靠的材料和数据，沉醉于大计划而忽略细节的恩维尔后来终于走上了投机冒险的道路。

意土战争正酣之际，巴尔干半岛又起风波。巴尔干地区的诸小国，在列强的支持下，发动了巴尔干战争。疲于奔命的土尔其为了应付巴尔干地区的危机，不得不被迫向意大利让步。1912 年 10 月，意土两国在洛桑签订和约，土耳其放弃了它对的黎波里和昔兰尼加的主权，恢复两地的旧称利比亚，并承认意大利继续占有佐泽卡尼索斯群岛。签订《意土和约》后恩维尔离开班加西回到伊斯坦布尔。由于在巴尔干战争中的连连失败，青年土耳其党人的威望开始动摇，亲英的自由和睦党人趁机推翻了青年土耳其党人的政权，但在第一次巴尔干战争中，自由和睦党人也是接连失败，不得不割地求和，返回首都的恩维尔再次参与并领导了一次政变，使政权再次回到了青年土耳其党人的手中。

在第二次巴尔干战争中，恩维尔担任土耳其军队的总参谋长，在德国的军事顾问团团长奥托·冯·桑德斯将军的帮助下收复了故都亚得里亚堡，赢得了民族英雄的声誉。1913 年建立的恩维尔·帕夏、穆罕默德·塔拉特·帕夏、阿赫迈德·杰马勒·帕夏"三雄"寡头政权，将土耳其拖进第一次世界大战的深渊。1914 年 11 月 2 日，土耳其在德国拉拢下，宣布同英、法、俄断交，12 日宣布开战。

在第一次世界大战刚开始时，恩维尔本来还想观望一下战局的发展情况，但英国的海军大臣温斯顿·丘吉尔欺人太甚，把土耳其用民众的捐款在英国买的两艘大型战舰无理扣下了，而且根本不提赔偿问题，把奥斯曼帝国看得还不如两艘军舰值钱，这种耻辱令土耳其人忍无可忍，正好这时德国由索罗钦率领的两艘战舰"戈本"号和"布雷斯劳"号因受到英国海军的堵截而送给了土耳其，以恩维尔为首的土耳其政府接收了这两艘战舰。1914 年 10 月，索罗钦率领由"戈本"号改名的"亚沃士"号突然袭击了俄国在黑海的港口塞瓦斯托波尔和奥德赛，造成既成事实，迅速把土耳其拖进了第一次世界大战。恩维尔以拯救土耳其的使命自居，在第一次世界大战中为土耳其开辟了三个战场。第一个战场是在自己家中打的，1915年2月，英国人气势汹汹地打上门来了，土英之间爆发了达达尼尔战役，这场战役共打了三个多月，土耳其人固然伤亡惨重，但英国人更是惨败而归，这是一场土耳其的胜仗，后来被称为"土耳其之父"的凯末尔在这场战役中崭露头角。

第二条战线是在高加索地区与土耳其的世仇俄国人开打的。俄国人早就对土耳其的领土垂涎三尺，战争开始后，乘土耳其忙于其他战线，在高加索地区对土耳其发起了进攻。战争之初俄国人取得了胜利，但在1917年俄国发生革命后，俄国因为战争而崩溃，土耳其军趁机打下整个高加索，甚至进军南俄草原，这次算土耳其获胜，但其自身离灭亡也没有多少日子了。第三条战线是在中东地区，一战时的中东地区形势异常复杂，当地的阿拉伯人要求独立，而英法又在介入，在这条战线上土耳其军初期取得了许多胜利，但到1918年圣城耶路撒冷丢失后，土耳其军在中东一败涂地。"一战"结束后，土耳其彻底失去了它对中东地区的统治权。到1918年10月，"一战"已进入末期，随着保加利亚退出战争以及英国军队在巴勒斯坦和美索不达米亚战线转入反攻，恩维尔不得不放弃他的大突厥斯坦的梦想，同年10月30日，土耳其被迫签订了《摩德洛斯停战协定》，这标志着青年土耳其党人政权的终结，11月4日统一进步党举行非常大会，决定自行解散，恩维尔此后流亡国外。

流亡国外期间，恩维尔出版了自己的战争回忆录《的黎波里》，流亡中的恩维尔在政治上一直很活跃，开始时企图与凯末尔争夺民族独立运动的领导权，在凯末尔地位稳固以后，恩维尔先是投靠苏共，但不久又投入了反布尔什维克活动，开展泛伊斯兰运动，1922年8月在帕米尔高原被苏联红军击毙，终年40岁。被击毙后的恩维尔被埋在当地，直到1996年，土耳其政府才把他的遗骸从塔吉克斯坦运回国。8月4日，在恩维尔死亡74周年之日为他举行了国葬，恩维尔的遗骸被安葬在伊斯坦布尔的烈士陵园中。

六、改写历史的战舰——"戈本"号

一艘战列巡洋舰经历了两次世界大战，服务于两个帝国，当两个帝国都从世界上消失以后，它依然像一个老水手一样活得自由自在，这艘战舰就是德国的莫尔塔克级战列巡洋舰"戈本"号，而两个帝国则是德意志帝国和奥斯曼土耳其帝国。这艘服役时间长达 60 余年的战列巡洋舰本身就是一个传奇，没有一艘战列巡洋舰能够打破它的长寿纪录。"戈本"号，也就是后来土耳其海军的"亚沃士"号战列巡洋舰，于 1912 年于德国汉堡下水后正式投入服役，在它诞生的时代，战列巡洋舰还是一种崭新的舰种，因为它兼具战列舰的强火力与巡洋舰的高速度而成为各国海军竞争的主要战舰，作为德国海军的新锐战舰，无论进攻还是防御，"戈本"号在当时都是一艘令世人生畏的重型战舰。

服役后的"戈本"号成为德意志帝国皇家海军第四战列舰分舰队的主力战舰之一，1914 年初，正是欧洲战云渐渐聚集的时候，协约国和同盟国两大军事集团为了各自的利益明争暗斗、互不相让，战争爆发的危险随时都能来到。作为德国海上力量存在的象征，"戈本"号和它的辅助战舰"布雷斯劳"号被派往直布罗陀海峡，成为德国在地中海地区仅有的水面战斗力量。当时德国舰队的规模在世界虽然仅次于英国位居第二，但是它在亚得里亚海却只有两艘战舰，也就是 2.3 万吨的战列巡洋舰"戈本"号和巡洋舰"布雷斯劳"号，法英两国的海军部都把眼睛盯在"戈本"号上，认为这艘德舰是英法舰队在亚得里亚海的心腹大患，装甲坚固、火力强大的它随时可能攻击法国航行在地中海水域的运输舰，而这的确也是"戈本"号及其"布雷斯劳"号当初被派到地中海上游弋的一个重要原因。

大战爆发前，"戈本"号收到了绝密电令："德意志帝国已经对俄国宣战。并立即将对法国宣战。"第一次世界大战爆发了！实际上，早在进入地中海之前，索罗钦就接到命令，德国随时有和法国进入战争状态的可能，一且出现这种情况，德国地中海分舰队的任务便是立即投入战斗，袭击法属北非的军事设施，然后向西撤退，穿过直布罗陀海峡与德国的公海舰队会合。战争爆发后，"戈本"号和巡洋舰"布雷斯劳"号发现自己远离本土基地，已处在英国地中海舰队的四面堵截之中。德国潜在的敌人英国早就派出一支舰队来追踪德国的"戈本"号和"布雷斯劳"号，英国皇家海军地中海舰队司令官、海军上将伯克利·米尔内奉命咬住这两艘德国战舰，并在英国对德国宣战的第一时间击沉它们。"戈本"号的舰长索罗钦将军在指挥德国这两艘战舰甩开英国舰队的围剿后，得到了一个新的命令，放弃原有的作战方案，不再返回德国本土，而是向西开往当时还是中立国的奥斯曼土耳其帝国。当德国领导人看到有必要对不愿宣战的土耳其人施加压力时，发现这两艘战舰还有更重要的任务有待完成，那就是用这两艘战舰，去促使土耳其人对协约国开战。

德国人非常希望能在经济不发达但有潜在价值的中东地区进行经济渗透，在奥斯曼土耳其帝国的首都伊斯坦布尔建立自己的影响已经有十多年了，在英国人与土耳其的宿敌俄国人达成公约后，土耳其人更愿意与德国人加强友好关系，后来他们要求德国派一个军事使团训练土耳其军队，作为答复，奥托·冯·桑德斯将军于大战爆发后抵达伊斯坦布尔，任土耳其陆军的监察长，开始训练和整编土耳其的陆军。当时土耳其与德国签订了一项秘密条约，但在参战的问题上土耳其还没有下定决心。德国决计再拉它一把，1914年8月5日深夜，索罗钦下令两艘战舰开往土耳其，英国至少动用了10艘战舰在等待着"戈本"号，但英国人没有想到德国人已经改变了主意。他们认为"戈本"号会向西返回德国，所以把主力摆在了西边，东方只放了一艘巡洋舰"格雷塞斯特"号，而这一艘巡洋舰是挡不住德国这两艘战舰的，"戈本"号和"布雷斯劳"号顺利驶进了奥斯曼土耳其的伊斯坦布尔港口，德国随后宣布把这两艘战舰送给土耳其海军。

奥斯曼土耳其有一个无价之宝，就是它的地理位置，正好处在各条交通要道的会合处。德国人鉴于两线作战的局面已是不可避免，急于争取这个可以封锁黑海出口的土耳其帝国，以切断俄国从英法得到的补给的海路，德皇宣称："现在该做的事情就是要让巴尔干各国的枪炮全都做好对准斯拉夫人的准备。"这个时候的奥斯曼土耳其帝国，已经老态龙钟，被称为"西亚病夫"，早已风光不再，它在中东、北非的领土纷纷丧失，强大的俄国从北方不断蚕食这个衰老的帝国。尽管奥斯曼帝国的领土失掉了许多，但在1914年的时候还是要比法国、德国、奥匈加在一起还大，此时的奥斯曼帝国是一个令人垂涎的潜在结盟对象，如果奥斯曼帝国参战，它所控制的地域将会对战局产生至关重要的影响。

第一次世界大战爆发前夕，土耳其为了改善军备，曾经向英国订购了两艘2.2万吨的战列舰，土耳其为此已经付清了全部的款项，然而当土耳其海军人员接收战舰时，英国人却借口欧洲局势紧张，把军舰扣了下来，变成了英国的战列舰。这两艘军舰花了土耳其3000万美元，这在当时是一笔巨款。这笔钱是土耳其在巴尔干战争败北后，深知必须使自己的武装部队重整旗鼓的民众捐款筹措起来的，英国在正式通知土耳其这桩地道的强盗行径时，根本不提赔偿两字，在他们眼中，奥斯曼帝国还不如两艘白抢来的军舰重要。现在，索罗钦的两艘战舰，就是德国在土耳其天平上重重投下的一颗砝码，德国公使和索罗钦中将觐见帝国的统治者苏丹，慷慨地表示愿意将这两艘最新、最好的战舰交给土耳其使用，这一击打中了土耳其苏丹的要害。英国人的强盗行径令土耳其政府十分愤怒，而现在德国人却主动送来两艘如此优秀的战舰，令土耳其人欣喜若狂，"戈本"号于是被改名为"亚沃士"号，"布雷斯劳"号被改名为"米蒂里"号，德国水兵换上了土耳其海军服，而索罗钦将军依然指挥他的战舰，更被奥斯曼土耳其苏丹任命为土耳其海军总司令。

"戈本"号和"布雷斯劳"号驶进达达尼尔海峡，事后很久，丘吉尔凄然承认说，它所带来的"屠杀、痛苦和毁灭，其程度之烈，就一只船来说是空前的"。协约国这时意识到问题的严重性了，为了拉住土耳其保持中立，它们对土耳其许下了许多好处，但为时已晚。土耳其是以舰炮宣战的，1914

年 10 月，索罗钦率领"亚沃士"号突然袭击了俄国在黑海的港口塞瓦斯托波尔和敖德萨，揭开了土耳其参战的序幕。面对"亚沃士"号的强大火力，俄军猝不及防，布雷舰"普鲁特"号被击沉，4500 吨的驱逐舰"普希金舰长"号被击成重伤，塞瓦斯托波尔港口露天堆放的弹药堆栈被击中发生大爆炸，损失惨重，改悬土耳其新月旗的"亚沃士"号初战告捷。

土耳其最终倒向了同盟国，俄国于 11 月 4 日向土耳其宣战，英国和法国接着在 11 月 5 日也宣战了，这下子战争的血刃便伸展到另半个世界，俄国通向地中海的出口也被堵死了。土耳其的参战自动开辟了几个新战区，协约国不得不分兵于美索不达米亚、苏伊士和巴勒斯坦，奥斯曼帝国的最后瓦解、中东往后的历史，都是"戈本"号这次航程造成的结果。假如"戈本"号不到达伊斯坦布尔，土耳其未必会在德国一方参战，英国便不需要发动土耳其战役来打通对俄国的支援通道，那么就不会有英国人在达达尼尔战役和加利波利战役的惨败，而英国人在达达尼尔战役和加利波利战役的惨败，又对保加利亚加入同盟国起了至关重要的推进作用。如果说一艘战舰改变了一次世界大战的政治格局，那只有"戈本"号可以担得起这个称号了。

11 月 15 日，俄国安德烈海军中将率领黑海舰队主力南下，袭击土耳其港口特拉布宗，俄国舰队的阵容浩大，主力是 5 艘老式战列舰，辅助兵力为 3 艘巡洋舰和 15 艘驱逐舰，但巡洋舰中没有一艘的机动能力比得上"米蒂里"号。索罗钦中将下令"亚沃士"号和"米蒂里"号出发应敌，双方在克里米亚半岛以南的海面上爆发激战，这次战斗，被称为索契角海战。

七、以一敌五——俄土索契角海战

1914 年 11 月，俄国与土耳其双方的海军在克里米亚半岛以南的海面上展开了索契角海战，11 月 15 日，安德烈海军中将率领俄国的黑海舰队主力南下，袭击土耳其港口特拉布宗。俄国这次派出的舰队阵容庞大，共有近 30 艘战舰，其中有 5 艘战列舰，3 艘巡洋舰和 15 艘驱逐舰。17 日晨，俄国黑海舰队袭击完特拉布宗后，又在海面上搜寻土耳其的运输船队，结果是徒劳一场，就在安德烈下令舰队返航时，他们一心要寻找的土耳其船只出现了，只不过不是土耳其的运输船，而是德国送给土耳其的"亚沃士"号和"米蒂里"号。原来在接到特拉布宗港口的被袭报告后，在对形势做出估量后，索罗钦断然决定出战，尽管在战列舰的数量上是一比五，但索罗钦对自己的"亚沃士"号有信心。

18日清晨，克里米亚半岛南端的索契角海面笼罩着淡淡的雾霭，索罗钦所指挥的"亚沃士"号和"米蒂里"号追上了正在返航的俄国舰队，俄国的舰队也发现"米蒂里"号发出的黑烟，并发出了"敌舰在我前方"的警报。安德烈马上命令他的5艘战列舰互相靠拢。俄国人这样做是有原因的，他们发明了一种远距离多舰协同炮击同一目标的打法，以数量上的优势弥补质量的不足，双方的辅助舰只都知趣地闪开战场，让真正的主角一较高低。"亚沃士"号从间断的雾霭后出现时，正在俄国战舰的右前方。安德烈等的就是这个时机，他下令各舰转舵，和"亚沃士"号夹成90度角，占据了有利位置。在距离7000多米时，俄国人的305毫米重炮可以一显威风了。但由于担任火力指挥舰的"伊万·扎拉图斯特"号看不到对手而没发出射击的命令，当距离缩短到了7000米以内时，已经明显看到"亚沃士"号在紧急转向，以便齐射它的10门280毫米大炮。安德烈再也不能等待了，他自己的那艘战舰"埃弗斯塔菲"号马上开火，索契角海战拉开了战幕。

"埃弗斯塔菲"号的射击还是准确的，在第一轮炮火中，就有一发命中。305毫米炮弹可不是普通的战炮可比，它当即炸毁了"亚沃士"号的一门105毫米炮，并引爆了它的弹药。俄国人准确又凶猛的打击，使本来充满自信的索罗钦开始担心起来，在对射中他开始怀疑自己以一对五的决定是不是错了，但此时俄国舰队的情况也很不佳，他们从一开始就陷入了混乱，原本是5艘战舰统一的作战变成了各自行动。在战斗中真正在和"亚沃士"号对战的，实际上只是设备比较先进的"埃弗斯塔菲"号，"亚沃士"号要远比"埃弗斯塔菲"号先进，它的第一轮齐射也击中了"埃弗斯塔菲"号，这两艘战舰纠缠到了一起，"亚沃士"号挨了数发炮弹后舰上起火。但"埃弗斯塔菲"号的处境更加危急，死伤惨重，而其他的俄国战舰没有对"亚沃士"号形成有效的威胁。就在安德烈焦急万分之时，"亚沃士"号忽然停止了攻击，它加大速度从战场上撤走了。俄国海军的顽强抵抗，使索罗钦的斗志受到影响，他不敢再拿"亚沃士"号冒险了，因为他实在是输不起。

索契角海战打成了平手，俄国人的死伤略多一些，但双方的战舰基本都保住了。经此一战，双方都认识到了敌手的实力，从此不再急于挑起战斗了，黑海方面的海上战斗没再发生，土耳其控制南岸，俄罗斯控制北岸，形成了一种暂时的平衡。这种平衡对德国还是有利的，因为它切断了俄国与英法在海上的联系。但索罗钦对此却并不满意，他到土耳其不是来观赏风景的，在"亚沃士"号修好之后，它又出现在了黑海的海面上。对于"亚沃士"号的出现，俄国人这次不再出动它们航速较慢的战舰了，12月底，在博斯普鲁斯海峡，"亚沃士"号触到了两枚俄国人为它特设的水雷，从而受到了重创。幸亏"亚沃士"号"皮糙肉厚"，没有被当场炸沉，逃回到港内的"亚沃士"号从此进入了大修时期，在以后的半年中，它再也没有出现在海面上。

土耳其的参战改变了战争的格局，已经为1914年的失败所动摇的俄国，现在几乎完全被切断了来自英法的物资供应，而这些东西正是俄国赖以实施持久战的物质基础，与此同时，西方的协约国也正焦急地欲重新获得通往乌克兰粮食产地的通道。精明强干的英国海军大臣温斯顿·丘吉尔提议立即采取行动，夺取达达尼尔海峡并恢复联接地中海和黑海、经由土耳其海峡到俄国的重要供应线，而英国的陆军大臣、陆军元帅基钦纳伯爵则强烈坚持要在西线一决高低，在英国战争会议上经过一番持久和激烈的争吵之后，一个针对达达尼尔海峡的两栖行动计划被勉勉强强地通过了。

八、"诗人将军"——伊恩·汉密尔顿

伊恩·汉密尔顿，陆军上将，参加过第二次阿富汗战争、第一次英布战争、马赫迪战争等战役。他被认为是一位极具天赋的军官，因勇敢、有魅力和智慧出众而闻名。他生平最值得称道的一场战役就是在加利波利之战负责指挥命运多舛的地中海远征队。这是一场以英军失败而告终的战役，在这场战役中英法联军唯一成功之处是，他们在撤退时无一伤亡，堪称杰作。伊恩·汉密尔顿在日记中对于加利波利之战这样写道："这没有什么，只是其中一方一定不会赢得这场战争。"

1853年出生于科孚的汉密尔顿是克里斯坦·汉密尔顿和玛丽亚的儿子，1856年他的母亲在他的弟弟维若克出生时难产而死，给他带来了深深的悲伤。在1870年提出参军的申请前，他在切姆和威灵顿学院接受教育。1872年汉密尔顿被英国陆军录取，和萨克福团一起在桑赫斯特军官学校参加短期培训，不到一年后，他转调到位于印度的第九十二联队，开始了他长达25年的海外服役生涯。伊恩·汉密尔顿是一个语言天才，被称为"诗人将军"，除了英文，他能说德语、法语和印度语，是个迷人、典雅、亲切的典型英国上层名流。他曾两次被推荐获得维多利亚十字勋章，但在第一次被认为太年轻了，第二次则是军阶太高了。他的左手几乎残废，因为其手腕在第一次布尔战争中受重伤；他的左腿比右腿短是在一次从马上堕下而导致的伤害。在经过参谋学校进修之后，伊恩·汉密尔顿接受了罗伯茨勋爵的邀请，成为他的副官，随后他跟随罗伯茨回到印度，并晋升为上尉。在为罗伯茨撰写报告和演讲稿的工作中，汉密尔顿的文字功夫日趋熟练，1885年，出版了他的第一本书《未来的战斗》，这本书的思想被应用于在印度部队的训练中，尤其使部队的步枪射击水平获得了提升。

在第一次布尔战争中，汉密尔顿不幸受伤后被俘，但在回到英格兰养伤时，却被视为英雄，并被介绍给维多利亚女王。1897他成为第三旅的旅长。在第二次布尔战争中，汉密尔顿在布隆方丹和比勒陀利亚这699多公里的战场上参加了10场对垒布尔人的重要战役。1899年11月，汉密尔顿所部被布尔人围困于莱迪史密斯，由于没能充分加强他所辖防区的防御阵地，结果在布尔人围攻瓦根山时英军损失惨重，尽管如此，他仍被罗伯茨勋爵任命为当地的中将指挥官，率部从布隆方丹向约翰内斯堡进军，并于 1902 年 4 月在鲁伊瓦尔取得大捷。1903 年伊恩·汉密尔顿返回英国任军需总监，第一次世界大战爆发时被晋升为上将。在 1915 年的加利波利半岛战役中，受丘吉尔推荐，伊恩·汉密尔顿受命领导地中海盟军远征军占领土耳其的达达尼尔海峡及君士坦丁堡。

汉密尔顿是一位具有相当战争经验的军人，忠诚，有骑士风度，具有想象力和文人气概，却缺乏激励部队行动的能力，当基钦纳与他讨论情况时，只是这样向他说："假使舰队通过了，君士坦丁堡就会自动陷落，那么你不仅是赢得了一个会战，而是一场战争了。"虽然如此，他却未给予任何具体的指示。当时协约国在埃及和希腊群岛仓促中集结了一支近 8 万人的远征军，由于缺乏敌方情报及轻视对手，所以整个陆地战役从开始到结束成了一场灾难。由于一开始计划以海上攻击为主而非登陆作战，伦敦的陆军部没有来得及制定作战计划，伊恩·汉密尔顿对于他的敌人的唯一知识，来自于 1912 年的土耳其陆军操典、一张不完善的作战区域地图和在最后一分钟冲进书店买来的君士坦丁堡旅游指南，在他离开伦敦的时候，他甚至没有选定在半岛的登陆地点。

根据计划，英军和澳新军团在同一天，分别从两个不同登陆点上岸，在掩护舰队实施炮火准备后，协约国部队同时展开登陆行动。但是由于澳新军团士兵缺乏训练，再加上对半岛地形一无所知，军事情报也严重不足，在头两天战斗中损失 1.8 万人，才勉强登陆并建立了滩头阵地。谁知地图竟然和他开了个不大不小的玩笑，明明标的是 1.6 公里的海滩，实际却不足 1.2 公里，而且只有 30 米左右宽，两端被悬崖峭壁所阻塞。众多的部队、牲畜、炮和补给品，拥塞在这块巴掌大的地方，结果乱成一团，根本无法把部队有效展开，陷入了难以防守的境地，被居高临下的土耳其军队打得狼狈不堪，伤亡惨重。为了扩大登陆场，英国统帅部决定实施第二次登陆，英国从本土向加利波利半岛增调了约 13 万人，随着援兵的到达，8 月，英军再次实施进攻，但再次以失败告终，登陆部队在海滩上处境十分困难，仅 8 月间的伤亡就在

4 万人以上。面对这种不利局面，伊恩·汉密尔顿坚持反对撤兵的提议，这导致他在 10 月被解职并被召回国内。这场战争是伊恩·汉密尔顿一辈子的耻辱，结束了他的军事生涯。在退休后，伊恩·汉密尔顿是退伍军人组织中的领袖人物，也是 1928 年创立的英德协会的创始成员之一和副主席，这个协会促进了英国亲德的情绪。汉密尔顿与该协会在希特勒崛起后，形容希特勒为"伟大的阿道夫·希特勒"，并以希特勒仰慕者自居。伊恩·汉密尔顿一生以 8 种语言出版过 168 本著作，目前有约 3000 家图书馆珍藏他的作品。

九、俄土争夺亚美尼亚——萨勒卡默什之战

1914 年 10 月，索罗钦率领"亚沃士"号突然袭击了俄国在黑海的港口塞瓦斯托波尔和敖德萨，揭开了土耳其参战的序幕。土耳其加入同盟国集团参战后，土耳其的陆军部长恩维尔·帕夏不顾德国军事使团团长冯·赞德尔斯将军明智的规劝，率军进入了与俄国纠缠不清的高加索地区。俄国的沃龙佐夫将军指挥下的 10 万名俄军，被部署在卡尔斯附近以阻止恩维尔的进军。俄军企图抢先攻入土耳其的亚美尼亚，以粉碎土军的进攻计划。

亚美尼亚，是一个位于欧亚交界处的高加索地区小国，面积大约有 3 万平方公里，在它的历史上，始终处于俄国和土耳其的占领之中，是俄、土之间一块有争议的地方。俄军高加索集团军主力萨勒卡默什支队也越过了俄土边界，在大雪纷飞的气候条件下，与土耳其军展开了激战，一举击退了土耳其的先遣部队，并于 12 月初攻至马斯拉哈特、尤兹韦兰、阿尔迪一线。土耳其第三集团军计划以第十一军从正面牵制俄军，以第九、第十军向北经奥尔图、巴尔德兹对俄军萨勒卡默什支队实施深远迂回，切断其与后勤供给基地的联系，将其歼灭在萨勒卡默什地区，进而夺取卡尔斯和格鲁吉亚。当时土耳其军队共有 15 万人和近 300 门火炮，而俄军约有 10 万人和 300 门火炮，在人数上土耳其军队占有优势。但土耳其军队冬季作战的条件极差，在开战之前，由于冻伤和开小差就使恩维尔的兵力至少损失了 1.5 万人。

12月22日，土耳其军队对俄军发起了进攻，土耳其军的第九和第十军在初战中取得了小的胜利，击退了俄军的奥尔图支队，并于三天后攻占了巴尔德兹，深入到了俄军主力的后方。俄军萨勒卡默什支队在土军第十一军的突击下，退守边境一线，并增调援军加强萨勒卡默什地域的防御。由于高加索地区山路崎岖难行，风雪交加，寒冷异常，加上指挥不力，根本无法协同作战，在俄军的反击下，深入到俄军后方的土耳其军队遭到了很大损失。从29日起俄军开始实施反击，到月末稳定了战场上的态势，并迫使土耳其军队在两天后开始撤退。这时已是1915年的1月。1月3日，土耳其军队企图包围俄军的两翼，但被俄军的反攻所阻止，并被击溃。俄军在全线展开了反攻，围歼土耳其第九军残部，在十多天中将土耳其军队击退到原来的出发阵地。

俄军在沃龙佐夫的指挥下阻止并打退了土耳其军向卡尔斯的推进，并使之遭受重大伤亡。此役，土耳其军队阵亡了3万多人，在撤军途中还冻死了成千上万的人员，只有大约2万多名有效战斗人员抵达了埃尔祖鲁姆。俄军以伤亡不到3万人的代价歼灭了土耳其军队9万多人，并为进一步向土耳其领土纵深推进创造了有利的条件。这一战结束后，恩维尔放弃了战场指挥权，返回了君士坦丁堡。而沃龙佐夫因为没能乘胜追击败退中的土耳其军队，不久也被调走，他的职务被较具有主动性的尤登尼奇将军所取代。

十、达达尼尔战役——土耳其的雄起之战

对达达尼尔海峡的进攻是第一次世界大战中一个具有代表性的战役，英国海军大臣温斯顿·丘吉尔是突破达达尼尔海峡的最卖力的倡导者，他于1914年圣诞节前夕曾提出疑问："难道除了把我们的军队送去啃佛兰德斯的带刺铁丝网以外，就没有其他的办法了吗？"丘吉尔希望在欧洲战场以外开辟一条"外围战"，他的目光投向了衰老帝国土尔其所控制的达达尼尔海峡。占领达达尼尔海峡的回报是丰厚的，此举可以建立一条经由黑海到俄

国的可靠补给线，最终迫使土耳其退出战争，建立一条巴尔干战线，援助塞尔维亚，这样奥匈帝国或许会崩溃，真可谓一箭双雕。

但无论这次战役在战略上有什么优点，实行这样的作战行动都是极其冒险的。丘吉尔说服了海军上将们，动用皇家海军试图突破那些马尔马拉海入口处的要塞，他们抱着这样的希望：一旦那些战舰通过海峡，他们就能够进攻君士坦丁堡并造成土耳其的崩溃。但是来自土耳其陆地炮兵的顽强抵抗与在海峡布下的水雷一起挫败了这一企图。地跨欧亚的土耳其是连接欧亚两洲的陆上通道，所控制的博斯普鲁斯海峡、马尔马拉海和达达尼尔海峡则是重要的海上通道，且战略地位格外重要，自古以来就是兵家必争之地。正如一位英国历史学家所说："这里的主人如果不是强悍的狮子，那就要成为别人猎取的羔羊。"奥斯曼土耳其帝国的末代苏丹穆罕默德六世恰恰成了悲剧性的"羔羊"。

一度称霸欧洲的奥斯曼土耳其帝国，到 19 世纪上半期迅速衰落，中央政权不断削弱，被奥斯曼帝国长期统治的地区处于四分五裂状态之中，已成为昔日帝国的"遗产"，这为早已觊觎的欧洲列强大开了争夺的方便之门。在这些"遗产"中，首都君士坦丁堡和两条海峡对各列强最具有吸引力，因为它们是沟通黑海与地中海的咽喉要道，是联结欧、亚、非三大洲的"金桥"，是重要的战略要地。实际上，自从 1908 年青年土耳其党的革命推翻老苏丹，建立了以他的比较通情达理的弟弟为首而由"统一与进步委员会"主持的政府以来，在随后的 6 年中，土耳其确实已经开始返老还童。"一战"前夕的 1914 年 8 月，德国与土耳其政府签订了《军事同盟条约》，将其拉入同盟国集团，11 月 2 日，又促使土耳其对协约国宣战。英、法乘机发兵中东，全面夺取土耳其帝国的地盘。英国进兵的主要方向就是奥斯曼帝国统治下的西亚地区，英军于 11 月 22 日占领了巴士拉。

英国本来没考虑在加利波利这个地方开辟战场，只是尼古拉大公于 1915 年 1 月送了一封信给基钦纳勋爵，请求英法开辟土耳其战线，以缓和它在外高加索的压力。这激发了英国陆军部的兴趣。5 个月前俄国曾不顾一切战略上的考虑，答应协约国的要求，在东线进攻德国以减少西线的压力，现在俄国在波兰同德军、在高加索同土耳其军同时争斗，大公企求某种对别处土耳其军的牵制行动，海军的或陆军的都可以。此时的协约国和同盟国在法国北方及比利时一角的战线上正陷入僵持状态，双方都在北海到瑞士的道路两旁大挖战壕、相互对峙，这致使双方在 1915 年里都鲜有机会突破战争的重围，军事策划人员越来越希望开辟新战场，法国也希望采取"外围战略"来打破僵局。在英海军大臣丘吉尔的积极倡议下，英国皇家海军制定了向德国力量最薄弱的盟国奥斯曼土耳其发动水陆两栖袭击的计划，决定乘机夺取具有战略意义的达达尼尔海峡和博斯普鲁斯海峡，占领土耳其首都君士坦丁堡，以迫使土耳其退出战争。

丘吉尔所支持的这一计划，其实施结果糟糕透顶，所以直到现在仍备受各方谴责，因为英国人犯了一个重大失误——他们严重低估了土耳其人及其作战技术，认为达达尼尔的陈旧防御是非常脆弱的，土耳其靠近君士坦丁堡的沿岸两座兵工厂，都暴露在战舰的近距离平射火力之下，一支协约国舰队能够不费力地穿过达达尼尔。土耳其军也认为直到 1915 年 2 月 25 日，在加利波利半岛的任何地点成功登陆将是可能的，用陆上兵力攻占海峡也将是比较容易的。英国皇家海军出发了，他们穿过达达尼尔海峡进入了马尔马拉海，企图征服君士坦丁堡（即今伊斯坦布尔）。如果能够成功歼灭土耳其的势力，俄国便能从南部边界运送部队前去支援对德作战，再加上罗马尼亚、保加利亚、希腊等中立国的参战，协约国与同盟国之间的力量平衡将发生极大的改变。德土联军指挥部获悉英法企图后，在德国军事顾问利曼·冯·桑德斯将军的劝说和帮助下，土耳其将其在达达尼尔海峡的防卫力量都集中在离爱琴海最近的 12 海里处，并扩大了海峡入口处的雷区，增设了保卫雷区的炮台，还在从入口到凯费兹岬之间高高的海岸上安装了可以移动位置的榴弹炮。此时达达尼尔海峡防卫的唯一弱点是火炮的大口径炮弹不足，而不是防御工事不够坚固。

由 18 艘英国主力舰、4 艘法国战列舰和辅助舰只组成的英法联合海军机动部队，于 1915 年 2 月 19 日驶进达达尼尔的入口处，卡登上将准备在加利波利半岛实施登陆。作为土耳其西南延伸部分的加利波利半岛，有近 100 公里长，6 ~ 16 公里宽，岛上荒芜多山，俯视达达尼尔海峡的许多山脊和陡坡为土军提供了优良的防御阵地，拥有 380 毫米口径大炮的联合舰队很快打哑了土军的炮台，随即派出突击部队登陆。当突击部队向海峡旁的山峰攀登时，却遭到了土军隐蔽在悬崖后面的炮火的袭击，舰队向土军阵地盲目开火，没有获得什么战果，联军的首轮登陆行动宣告失败。卡登上将是个敏感的人，不具备纳尔逊那样的毅力，因紧张而病倒，后来在濒于精神崩溃的情况下被当作伤病员送回国，职务由海军上将约翰·德·罗贝克继任。

3 月 18 日，罗贝克海军上将奉命指挥又一次海上进攻，几乎大功告成，下午 2 时前，土耳其守军火力减弱，几乎停止射击，炮手们士气低落，有些火炮遭到破坏，通信器材被摧毁，火力控制系统也受损，但是命运之神来了个 180 度大转弯，背弃了英国人。在发起进攻前，海峡已经被反复扫荡过，都认为海峡 8 公里以内没有水雷了。可是，英军不知道，一只土耳其小船在主要布雷区外放了一排新水雷，当 16 艘军舰企图强行闯入狭窄的海峡通道时，2 艘战列舰、1 艘战列巡洋舰触雷沉没，3 艘驱逐舰受重创，罗贝克只好令所有幸存的舰只返回爱琴海。英国人不知道，此时的土军，弹药已经消耗了一大半，剩下的穿甲弹已不足 30 发，而水雷则已用光了。

战舰的惨重损失彻底改变了协约国的策略，英国人决定放弃单纯使用海军作战的方案，而实施陆海军联合作战，由登陆兵夺取加利波利半岛和达达尼尔海峡地区的筑垒工事，以保障舰队突入马尔马拉海，然后从陆上和海上实施突击，攻占君士坦丁堡，现在该轮到陆军出场了。

十一、澳新军团的伤心地——加利波利半岛

放弃单纯使用海军的方案后，协约国决定采用陆海军联合作战：由陆军攻占加利波利半岛和达达尼尔海峡地区的工事，保护舰队进入马尔马拉海。

但英法远征军准备工作既暴露又进展迟缓，洞悉对手战略意图的土耳其统帅部在德国军事顾问冯·桑德斯的帮助下，火速抽调军队至战区，并集结炮兵部队，严阵以待。

一支匆忙集结的英国远征军在汉密尔顿将军的指挥下正在从英国和埃及到加利波利半岛的途中，而汉密尔顿本人这时正在一艘英国战舰上观战。1915年3月中旬，当第一批部队抵达利姆诺斯岛的穆德罗斯湾时，从英国来的先遣队被发现没有按规定装载，火炮和弹药不在同一条船上。1915年3月25日，该舰队不得不到埃及的亚历山大港，在那里重新进行战斗装载，将人员、枪炮、弹药等装于同一条船上。这耽误了一个月的时间，与此同时，土军完全警觉到即将迫近的登陆行动，开始完善其防御部署。德军的冯·桑德斯负责全面指挥，他以大约6万名守军在半岛上构成弹性防御体系。

在突破达达尼尔海峡的战役中，加利波利半岛登陆战役作为第一次世界大战中最大规模的登陆作战，在战法运用、武器和兵种投入上，都具有了现代意义上的登陆作战的特色，被誉为"最具现代意义萌芽的登陆作战"。丘吉尔的想法不可谓不美妙，可是在实际实行中，却忽视了作战细节，结果这场战役导致了英国的一场大失败。

协约国在埃及和希腊群岛仓促中集结了一支近8万人的远征军，其主力由当时在埃及的澳大利亚和新西兰军队组成，即"澳新军团"，英国任命有"诗人将军"之称的英国陆军上将伊恩·汉密尔顿负责指挥这次战役。但这次作战计划一直给人一种漫不经心之感：向加利波利派去的地面部队从未受过任何水陆两栖作战的训练，连最简单的问题也还未搞清，如那里有水岸吗？有公路吗？土耳其防御的力量所在和弱点各是什么？汉密尔顿在伦敦受命时，对加利波利半岛的情况更是几乎一点也不了解。英法远征军在亚历山大向登陆地域出发的准备工作既暴露又进展迟缓，致使敌军得以判明战役意图，并采取措施加强了达达尼尔海峡地区的防御。

在海军炮火的支援下，协约国军队于白天实施两路攻击。一个登陆点选在半岛一端的赫勒斯角；另一点选在阿勒角，该点位于半岛的西南，在第一点北边约 24 公里处。两点的攻击不能相互支援。与此同时，法军一个师在海峡的亚洲海岸实施佯动性登陆的同时，一部分海军在布莱尔实施佯动，该点位于半岛的脖颈处，在赫勒斯东北 80 公里，以吸引冯·桑德斯的注意力。澳新军团在达达尼尔海峡附近的安扎克海湾的沙滩上登陆，完全是由于幸运，这次水陆两栖的攻击恰好发生在土耳其人认为不具什么战略重要性的地区，所以他们没有派遣重兵防御。然而，俯视着那片沙滩的那些断崖解释了土耳其人信心的依据——在土耳其人来到这里防卫它们之前，安扎克人是不可能攀上那些高地的。协约国 3 月 18 日的海上进攻流产后，土耳其政府就把加利波利半岛的指挥权交给了德国驻土耳其的军事使团头目冯·桑德斯将军，冯·桑德斯接受指挥权的条件是把所有能用的火炮都调到加利波利半岛，并在现有的 5 个师之外再加 1 个步兵师。当协约国部队在 4 月 25 日抵达时，兵力已被对方超过，土军居高临下，火力又占压倒性优势，协约国军队成了名副其实的活靶子。

4 月 25 日夜，在掩护舰队实施炮火准备后，由汉密尔顿指挥的澳新军团主力在加利波利半岛南端登陆，汉密尔顿对怎样登陆并没有周密的打算，只是把登陆地点划定在半岛南端两边的 32 公里内，至于滩头阵地的选择，由现场指挥官自行决定。远征军中弥漫着一股盲目自信的情绪，但是，海军的大炮并没能压制住土耳其人的抵抗，英军最终被迫在大白天冒险登陆赫勒斯角的五个海岸，并不幸地成为土耳其炮手们的绝佳靶子。澳新军团虽然建立了滩头阵地，但登陆军队根本无法把部队有效展开，土耳其军队在冯·桑德斯的指挥下，随即进行了猛烈的还击，经过一夜的混战，双方死伤惨重，已登陆的 1.6 万名澳新军团士兵在土耳其军队炮火的压制下，被困在临时掩体中动弹不得，接下来的几天，双方又陷入了僵持局面。形势令人绝望，尽管汉密尔顿收到来自澳新军团的信息，告知"士气极度低迷，如果明天部队还要面对这样的炮火袭击，很可能会以大败收场"，他仍然毫不妥协，回电道："除了挖土把自己像鸵鸟一样地埋起来，暂时别无他法，现在你们就只管挖吧，直挖到你们安全为止。"

　　登陆是已经成功了，但是其目标却未能达到，于是战争进入了第二阶段，即一连串的徒劳的正面攻击。5月1日，土军第五集团军向滩头阵地发动反攻，经过三天激战，汉密尔顿的部队死伤近半，但第五集团军也只能控制高地，无法赶走已经登陆的澳新军团。到5月底，狭小的战场上布满了双方的8000多具尸体，空气中充满了恶臭，在医务人员的敦促下，英军指挥官与土军商定，双方实行9小时的安葬休战。登陆最终以要命的僵局告终，现代武器高效的杀伤能力使双方都不可能冲破这个死结，土耳其人占据着高地，协约国军队拥有海岸，任何一方都不能将其敌手从其防御阵地撼动半步。正午的太阳十分炽热，几乎找不到一点树荫，在堑壕中的饮水供给很少，几乎不够解渴。无人地带中的死尸臭味，散布在整个地区之中，尘土结成了浓雾。尽管有了医师的预防措施，到处还是布满巨型的苍蝇，只要打开一听罐头，马上就会围满了苍蝇，在吃饭时和睡觉时，若能有一小块纱帐掩护着，那在堑壕中简直就是天堂了。

　　这场战役拖了好几个月，但是头几天就决定了它的结局，处于敌人制高点控制下的滩头遭到火力扫荡，旨在摆脱西线式的僵局而采取的翼侧迂回行动也陷入了堑壕战的困境，双方一再发起进攻，但战果甚微，而伤亡巨大。随着地中海炎夏的到来，疟疾和痢疾导致大批人员丧生。在5月间，一艘土耳其驱逐舰用鱼雷击沉英国战列舰"巨人"号，一艘德国潜艇用鱼雷击沉"凯旋"号和"威严"号，达达尼尔海峡变成了英国人逐渐扩大的伤口。直到此时，英国政府仍然不肯改变策略，约3万多枚炸弹被送往加利波利，3支英国军团也于8月被派往前线增援。到8月初，联军已增至12个师，8月6日夜，联军在苏弗拉湾登陆并随即转入地面进攻，遭土新编第五集团军14个师顽强抵抗，进展甚微。8月6日，新一轮的登陆战在澳新军团登陆场西北面的苏弗拉湾拉开，由于土耳其人在苏弗拉湾的防守比较薄弱，英军在登陆时未遇到太多抵抗，只是部队上岸后未能及时向内陆推进占领制高点，宝贵的战机再次被错过了。

　　冯·桑德斯紧急从其他防线抽调了近2万土耳其军队抵达苏弗拉湾，抢先在萨里巴依尔山脊设置了一道临时防线，成功遏制了协约国军队前进的步伐。9月战事开始又陷入僵局，至年底，因巴尔干战线形势不利，联军被迫停止达达尼尔海峡战役，于次年1月撤离。具有讽刺意味的是，英国人进行的这次撤退，比这次战役的任何其他阶段都要出色，在撤退中没有出现任何伤亡。此役，英法联军伤亡14.6万人，土军损失18.6万人。

战役计划不周、准备不足、陆海军协同不力、低估土军战斗力和未达成战役突然性等，是英法联军失败的主要原因，战役的直接后果是保加利亚加入同盟国，丘吉尔被调离内阁。事实上，假如有更雄厚的财力和更细致的战略部署，这次两栖登陆袭击计划便有可能顺利实施，协约国军队便有机会在欧洲东南部开辟新战场。因为在后来的战争中，这种战略被证明是完全可取的，成攻与失败，其实仅一线之隔，达达尼尔远征的想法是很好的，但实施的结果是可悲的。加利波利半岛战役也是声誉的创造者和破坏者——基钦纳无懈可击的名声被玷污，费希尔爵士于5月辞职，接着不久丘吉尔下台，汉密尔顿除写回忆录之外永远与军人生涯绝缘。然而在这次战役中指挥土耳其军队的凯末尔则福星高照，被欢呼为"加利波利的救星"。

十二、"东方的普鲁士"——保加利亚

著名的东方快车之路——德皇威廉二世曾希望有朝一日它将成为大吹大擂的"柏林－巴格达铁路"的主要连接段——是经过塞尔维亚的，事实上，这个武装起来进行战斗的小国对同盟国的补给线和德国在巴尔干半岛的战略行使着否决权。罗马尼亚不听招呼，土耳其必须得到援助，塞尔维亚则从中作梗，法金汉确信必须消灭塞尔维亚，同时争取保加利亚。

有"上帝的后花园"之称的保加利亚是欧洲东南部巴尔干半岛上的一个国家，它与罗马尼亚、塞尔维亚、马其顿、希腊和土耳其接壤，拥有一支战斗力强悍的陆军，一旦它决定倒向何方，巴尔干的战局必将有重大变化。战争开始时，保加利亚多少有些亲德的嫌疑，其实这也不难理解，在"一战"爆发前，德国和奥匈帝国都曾经给过保加利亚大量的贷款支援。大战爆发之后，协约国和同盟国在巴尔干诸国展开了一系列宫廷活动，双方都对有"东方的普鲁士"之称的保加利亚开出了一系列报价：正企图强行攻占达达尼尔海峡的协约国开出的价码是让它重获1913年丢给土耳其的东色雷斯（君士坦丁堡除外）。由于德军在法国和波兰的胜利，同盟国的报价显得更加诱人——整个马其顿、西色雷斯、南多布罗加和萨洛尼卡全部归保加利亚，塞尔维亚本土的尼什以及阿尔巴尼亚的几小片地区则作为额外的奖赏。

为了彻底击败塞尔维亚，德国急切地要将保加利亚拉到同盟国一边来，整个1915年7月期间，在索非亚举行了德国人与保加利亚国王斐迪南的谈判，在感情上一直亲德的保加利亚政府对俄国所蒙受的巨大灾难及其军队的全面撤退留下了深刻印象，但此时英军在加利波利半岛上的战斗支配着他们的行动，因此，保加利亚不为德军在东线的节节胜利所动，而是静候南方战事的结局，到8月15日，英军全线失败，保加利亚才决定加入同盟国。1915年9月6日，保加利亚与德国签订了秘密的友好同盟条约和参加对塞尔维亚作战的军事协定，规定在德、奥两国沿多瑙河和萨瓦河发动联合进攻一星期之内，保加利亚攻打塞尔维亚前线的东侧。9月23日，保加利亚发布动员令，军队开始沿保塞边境和保希边境集结。

如果说罗马尼亚人是巴尔干的那不勒斯人，那么保加利亚人就是低地苏格兰人，保加利亚人顽强、勤劳、节俭、沉默寡言，以倔强著称，当地有句谚语这样说："保加利亚人可以坐在牛车上猎到野兔。"大战中，保加利亚最想得到的是马其顿，这也是它的国王——在欧洲被称为"狡猾的斐迪南"——的一个目标，因为拥有马其顿不但可以控制爱琴海岸，而且可以掌握连接中欧和南欧以及中东的山谷和铁路。

保加利亚的威胁态度引起了塞尔维亚的密切注意，塞方立即着手做军事准备，英法则努力劝告塞尔维亚将马其顿割让给保加利亚以避开迫在眉睫的危险，但有同样的执着和勇气的塞尔维亚人拒绝了这些建议，并准备迎击他们所痛恨的巴尔干邻国的进犯。塞尔维亚集合它的军队以抵抗保加利亚从东边的入侵，但它不知道可怕的德军正准备从北面进行突袭。对塞尔维亚的致命打击，是由德国一位叫亨奇的上校参谋策划、由德国陆军元帅冯·马肯森指挥的，共有四个集团军，其中奥匈第三集团军、德国第十一集团军从北面进攻，保加利亚第一集团军从东面进攻，另一个保加利亚集团军，即由索非亚直接控制的第二集团军则从东南方向开进塞尔维亚，切断通向萨洛尼卡的铁路线。完成集结后的保加利亚在 1915 年 10 月 1 日对塞尔维亚宣战，斐迪南在他慷慨激昂的宣战诏书中声称："欧洲战争很快将胜利结束，我号召保加利亚武装力量和人民起来保卫国家，向背信弃义的邻居开战，解放遭受塞尔维亚奴役的我国兄弟，我们的事业是正义的、神圣的，上帝保佑我们的军队！"

现在，进攻塞尔维亚已经万事俱备，四个集团军即将从三面扑向那个人数很少但凶猛的民族，一个德国集团军和一个奥德混成集团军正在向多瑙河、贝尔格莱德和萨瓦河进军，保加利亚第一集团军已部署到位，准备向历史名城尼什攻击，保加利亚第二集团军准备回身向南，切断起自萨洛尼卡的铁路，使这个在劫难逃的国家与世界隔绝，得不到任何形式的援助。当时只有 400 万人口的保加利亚，军队的人数却超过了 50 万人，全部动员起来可达 85 万，他们被分为三个集团军，第一集团军在北，第二集团军在南，开赴马其顿前线，协助从北面和西北挺进的德奥军队。保军人数占压倒性优势，而且刚刚参战，士气正旺，毫无疑问地占了上风。从这年秋季起，塞尔维亚受到德国、奥匈和保加利亚三国军队的大举进攻，由于伤寒流行，在这一年的夏天约有 15 万塞尔维亚士兵染病，丧失了战斗力，三面受敌的塞军无力抵抗，只得向南撤退。塞尔维亚军队被迫通过塞尔维亚和黑山向阿尔巴尼亚方向撤退，塞尔维亚政府和塞军最高指挥部决定将政府、议会和军队一起经阿尔巴尼亚撤退到亚得里亚海滨地区。从塞尔维亚政府认识到他们的危险程度之时起，首相帕希奇就一直不停地呼吁求援，西方协约国必须给他派遣 15 万人的军队，否则肯定全盘皆输，他强烈要求，最起码协约国应扫清铁路线上的敌人以保证塞军的退路，但是英法两军参谋部表明，采取这样的行动根本不可能。

在此次战役还没开始时，协约国就已预见到了这次进攻，由法国将军萨拉伊指挥的 3 个师的先头部队就已经在希腊港口萨洛尼卡登陆，但随着保加利亚第二集团军切断了通向萨洛尼卡的铁路线后，就阻止了萨拉伊的部队与处于困境的塞尔维亚军会合。萨拉伊的部队退却到萨洛尼卡，置身于绰号为"鸟笼"的坚固防御阵地，准备抗击保加利亚军和态度不明确的希腊军队的进攻。总数达 42 万的塞尔维亚军队中，只有一些零星的小部队得以越过阿尔巴尼亚的群山，逃到亚得里亚海东岸免于被俘，16 万军队和 900 门大炮则成了保加利亚人的"战利品"。

德、奥、保三国对塞尔维亚的威胁所造成的间接后果，是使得英法不顾希腊的中立，于 10 月 5 日在萨洛尼卡港联合登陆，但在随后的战斗中败于保加利亚第一集团军，被迫退回希腊境内。置身在萨洛尼卡的堑壕军营中的协约国军队，一面修筑公路、码头和铁路，一面待援，这样度过了 1916 年的头几个月。他们占领了希腊的领土，而这个国家显然是中立国，他们没有接到明确的指示，伦敦给五个英国师的命令把它们局限于发挥一种模棱两可的、基本上是原地不动的作用。

塞尔维亚全境已被德国、奥匈和保加利亚三国军队占领，1916 年 8 月，罗马尼亚经过几次犹豫后，答应同协约国一起战斗，条件是奥匈帝国垮台后，它要求得到特兰西瓦尼亚的全部领土，布科维纳和巴纳特也要割让给它，同时它还要求俄国军队进入多布罗查地区，以协助它保卫南部边界免遭保加利亚的侵犯。1917 年 6 月，希腊也站到协约国一边投入战斗，使巴尔干战场的形势对同盟国越来越不利。

十三、英、土、俄三国的能源争夺——波斯战线

18 世纪，波斯的萨珊王朝灭亡后，陷入了近一个世纪的混乱，最后土库曼恺加部落夺取权力，迁都现在的德黑兰，建立了恺加王朝。但恺加王朝

在19世纪遭受列强入侵。俄国人夺取了它在外高加索和中亚的部分领土，英国人则夺取了波斯南部部分地区，1907年英俄协定更是划分了它们两国在波斯的势力范围，波斯政府所能控制的地方仅有德黑兰附近不大的地方。

在第一次世界大战中，波斯宣布中立，但是与它相邻的奥斯曼土耳其帝国则要求它驱逐其领土上的8000多名俄军，否则的话它将"代为驱逐"。然而地位跟英俄殖民地差不多的波斯是做不到这点的，于是土耳其的军队就开进波斯，击退了波斯西北部地区的俄军，并占领了波斯阿塞拜疆地区的最大城市大不里士。在波斯的南部地区，土耳其军队占领了英波石油公司在巴格达和巴士拉的全部资产，并进而威胁到英波石油公司当时最大的油田——波斯西南端的阿巴丹。

波斯第五大城市阿巴丹是波斯石油输出的集散之地，也是英波石油公司所在地。在"一战"中，随着汽车、坦克、飞机和军舰等机动性很高的武器装备被大量运用于战场，石油和内燃机改变了战争的各个方面，甚至包括海、陆、空机动作战的基本含意。石油已经越来越多地为英国所依重，完全可以说，没有石油，战争机器将无法正常运行。为了保护英波石油公司在阿巴丹的油田和炼油企业，1914年底，英军在波斯南部最大的港口城市胡泽斯坦登陆，随后在阿拉伯河一带击退了土耳其军队的进攻。英军登陆前，德国的间谍曾企图在阿拉伯河炸船以堵塞前往阿巴丹的航道，但是这个计划没能得逞。

波斯是中东最早发现和生产石油的国家，从1912年到1918年，波斯的石油产量增长了10倍以上，从每天1600桶增加到近两万桶。到1916年后期，英波公司满足了英国海军全部石油需要的五分之一。 布什尔是波斯伊斯兰共和国布什尔省的省会和最大城市，位于波斯湾沿岸，是该国主要的港口城市之一，1915年4月，德国驻布什尔领事、有"波斯的劳伦斯"之称的威廉·瓦思穆斯，利用波斯人仇恨英国和俄国的契机，把当地的各部族争取到了自己一边，在由亲德的波斯军官指挥的波斯军队的帮助下，驱逐了波斯南部广阔地区的英军，攻占了以绿洲花园和文化故都闻名的设拉子城。在德国和土耳其间谍的鼓动下，波斯西南部的阿拉伯游牧部落还切断了马斯杰德·苏莱曼和阿巴丹之间的几处主要输油管道，致使石油运输停顿了近半年之久。

半个多世纪以来，波斯饱受英俄的侵略和掠夺，因此朝野上下自然都同情英俄的敌人德国，而德国也想借着波斯这种反对英国和俄国的民情把波斯拉入同盟国的阵营，好共同对付英国和俄国。1915年，大批俄军在里海南岸的恩泽里港登陆，随后南下包围了波斯的首都德黑兰。波斯政府中的亲德分子带着德国和奥匈帝国的公使匆忙逃出了都城，在位于德黑兰以南约150公里处的库姆成立了"民族保卫委员会"，随即该组织就把总部迁到了300公里外由土耳其军队占领下的克尔曼沙赫城，成立了波斯的"临时政府"，还组建了一支近5000人的军队。

第二年春天到来时，英国的情报官员珀西·赛克斯爵士和少数英属印度当局的军官在南波斯地区招募当地部落的骑兵，组成了一支"南波斯洋枪队"，这只用英国武器武装起来的队伍在不到一年的时间内肃清了波斯南部地区的亲德势力以后，成为波斯南部地区的霸主，并在实际上独自控制了法尔斯、锡斯坦和俾路支斯坦等几个省，迫使波斯政府不得不在一年后承认"南波斯洋枪队"的合法地位。

1916年夏，在波斯的西部地区，一支2万多人的土耳其军队占领了波斯的重要交通要道哈马丹，并直接威胁到波斯西部地处厄尔布尔士山南麓离德黑兰不到100公里的加兹温城。由俄国将军巴拉托夫指挥的约8万名俄国部队开到了此地，并对土耳其军队展开了反攻，而在南部的英国军队也展开了配合进攻，在英俄军队的两面夹击下，人多势众的俄军迅速攻占了土耳其军队占领下的伊斯法罕、哈马丹以及由亲德人物组成的波斯"临时政府"所在地克尔曼沙赫，土耳其军队被迫从波斯撤回到自己的边境内，由同盟国所支持的波斯"临时政府"也随同迁到了土耳其的首都君士坦丁堡。1917年2月，俄国和英国的军队在克尔曼沙赫会师，自此，奥斯曼土耳其在波斯的势力被驱逐了出去。

但是随后不久，俄国便爆发了"二月革命"，推翻了沙皇政府的统治，留驻在波斯境内的俄国军队失去了来自国内的支持，很快就陷入了分崩离析的状态。8个月后，俄国又爆发"十月革命"，新成立的苏维埃政府宣布废除了此前沙皇政府在波斯所签订的全部条约。对于英国来说，它在波斯的一个竞争对手消失了，这是它独霸波斯的大好机会。英国随即派出它的军队，解除了驻扎在伊斯法罕、哈马丹等地的俄军武装。至于驻扎在波斯北部阿塞拜疆省并由布尔什维克领导下的俄军部队，英国虽然也派出了军队，但并没有取得什么进展，而此时在法国的正面战场上大战正酣，英军也抽调不出更多的力量投入到波斯方面。

俄国十月革命后与德国签订了《布列斯特条约》，退出了第一次世界大战，随后又发生了内战，高加索地区的局面非常混乱，宗教的、民族的以及与土耳其的纠纷不断，而由协约国支持的白俄军队在这一地区也有着很大的势力。面对这种情形，当时英国内阁中的一些死硬的帝国主义分子和反苏派都极力主张把波斯当作支持白俄分子对新生的俄国布尔什维克政权开战的基地。1919年8月，英国与波斯政府签订了协议，由英国人的顾问去改组波斯的军队，实际上就是由英国人掌控了波斯的军队，以此为条件，波斯得到了英国的一笔贷款，通过贷款，英国人则进一步加强了对波斯的经济控制。英国政府兴高采烈地认为，波斯这个重要的能源产地，已经完全落入了英国人的手中。

但是革命后的俄国也很快显示出了它的力量，它对波斯的影响力在日渐加强，这使得英国人感到，要对付来自俄国的挑战，还需要继续投入代价高昂的力量，而此时才经过大战的英国，在世界各地还有许多其他的事务，而且它还正面临着一个令其头痛的问题，那就是在它控制下的爱尔兰正在闹独立运动，英国人对此使用了大量的军队进行弹压。英国一贯善于去别的国家制造"民族独立"，现在轮到它自己面临这一问题了。在这种疲于应付的情况下，英国人在波斯的企图不得不半途而废，驻扎在波斯的英国陆军开始从波斯撤离，使自己离开那个大泥潭。

第八章
封锁与反封锁
——大洋中的较量

一、拉开"巨舰大炮"的序幕——费希尔

1904 年，英国人提高了约翰·费希尔的地位，使他优于海军部其他次官，严厉苛刻的费希尔成为大英帝国皇家海军的实际负责人——海军部第一次官。海军部第一次官相当于海军参谋长，在海军大臣领导下统率海军，因为这个职务是直接负责指挥海军战斗的，所以在战时他要比海军大臣更有实权。皇家海军被费希尔勋爵一人把持，这是史无前例的。费希尔充分利用了这一变化，尽管当时的海军第一次官对军事行动没有什么控制权，但他却在管理、计划和政策方面行使了很大的权力。费希尔一心想使皇家海军现代化，便开始施行一些改革。1906 年，他发明了一种革命性战船：无畏战舰。这种装备齐全规模空前巨大的战舰令过去的所有战舰黯然失色，靠这种领先技术，英国开始以最快的速度制造新的战舰。1911 年，英国的一支由无畏战舰组成的舰队驶往英吉利海峡。在这之后，所有重要帝国当时都加紧将资源投入在这种无畏战舰的制造上，但由于英国起步早并享有技术优势，所以一直在这场竞赛中保持着领先地位。

在第一次世界大战开始前的 10 多年里，世界目睹了前所未有的最大的海军军备竞赛，在费希尔就任第一海务大臣时，正是大英帝国这个"海上霸主"面临挑战的时期，欧洲的后起之秀德意志帝国瞄上了海上霸主的位置，大有挑战英国海军地位之势。德皇威廉二世是马汉"制海权思想"的崇拜者，

1895 年，年轻的威廉二世宣布"德国的未来在海洋上"，根本不顾及英国人已经海上称雄的这一事实，开始致力于建造一支庞大的海军，在短时间内就把德国海军的吨位追到了世界第二。这无疑强烈地刺激了英国，虽然德国并无意对英国发动战争，但英国人却感受到了某种威胁，这使得原本想放松一下造舰速度的英国不得不重新加快了造舰的速度，并得出了要使自己的战舰达到两倍于敌的口号。

费希尔对英国的造舰有自己独到的见解，在费希尔看来，英国海军的许多战舰舰都已经过时了，有些舰只压根就是废物一堆！所以，目前皇家海军最迫切的任务就是大更新、大升级，他要的是更新、更大、战斗力更强的全新的战舰。在随后的十多年中，费希尔采取一系列步骤改造了英国海军舰艇的质量，淘汰了大量战斗力很小的舰艇。在他的大海军计划中，把 305 毫米口径大炮改为 356 毫米口径大炮，威力巨大的无畏级战列舰横空出世了，世界海军界由此掀起了一场革新风暴，由他领导设计建造的无畏舰在航空母舰出现之前，一直是海洋上的霸主、海战中的巨星。

费希尔推出了"无畏"级战舰之后，英国本国的战列舰也和其他国家的战列舰一样显得过时了，费希尔的批评者们说，这样一来英国就丧失了自己在造船竞争中的领先地位，使德国人在更近于平等的基础上参加竞争。费希尔反驳的论据是，革新迟早都要出现的，英国走在前面岂不更好？费希尔的这些改革，既遭到非议也有人赞成，他支持军官教育，主张拆毁过时的军舰，赞同能使备用军舰迅速进入临战状态的核心船员制度。为了完成这些改革工作，费希尔在海军中强行推销他的"三 R 原则"，即无情、残酷、残忍。费希尔对皇家海军的升级更新是以冷酷无情的手段进行的，所以海军界甚至政府的不少人都对他很有意见，觉得这个人相当讨厌，他的同事和部下也觉得他是一个专横苛刻、不近人情的独裁者。毫无疑问，费希尔所做的事情十之八九是对的，他的伟大改革使英国皇家海军在其历史最关键时期保持了强大的战斗力。他迫使海军的每一部门审查自己所处的位置和存在的问题，并提醒、敲打和诱导他们开始紧张的工作。但也正是在这样不停的紧张工作之际，皇家海军部成了一个令人不愉快的地方。

费希尔所督造的吨位大、装甲厚、速度快、火力猛的无畏舰一诞生，就轰动了全世界的海军界，这种战舰可以说代表了一个国家海军的实力。在茫茫的大海上，战舰是无处藏身的，这种战列舰简直令其他的战舰在战斗中毫无招架之力。其他国家因此都纷纷仿造，尤其是野心勃勃的德皇威廉二世和德国海军大臣提尔皮茨，开始让德国加紧建造同一级别的战列舰，英德海军竞赛进入白热化状态。到第一次世界大战爆发时，英国海军拥有战列舰21艘，德国海军只有15艘；英国拥有战列巡洋舰9艘，德国海军只有5艘。英国皇家海军的力量远比德国海军强大，因而迫使德军的公海舰队在整个战争期间被封锁在基尔和威廉港中，成为一支影子舰队。可以说，在贯彻这些意义深远的改革中，费希尔是功不可没的，但在同时，他也在皇家海军中为自己树立了许多激烈的反对派，而他引以为荣的方法就是激起反对派们强烈的敌意，然后予以还击。他是很乐意回敬对方的，他要让大家知道，凡是反对他政策的人，不论是哪级军官，必定要毁灭自己的职业生涯。至于那些卖国贼，也就是那些公开或秘密打击他的人，"他们的妻子将成寡妇，他们的孩子将成无父孤儿，他们的家将成垃圾堆"。他一再重复这些话，"冷酷、无情和不能有怜悯心"是他经常挂在口边的言词。

费希尔是那个时期世界海军史上一位重量级的人物，他冷酷无情、严厉苛刻的个性令人生畏，但他那独一无二的海军统帅和管理才能又令许多人钦佩，至少海军大臣丘吉尔先生在口头上是这么说的——他曾两次出任海军首脑，但两次都以辞职而告终。在费希尔两次出任海军首脑时，他都通过自己的不懈努力使英国皇家海军震惊了世界，他一手掀起的海军革新风暴不但使英国皇家海军实力大增，也直接影响了德、美、日等国舰队的发展，开创了世界海军史上的"巨舰大炮时代"。不管费希尔的工作能力有多强，人际关系永远是重要的，在皇家海军中有不少具有社会势力和背景的军官，他们中许多人对费希尔怀有敌意，他们有接近议会和新闻界的机会，且有很大一部分优秀有才能的海军军官同情他们，尽管不赞成他们所有的做事方法。也就是说，在英国的海军界，从上到下存在着一大批反对费希尔的人，而且他们有着相当强大的势力。在所有反对费希尔的人中，最主要的有当时主力舰队总司令贝雷斯福德，费希尔冷酷无情的高压手段，终于使自己自食其果了。两派的对立，使得皇家海军出现了可悲的分裂，几乎每一名海军军官都被牵扯到这两派的争斗中去，凡是第一海军大臣提出的建议总司令都反对，两派的人相互交错，势均力敌。1910 年，69 岁的费希尔在上上下下一片反对声中辞职了。

1911 年，性格同样暴躁的雪茄爱好者丘吉尔成为英国海军大臣，他是个海军外行，曾对费希尔的才能甚为钦佩，常在海军问题上请教费希尔。费希尔在英国海军部是具有一定的威望的，至少海军部不少一线指挥官、中层官员和技术官员都是他的拥护者。基于对丘吉尔指挥能力的不信任，"一战"前夕，英国海军部有不少人要求费希尔重返海军部。第一次世界大战爆发后，丘吉尔干脆直接把费希尔召回来担任海军部第一次官。当丘吉尔作出这一决定时，很多海军将领都强烈反对，因为他们认为丘吉尔和费希尔都属于个性太强的人，一个暴烈冲动，一个冷酷专横，这两人凑到一起搞不好能打起来。不过丘吉尔认准的事谁也拦不住，就这样，费希尔重返皇家海军，领导他的军舰进入了第一次世界大战的厮杀之中。

在这个阶段费希尔遇到一件意外小事，即培根信件事件：培根舰长是海军中一个能力比较强的军官，也是一个费希尔的追随者。费希尔要求在地中海服役的培根随时写信给他，告诉他所有发生的事情。培根遵命写了些有分量的信，但是在这些信里培根有意无意地含有对顶头上司的批评。费希尔喜欢培根信中提出论点的说服力，就叫人把它们付印并在海军部广泛传阅。结果自然就流入到与费希尔对立人的手中，于是培根的信很快上了伦敦的一份晚报，费希尔因此受到了猛烈的攻击，被指责鼓励下属对他们的顶头上司不忠，这对费希尔来说是一场致命的打击。

对于性格爆躁、办事独断专行的海军大臣丘吉尔来说，他与同样办事独断专行的费希尔的确是难以互容的。当时迫于压力，丘吉尔悻悻作态地重新起用赋闲在家的费希尔，然而丘吉尔绝不会放弃作为海军大臣的无上权柄，文官出身的丘吉尔开始利用职权百般排挤和架空费希尔，反击果断凌厉而且隐蔽。丘吉尔断定性格强势的费希尔是不会与他虚与委蛇的，因此他愤然辞职那是迟早的事。在刚开始的时候，费希尔和丘吉尔合作得还真不错，大战爆发的头一年，英国皇家海军就在福克兰群岛大获全胜，一举击沉了德国远东舰队冯·施佩将军所率领的4艘德国战舰。第二年伊始，费希尔手下年轻的海军名将贝蒂又在多格尔沙洲海战中打沉了赫赫有名的德国重巡洋舰"布吕歇尔"号，皇家海军为此威名大振。然而没过多久，费希尔和丘吉尔的"蜜月"就结束了，在攻击达达尼尔海峡的战役中，两人战略对立，发生了激烈的争论，费希尔对丘吉尔的自以为是忍无可忍，就在英国突袭舰队浩浩荡荡杀向达达尼尔海峡的时候，英国海军大臣和其他三位海务大臣都收到了来自第一海务大臣费希尔的辞职信。费希尔辞职的消息让英国海军上下多少有些措手不及，但毕竟是在丘吉尔的预料之中。在达达尼尔海峡惨败的消息传回海军总部后，对于风雨飘摇人心不稳的英国海军部真是雪上加霜，在这之后不久，丘吉尔也黯然离开了他的位置。

二、雾中出击——赫尔戈兰湾海战

西欧战争似乎迫在眉睫之际，英国的本土舰队和德国的公海舰队都进入了战斗泊位，英国本土舰队的主要战斗力都集中在大舰队，大舰队的指挥官是海军上将约翰·杰利科勋爵，主要基地在奥克尼群岛中的斯卡帕湾，辅助基地在苏格兰的港湾里。大舰队中包括20艘一级战列舰和4艘战列巡洋舰，它的主要作用是防止德国军舰逃进大西洋，保卫北海，监视公海舰队，在出现有利机会时将德国的公海舰队歼灭。

海上力量对战争的影响从一开始就感觉到了，从大战爆发起，海上封锁的威力尽管动作迟缓，初期不尽完善，但逐渐加强，终于像巨蟒那样无情地越缠越紧。英国人运用他们强大的海上力量来对付德国，同时极大地得利于它那得天独厚的地理位置。英伦三岛恰好与欧洲大陆西侧隔海相望，对北海和德国通向波罗的海之路形成包围堵截之势。1914年战争爆发前夕，英国皇家海军的力量远比德国帝国海军强大。皇家海军一共拥有无畏级战舰21艘，英国的"伊丽莎白女王"号无畏舰上装备了8门380毫米口径的巨炮，射程约13公里，是普通战舰上火炮射程的三倍，德国海军的主力公海舰队，有14艘无畏舰，战争爆发后，德军的公海舰队被封锁在基尔和威廉港中，消极避战。

英伦三岛的位置扼守住北海的出口，德国的公海舰队实际上已成了大舰队的囊中之物，大舰队只要在那儿停泊一个舰队就收到了封锁德国的效果。显然处于劣势的公海舰队是不会出来向集结在那儿的大舰队挑战的。而在另一方面，雷场、潜艇等的威胁也制止了大舰队进到亚德湾攻击德国舰队，英国的目的是把公海舰队引诱出来消灭。而德国人则想运用计谋一点一点地逐个歼灭大舰队的各个部分，以此把它削弱到自己能对付的水平。对这两支世界上最大的舰队来说，战争的大部分时间是在令人厌烦的待机中度过的，英国舰队在奥克尼群岛上的斯卡帕湾和苏格兰的克罗马特阴冷的基地上待机，而德国舰队则藏身于赫尔戈兰岛的火炮和赫尔戈兰湾布雷场的背后，在亚德湾的不来梅港和威廉港待机，较陈旧的舰艇部署在波罗的海基尔港。

随着陆上节节败退，英国海军中求战的呼声越来越高，英国潜艇部队司令凯斯准将接到报告，每天傍晚德国的轻型巡洋舰都护送驱逐舰到赫尔戈兰湾做夜间巡逻，黎明时巡洋舰与驱逐舰在赫尔戈兰湾西北20海里处相会，护送它们回港。凯斯认为这个规律对英国舰队是个机会，就起草了一份突袭敌人的计划，即利用潜艇当诱饵，把强大的水面增援舰只布置在视界以外，把德国人引到赫尔戈兰湾以西的海面加以袭击。由于凯斯的一再坚持，和大英帝国皇家海军传统尊严熏陶下的中下级军官渐渐流露出来的不满，致使英国大舰队司令杰利科上将不得不同意了凯斯的诱敌计划，以己方的3艘潜艇和2艘驱逐舰分队前往德国海域，扮成围歼德国驱逐舰分队的假象，以吸引德军大部队出巢，并继而一并歼灭之。整个计划要求快打快撤，尽量减少暴露在敌人大门口的时间，务必赶在德国援兵到来前结束战斗。为求保险，凯斯要求从大舰队中调出第一轻巡洋舰中队做近接支援，还申请出动大舰队主力做后盾。但杰利科上将不允许因为一次小打小闹的突击而影响到大舰队的正常巡逻，他干脆利落地拒绝了这一"非分"要求。

就在行动开始之前，杰利科审查了作战计划，认为其中的突击兵力不足以应付突发情况，且远在亨伯河口的远距离支援群根本无法及时提供支援，于是在凯斯和蒂里特出发后，他命令贝蒂中将率领第一战列巡洋舰中队"雄狮"号、"玛丽女王"号和"大公主"号及古德诺夫准将指挥的6艘轻巡洋舰与第二战列巡洋舰中队会合，紧随蒂里特开赴赫尔戈兰湾。1914年8月26日午夜刚过，第八潜艇支队就从哈里奇港启程前往战区，凯斯乘坐驱逐舰"静默猎犬"号随行指挥，蒂里特也在这一天上午9时登上了旗舰"林仙"号，轻巡洋舰"林仙"号火力强，速度快，但服役才仅仅15天，各种设备还缺乏磨合和调校，所以当27日蒂里特舰队动身时，"林仙"号的战斗状态仍令人担心。他们在28日凌晨抵达赫尔戈兰湾，并且在大雾弥漫的海面上发现了德国驱逐舰分队的黑影，大雾造成的低能见度使得英国潜艇只发现了16艘德国船只中的6～7艘，而5公里左右的能见度也让德国人没有注意到英国潜艇发射来的鱼雷，倒霉的德国驱逐舰"v117"号不幸被击中，德国人迅速反应过来，并马上调整了队形。

德国驱逐舰分队司令瓦里斯中校立即下令展开搜索队形向西追去，同时用无线电发出"湾内出现敌潜艇"的警报，停泊在赫尔戈兰岛的第五雷击舰支队随即发动，准备出发去消灭英国潜艇。7时，双方水面舰艇发生了首次接触，德国第一雷击舰支队此时已经向西毫无结果地搜索了两个小时，突然发现了向南穿雾而出的蒂里特舰队。邻近的担负着保护驱逐舰编队重任的德军两艘轻巡洋舰"斯德丁"号和"弗劳恩洛布"号，加上不远处的第五驱逐舰编队总计18艘大小舰只纷纷加入战团，这种场面当然在蒂里特的算计之中，隐藏在浓雾中的他的舰队开始向着中央的团团黑影而去，并率先开火，双方的实力对比如此均衡，这也使得早有预备的蒂里特舰队在一开始的炮战中占据了优势。与此同时，"林仙"号与"弗劳恩洛布"号陷入了苦战，"林仙"号虽然在数据对比上显著优于对手，但它磨合时间太短的缺点却影响了战斗力，两门102毫米炮卡壳，另有一门被打坏，鱼雷发射管报废，一时间只有舰首的一门152毫米炮能够还击，场面极为被动，所幸击中对手要害，使得"弗劳恩洛布"号不得不拖着右倾的舰体退出战斗。

如同英国人计算好的那样，他们的出击果然吸引了不少的德国船，只要能够按照既定的计划继续发展下去的话，那么胜利几乎百分百地站在自己这一边。蒂里特准将放下望远镜，不由得意起来，但他的好日子也正是在这一刻结束的：同样是由于能见度的问题，他并没有发现德国舰队附近的大批增援部队正在源源赶来。

在与"弗劳恩洛布"的恶战中，"林仙"号的锅炉水管被打了个洞，这时航速已不足10节，蒂里特决定利用战斗间隙进行紧急修理。11时，"林仙"号的航速已经恢复到20节，除两门102毫米炮以外的全部火炮均恢复使用。当轮机重新轰鸣之时，德国的反击也即将开始。德国轻巡洋舰原本是分散出动，因此都是各自到达并投入战斗，首先出场是"斯特拉斯堡"号。蒂里特准将的旗舰"林仙"号和它身边的4艘英舰成了德国海军从侧翼驰援过来的7艘巡洋舰编队攻击的首要目标，"林仙"号等5艘驱逐舰本来是以五对二，与德海军先期驰援过来的"斯德丁"号和"弗劳恩洛布"号两艘巡洋舰对攻本来还算游刃有余，但是德军新生力量的到来让战局一下子扭转了过来，眼见势头不妙，"林仙"号迅速向已经在途中的古德诺夫的巡洋舰编队发出了求援信号。

当蒂里特疲于应付德国舰走马灯式的进攻时，英军此次行动的最高指挥军官贝蒂和他的5艘战列巡洋舰、4艘驱逐舰正徘徊在西北48公里处，他不能坐视蒂里特遭到围攻而无动于衷，但他也清楚地知道德国人在午后不久就可以出动战列巡洋舰甚至是战列舰队，届时他的5艘战列巡洋舰自保尚且存疑，更不用说救援，胜利的天平每一分钟都在向德国一边倾斜。此时近80艘的大小舰只在海面上展开了捉对厮杀，德军由于救援距离近和应急反应机制的完善，在战斗开始时稍稍占据了上风，"林仙"号在数艘德巡洋舰的联合打击下，于一次剧烈的爆炸后结束了它短暂的服役生涯，作为诱饵的蒂里特准将，完成了他诱饵的使命，德国舰队这条大鱼吞没了他。在没有战列舰和战列巡洋舰参战的情况下，轻型巡洋舰就成了这次海战目前的主角了。贝蒂在犹豫中向身边的菲尔德上校征询意见："你觉得我们该怎么做？我应该前去支援蒂里特，但如果损失一艘宝贵的战列巡洋舰，全国都不会宽恕我。"当时并未肩负责任的菲尔德脑子里只是"急切地想寻找刺激"，便脱口而出："我们当然要去。"于是贝蒂定下决心，11 点 30 分，贝蒂的战列巡洋舰队向东南方急驰而去。

大战既然已经拉开了序幕，那么在家门口作战的德国人就没有理由有所保留，在这外围由水雷和潜艇联合封锁着的封闭海域，德国人正在继续调兵遣将，他们的目标就是将这批英国舰艇全部困在这里。正当威廉港的巨舰们正在关注战况之余焦急地等待着涨潮来临，以使他们能够出发赶往交战海域的时候，他们得到消息，英国 5 艘战列巡洋舰编队正在往战场赶来。英军战列巡洋舰队的进入，使战场形势陡转，见势不妙的德国轻型巡洋舰开始逃离。"科隆"号的运气显然不够好，贝蒂凭借战列巡洋舰的速度优势，轻松切断了"科隆"号的退路，几分钟内，"科隆"号就成了一条废船。随后另一艘德国巡洋舰出现在贝蒂面前，这是刚刚抵达战场的"阿里阿德涅"号，它对于战况还懵懵懂懂，在"科隆"号身上刚发生过的一幕再次上演，仅 10 分钟，它就完全被大火和浓烟包裹。德国人期待已久的潮位终于到来了，随着欢快的汽笛声，6 艘战列巡洋舰率先驶往交战海域，而此时英国人的 5 艘战列巡洋舰已经抵达交战海域，并且凭借着不对称的火力和吨位对海面上的德国驱逐舰和轻型巡洋舰编队展开了绞杀，当然，海面上的德国人也已经得到了后方的消息，他们现在的目的只有一个，宁可自己丧身于此，也要将英国人的这批舰艇留下。由于大雾，许多德国轻型巡洋舰逃脱了厄运，如果天气晴朗，它们在英国战列巡洋舰面前必定是九死一生。

即使是在一边倒的畅快战斗中，贝蒂心中的弦依然崩得紧紧的。此时杰德河口水位已经升高，德国的主力舰队可能已经在途中。下午 1 时，贝蒂向湾内全体英国舰艇发出撤退信号，此时距离他加入战场还不到 40 分钟。随着浓雾的渐渐淡去，以"布吕歇尔"号为首的德国 6 艘战列巡洋舰编队抵达交战海域，为了这一刻的到来，德国人已经付出了惨重的代价。英国舰队得手后并不恋战，捞起部分德舰落水官兵后迅速撤离，当中午涨潮后德国战列巡洋舰赶到现场时，英国人早已踪迹全无。赫尔戈兰湾突袭战是第一次世界大战的第一次海上舰队交战，无疑，英国人在大洋舰队眼皮底下痛击德国舰队的行动，令德国海军颜面尽失，大洋舰队虽坐拥巨舰重炮且近在咫尺，却由于低潮所阻，只能眼睁睁看着英国舰队扬长而去。捷报传遍了不列颠，对于不了解过程、只在乎结果的大多数英国人来说，这个期盼已久的胜利无疑是一针兴奋剂，但对于局内人士来说，这次胜利与灾难之间只有一线相隔。这场海战对于德国的海军战略产生了重大影响，德皇于是下令舰队"保持守势，避免可能导致更大损失的作战活动"。在此期间，德国位于中国青岛的太平洋远东舰队则开始了一场悲壮的海上游击战。

三、"给的船越多，他的胆越大！"——戴维·贝蒂

这位总喜欢歪戴军帽的戴维·贝蒂被誉为第一次世界大战中最闪亮的海军将星，此君酷爱冒险，勇冠三军，冲劲十足，只要发现敌舰，他就像猛兽捕猎似的，一旦咬住绝不松口！他的上司杰利科海军元帅对他有一句相当经典的评价：给他的船越多，他的胆子就越大！

戴维·贝蒂1871年1月17日生于爱尔兰柴郡的一个小村落，他是戴维·朗费尔德·贝蒂船长的第二个儿子，1844 年 1 月，13 岁的贝蒂作为海军军官候补生登上"大不列颠"号训练舰，进入了皇家海军。戴维·贝蒂在军中一直表现出色，不断获得提升，在埃及和苏丹镇压民族解放运动，并逐步被提升为战舰舰长。在对中国义和团起义的镇压中，贝蒂在天津的作战中手臂两次受伤，后被晋升为海军上校。1911 年，40 岁的戴维·贝蒂出任海军大臣

丘吉尔的秘书，深得赏识。然而，为人自负、敢于冒险、极富进取心的贝蒂对办公室的谋划运筹不感兴趣，他渴望到大海上去建功立业。两年后，如愿以偿的他担任了皇家海军的"宠儿"战列巡洋舰分舰队的司令。1913 年被任命为大舰队第一战斗巡洋舰分舰队的指挥官后，贝蒂晋升为中将，任此职直至 1914 年 8 月战争爆发。第一次世界大战爆发后，在英德海军的几次较量中，贝蒂总是冲在最前面，成为"巨舰大炮时代"最著名的海上突击手。

1914 年第一次世界大战爆发时，贝蒂正担任战列巡洋舰分舰队的司令，他的上司也是英国海军史上的一位名将，即英国大舰队总司令杰利科，杰利科的性格和贝蒂截然相反，他是那种特别谨小慎微的人，虽然很欣赏贝蒂的才干，但他也非常担心贝蒂的莽撞个性将战斗巡洋舰部队带入德军的陷阱，所以他交给贝蒂的任务就是巡逻侦察，发现敌人部队并在海湾拖住他们直至主力部队的到达，而不是与敌舰拼命。大战爆发后，英海军决定，立即采取"封打结合"的战法，夺取北海以至大洋远海的控制权。1914 年 8 月 28 日，已晋升海军中将的贝蒂经过精心筹划，对德国公海舰队的巢穴赫尔戈兰湾实施了一次大胆的突袭。赫尔戈兰湾位于易北河和基尔运河的入海处，因该湾中央有一赫尔戈兰岛而得名，是德国重要的海军基地，德国公海舰队的主力也停泊在距该湾很近的威廉港。

赫尔戈兰湾是易北河和威悉河口外一片三角形水域，每天傍晚德国的轻型巡洋舰都护送驱逐舰到海上来做夜间巡逻，黎明时巡洋舰与驱逐舰在赫尔戈兰湾西北 20 海里处相会，护送它们回港。按照英国指挥部的企图，英国海军应当突袭警戒赫尔戈兰湾的德国舰艇，切断其返回基地的退路，并将其消灭。8 月 28 日清晨，贝蒂率领他的分舰队在大雾的掩护下悄悄驶进了赫尔戈兰湾，这支分舰队包括战列巡洋舰 5 艘、轻巡洋舰 8 艘和一些驱逐舰，为了引诱德国舰艇出海，贝蒂首先派出潜艇在赫尔戈兰岛附近实施佯动。5 时，一艘英国潜艇发现了德国巡逻舰，马上实行攻击。这一大胆的挑衅行为果然引来了德国第五驱逐舰纵队，待敌舰驶近，蒂里特海军准将率舰艇支队首先冲了过去，将雨点似的炮弹倾泻在冒失的德舰上。英国人打得其中一艘德国巡洋舰掉转船头，带着50个伤亡士兵向威廉港驶去，这时英国人又向西转回去，发现了另一艘孤零零的德国驱逐舰，很快就把它打成一堆火焰冲天的残骸。此时，这一海域中的5艘德国轻型巡洋舰前来参加攻击。贝蒂的战列巡洋舰又从西北方向冲了过来，用356毫米口径的火炮击沉了2艘，另2艘幸存的德国轻型巡洋舰被打得遍体鳞伤，总算设法溜走了。下午2时，德国战列巡洋舰趁涨潮驶出威廉港，准备增援，可精明的贝蒂早已撤出战场，率舰队顺利返航。

这是"一战"开始后英德海军的首次交锋，结果贝蒂的舰队一下子敲掉了德国的3艘轻巡洋舰和1艘驱逐舰，毙敌700多人，伤150人，俘虏300余人，其中包括一名海军将官，开了大战中俘虏敌国海军将官之先例。英舰未受大损失，仅阵亡30余人。赫尔戈兰湾突袭极大地鼓舞了英国的民心士气，也使贝蒂本人名声大振。贝蒂在1951年1月获得了进一步的战果，这一次是本月24日在多格尔沙洲，贝蒂在德军希佩尔海军中将率领的战斗巡洋舰队第三次袭击英国沿海城镇时，成功截击了他。贝蒂的舰队击沉了"布吕歇尔"号重型巡洋舰，并使希佩尔处于极端不利的局面。但是贝蒂随后也因为旗舰"雄狮"号受创而退出战斗，接手的阿奇博尔德·穆尔少将指挥严重失误，从而使德舰最后得以逃脱。

1916年5月，"一战"期间规模最大的海战——日德兰海战——开打，有意思的是，德英两国舰队都采用了同一种战术，派出小的舰队引诱对方靠近自己的主力，然后再歼灭之。德国公海舰队总司令舍尔海军上将派希佩尔去引诱英舰，而杰利科则派贝蒂去引诱德舰，两支先遣队在海上同时发现了对方并立刻交火，安装了瞄准仪的德舰这次表现出色，不但击沉了英舰"不屈"号和"玛丽皇后"号，还把贝蒂的"雄狮"号旗舰击成重伤。尽管在最初与希佩尔的交战中贝蒂的巡洋舰队损失了"不屈"号和"玛丽皇后"号两艘巡洋舰，但贝蒂仍成功地引诱了德国海军中将舍尔的主力舰队驶向英国海军上将杰利科统率的主力战列舰队。不过由于杰利科作战中过于保守和谨慎，在皇家海军和德国公海舰队的这次遭遇中德国还是获得了战术上的胜利。但是这种胜利依然不能动摇英国此战在战略上的成功，此后气馁的德国舰队再也不敢贸然出击。

由于在历次海战中的出色表现，贝蒂接替杰利科担任了英国大舰队总司令，战后又当上了海军部首席大臣，升为元帅，敢于冒险、机智多谋、头脑灵活的他在皇家海军的历史上占有了重要地位。他在"一战"中重创了德国海军，战后担任海军大臣时他又坚决维护海军航空力量的独立，为日后"二战"期间的英国舰队奠定了基础。1927年，这位歪戴军帽的海战明星退出军界，1936年在伦敦病逝，终年65岁。

四、"一战"中被遗忘的战役——日德两军交战青岛

日本和德国为争取其最大的在华利益，终至大动干戈，地点是中国的青岛。这场战争不仅是第一次世界大战一个重要的组成部分，也同样是"一战"中唯一的亚洲战场。英国投入了约2000人的兵力，这是一场帝国主义为了争取和维系其在华的最大利益和特权而爆发的战争。19世纪末20世纪初，为了在世界范围内争夺殖民地，各帝国主义列强之间的斗争几乎到了疯狂的地步。1868年，日本通过一场由上而下进行的改革运动，走上了资本主义道路。为了争夺殖民地和势力范围，日本积极推行对外扩张的政策。在1914年与德国殖民者争夺青岛之前，日本已经通过发动侵略战争，相继侵占了中国的辽东半岛、台湾、澎湖列岛。

19世纪末，德国大力扩充海军，开始参与国际事务。当时，英法等国已基本将世界瓜分完毕，德国便把扩张之手伸向了软弱无能的中国。它尤其重视山东省的资源和胶州湾这一门户。1899年，以杀害德国传教士事件为借口租借胶州湾，修筑青岛要塞，建立东洋舰队的基地，同时加紧在山东省铺设铁路，开采矿山。1914年8月，第一次世界大战在欧洲爆发，自从日俄战争以来，在太平洋上如日方升的日本，于8月22日贪婪地参加协约国一方，其参战的主要目的是趁着德国无暇顾及其在亚洲的殖民地，掠夺德国

在亚洲的殖民地利益，用极小的代价捞到很多的东西。它的初期目标是夺取德国在中国的租借地——青岛。对中国青岛早有觊觎之心的日本趁德国陷入欧战而无力东顾之机，趁火打劫，于 8 月 23 日对德国宣战，随即派海军封锁胶州湾。日军任命神尾光臣中将为司令官，调动了以第十八师团为主力的陆军 5 万人，配备了数百门重型火炮和多架飞机，进攻青岛。德军在中国青岛的驻军仅有 6000 余人，军舰十余艘，后奥国的"伊莉莎白皇后"号参战，但此艘战舰装备落后，并未参与海战，而是将舰载炮搬至德国外围炮台。日本向中国提出要求，划出龙口、莱州及连接胶州湾之若干地域为战争地带，要中国军队保持中立。

9 月 2 日，日军在青岛以北 150 公里处的龙口登陆，向青岛发起全面进攻。令人费解的是，日本向德国宣战，却不向欧洲派兵与协约国并肩对德作战，也不从青岛登陆直接攻打德国占据的租借地，反而舍近求远从渤海之滨的龙口绕个弯子对青岛德军发动进攻。从这里不难看出，日本真正的险恶目的是肆意践踏侵略中国。青岛炮台曾名"俾斯麦炮台"，是德国侵占青岛期间在青岛构筑的军事要塞的总称。其前身是清朝末年清军在青岛口一带修筑的胶澳炮台工程。1897 年德国强占胶州湾后，在清军炮台的基础上进行了大规模的军事设施建设，此炮台地下指挥部总面积 1600 平方米，三层立体结构，顶部装有可旋转瞭望铁塔，是列强在中国近代修建的体系完备、规模庞大的海陆军事要塞之一，成为德国侵略中国和争霸世界的重要军事基地，在"一战"爆发以后，德皇威廉仍然没有忘记他在远东的这块地盘，驻守"俾斯麦炮台"的德军对炮台进行了紧急加固。

作为中立国，中国要求日本和德国把战事限制在租借地境内，然而，日军司令部根本无视中国的合法要求，它的军事行动开展得远远超出了租借地，不是从德国人已设防的海上，而是从后方、经过筑有工事的胶州地区去攻打德军在青岛的驻地。9 月 18 日，日军堀内支队在崂山仰口登陆，侵占中国的李村，在此与日军独立十八师团本部会合。9 月 3 日，英军西库斯联队 900 多威尔士士兵、300 名印度士兵由崂山湾登陆，抵达李村与日军会合。

同日，日军400人突然占领潍县车站，继而进兵济南。9月15日，独立第十八师主力冒着狂风暴雨在山东半岛北岸的龙口附近登陆，之后继续南进。在其掩援下，9月21日，日军的三架飞机飞临即墨机场，准备利用即墨机场对青岛德军的布防情况实施侦察。为配合日军主力部队攻占石门山、孤山和浮山的德军阵地，日军飞机从21日开始对白沙河附近、李村河以南地区进行侦察，还对停泊在胶洲湾内的德舰进行了炸弹攻击。24日，堀内支队和重炮部队等在青岛东部的崂山湾登陆，9月26日，日德军队在白沙河、女姑口一带开火。9月27日，德军放弃李村水源地，同日，中国政府因日军侵犯中国，占据铁路，向日本提出抗议。28日日军击败德军，夺取前进基地，准备进攻要塞。

10月2日，约30余名德军士兵分两路，从日军阵地的正面和侧面发动进攻，正在半山腰视察的日军军官急忙指挥部队撤往山顶固守。德军一个机枪小队携带两挺重机枪，从台东镇方向渡河来到桥东北方约50米的大道上，架好机枪向四方山顶猛烈射击。冲上山的德军被日军击退，德军兵力较少，退下后又与海泊桥警戒哨所的德军会合。日本海军出动了第二舰队的60余艘军舰，由舰队司令官加藤正吉指挥封锁胶州湾，并从海上攻击驻青德军，此时，协约国最急于歼灭的德国远东舰队深知青岛要塞失陷已不可避免，于是它的主力——6艘巡洋舰——早在日军合围青岛前就悄然驶离大港，突破日军的封锁线，摆脱掉日、英、法、俄等国数十艘军舰的围追堵截，分别进入南太平洋和印度洋进行攻袭作战，留在青岛港内的仅有几艘小型驱逐舰和一艘老式奥地利巡洋舰。10月17日，日本巡洋舰"高千穗"号在塔连岛附近被德军击沉，近3000余人葬身海底。10月31日，日英联军在经过一段较长时间的准备后，集中兵力先扫清了外围，紧接着向驻青德军发起总攻，日军展开两翼合击德军有生力量，炮兵依据孤山阵地猛烈轰击停靠在青岛港内的德军船只，日本有史以来运用了飞机参与对驻守青岛德军的侦察和轰炸，极为奏效。

鉴于青岛要塞属坚固的现代化要塞，且从对外关系上考虑需迅速夺取，日本配备了足够的攻城重炮，派第一舰队全力支援，由第二舰队实施封锁和登陆支援，独立第十八师担任进攻任务。英国将战舰、驱逐舰各一艘和一个步兵营分别配属给日海陆军部队指挥官指挥，协助作战。在扫清驻青德军的外围防线后，日军推进至当时的青岛市区范围内，德军守城的最后一道防线由五大堡垒组成，其中，中央堡垒位于如今的镇江北路上。德军深知，五大堡垒防线一旦被突破，德军将无险可守，再也无法组织有效的抵抗，因此在五大堡垒防线上布下重兵。由此，日德双方进入僵持阶段，直到 11 月 6 日晚上。

11 月 7 日凌晨，日军突击队趁德军极度疲惫之机，偷袭中央堡垒，经过激烈肉搏之后，中央堡垒陷落。德军遂集中全部炮火轰击中央堡垒，组织军队反攻，企图夺回堡垒，但未能成功。日军乘势从前后两面夹击各堡垒，先后攻陷湛山、台东镇等堡垒。伊尔奇斯诸炮台随后相继失守。早 6 时，俾斯麦南炮台失陷，6 时 30 分，俾斯麦北炮台亦告失守，至此，德军最后一道防线全线崩溃。德国在青岛苦心经营十多年的军事打击和防御设施难以承受日军海陆空三面强攻，开始土崩瓦解，德皇不得不下达"准予撤退""毋庸驻守"的急电，德军于 7 时悬挂白旗宣布投降。德军代表与日军代表在青岛郊区东吴家村会见，接受了日本提出的弃城投降的要求，签订了停战条约，11 月 11 日上午，日军入城占领青岛。

此役，德军战死 150 人，被俘 4000 余人，日军死亡 1000 余人。德军在投降前夕，将炮台火炮自行炸毁，军舰、浮船坞自沉海中。经过日德战争，日本取代德国成为青岛的殖民统治者，青岛陷入日军的魔掌，从此德国丧失了在亚洲最后一块殖民地和在远东全部的舰队。实际意义上，这场战役确认了日本在华利益的延伸。英军在德国投降以后立刻撤走了，而日本却有意留下来，驻军于青岛，占领了长久垂涎的青岛。与此同时，日军还占领了德属的马歇尔、马里亚纳、帕劳群岛以及加罗林群岛。

日德青岛之战是德国和日本在中国领土上为争夺中国土地而进行的一次帝国主义战争，给中国人民带来了巨大灾难，严重侵害了中国的主权。德国当局强行扣押数万中国人为其修筑炮台工事，形同奴隶。而日军每到一处，强奸妇女，抢劫财物，杀人放火，无恶不作。日军侵占青岛后，公然宣布将青岛置于日本天皇直接管辖之下，在1919年的巴黎和会上，西方列强与日本不顾中国人民的反对，强行确定了日本在青岛获得的全部利益。

中国作为协约国的一方，但是其领土完整却在战争结束后受到了蔑视，青岛的领事权换汤不换药，仍然是帝国主义瓜分中国的一个象征。最终，青岛主权和山东问题成为1919年五四运动的导火索。在1922年的太平洋会议中，美国为了达到力量的平衡而要求日本归还其在华的原德国殖民地，包括青岛的领事权，并要求日本在6个月内于青岛撤军。在中美英三方的压力下日本不得不作出一些妥协和让步，经过斗争和外交谈判，1922年，中国收回了青岛的主权。

五、"东方的天鹅"——印度洋的变色龙"埃姆登"号

1906年11月1日，英德战列舰军备竞赛方兴未艾之时，在波罗的海古老的汉萨同盟港口城市但泽的皇家造船厂的船台上，一艘毫不起眼的轻巡洋舰开始铺装龙骨，在当时，没有任何人能够想到，这艘在无畏舰的阴影笼罩下的小小巡洋舰，在即将来到的战争中竟大放异彩，其光芒盖过了许多比它强大得多的无畏战舰，甚至在敌人那里也赢得了声誉，从而以"东方的天鹅"闻名于世。

"埃姆登"号在1908年5月26日下水，并于1909年7月10日加入德意志帝国海军服役。它以赞助该舰建造的埃姆斯河口城市埃姆登市命名，装备10门102毫米口径主炮，是德国最后一艘使用往复式蒸汽机的巡洋舰。"埃姆登"号的姊妹舰"德累斯顿"号和之后建造的巡洋舰都使用蒸汽轮机。如同当时大多数舰船，"埃姆登"号的12台锅炉使用煤炭作为燃料。"埃姆登"号属于德累斯顿级轻巡洋舰，该级舰共两艘，此时适逢英德海军军备竞赛，该级舰被作为在北海配合战列舰队实施侦察和护航的侦察巡洋舰而设计，航

速较快，但是续航力较小，火力一般。面对普遍装备 152 毫米口径主炮的英国轻巡洋舰显得过于单薄，正常情况下基本没有单舰对抗的能力。

1910 年 4 月 1 日，"埃姆登"号正式加入舰队，并被派往德国位于中国胶州湾的殖民地青岛。"埃姆登"号于 1910 年 4 月 12 日离开基尔港，穿过基尔运河，进入公海。在青岛，"埃姆登"号因其优美的造型得到了"东方的天鹅"的美名。5 月 29 日，"埃姆登"号迎来了它的最后一任舰长冯·穆勒少校。穆勒 1873 年生于生于汉诺威一个普鲁士贵族家庭，最初他遵从父亲的意志接受陆军军官教育，但是 1891 年他终于说服父亲参加了海军成为一名候补生。其后十多年他先后在很多地方服役，但是军衔晋升缓慢，这可能跟他的性格有关。不过在不久后的战争中，他的骑士风度和优秀的战术指挥能力，连他的敌人都不得不叹服。穆勒舰长熟知日俄战争中日本舰队是如何围困并摧毁旅顺口的俄国舰队的，因此，当消息从欧洲传来，说战争迫在眉睫，穆勒舰长决心不让历史在他身上重演。

作为唯一未参加南太平洋殖民地例行巡航任务的主力舰只，"埃姆登"号在 1914 年 7 月 31 离开青岛，当 8 月 2 日战争爆发的消息传来时，"埃姆登"号正在海上。8 月 4 日，"埃姆登"号捕获了它的第一个猎物——俄国商船"梁赞"号。在返回青岛途中，"埃姆登"号不慎遭遇了由 5 艘巡洋舰组成的法国分舰队，但是胆小谨慎的法国海军将"埃姆登"号当成了施佩引诱他们上钩的诱饵，所以没有对"埃姆登"号进行追击。但是这次遭遇，更加使得穆勒舰长认定，对于德国军舰来说，青岛已经成为一块死地。在完成了加煤和补给后，"埃姆登"号迅速离开了青岛，前往马里亚纳群岛与施佩分舰队主力会合。

1914 年 8 月 8 日，"埃姆登"号在北马里亚纳群岛同斯佩的舰队会合，虽然施佩中将希望舰队保持统一并设法返回德国，但他仍同意了穆勒舰长派出一艘轻巡洋舰前往印度洋对英国航运实施破袭的建议。8 月 14 日，"埃姆登"号离开了舰队主力。当时的印度洋也经常被称为"英国湖"，"埃姆登"号开始对没有护航的英国和协约国商船进行袭击。"埃姆登"号用一个假烟卤将自己伪装成一艘英国巡洋舰后进入了孟加拉湾，9月10日，"埃姆登"号捕获了它进入印度洋后的第一个猎物——3500吨的货轮"印度河"号，缴获了150箱香皂，这些价值有限的货物却在"埃姆登"号上引起了不小的欢乐情绪，此时船上剩下的肥皂充其量只能用两个星期，不久前还一本正经地就打劫一艘肥皂船的必要性提出建议呢。9月间，"埃姆登"号共捕获7艘商船，除2艘意大利和挪威的中立国商船外（均立即释放），都是英国商船。大多数被捕获的英国商船都立即被"埃姆登"号102毫米口径的主炮或在船底安置的炸药给击沉。穆勒舰长很绅士地对待了每一位被俘的船长，并保证所有被俘的英国船员受到善待。

9月14日，"埃姆登"号截住了中立的意大利商船"路易丹诺"号，并将俘虏转交给这艘中立商船，被释放船员和乘客们则向"埃姆登"号和它的官兵欢呼三声以示感谢。回到加尔各答后，这些人广为宣传他们所受到的人道待遇，"埃姆登"号与他的船长也因此赢得了"战争中的绅士"的声誉。英国海军部直到此时才注意到"埃姆登"号的存在，并立即中止了科伦坡到新加坡之间的航线，这在印度洋上的英国和其他协约国的航运公司间造成恐慌，商船的保险费率暴涨，船只不敢离港。对英国和其他协约国来说，尴尬的是一艘德国巡洋舰竟然瘫痪了整个印度洋的航运。9月15日，"埃姆登"号回到新加坡－仰光航线上活动，在这里它只遭遇了瑞典船"多沃"号，这艘船带走了前一天捕获的船员，并告知"埃姆登"号马六甲海峡有两艘英国辅助巡洋舰，在槟榔屿停泊着两艘法国巡洋舰。

一位军官建议穆勒突袭槟榔屿，但是穆勒却选择了首先向南航行，避开"多沃"号的视线后再转向西驶往马德拉斯，他准备炮击马德拉斯的储油罐以"打击英国的威望"，9月22日晚，"埃姆登"号悄悄接近印度半岛东南部的城市马德拉斯，在2700多米距离上开火攻击港口内的大型储油罐，头30轮炮击就引起了大火。炮击持续了半个小时，直到22点，海岸炮台才开始进行还击，不过，"埃姆登"号在发射了125发炮弹后毫发无损地离开了当地。虽然这次行动没有造成大的损伤，但沉重打击了英国的士气，并导致数千人逃离马德拉斯。炮击马德拉斯之后，"埃姆登"号转向南，到印度洋上航运最为繁忙的海域活动，9月27日，"埃姆登"号捕获了4500吨的运煤船"布尔克"号，该船正在为英国亚洲分舰队运煤，装有7000吨优质的一级南威尔士无烟煤，"布尔克"号上的煤正好解决了"埃姆登"号的燃眉之急。

"埃姆登"号离开尼科巴群岛后，向东南方驶去，穆勒舰长把目光放在英属马来半岛的槟榔屿，10月28日早晨，"埃姆登"号靠假烟囱伪装成英国巡洋舰，全速驶入港内。在这场槟榔屿海战中，"埃姆登"号在港内升起德国军旗，并向停泊在港内的俄国巡洋舰"珍珠"号发射了鱼雷，紧接着的主炮齐射将俄舰打得千疮百孔。"埃姆登"号转身离开时发射了第二枚鱼雷，引起了大爆炸而使俄舰沉没。击毁"珍珠"号后，穆勒少校决定见好就收，离开这个危险的地方，出港不远，"埃姆登"号与在港外巡逻的300吨的法国驱逐舰"莫斯奎特"号遭遇，小小的"莫斯奎特"号不畏比自己大十多倍的对手，接近"埃姆登"号试图用鱼雷和小型火炮攻击，但是在"埃姆登"号巧妙规避下无一命中，而勇敢又卤莽的"莫斯奎特"号在弹雨中仅仅坚持了10分钟就被击沉。

1914年11月，日本夺取了德国最重要的海军基地青岛及其殖民地加罗林群岛、马里亚纳群岛和马绍尔群岛。澳大利亚夺取了新几内亚德属部分和所罗门群岛，新西兰夺取了萨摩亚群岛，实际上，德国于1914年已失去了自己在太平洋的全部殖民地，当时，至少60艘协约国战舰在印度洋上搜索"埃姆登"号，"埃姆登"号在11月9日抵达一个小岛，穆勒决定派出一支由穆克中尉带领的登陆队上岸破坏通讯塔和设备。不走运的是，东方电报公司的主管注意到了"埃姆登"号的第四根假烟囱，并发出了告警电"奇怪的战舰正在入港"，装备8门152毫米口径主炮的澳大利亚轻巡洋舰"悉尼"号，大约三小时后就赶到了当地。可以说，无论是吨位、火力、防护还是速度，"悉尼"号都具有很大的优势，尤其是火力方面，"悉尼"号的主炮更是全面压倒"埃姆登"号的10门102毫米口径主炮。"悉尼"号精明的舰长利用航速优势拉开了双方的距离，利用自身射程和威力上的优势从 7200 米左右的距离上轰击"埃姆登"号，在这个距离上，"埃姆登"号很难对"悉尼"号构成实质性的威胁，而"悉尼"号上的 152 毫米口径主炮却能有效地摧毁"埃姆登"号。

为避免伤痕累累的战舰沉没，穆勒舰长将"埃姆登"号抢滩搁浅在海岛的海岸上，"悉尼"号看到"埃姆登"号仍升着战旗，表明要继续抵抗，于是发出了要对方投降的信号，没有答复，悉尼号再次开火并对"埃姆登"号造成了更大的损伤。131 名德国水兵阵亡，65 人受伤，穆勒舰长和剩余的船员被俘虏，但军官被允许保留象征荣誉的佩剑。小小的"埃姆登"号孤舰在敌人的"内湖"成功地活动了两个月，给敌方造成的损失超过自身的 15 倍，并吸引了数十艘敌舰。穆勒舰长在战争结束后被释放回到德国，被选为普鲁士邦的不伦瑞克州地方议员。但长年的海上生活，以及做战俘时患上的疟疾严重损害了他的健康，1923 年 3 月 11 日，他在当地议会讲坛上突然病逝。在 1914 年"埃姆登"号被击毁之后，又有 4 艘德国军舰以"埃姆登"号命名。因为这艘"埃姆登"号巡洋舰本身被德皇威廉二世授予了铁十字勋章，后来的 4 艘"埃姆登"号都在船身上安有这巨大的金属勋章。

六、科罗内尔海战——游击舰长冯·施佩

1914 年海上战争的重头戏，是在远离英国海岸的地区演出的。在漫长的贸易航线上，角逐已经开始了。战争爆发时，有 5 支悬挂德帝国国旗的武装商船袭击者舰队分布在世界各海域，其中包括巡洋舰"哥尼斯堡"号、"卡尔斯鲁厄"号、"德累斯顿"号、"莱比锡"号、"纽伦堡"号和"艾姆登"号，加上海军中将施佩指挥的一个分舰队——其中最重要的舰只是装甲巡洋舰"沙恩霍斯特"号和"格奈泽瑙"号。大战之初，德国海军将主力舰队龟缩在德国西北部的威廉港和基尔港基地，偶尔出击一下北海以起到骚扰的作用，而在世界各大洋，仅有 8 艘德国军舰在活动。由冯·施佩海军中将率领

的东亚分舰队，由 4 艘战舰组成："沙恩霍斯特"号和"格奈泽瑙"号装甲巡洋舰、"埃姆登"号和"纽伦堡"号轻巡洋舰。另外，"德雷斯顿"号和"卡尔斯鲁厄"号轻巡洋舰在加勒比海游猎，"菜比锡"号和"柯尼斯堡"号轻巡洋舰分别在墨西哥西海岸和东非沿海活动。

1898 年，德国人在中国的青岛获取了一个海军基地。第二年，它又从西班牙人手里买下了加罗林群岛、马绍尔群岛和马里亚纳群岛大部。后来它又把它的很多殖民地岛屿发展成了加煤站。1914 年夏，有 6 艘德国巡洋舰在德国远东海军中将格拉夫·冯·施佩的指挥下在太平洋活动。冯·施佩的舰队本来以中国青岛和大洋洲的加罗林群岛为基地，由于 8 月 23 日日本加入协约国，施佩在东亚和西太平洋没了立脚点，只好一路打家劫舍向南美西海岸进发，途中偶尔停顿袭击敌国港口并且补给燃煤。由于大战开始后日本对中国青岛的虎视眈眈，德国在青岛的海军基地已是势如危卵，冯·施佩鉴于日俄海战中俄国舰队被日本舰队封锁于中国旅顺港中的教训，决心让他的舰队及早离开青岛这个危险之地。6 月份的最后一个星期，冯·施佩率领他的 1.2 万吨的装甲巡洋舰"沙恩霍斯特"号和"格奈泽瑙"号，从青岛启程，在紧接英国宣战后的 8 月 5 日，这两艘强大的军舰在靠近所罗门群岛之处，9 日，它们在卡罗林群岛加煤后便消失在有无数岛屿的浩瀚的太平洋，没有人能告诉它们将在何处重现。英国人以加罗林群岛为中心，画出半径日益加大的圈子，搜索它们可能突然出现的许多地点。

冯·施佩在德国海军中以勇敢多谋著称，他知道，只要他敢驶向西太平洋或留在中太平洋，他终归是要被穷追猛打的。于是他决定向南美西海岸巡航。与德友好的智利会给他加煤以便继续行动。他拒绝把袭击商船作为自己整个舰队的主要任务，但派遣"埃姆登"号带着一艘加煤船向西横渡太平洋以便在印度洋袭击英国船队。冯·施佩舰队的主要任务是攻击英国商船和运兵船，他在这方面取得了巨大成功，但使他留名青史的主要还是和英国皇家舰队之间的作战。

1914 年 10 月 28 日，"埃姆登"号突袭槟榔屿，击沉俄国轻巡洋舰"珍珠"号和法国的"莫斯奎特"号军舰。此外它还不断地袭扰英国船只——捕获 21 艘，摧毁船只和货物价值当时的 1000 万美元以上。施佩在从容不迫地驶向南美洲的途中，在复活节岛收编了装甲巡洋舰"莱比锡"号和轻型巡洋舰"德累斯顿"号。这时他得到英国巡洋舰已经在南美西海岸一带活动的情报，便马上向那儿驶去。10 月底德国分舰队已在智利沿海巡航，"莱比锡"号打破无线电静默，想让英国人以为在这一水域只有一艘德国军舰。

此时冯·施佩的实力已可以与任何一支皇家海军分舰队交战，英国皇家海军为了保护本土并监视德国的公海舰队，将大部分兵力部署在北海—多佛尔—直布罗陀一线，在大洋上只留下了几只巡洋舰分队以对付德国海上袭击舰。其中，前印度舰队在海军少将克里斯托弗·克拉多克爵士率领下搜索"德雷斯顿"号和"卡尔斯鲁厄"号。英国人认为有迹象表明德舰在智利海岸加煤，并怀疑在麦哲伦海峡有德舰的一个燃料基地，因此英国海军部给南美军事基地指挥官克拉多克的电报说："沙恩霍斯特"号和"格奈泽瑙"号很可能到达西海岸或麦哲伦海峡，当你有占优势力量时，应立即使用中队搜索麦哲伦海峡，随时准备返航保护普拉特河，或者根据情报向北搜索远至瓦尔帕莱索，摧毁德国巡洋舰并破坏德国贸易。克拉多克意识到他有可能与冯·施佩展开一战，但英国海军部对此态势反应迟钝，原来许诺增援给克拉多克的是"防御"号装甲巡洋舰，结果派来的却是速度为十二节的前"无畏"级战列舰"卡诺帕斯"号，让克拉多克尤为失望的是，这艘老爷舰上的后备役官兵素质低下，炮手们竟然从未施放过舰上的大炮。

两天后英国人得到消息说"沙恩霍斯特"号和"格奈泽瑙"号在萨摩亚海外出现，这使英国人大大松了口气，因为在那里他们没有猎取的目标，那里的近岸锚地的防守部队十分强大，不容任何登陆部队从防御工事前面向他们吼叫。一周后，德舰出现在帕皮提，向该岛炮击，炸毁半个市镇，击沉港内法国小炮舰"热忱"号后在当天早上离开，向北驶去，再次消失在巨大的太平洋深处。10 月 31 日，"格拉斯哥"号截获了一艘德国军舰与补给船之间的电报，克拉多克认为这艘军舰正是从大西洋逃出来的德舰"德雷斯顿"

号并断定它正在单独活动，他立即命令"格拉斯哥"号与舰队会合后一起向北开进，由于火力强大的老式战列舰"卡诺帕斯"号速度太慢追不上快速的德舰而被留在了后方，克拉多克率4艘英舰以30公里的间隙呈扇形向北搜索前进。克拉多克不知道他上了冯·施佩的当，德舰在驶向南美洲的途中时，施佩得到英国巡洋舰已经在南美西海岸一带活动的情报，便马上向那儿驶去，他有意让"莱比锡"号打破无线电静默，让英国人以为在这一水域只有一艘德国军舰，施佩的计划成功了，克拉多克因嫌老式战列舰"卡诺帕斯"号速度太慢而放弃了它，这使得他丧失了对施佩的火力优势。

德舰到了智利海岸，在一个孤岛上加了燃料，得知英国轻巡洋舰"格拉斯哥"号在科罗内尔，施佩决定试图切断英舰的退路，怀着这个目的他率领整个舰队于11月1日向南行驶，几乎与此同时，克拉多克将军开始他的大举北进，希望抓住"莱比锡"号。大约下午4时左右，克拉多克看见北边有几艘军舰的浓烟，4点45分，"格拉斯哥"号能辨认出"沙恩霍斯特"号、"格奈泽瑙"号和一艘德国轻巡洋舰。两军都处在对方视野之内了，两军指挥官都吃惊地发现对方不只是一艘巡洋舰，"沙恩霍斯特"号和"格奈瑟瑙"号开始准备战斗，它们比自己的主要对手"古德霍普"号和"蒙茅斯"号有着绝对的优势，英国人的这两艘军舰上只有"古德霍普"号上的两门229毫米口径火炮能与德国人的两艘装甲巡洋舰上的16门203毫米口径火炮相提并论，而德舰是以出色的射击技术著称的，另外德国人还拥有一种指挥仪系统，英国巡洋舰上却还没有。由于英舰航速并不比德舰低且距离较远，克拉多克满可以向南撤退，待与"卡诺帕斯"号会合后再与施佩一搏，但克拉多克不愿背上临阵脱逃的罪名而辱没皇家海军的声誉，更担心一旦丢失目标再难找到，他决定马上攻击，6点刚过，克拉多克向在300公里外火力强大的"卡诺帕斯"号发信号示意："我现在要攻击敌人。"英国舰队驶向敌舰，意欲迫使德舰在日落前进行战斗，两个舰队里的官兵，离家如此遥远，在这种波涛汹涌的大海上彼此面对面，他们中十有九人注定死亡，英国官兵就死在那个晚上，德国官兵死于一个月以后。

晚 7 时，太阳落入海面，余晖将英舰的身影清晰地映在地平线上，而德舰却隐没在渐浓的夜幕中，克拉多克带队向东南方向疾驶，以期迅速缩短双方距离并用近战与施佩一搏。双方相距 1.2 万公里时，施佩命令用 203 毫米口径的主炮向英舰开火，而克拉多克只有 4 门 229 毫米口径的火炮能够得着德舰，而夜色中的德舰的方位只能从炮口闪光来判断，英军从一开战就陷入了毫无还手之力的境地。这是一场一边倒的战斗，德舰的一次最早的齐射就打哑了"好望"号前面的主炮，它与"蒙茅斯"号很快着火，"好望"号在一声巨大爆炸后只成为一个发光的斑点，不久便消失得无影无踪，"蒙茅斯"号处于绝对的无助状态但拒绝投降，被"纽伦堡"号击毁，像"好望"号一样沉入大海，"格拉斯哥"号和"奥特朗托"号两艘轻巡洋舰逃离了战场。冯·施佩以两艘装甲巡洋舰在远距离上有条不紊地轰击英舰，在 1 个小时内就击沉了其"好望"号和"蒙茅斯"号两艘装甲巡洋舰，而施佩的舰队只被无足轻重地命中六发，只有两个人受伤。

这一战果迫使剩下的英国轻巡洋舰逃走，同时还切断了来自秘鲁和智利的硝酸盐、铜和锡的船运。此次海战被认为是海战史上的一个经典战例，克拉多克虽然战败了，但也减少了德国人继续取胜的机会，因为施佩的分舰队把 203 毫米口径大炮的弹药消耗了一半，而在这一地区又根本得不到补充。在科罗内尔取得胜利后，施佩表现出一位勇敢绅士的尊严，他不以瓦尔帕莱索德国殖民地的热情欢呼为意，也不谈论建筑在战死者之上的胜利，他对自己的危险不抱幻想。他谈起人们献给他的鲜花时说："它们可以用在我的葬礼上。"在瓦尔帕莱索住了几天后，他和他的军舰再次消失在蓝色的大洋中。

英国海军部一收到科罗内尔海战的坏消息后，马上决定不再把战列巡洋舰增援部队只用于本土附近水域了。科罗内尔海战前两天，刚刚被丘吉尔重新任命为海军部第一次官的费希尔勋爵命令海军中将多夫顿·斯特迪勋爵率快速战列巡洋舰"无敌"号和"坚强"号以最快的速度驶往福克兰群岛，英国情报部门估计施佩会在那里重新出现。

七、冤家路窄——福克兰群岛海战

科罗内尔海战以德国舰队的完胜而告结束，由于是在水面舰艇正面交战中失利，这使英国海军部大为震动。由于克拉多克的攻击行动导致他本人和1600多名部下丧生，很难用勇敢或是鲁莽来形容他的举动，这令英国皇家海军非常难堪，也激起了皇家海军的复仇欲望。加上同时担忧冯·施佩将率舰队绕过合恩角进入南大西洋，英国海军部费希尔海军上将迅速向英国殖民地调派增援兵力以扭转不利局面，下决心一定要跟踪并击溃冯·施佩的巡洋舰队，当施佩还陶醉在胜利的喜悦中时，一支强大的英国舰队正在南大西洋集结，开始为他掘下坟墓。

冯·施佩现在暂时控制了南美海域，他拥有多种选择的机会。他可以折回太平洋，重复执行使英国饱受挫折的神秘战术。他可以沿南美西海岸北上，去往巴拿马运河，但执行这个选择，他有与向南驶来的英日中队进行战斗的可能性，当然如果遇上了，他也能够躲开作战，因为他的军舰速度较快。最后，他还可以横渡大西洋，在途中可能袭击福克兰群岛，并出其不意地到达南非海岸。诸多的可能性，让英国海军部大为头痛。12月初，施佩的舰队奉命回国，施佩带领着他的1.2万吨的装甲巡洋舰"沙恩霍斯特"号、"格奈泽瑙"号、"莱比锡"号以及轻型巡洋舰"埃姆登"号、"纽伦堡"号、"德累斯顿"号向南大西洋的福克兰群岛海域开去，当月6日上午他召集舰长们开会。由于冯·施佩的东亚分舰队急需燃料补充，舰长们建议进攻斯坦利港以便摧毁那儿的无线电电台，俘虏英国总督，缴获那儿的库存煤。施佩接受了这一建议。

克拉多克的舰队失败后，英国海军部立刻作出反应，向冯·施佩可能去的各个水域派出了强大的增援兵力，从大舰队中抽出的两艘战列巡洋舰"无敌"号和"不屈"号从达文波特秘密启航，于12月7日到达福克兰群岛，与原来驻泊在那里的5艘舰艇会合一处，组成了一个新的舰队。事情就是如此巧合，就在斯特迪舰队到达福克兰的第二天，冯·施佩的舰队也一路奔波赶到了该海域。12月8日上午，冯·施佩在福克兰群岛海域命令"格奈泽瑙"号和"纽伦堡"号向斯坦利港进军，搜索并用炮火拿下无线电台，这时英国人正在港内加煤准备南行，信号塔上看到了两艘德国巡洋舰时，斯特迪的舰艇措手不及，不能马上出击，正驶向港口入口的"格奈泽瑙"号看到了英国战列巡洋舰的三柱形桅杆，马上用信号旗发出警报。就在英军吹哨集合进入"临战状态"时，德军慌忙后退，先退出15海里了。试图袭击斯坦利港口的装煤站和无线电站的冯·施佩舰队遭遇了正在该港口加煤的英国巡洋舰队，这支舰队属于刚刚调到南大西洋的强大增援部队，其中包括两艘令人生畏的新式高速战斗巡洋舰"无敌"号和"不屈"号，其指挥官是多弗顿·斯特迪海军中将。

冯·施佩舰队正向这个群岛接近，斯特迪同冯·施佩一样感到意外，因为刚刚到达的英国人正在给军舰加煤和维修，没有做好战斗的准备。英海军将领自己也承认，抛锚停泊而没有升火的斯特迪舰队"被发现时处于不利地位，如果德国人坚持及时发动攻击，则英舰队的结局将是极不愉快的"，然而此时的冯·施佩只想逃跑，相反，斯特迪却报仇心切，他命令舰船开始了追击。

德国全部5艘军舰现在可以看清了，约在240公里以外，斯特迪考虑到时间宽裕，他调整速度，战列巡洋舰只保持约20节的速度，这个速度足以赶上德舰，因为德舰长期在太平洋上逗留，一直未进港口，行驶时不能超过18节。尽管如此，"莱比锡"号还是开始掉队，11时，匆匆逃跑的冯·施佩收到了最令他担心的报告，他的舰队已被那两艘英国战列巡洋舰追上了。冯·施佩认识到英国战列巡洋舰上占优势的305毫米口径重炮很快就会开火，如果继续保持兵力集中，就将全军覆没，于是他决定牺牲自己的3艘主要军舰，以便让两艘较小的驱逐舰逃跑。冯·施佩发信号给轻巡洋舰叫它们逃往南美海岸，然后他与"沙恩霍斯特"号和"格奈泽瑙"号回转身面对追赶者。为减少损失，斯特迪命令跟随战列巡洋舰作战的"卡那封"号装甲巡洋舰拉开距离，自己亲自率领"无敌""不屈"号战列巡洋舰，单独与施佩的主力"沙恩霍斯特"号和"格奈泽瑙"号对垒，这一调整使德军在射程、火力和航速上完全处于劣势。

随后发生的海战优势在英国方面，德舰试图靠近距离，使它猛烈的 152 毫米口径火炮发挥作用，英舰则竭力保持距离，并以 305 毫米口径大炮向敌舰倾泻炮弹，"沙恩霍斯特"号连同它的将领和全体人员在下午 4 时下沉。"格奈泽瑙"号在无望的劣势下以最大的坚毅继续战斗到下午 6 时，在绝对无能为力的情况下它打开海水阀，在大洋冰冷的海水下失去踪影。此次作战持续了 5 个小时，德国除一艘轻巡洋舰外，其余军舰全部被击沉，而英国军舰无一损失，斯特迪歼灭了冯·施佩的海军舰队，为科罗内尔的失败报了一箭之仇。1915 年 7 月，德国在海外的最后一艘轻巡洋舰"柯尼斯堡"号，被英国"塞文"号和"默西"号击沉，除了在亚德的公海舰队和基尔的波罗的海舰队之外，协约国实际上已经排除了德国的水上力量在公海上的威胁，确保了自己的海上交通线不受干扰。从此，英德双方降下了远海战争舞台的幕布，再也没有其他战舰离开德国去袭击英国的贸易航线了。

第九章
由速战到僵持
——"施利芬计划"的破产

一、"西线至上！"——法金汉

埃里希·冯·法金汉，出生于 1861 年 11 月 11 日，德国军事家，步兵上将，1896 ～ 1930 年服役，参与了八国联军入侵中国的战争。1913 年，他出任普鲁士战争部长，是第一次世界大战的发动者之一，1914 ～ 1916 年间任德军总参谋长。

自从 1914 年 8 月世界大战爆发到 9 月中旬，仅一个半月的时间，可以称为世界大战的"第一回合"已经过去，马恩河战役胜负已定，法国在猛攻中得以生存下来，莱宁坎普夫被逐出了东普鲁士，结束了俄国对德国的入侵，几乎与此同时，加利西亚之战以俄国的胜利告终，奥匈全军遭到失败，各交战国所有最训练有素的部队，全力投入了上述战役。1914 年 9 月 14 日，德军在第一次马恩河战役中受挫后，"施利芬—小毛奇计划"失败，德国的速战速决战略宣告破产，由于指挥无能，小毛奇被解除了指挥权，由比他更年轻、更有威望的法金汉接替了德军参谋总长的职务。早在 8 月 10 日，小毛奇就被认为才能不足，有关人士开始公开讨论他的继任者。9 月 12 日，他被免除总参谋长之职，由大战爆发时任陆军大臣的法金汉取代了他的职务，这项罢免是保密的，而且要加以掩饰，所以没有发布公告，从那时起，小毛奇继续参加会议，只是没有了发言权。法金汉接任德军总参谋长后，策划了"向大海进军"行动，意图夺取法国北部港口，切断英法两国的直接联系，但是在第一次康布雷战役中失败，西线至此进入到堑壕战模式。

1915年，奥匈帝国在与俄国的争战中败北，攻占了加利西亚的俄军锋芒直指德国的西里西亚，在兴登堡和鲁登道夫的要求下，一向侧重于西线的法金汉同意了在东线发动进攻，以迫使俄国退出战争，于是将德军主力调往东线，并在5月组织发动戈尔利采战役，一举突破了俄军西南方面军防线，收复了加利西亚，随后，又在波兰及波罗的海沿岸地区指挥德奥联军向俄军发动了大规模进攻，占领大片土地。在1915年夏秋两季，俄军不得不面对德军近40个师和接近全部奥军几乎无休止的进攻，又处于武器弹药供应最糟的阶段，沙皇的军队在近1300公里的防线上遭受到德军时而在这里时而在那里的连续攻击，防线一再被突破，被迫做迅速的纵深退却。德军带着奥军，有时常常长驱直入俄国，下决心要以最大精力把"俄国巨人"打死。

随着雨季的到来，俄国人渐渐稳住了阵脚，并筑起了新的防线，德军虽然取得了很大的胜利，但它的东线作战并未达到迫使俄国退出战争的目的。当年秋天，在巴尔干半岛，德军也取得了许多胜利，法金汉指挥德、奥、保联军侵占了塞尔维亚全境，打开了德国通往土耳其的大门。1916年初的开场戏在德国总司令部会议厅里上演了，其主角就是法金汉将军，中欧诸帝国事实上的总司令。在1914年9月时任陆军大臣的法金汉被德皇任命为德军参谋长以后，他继承了一份支离破碎的遗产，集军事大权于一身的他在几乎整整两年的时期里行使无可争议的权力，现在的形势已然有了改观。

法金汉和康拉德审视了一年来腥风血雨的累累战果，他们有充分的理由心怀感激之情，局势已经扭转，俄国被打败，东方战线几乎处处都推进到俄国领土上。俄国的防御体系、要塞、铁路以及河流防线等整个战略设施都落入了德军手中。一年前曾对东普鲁士、西里西亚和匈牙利构成入侵威胁的俄国大军，在遭到可怕的伤亡与失败后已经纷纷退却。但法金汉是一个偏见很深的"西线派"，他相信，对俄国的任何大规模进攻都将消失在俄军能够后撤的广阔无垠的地区和难以探测的深山丛林中。在他的心目中不断浮现出拿破仑大军1812年入侵所遭受的失败那些警示性的画面。法金汉的全部心思都放在法国和佛兰德斯的战场上，在他看来，只有在那里才能最后一决雌雄，那里才是合适的和正式的战场。

　　法金汉主张德国应该将战略重点放在西线，这与冯·兴登堡和鲁登道夫的东线战略相冲突。在1916年初，法金汉强行发动凡尔登战役，希望能够造成二比一的伤亡比例，逼迫法国耗尽力量。但是，在付出25万人死亡的代价后，这个战略目的未能实现，法金汉因此被解职，兴登堡继任总参谋长。罗马尼亚地处战略要地，且有着巨大的石油资源，大战爆发后，各方撒出诱饵希望罗马尼亚参战，允诺说如果它帮助他们打赢战争，可以将其对手的领土割让给罗马尼亚，现在罗马尼亚必须作出决断的问题是：谁将赢得战争？而1916年在德国面前的真正和唯一可以达到的政治目标是：最终击破俄国并把罗马尼亚争取到中欧帝国一方来。1916年夏天，缓过气来的俄军在布鲁西洛夫的指挥下发起了出其不意的攻势，并取得了重大的胜利，奥匈的军队受到重创，布鲁西洛夫攻势大大鼓舞了罗马尼亚人，使他们确信奥匈帝国只剩下最后一口气了，于是决定从奥匈帝国手中夺回属于他们的领土，罗马尼亚最终以特兰西瓦尼亚问题为借口，加入了协约国一方。

　　罗马尼亚在9月初实际上已作出决定，向同盟国建议加盟。奥匈驻布加勒斯特大使切尔宁伯爵致电维也纳称，如果把苏恰瓦这片领土割让给罗马尼亚作为回报的话，罗马尼亚准备积极参加对俄作战。陷入绝境的康拉德本应抓住这个机会，但鉴于法国和加利西亚战场上的结局，罗马尼亚的建议在被接受之前压了下来。现在一切都已经晚了，掌握着50万军队和石油资源的罗马尼亚倒向了协约国，成了德奥联军的敌人。被解职后的法金汉改任第九集团军司令，与奥匈帝国和保加利亚一道发动了对罗马尼亚的进攻，在9月的战役中大败罗马尼亚军队，率部直捣布加勒斯特。11月中旬，在奥古斯特·冯·马肯森集团军群的配合和支援下，法金汉的部队于12月6日攻陷布加勒斯特，不久便占领了整个罗马尼亚。在这场胜利之后，他又被派去指挥土耳其在巴勒斯坦的防御战。

　　此时，深信德国将获胜的保加利亚已成为德国的盟国，通往土耳其的道路已经打开，火车能从汉堡到巴格达，横跨 3500 多公里的大地完全处在德国的控制之下。仅仅武器弹药将源源不断地运往达达尼尔海峡和加利波利这一前景，就足以促使英军在一切希望化为乌有和所有牺牲失去价值的情况下撤离半岛，从加利波利战斗中解脱出来的土耳其军 20 个师，现在可以进退自如地威胁埃及，扭转巴勒斯坦的局势了。在此期间，法金汉成功地组织了土耳其人在巴勒斯坦全部消灭犹太人的计划。但到 1917 年底，战场上的局势又发生了变化，协约国的形势已然好转，英军夺占了耶路撒冷，法金汉的防御以失败告终。1918 年，法金汉被派去指挥占领白俄罗斯的德军第十军，在那里他一直待到战争结束。之后他退出现役，在自家庄园里隐居，并出版了几本军事类书籍和回忆录。

二、地狱岁月——堑壕战

当大战爆发时，交战的双方都以为这将是一场短促的 19 世纪式的战争，都乐观地相信本国的官兵能在当年的圣诞节前凯旋而归。然而，这场人类历史上的首次世界大战却打了四年多，而在这四年的绝大部分时间中，双方都是以堑壕战的形式对抗着。堑壕战，又称战壕战或壕沟战，是一种利用低于地面并能够保护士兵的战壕进行作战的的战争形式。进行堑壕战时的参战双方，都具有固定的防线。当双方的火力大大提高，而移动力和通信系统却没有多大改进时，堑壕战这种消耗极大的作战方式就应运而生了。从 1914 年8 月 4 日德国第一集团军和第二集团军进入比利时到 1914 年 11 月第一次伊普雷战役结束，连续几个月的激烈战斗让交战双方都疲惫不堪，马恩河战役结束后，西线战场就形成了胶着对峙的局面，在你来我往的攻防中，双方都尤其加强了防御。交战双方纷纷深挖堑壕，加强掩体，设置带刺的铁丝网，以构筑固定阵地。

"一战"时，后膛枪已被弹仓步枪取代，后者射速达到每分钟 20 发，射程增至 1900 米，此外无烟火药的出现使得隐蔽射击成为可能，更为可怕的杀手机枪在各国军队也都开始列装。大规模义务兵役制使军队规模迅速扩大，绵长的线型防线变为可能，在如此军事技术和军队体制的变化下，堑壕战出人意料地走到了巅峰时代。火力的改善大大改变了战争的形式，在战争开始以后，德国和协约国军很快就意识到正面进攻得到的只有本方的伤亡。在1914年9月的马恩河战役结束后，德军和协约国军沿着瑞士边境各挖掘了一条战壕，它们一直延伸到了比利时的北海海岸。从此西线战场上的作战双方几乎在任何时候都在壕沟内对峙。开战之初，各方都乐观地认为，决定性的西线战争在圣诞节前就会结束，最初，德军与英法满心希望通过大规模机动迂回取得决定性胜利，但随之而来的是，希望在战壕的面前破灭了。德军总参谋部苦心经营的"施利芬计划"很快在马恩河会战中破灭，而英法联军的反攻也在德军于埃讷河仓促构筑的堑壕防线前趋于停止，阵地上的机动作战在战壕的面前已经不能实现。

最初双方的堑壕就是草草挖出来的壕沟，但是随着战争的发展，指挥人员和后勤力量也深入到堑壕里，进行指挥和补给，因此，堑壕被不断地加深加宽，防御体系变得越来越发达。到第一次伊普雷战役结束时，从瑞士边界一直延伸到大海的600多公里长的战线上，横亘着一条布满堑壕、隧道、掩蔽所和铁丝网的坚固防线。由此，横贯西线战场960公里的巨型堑壕体系成了困扰交战各方四年的噩梦。敌对双方的战壕之间的空地称为"无人区"，它的宽度在不同的战场之间也不同。在西线战场上，无人区一般为90～270米宽，尽管在维米岭战役中只有27米。在1917年3月德军撤退到兴登堡防线以后，无人区的宽度增加到了1000米以上。在加利波利之战中的澳新军团战场上，双方的战壕相距只有15米，在这里，士兵们连续不断地向对方战壕投掷手榴弹。

在"一战"刚刚爆发的时候，真正认识到机枪重要性的只有德国，当时，德国陆军装备的是马克沁机枪，数量超过了1.3万挺。机枪的强大威力，使得每一方想发动进攻时不得不付出惨重的伤亡代价，许多士兵就这样在它的扫射下没有任何意义地死去，而那些据壕防守的士兵，伤亡率却微乎其微。

为了更有效地杀伤堑壕内的守军，一些新型武器开始出现，迫击炮被越来越多地用于进攻前的打击。堑壕网的出现则使得作战越来越有利于防守方，阵地之间荒凉的无人地带，被无数黑洞洞的枪口虎视眈眈地瞄准着，攻击部队只要出现在无人区，对方战壕内的敌人就能清楚地看见，那些埋伏在防御工事后面的机枪手就像狂风扫落叶一样，将进攻士兵的生命轻易地夺走，堑壕和机枪彻底阻止了步兵的冲锋。

德国人的防御工事建造得非常出色，他们建造的掩蔽物和据点位于地下深处，防炮弹并且空气流通。他们还首先使用了"深层防御战略"，即在几百米宽的前线交战区中修建一系列孤立的阵地，而不是一道连续的壕沟。壕沟并非笔直，而是锯齿型的。这就意味着一名士兵在壕沟里无法看到10米以外的东西，这种形状的壕沟在敌人从侧方进攻时则会保护它里面的步兵。堑壕战对于德军来说也是新鲜的，他们的训练和装备本是用来打一场在六个星期内获胜的运动战，但他们很快就适应了这种新的战争样式。德军把自己的堑壕搞得比较舒适，相比之下，联军的堑壕要简陋得多。对于双方士兵而言，堑壕战是真正的噩梦。防守者则必须与泥泞和脚气斗争。堑壕内的士兵几乎都会患上脚气病，其中"堑壕足"非常普遍。

战斗中，数以千计的步兵会一批批倒下去，血流成河，伤亡惨重。腐烂的尸体到处皆是，堑壕沦为了露天厕所，虱子和老鼠无处不在，这些都使得堑壕成了一个面目分外可憎的地方。为了不让士兵们精神上绝望，也为了让他们不至于疾病缠身，部队每个星期都必须换防。在一些战役中，当堑壕被完全截断时，士兵就等于被遗弃在那里，群龙无首。炮火的猛烈轰炸会使堑壕被分割成彼此互不相通的一段段，没有军官指挥，彼此也没有战术上的连接，更没有食物和运送伤员的担架。随着僵持与对峙局面的继续，既然地面上的进攻没有成效，于是双方又把目光转入到地下，一种新的战争模式出现了，可以把它称为"地道加炸药"。

不管是德军还是联军，都开始试图挖掘隧道通向对方，一旦隧道挖好了，隧道工就在里面放置大量的高强度炸药。这是一个非常紧张的活儿，隧道工们必须一直监听着外面的动静，听听是否有敌军也在挖隧道。有时挖隧道的敌对双方也可能因挖通隧道而相会，这时，双方就会展开殊死搏斗，直到一方完全倒下。有一些地方在战争期间几乎没有什么军事行动，这就使战壕内的生活变得很轻松。但是其他一些地方却总是有激烈的战斗发生。伊普雷每天都有如地狱一般，尤其是对位于暴露的战壕突出部中的英军来说。在那些没有什么军事行动的地方，狙击手、炮火、疾病和毒气仍然造成了较大伤亡。在 1916 年前 6 个月中，英军在索姆河战役发起之前没有参加过大型战斗，但是伤亡人数还是有 11 万人。

人们总是习惯用以往的经验去推测未来的情况。"一战"开始前，交战双方根据以往运动战的经验都制定了运动战的作战计划。德军的计划是打一场在 6 个星期内获胜的运动战，协约国军的计划是打一场防守反击的运动战。"一战"结束后，法国汲取了"一战"的经验和教训，修筑了一条马奇诺防线。毫无疑问，马奇诺防线是一个完美的堑壕网体系。如果"二战"的战争样式仍然是堑壕战，那么马奇诺防线将是固若金汤的。"一战"的堑壕战非常惨烈，有 1/10 的士兵被杀，而总伤亡数达到了 56%，考虑到每一个在前线作战的士兵都有 3 名士兵为他提供后勤服务，那么每个真正参加了战斗的士兵想要不负伤而活下来几乎是不可能的，实际上，的确有许多士兵负伤不止一次。

三、"奔向大海"——埃讷堑壕战

"奔向大海"是第一次世界大战初期，英法联军与德军于 1914 年 9 月在瓦兹河和加来海峡之间广阔地区实施的一系列机动作战的称谓。1914 年 9 月马恩河战役和埃讷河战役结束后，在马恩河战役中失利的德军撤到了马恩河北面的埃讷河畔，德军企图在埃讷河畔进行防守反击，交战双方在瓦兹河至瑞士边界地段进入阵地战。与英法联军僵持对峙 3 个星期后，双方都意识到正面突破是不可能了，于是都开始试图包抄对方的侧翼。法军总参谋长霞飞企图对德军右翼实施迂回，以迫使德军撤离埃讷河、瓦兹河、索姆河和埃斯科河地区，同时救援比军防守的安特卫普。德军总参谋长法金汉则决定从洛林地区抽调第六集团军增援右翼，力图挫败英法联军的计划，并迂回到联军的左翼。

还在德军转而面向追击他们的协约国军队时，他们在西线已经有了一个最坚固的阵地，德军驻守在离山顶 3.2 公里的较高的北面，藏身在覆盖着正面和斜坡的浓密的灌木丛后面。在夜间浓雾的掩护下，英国远征军朝着通向高原的小路前进，当雾在明朗的朝阳下消散时，他们遭到交叉火力的无情扫射，那些突入山谷得不到大雾保护的人，也遭到了同样的打击。

"一战"时，由于许多新式武器的使用，特别是重机枪的使用，使得从正面攻击堑壕阵地已变得十分困难，在战斗开始以后，德国和协约国军很快就意识到，正面进攻得到的只能是本方人员的伤亡。从 1914 年 9 月一直到 1918 年 3 月德国发动春季攻势这段时间内，西线战场上的作战双方几乎在任何时候都在壕沟内对峙。"一战"的堑壕战非常惨烈，与其他战争一样，"一战"中士兵的最大杀手就是疾病，战壕里的卫生条件很差，常见的感染包括痢疾、斑疹伤寒和霍乱等，双方的堑壕之间叫无人区，在战斗中有时会有短暂的停火，让双方带有红十字臂章的人员进入无人区抬回自己一方的伤兵的尸体。

当英德两军之间的延翼竞走在新港达到了终点之后，双方所想寻求的机动性战争遂突然为圆镐所停止了。基钦纳勋爵说："我不知道还应该怎么做——这根本不是战争。"可是不幸得很，这却正是战争，每个二等兵都知道这个事实。丘吉尔是当时的海军大臣，他说："面对着这个死结，一切的军事艺术都哑口无言了，指挥官和他的参谋人员，除了正面的攻击以外，就再无任何其他的计划。"

现在双方为了避开对方的正面火力减少伤亡而选择向对方的侧翼进行迂回机动，不约而同地向对方的北侧进行包抄，在包抄对手的同时也不断挖掘纵横交错的壕堑并配置大量重机枪来防止对方攻击自己的侧翼。当发现对方已经挖好战壕架好机枪之后又继续向北迂回，最后双方的军队一直把连绵不断的战壕防御工事从瑞士边境挖到了比利时和法国北部的北海之滨才停下来。局势很快变得明朗，双方都拿对手无可奈何，而且又没有一方想退却，战斗演变成为了相持不下的僵局，这将对抗的双方在今后四年中都固定在了这一条狭长的地带上。这一时期被称为"奔向大海"，10月中旬"奔向大海"战役结束后，战线从利斯河延伸到伊泽尔河，德军计划攻占法国加来港，摧毁英军补给基地，迫使英国退出战争。协约国军队决心坚守伊普雷、迪克斯迈德、尼乌波特一线，相机收复比利时全境和法国北部。

在一个月的"奔向大海"作战中，德军伤亡13万人，协约国军队损失约10万人，由于兵力相当，行动不够坚决，致使双方迂回到对方侧翼的企图均未实现。大量使用骑兵、广泛利用火车和汽车输送预备队，是此次战役的主要特点。1914年10月中旬，包抄侧翼的竞赛终于因为到达了英吉利海峡而结束，但是德军仍不罢休，企图撕破联军的防线，德军选择了一个进攻点，这就是比利时西南部的小镇伊普雷。10月，德国参谋本部新任总参谋长法金汉下令在佛兰德斯发起进攻，想把协约国军队逐出安特卫普和海峡各港口。然而，德国的后备军已经如此空虚，以致投入了一支8月份才开始训练的毫无经验的大学生部队。德国占领了安特卫普，但这3.6万名大学生后备部队中，只有6000人毫发无伤地幸存下来，其中的一人就是阿道夫·希特勒。这些缺乏经验的志愿军在机枪和自动步枪交织的火线中成片倒下死伤惨重，后来，德国人把第一次伊普雷战役称为对无辜者的大屠杀，联军虽然勉强守住了防线，却付出了极大的生命代价。

10月20日，德军第四集团军和第六集团军的3个军对伊普雷实施主要突击，对伊泽尔河实施辅助突击。22日，德军强渡伊泽尔河，并在西岸设防，28日，比军打开尼乌波特海水闸门，水淹德军。30日，德军被迫撤退。伊普雷地区的作战行动到11月20日结束，此役双方均未能达成战役企图，西线从此进入阵地战阶段。从1914年8月4日德国第一集团军和第二集团军进入比利时到1914年11月第一次伊普雷战役结束，连续几个月的激烈战斗让交战双方疲惫不堪，法、英、德将近50万士兵在战争中倒下了。马恩河战役结束后，西线战场就形成了胶着对峙的局面，在你来我往的攻防中，双方都加强了防御，交战双方纷纷深挖堑壕，加强掩体，设置带刺的铁丝网，以构筑固定阵地。1914年的战局是对各交战大国的兵力和能力的战斗检验，战局的结果使双方的短期战争和毕其功于一役的计划化为泡影。仅限于利用动员的军队和动员的储备物资，只靠军事工业而不是靠国家整个经济能力的战略也遭到破产。在西线战区，从瑞士到英吉利海峡形成一个总宽达300多公里绵亘的阵地。

四、法国陆军的"医师"——贝当

与霞飞元帅相比，法国的贝当元帅一生要坎坷得多。1940年以前的他是民族英雄，1940年以后的他是国家叛徒，这已成定论。但就其军事思想而言，僵化、落伍的评价却是不准确的，至少在"一战"中，他的防守战术还是符合战场实际情况的，基本上成为了"一战"时期战场上的主要模式，至于"一战"结束后他还照搬老经验，用马奇诺防线去应付德国的运动战，导致了法军的灭亡，的确是僵化、落伍的表现。

亨利·菲利浦·贝当，法国陆军将领、政治家，也是法国维希政府的元首，他曾在第一次世界大战期间担任法军总司令，带领法国与德国对战，被认为是民族英雄，1918年升任法国元帅，战后曾任陆军总监、国防部长等职。1940年任法国总理时，因向德国投降议和而在1945年的战后审判中被判处死刑，后改判终身监禁。贝当记录在历史上的形象是一个叛国者，但是作为一个军人，他在"一战"中颇有建树。他不同意福煦对于"进攻精神"的强调，认为现代战争中防御更占优势，开战后他这种谨慎小心的态度使他成为了"一战"中法国最成功的指挥官。

1856年4月29日，贝当出生于法国北部加来海峡省科希拉图尔村一个贫寒家庭，父亲是个农民。贝当很小的时候就失去了母亲，由祖母和舅舅抚养。1871年，法国在普法战争中惨败，耻辱感笼罩了整个法国，也让少年贝当立志做一名军人。在当地读完小学和中学后，20岁便考进圣西尔军校，毕业后以少尉军衔在阿尔卑斯山服役。1888年，贝当进入法国军事学院深造，凭着深厚的军事造诣，毕业后的贝当很快就脱颖而出，进入国家射击学校担任教官，但他有关火力破坏效果的思想和福煦的全面进攻想法不一致，因而未受到重视。后来贝当又在军事学院担任步兵战术学助教，在战略思想上，贝当大力提倡防守，与法国当时盛行的进攻战略思想大相径庭。由于当时法国盛行福煦所提倡的进攻战略思想，持防守战略思想的贝当自然不受重用，因此他一直晋升得很慢，少尉当了5年，中尉当了7年，上尉当了10年。1900年才升到少校军衔，指挥一个营，直到第一次世界大战前夕，年已58岁的贝当还只是驻阿腊斯的一个正待退休的步兵团的上校团长。要说贝当也是个性格耿直的人，当中尉时曾拘禁过服预备役的法国议员，还公开讽刺过当时的总统。最重要的是，当法国陆军都痴迷地倡导攻势至上时，贝当却敢于独自反抗这个潮流。他认为只有当敌方防御已经受到决定性的减弱时，才可以发动全面攻势，这种思想对头脑发热的军人们无异于一帖清凉剂。

第一次世界大战爆发后，给了贝当一显身手的机会。战争开始时，贝当还只是一个几乎没有擢升希望的上校，因为他推崇近代防御思想，所以被绝大多数法国军官嘲讽为拥有"神秘艺术"的一位防御专家。但1914年8月后，贝当像闪烁的流星般升起。由于对部队的杰出领导他被提升为旅长，军衔是准将。在马恩河战役中贝当脱颖而出，由于指挥得当，被晋升为第六师少将师长。"一战"的模式不是福煦的全面进攻而是贝当大力提倡的防守，这就让贝当有了展示自己才能的机会。10月他再次被晋升为第三十三军军长。1915年5月，贝当在阿尔萨斯攻势中，率部突破了德军的坚固防御，虽然其进攻由于德军的纵深防御而失败，但其炮火准备使德军吃惊不小，7月，贝当被升为第二军团司令。

1916年2月21日，德军大举攻击法国重镇凡尔登，法军总司令霞飞估计错误，造成守城兵力空虚，几天后，法军失利。法国政府急命贝当为凡尔登守军司令，这时又有一座重要的炮台失守，剩下的炮台防御能力几乎无存。

贝当所部于 2 月 24 日被调往凡尔登前线，接手坚守凡尔登要塞的职责。他到任之后发现形势虽然严峻但并不危急，便提出了著名的防御口号"他们不会通过"，并指挥督战队在战场上划了一道线，架上了机枪，凡后退过线者一律击毙。在所有道路均被德军炮火封锁的情况下，通过著名的"圣路"，贝当组织运输队以每 14 秒通过一辆卡车的流量迅速地运送部队和弹药，及时加强了前线的防御力量，终于顶住了德军的强大攻势。在贝当严厉的督战下，到他 5 月 1 日取代卡利将军担任中央集团军司令之时，凡尔登已经转危为安。贝当带领部队经过几个月的战斗，成功阻止了德军的前进。凡尔登保卫战证实了贝当的防御战略思想的作用，战役结束后，法国总统普安卡雷为了表彰他，在专用列车上设宴款待他，贝当因此战被视为"法兰西的救星"，成为名噪一时的英雄，并在此后出任了西线法军总司令。

1917 年 4 月，盲目的攻击至上主义仍在法国延续，霞飞的继任者尼韦尔将军发动的自杀式攻击，被德国的兴登堡和鲁登道夫击溃，伤亡 12 万多人，丧失士气的法军潮水一样地溃退，由于指挥官的冷酷和士兵惨遭屠杀激起了兵变，陆军部队拒绝开往前线，5 月 15 日，贝当取代尼韦尔出任法军总司令。一上来他就提出了"多用钢铁，少流鲜血"的口号以反对以前那种不计士兵死活的打法。针对士兵中日益增长的反战情绪和层出不穷的逃亡哗变事件，贝当采取镇压和怀柔的两面手法进行整顿，他着手缓和士兵的不平心理，严厉地惩罚了魁首却宽恕了大部分参与者。贝当以他的老练、坚定和公正平息了兵变并恢复了形势，接着在准备充分的情况下，贝当连续发动了几次有限的进攻，使部队恢复了信心，再次拯救了法国。

1918 年福煦就任联军总司令后，贝当接替他负责指挥所有的法国军队参加了协约国军队对德军的总进攻，在西线最后一个月的艰苦战斗中发挥了重要作用。而后策划了埃讷河 - 马恩河和亚眠攻势，协助潘兴实施圣米耶尔和默兹 - 阿尔贡攻势，直至战争结束。11 月 8 日，在法国东北部的贡比涅森林法国元帅福煦专用的火车车厢里，德国签署了投降书，第一次世界大战就此落下了帷幕。11 月 19 日，贝当因为战时的卓越表现被授予法国元帅军衔。

在两次世界大战之间的和平时期，贝当曾任法国陆军总监，在1925年率军镇压了摩洛哥的独立起义，1934年，贝当一度入阁，担任陆军部长，在此期间，他极力推行消极防御战略，力主构筑马奇诺防线。第二次世界大战爆发后，1940年5月，德军开始进攻法军，作为永久性防御工事的马奇诺防线不攻自破，法军节节败退。危急时刻，时任法国驻西班牙大使的贝当被急召回国，并在6月出任内阁总理，再次统领全国军队。法国人希望这位凡尔登救星能再次挽救法国，然而贝当在上任的第二天，就通过西班牙驻法国大使向德国提出停战的要求。贝当公开而毫无保留地出来当了主和派的领袖，他向内阁宣读了一份备忘录，排除了法国继续战斗的任何想法，他坚信法国已经战败，剩下的只有设法同德国缔结一项体面的和约。贝当以一种无可奈何的口吻说，法国的复兴不可能通过军事上的胜利来取得，停战并不是对战败的惩罚，而是保证不朽的法兰西永世长存的一个必要的条件。6月25日，在贝当的授意下，法国代表查理·亨茨格将军与德军凯特尔元帅签署停战协议，地点就选在法国东北部的贡比涅森林，在第一次世界大战结束时德国签署投降书的同一节车厢里，希特勒以此一雪上次大战战败的耻辱。

《贡比涅森林协定》签署后，法国的大部分地区被德军占领，只有南部及东南部一带例外。随后法国国会通过议案，授予贝当拥有独裁者的权力。贝当政府总部设在法国中部非占领区的维希，故被称"维希政府"。维希政府为轴心国提供大量物资，又曾下令在海外属地的法军对抗盟军，以及容许轴心国军队在海外属地过境。84岁的贝当出任维希政府元首后，于10月24日前往距巴黎约100多公里的蒙托瓦镇，专程拜访希特勒。当晚6点，贝当在德军司令凯特尔的陪同下走向希特勒专列所停靠的月台。希特勒已站在月台上，先向贝当伸出了手，并向贝当提出，如法国参加对英战争，就可以维持超出停战协定规定的军队，并保证法国保留原有殖民地。受宠若惊的贝当立刻表示同意，从这天起，"停战"变成了"合作"。当然，贝当与德国的"合作"并不是发自内心的，都是些权宜之计，在很大程度上是同战争的进展密切相关的。1942年美军在北非登陆，贝当命令在阿尔及利亚的达尔朗与盟军配合作战，同时又发布电文抗议盟军登陆。法国人在阿尔及尔的抵抗是象征性的，事实上已经向盟军打开了北非大门。德国人因此认为停战条款已经不起作用，于是出兵占领了法国南部地区，维希政府名存实亡。

这时盟军已在诺曼底登陆，德军在法国境内节节败退，1944年8月，戴高乐从伦敦来到巴黎，受到200万人民的热烈欢迎。而就在当月，希特勒的党卫队把贝当等维希政府全体成员押到德国的西格马林根堡"保护"起来，盟军攻入德国本土后，德军又将他们转移到瑞士的一个小城镇，德国投降前夕，穷途末路的贝当向法国临时政府自首。法国临时政府最高法庭以叛国罪判处贝当死刑，89岁高龄的贝当在长达20多天的审判中一言不发，随后戴高乐总统签署了特赦令，改判终身监禁。贝当被囚禁于戴尔岛的一座要塞，但是他在这里健康恶化得很厉害，1951年6月，他被转往大西洋比斯开湾的耶岛监狱，7月23日，95岁的贝当死于该监狱。这个充满了争议的人物在狱中走完了自己的人生，但他的叛国罪行却永远留在了史书上，时时给世人以提醒。贝当在84岁时晚节不保，实在是可惜可叹。对入侵者只有一种对策，那就是战斗，像贝当这种靠给入侵者当帮凶来"保全民族"，注定要把自己绑到历史的耻辱柱上，可为一切叛国者鉴。

五、让法国人把血流尽——"凡尔登绞肉机"

小毛奇输掉马恩河战役后，接任德国参谋总长的法金汉对1915年的作战构想是在西线采取守势，在东线一举击败俄军，再挥师西进。但实际情况是英法军队在西线的局部进攻大大牵制了德军的力量，使德军在东线没有足够的兵力给俄军以致命性的打击。因此，法金汉决定停止对俄国的进攻，把主要突击方向对准西线的英法军队，想把法国的血流光。

当1915年行将结束时，德国指望未来的一年是有希望的一年，奥德部队同他们的新盟国保加利亚一起，击溃了巴尔干的塞尔维亚军队，迫使其残部在希腊寻求庇护；沙皇尼古拉的军队败北后仍然晕头转向，容许德军把将近50万军队调往西线，现在德国可以放手驱动它的力量来对付法国在防守上的战略据点，而不至于危及另外地方的阵地了。

1916年初，第一次世界大战进入了第三个年头，随着"施利芬计划"的破产，德军指挥部改变了作战部署，计划在东线进行防御，而在西线重点对法军右翼部队所依托的"凡尔登突出部"实施突击。这是德军新任参谋总长法金汉提出的。他把这次行动计划称为"处决地"，目的是进攻一个法国不愿放弃的军事要地，让法国在那里投入全部兵力，然后加以歼灭，使法国在军事上崩溃，从而逼其投降。法金汉公开叫嚣："要让法国把血流尽！"

凡尔登是英法战线伸入德军防区的突出部，它像一颗伸出的利齿，对深入法国北部的德军侧翼形成严重威胁。它的南侧面对着圣米耶尔反突击部，穿过凡尔登城是默兹峡，东面是默兹高地的岩石陡坡，前面是肥沃的沃夫尔平原。凡尔登战线位于默兹高地之上外围堡垒前方的5公里处，德、法在这里曾有过多次交手，但德军皆未能夺取要塞，如果此次德军能一举夺取凡尔登，必将沉重打击法军士气。同时，占领了凡尔登，也就打通了德军迈向巴黎的通道，占领了巴黎，法国就不攻自灭了，剩下的英、俄两军就不足为惧了。

德军进攻凡尔登的企图是先发制人，争取在英法军队发起进攻之前，突破法军战线，以改变战略态势，并借以大量钳制和消耗法军兵力。担任进攻的部队为德国皇太子威廉任司令的第五集团军，下辖7个军共19个师，有火炮1200余门，在这些大炮中间，有13座震天动地的420毫米的攻城榴弹炮，飞机约170架，后来陆续增至50个师，约占西线德军总兵力的一半。法军凡尔登筑垒地域横跨默兹河两岸，正面宽112公里，全纵深18公里，筑垒地域由四道防御阵地组成，前三道为野战防御阵地，第四道是由凡尔登要塞永备工事和两个筑垒地带构成的坚固阵地，居高临下，易守难攻，由法军第三集团军防守，5个师防守凡尔登以北地区，3个师防守凡尔登以东和东南地区，另3个师作为预备队配置在凡尔登以南默兹河西岸地区。

在法金汉的设想中，19 个德军师和大量火炮将使法国部队精疲力竭，"血流成河"，凡尔登将成为一块砧铁，法国军人将被德军火炮在砧铁上锤打致死。法军以爱国激情坚守固定的阵地，可能在那里被炮火炸得血肉横飞。当然，如果法军不愿悲壮牺牲，如果他们认为不必为守住筑有空堡垒的凡尔登的这几个山头而做出巨大牺牲，那么，德国人的天才的计划也必然失败。但法国人是不会弃守凡尔登的，因为"它是骄傲地面对梅斯的伟大要塞"。1816 年 1 月开始，法金汉就悄悄结集部队准备攻打凡尔登，同时，德国表面上是向香贝尼增兵，做出要在香贝尼发动攻势的姿态。法军总司令霞飞果然上当了，他认为德军会向香贝尼进攻，然后从那里进军巴黎。德国人正在继续往凡尔登方向悄悄结集兵力，随着结集迹象的渐渐明显，英法联军终于弄清了德军的真正意图，霞飞慌了神，火速下令向凡尔登增兵，但到 2 月 21 日，仅有两个师赶到凡尔登，而这一天，德军开始向凡尔登进攻。

德军于 2 月 21 日 7 时发起进攻，为隐蔽主突方向，德军炮兵在宽 40 公里的正面上同时实施炮击，德军炮群以每小时 10 万发以上的密度向法军阵地倾泻炮弹，从而掀开了凡尔登战役的序幕。炮击持续了 12 个小时，200 多万发炮弹和燃烧弹密密麻麻地落在凡尔登周围 23 公里左右的三角形地带，航空兵首次对法军阵地实施轰炸，摧毁部分防御阵地，力图在法军前沿阵地造成一个"死亡地带"，让德国士兵踏着死尸前进。在杀伤了法军大量有生力量后，皇储的德军第五军团向构筑防御工事严密但守备兵力较少的凡尔登地区发起了攻击，德军当天就占领了第一线阵地。德军在 13 公里的战线上发动了全面攻击，突破东面的外围机动防御地带，退却的法军没能确保杜奥蒙堡垒这一关键的阵地，而这几乎是致命的，凡尔登的命运和整个法国的防御体系均处于千钧一发的危险境地。德军进攻开始后，法军总司令霞飞决心调集一切可以动用的陆军和空军部队，准备在凡尔登地区同德军决战，他要让凡尔登像锚一样钉在战线上，并以此显示法国坚强的决心。德军攻势如潮，凡尔登岌岌可危，2 月 25 日，60 岁的贝当临危受命，当天夜里就赶到了凡尔登。贝当首先建立了一条督战线，凡是退过督战线的人格杀勿论，并下令：

宁可牺牲自己，也不丢失一寸土地。

在战役过程中，所有的公路和铁路交通线均被切断，凡尔登和法国后方的唯一联系是一条通向巴勒迪克的64公里长的二等小公路，通过它贝当建立起了有组织的供给体系。尽管不断遭德军炮兵袭扰，但是军用卡车的洪流不断地从这条"神圣之路"上通过，大约每15秒钟就有一辆车出入于突出部。固定的修路班组不断填平被德军火炮炸出的大坑，法军沿巴勒迪克至凡尔登的公路用汽车运送了大量的人员和物资，先后投入兵力共71个师，约占法军总兵力的三分之二。法金汉做梦也想不到，短短的一周时间，法军竟派出这么多援军赶来，一方面是吃惊，再一方面心中暗暗高兴，因为这正是他所希望的，他要法国人在这里把鲜血流尽！贝当这方也在紧张部署，他命令增援部队马上开赴前线，修补战壕，安放大炮，准备迎击德军。

到2月底，德军的第一次猛攻已被遏止，双方的大部队在要塞周围相互厮杀，越来越多的增援部队和弹药源源不断从整个法国和德国涌向战场，越来越多的满载伤员的火车从这里迅速地像落潮般退去，这已经成为德、法之间一场实力与军队荣誉的考验。法、德两军均怀着满腔的怒火继续战斗，互相把对手撕得粉碎，德军大炮的威力，日复一日给人数较多的法军造成惨重的损失。战斗开始时对于法军来说是十分艰苦的，德军有27个师，1000多门大炮，而法军只有10万人，270门大炮，但好歹顶住了德军的进攻，待法国援军赶到之后，双方开始了拉锯战，德军未在头几天一举拿下凡尔登，已经失去了战机，双方都在向凡尔登增兵，摆开了决一死战的阵势。3月6日，德军发动第二次进攻，攻击突出部的西侧，初期取得一些成功，但是贝当下令实施反击，夺回"失去的每一寸土地"，又阻止了德军的进攻。在3月剩下的时间内，一系列的攻击和反攻交替进行，使战场被尸体堆满。法军实施快速的轮换，以接替在战斗中精疲力尽的部队。在以后的战争期间有句话变成了法军的战斗口号，即"绝不让他们从这里通过"。

这时贝当被提升为集团军司令，尼韦尔接替在凡尔登的指挥。激战到4月，法军的兵力已与德军相当，德国人急了，首次使用了毒气弹，但法军仍将德军的攻势一次次阻止在要塞前。在双方的炮战中，一个法国炮手无意中击中了有45万多颗大口径炮弹的德国地下弹药库，引起了这次大战中最大的一次爆炸，这批为法军所不知的弹药，被隐藏在斯潘库尔森林里，但不小心地装上了引信。到4月初，整个防区的德军的每一门381毫米和419毫米的大炮，都被法国炮兵摧毁，法国军事分析家和历史学家帕拉断定，在最后击败入侵者中，这件事情起了决定性的作用。到5月，德军的损失已经达到了极限，皇太子建议法金汉休战，然而，由于关于法军伤亡重大的乐观情报的误导作用，总参谋长婉拒了皇太子的建议，相反，他下令为攻取凡尔登进行最后一次努力。6月初，德军再次发动大规模攻势，进攻沃克斯堡，但100名守军的拼死抵抗使德军伤亡3000余人。经7天激战，德军切断了沃克斯堡与法军其他阵地的联系，这时其水源已耗尽，堡垒已被炸成废墟，终于迫使沃克斯堡守军于7日投降。

6月下旬，德军首次使用光气窒息毒气弹和催泪弹猛攻苏维耶堡，在4公里宽的正面上发射11万发毒气弹，给法军造成重大伤亡，一度进抵距凡尔登不足3公里处，但终被击退。在10个月的残杀中，双方军队发射了4000多万发炮弹，加上难以数计的成百万发的子弹。在连续不断的炮击、喷火器进攻、毒气战和白刃战都不能撼动防守者时，德国工兵在法国阵地下面挖洞，爆炸了威力很大的爆破地雷，炸成了许多有十层楼深的坑。这里的士兵整天躲在战壕里，还没有与敌人照面就损失了3/4的兵力。战斗导致了恐怖的大屠杀，大炮成了屠夫，而陆军士兵则成了屠刀下的牛犊。正当全世界的目光集中于凡尔登惊心动魄的疯狂激战之时，东方的重要军事行动已到了一触即发的地步。俄国正每天、每小时地恢复力量，同时集结其取之不尽的兵源和日益增多的军火，1915年连续遭受了一系列惨重失败的俄国，经过自己的努力和协约国提供的资源，现在已经在战场上建立了60个组织有序并有武器装备的军，取代了开战之初原有的35个军，并分别部署就位。

7月，为配合凡尔登战役，英法联军在索姆河发起进攻，同时凡尔登的法军也发起反突击，这一切迫使德军指挥部不得不在凡尔登一带转入防御。

德军作战六个半月，仅攻入法军防御纵深 10 公里，未能达成战役突破。这时，为对付俄军在东线发动的布鲁西洛夫攻势，迫切要求增兵东线，使德军从凡尔登地区抽调了 15 个师。8 月末，法金汉被解除总参谋长的职务，由兴登堡和鲁登道夫搭档接替了他。他们决定立即停止进攻，以免遭受更大的损失，继续在西线实施防御作战，德皇批准停止进攻。到秋天，法军在芒让的指挥下由防御转为进攻，10 月末，法军夺回了杜奥蒙堡，到 11 月时，法国用 17 万部队、700 多门火炮和 150 架飞机进行大规模反击，夺回了伏奥堡，从那时起，德军不断地被一米一米打了回去，法军前进到他们原在 2 月 25 日所防守的地区。在几个星期的平静之后，芒让再次发起攻击，到 12 月中旬，法军战线几乎推至战役发起前的位置，并俘虏 1 万多名德军，缴获了 100 多门火炮，凡尔登战役落下了帷幕。

在极为艰苦的凡尔登战役期间，法军损失近 55 万人，而德军是近 44 万人，德国预定在 1916 年战局中迫使法国退出战争的战略计划，在凡尔登战役中遭到破产，历时 10 个月之久的凡尔登战役结束。凡尔登战役是第一次世界大战的转折点，是德军从进攻转为防御的转折点，是协约国军从被动转为主动的转折点。整个战役中，法金汉本想"把法国的血流光"，实际上德国的血也快流光了。因为凡尔登战役中双方伤亡巨大，所以凡尔登战役又称为"凡尔登绞肉机"。凡尔登战役以法军取得防御性的胜利而结束，而法军的这一胜利彻底打破了德军想一举歼灭法军主力、迫使法国投降的如意算盘。

六、没有赢家的阵地战——索姆河战役

自 1914 年以来，索姆河是比较平静的。如果这一点蒙蔽了霞飞的话，他是没有看到德国在沿河的两个方向为加强阵地所做的准备。在坚实的白垩土中，他们精心构筑了分隔开来的地下坑道网，深度有 12 米多。这些堡垒包括厨房、洗衣房、急救站等设施，以及庞大的弹药储备。电灯——那时在平民中是罕有的奢侈品——由柴油发电机提供电力。即使最沉重的轰击，也

不会打穿这个地下综合体。

索姆河之战，是霞飞发动的，这场战役是协约国在 1916 年总战略进攻计划的一部分，法国第六集团军和英国第四集团军在福煦将军的统一指挥下，要共同联手突破屯驻在富科库尔和埃比泰讷地区的德国冯·贝洛将军第二集团军的防御阵地，其目的是突破德军防御，以便转入运动战，同时减轻凡尔登方向德军对法军的压力。由于索姆河地区没有什么战略目标，英国指挥官道格拉斯·黑格爵士在最初被告知这个战役时，宁愿选择更便于进攻的像佛兰德斯这样的防区。虽然他并不属霞飞管辖，但他的方针是，如果他感觉不到什么灾祸临头时，在法国以听从法国指挥官的意愿为宜。

凡尔登战役开始前，英军就开始调集部队，大量的弹药供给被运送到索姆河，联军计划在凡尔登牵制德军，在索姆河发动大规模进攻，击溃德军，取得决定性的胜利。德军则利用几个月空闲时间不辞辛苦地把索姆河的防御工事变成了坚不可摧的堡垒。索姆河战役开始前，德军就已经使索姆河地段的防线成为世界上最坚固和最完备的防御工事之一，这条号称"最坚强"的防线，包括三道阵地和一些中间阵地，主要阵地有坑道工事，阵地前面有多层铁丝网。1916 年 1 月，英国的志愿应募制为征兵制所取代，从加拿大、澳大利亚、新西兰、南非和印度进一步抽调援军。黑格提议推迟这个战役，直到这些后备军使协约国占巨大的优势。他还等待更多的枪炮、弹药和一种新的秘密武器——为了保密，诨名叫作"坦克"的机枪破坏器——的到达。但霞飞不听这些。黑格在他的 5 月 26 日日记中写道："我提到的时间是 8 月 15 日，霞飞马上很激动，大声说如果到那时我们还无所作为，法国军队就要被消灭了。"

一种势在必战的感觉笼罩了索姆河战场，英军热情高昂，指挥官们信心百倍，决定性胜利的结果似乎就在眼前，以致谁也不能阻止决战的尝试。整个春季法军战斗在凡尔登，牺牲在凡尔登，无数成年男子祭献在那座铁砧祭坛上，新来的英军相信，他们将击败敌人并攻破敌人入侵法国的战线，他们信赖自己所率部队的献身精神，他们为即将到来的战役积贮了空前巨量的大炮和炮弹。霞飞的原来计划是提供两个法国集团军和一个英国集团军，在一条96公里的战线上进攻。但当法国军队在凡尔登被击溃时，参加索姆河战役的法军锐减了。最后的阵容是，法国部分在一条39公里的战线上收缩到13公里。霞飞开头答应分配的40个师被减少到16个师，但在进攻那一天，只有5个师到场。从一开始，这个战役的担子就由英国人挑起了。如今，英国远征军新任司令官道格拉斯·黑格面临着两个重大问题：一方面，德军掩蔽壕堑和铁丝网对任何进攻而言都是一种严重的障碍，另一方面，这些刚从各地调来的士兵缺乏专门战斗训练，应该通过发动一系列直接的小规模进攻，使他们获得必需的战斗经验。但黑格对此完全置之不理，他决定先向敌军发动大规模的炮轰，然后向已经遭到毁坏的德军阵地进军。

霞飞筹划已久的攻势由于凡尔登的危机而推迟了好几个月，现在终于以异常惊人的持续7天的炮轰拉开了序幕。1916年6月24日，索姆河两岸雷鸣般的炮声打破了清晨的宁静，英、法联军隐蔽的炮兵群对德军阵地开始开战以来最大规模的炮击。空前猛烈的炮火使德军阵地顿时陷入一片硝烟和火海之中，地动山摇，不时有德军的掩体和障碍物飞上天空，在德军阵地上空，英、法军的校射飞机不停地盘旋，给地面炮兵指示目标，纠正弹着点，同时，战斗侦察机则不时地向德军阵地扔下炸弹，而后俯冲扫射。七天中，德军阵地共承受了150万发炮弹。这是惊人的场面，许多协约国士兵在夏夜爬出他们的堑壕，就是要亲自看看在敌人阵地上像星星那样闪亮的爆炸。

7月1日清晨，炮击终于停止了，初升的太阳照耀着硝烟渐渐散去的战场，经历了一周炮击的德军阵地上死一般寂静，英军吹响了进攻的号角，无数士兵爬出堑壕，向无人区勇敢地冲去。英军认为，他们对德军连续七天的狂轰乱炸，一定扫平了所有的障碍，没想到德军的防御工事仍然是固若金汤，隐藏在防御工事后面的德军架起了马克沁机枪，对蜂拥而至的英军展开了大屠杀，在机枪的扫射下，英军遭到重创。对防守者来说，索姆河防区提供了最好的有利条件：进出口都隐蔽在村庄住房和附近树林中，而对面山腰上露天堑壕线的白垩土的轮廓十分分明。德军还可以在4500米的距离内，对协约国军队一览无遗。防御堡垒逐个升高，迫使协约国的进攻者要冒着火力一级一级地爬上来。德军在白垩土丘陵地带的据点，还有蜂窝状的钢筋混凝土重炮炮位、横断交通壕和防御地堡。在索姆河以北，尽管英国第四集团军的两个军占领了德军防御前沿第一阵地，但其余三个军和第三集团军的第七军的攻击却被击退，并遭到重大伤亡。在索姆河以南的方向上，法军取得了一定进展，法军异常猛烈的炮火压倒了对方，在德军士兵还没有从掩蔽部爬出来之前，法国士兵就到达了德军阵地前沿，仅经两小时战斗，法军第二军就占领了德军第一阵地及支撑点。

黑格保存着连续的记事录，进攻半小时后，他高兴地记下："所有报告都是令人满意的，我们的部队处处都越过了敌人的正面堑壕。"实际上，在德军火力下，在到达正面堑壕线之前，他的部队成千上万地倒下来了。德军根据地图上的座标线，把枪炮火力准确地对准阵地前方的每一平方米发射，到日落时，夜幕笼罩了依然炮声隆隆的战场，无人地带遍布着6万多死伤的英军，或死或伤或成为敌人的战俘，这是英国陆军史上在一天之内遭受的最沉重的损失和最残酷的屠杀，在过去历史上的战役中，没有在一天之内有这种惊人损失的记录。此后，战斗降格为小规模军事行动，在较小的战线上继续进行。这时德军意识到英法联军在索姆河发动的进攻规模是空前的，其目的决不只是牵制凡尔登方向的德军，德军迅速抽调兵力，把索姆河方向的部队增加到了40个师，但联军并未放弃进攻的企图，他们打算用一种新式武器来加快战役的进程。

7月9日，英、法联军又恢复了进攻，但这时的德军已大大加强了兵力，使得双方的兵力对比从英、法军占2.8倍的优势下降到只占0.6倍，英法联军已几无优势可言。到7月10日，英军第四集团军伤亡近10万人，不得不暂停进攻，此后几天，虽然英、法军士兵冒死冲锋，但依然进展缓慢，双方很快进入胶着状态。7月13日，英军实施夜间进攻，并突破德军的第二道防线。英军骑兵冲入缺口，这是在西欧最后一次大规模地使用骑兵。但是其他预备队没能及时赶到，骑兵很快便被机关枪扫倒，随后被德军的反冲击消灭，此举亦封闭了突破口，联军的进攻渐渐演变为一系列战果较小而代价高昂的小战斗。8月底，在由军事上失败所带来的政治压力下，威廉二世撤销了法金汉的职务并以兴登堡和鲁登道夫代之。鲁登道夫从索姆河战役中总结出一种弹性防御的作战理论，只不过这种战术上的改变来得太晚，并没能影响到索姆河战役，但新的战争学说却转变了德军在今后两年中的进攻方式。

9月15日清晨，黑格在巴波姆西南发动又一次较大的进攻。之前，英军坦克已悄悄地用船运至西线，18辆坦克出现在了战场上。战斗中，坦克引导步兵实施进攻，德军士兵们望着这些从未见过的"钢铁怪物"惊呆了：怪物在泥泞的弹坑间如履平地，压倒了曾经阻挡过无数步兵的铁丝网，越过了堑壕，将德军的工事碾压得支离破碎；怪物还用机枪和火炮猛烈射击，打得德军尸横遍野。在最早的战斗中，一辆坦克发现进攻的步兵在弗莱尔前面被铁刺网和机枪挡住，它便爬过德军战壕，在战壕后横冲直撞，完好无损地立即迫使据守战壕的300多名敌军投降。不论何处，只要一辆坦克达到目的地，它的出现就足以使惊呆的德军非逃即降。尽管坦克的出现对德军达成了突然性打击，但这时的坦克威力还不够，亦不可靠，速度太慢，数量太少，英军虽取得了实质性进展，但并没有达成突破。9月底，英法联军在索姆河以北18公里的正面上再次发动新的进攻，在这次攻击中，英军又使用了13辆坦克助战，德军统帅部命令前线部队及时总结对坦克作战的经验，并利用一切手段摧毁坦克。结果，英军坦克有9辆或陷在弹坑里，或被德军击毁，只有4辆坦克与步兵一起占领德军一线掩体，控制了索姆河和昂克尔河间高地的棱线。

猛烈炮轰持续了一月又一月，由英雄们组成的威武之师一月复一月在这可怕的轮战中被打得七零八落，接着冬季来临，从天而降的倾盆大雨叫人寸步难行，成千上万的车辆、几十万士兵和几百万颗炮弹将无边无际的泥土搅成血红色泥浆，代替了爆炸扬起的尘土，战斗仍在继续，大炮仍在怒吼。11月，滂沱大雨不断，英军投入的3辆坦克，陷在泥里不能自拔，只能以火力支援步兵攻击，进攻行动难获战果。随着战斗的进展，进攻与防御的条件更趋平衡，战壕被夷平，铁刺网被彻底摧毁，战斗越来越成为弹坑累累的旷野战，随着几星期过去，交战双方的损失在不断增加。到11月中旬，气候的限制使战斗已无法进行，双方的物资也已近枯竭，交战双方都衰弱得无以为继，持续4个月的索姆河战役黯然收场，英法联军损失了62万人，德军损失了65万人，其中包括很大一部分军官和军士。

索姆河战役和凡尔登战役互相联系又互相牵制，德军以凡尔登战役牵制了英法联军在索姆河的力量，而英法联军则以索姆河战役牵制了德军在凡尔登的力量，但是双方都没有达到自己进攻的目的。虽然索姆河战役是在难分胜负的情况下宣告结束的，但此役对法国来说仍有不可低估的意义。首先它大大减轻了法军在凡尔登要塞所承受的压力，其次，它使德军在人员、物资方面均受到惨重损失，以至于再也无法恢复原先所拥有的那种超强的战斗力。 双方都不会忘记这次战役所带来的恐怖，后来彼此都设定了更注重既定目标的战术，且用各种各样的武器和交通工具来支援步兵；同时，它也促成了突击队进攻的诞生，并首次应用渐次性掩护炮火。这场战役也证明德军并非天下无敌，很多英国士兵认为，尽管付出的代价沉重，但德国人最终是会被打败的。德国军队的自信心则相应地每况愈下，战争趋势开始逆转。

第十章

多事之秋

——浑水摸鱼的两个国家

一、一次攻袭毁了仨皇帝——布鲁西洛夫突破

第一次世界大战进行到 1915 年底，东线由运动战转入阵地战，双方进入堑壕战阶段，180 万俄军与 106 万德奥联军如两头疲惫的公牛在寒风中对峙着，俄军这部巨型"蒸汽压路机"在泥泞的东欧大草原上已是寸步难行，损失超过 100 万。同年年底，俄军从加利西亚和波兰撤退，俄国危在旦夕。直到 1916 年初，俄军状态才开始有所改善，各种装备和补给开始源源流向前线。至此，在高加索对土耳其的成功作战之后，俄国最高指挥部决定发动一系列有节制的进攻，以缓和德军对西线的压力。俄国决定于当年 3 月在那拉奇湖北面发动攻势，这次战役以其指挥者的名字被命名为"布鲁西洛夫突破"。

1916 年 3 月 17 日，俄军西南方面军司令部里来了一位瘦削精干的将军，他就是新到任的司令布鲁西洛夫上将。布鲁西洛夫是一名贵族骑兵军官，曾指挥过第八军团，他的想象力加上对细节的关注，使他的指挥成为 1916 年俄军成功的最主要的因素之一。还在当集团军军长的时候，其刚烈倔强的脾性就已为人所知，他过人的胆略和非凡的才能更为其部下所钦佩。这次新任方面军司令，俄军大本营给他下达的任务是向卢茨克实施辅助突击，然而布鲁西洛夫却在脑海里酝酿着一个大胆的进攻计划：全线突破德奥军防线，彻底扭转东欧战局！布鲁西洛夫受命全面指挥西南边境的军队后，决定放弃

俄国传统的"人浪"消耗战略，转而使用突袭战术，他建议沿着奥匈联军的前线发动进攻，并周详地计划了整个战略部署，其中包括发动四次全面进攻，当时，他指挥的四支军队均参与其中。然而，绵亘战线的形成给他出了一道难题：迂回两翼合围歼敌，这在战争前夕被认为是最好的机动样式，但敌人宽广的正面排除了在防御敌方侧翼解决胜负的可能性，集中兵力，在某个选定的地段实施正面突破，往往容易暴露己方意图，不能达成战役突然性。当过军校校长的布鲁西洛夫曾经教导自己的学生永远不要迷信教科书，这一次他决心用自己的行动做出表率。

布鲁西洛夫的考虑远远超出其他沙皇军官，他为进攻在细节上做好了一切计划，并对部下强调了一切必需的准备工作，使他们因此完全了解了奥军的防御情况。布鲁西洛夫认为同盟国拥有功能完备的铁路系统，可以迅速把增援部队运送到受到威胁的地区。因此，他决定扩大打击面，这样就可以牵制住敌军的增援部队，使其不得抽身。布鲁西洛夫选择了奥匈帝国的军队作为进攻目标，并开始了细致的备战工作。布鲁西洛夫摒弃了英法军队采用的在一个地段上突破防御的作法，准备在方面军所有集团军地带内，即在四个方向上同时实施突破，使敌军难以判断主攻方向，这样就达到了主要突击的战役伪装，使敌预备队不能向主要进攻方向实施机动。鉴于意军在特伦蒂诺受到重创和协约国请求俄国提前开始进攻以把敌军从意大利战线引开，大本营决定比预定日期提前两个星期开始西南方面军的进攻。

6月4日，布鲁西洛夫的四路俄军同时进攻，连奥匈后备军队也遭受了此次攻击，布鲁西洛夫的第八军团则在卢茨克的普里皮亚特沼泽南部进行大规模进攻，结果摧毁了奥匈第四军团，两天内便成功占领了这座城市。在南部的更远处，第十一军团突破敌军战线，击败奥匈第一和第二军团，而第九军团也占领了奥匈联军的阵地，虽然奥军猛烈反击，但奥军的防线最终还是被攻破了，奥军损失了60万人，其中40多万人被俘。到6月中旬，加利西亚的奥匈军队实际上已经土崩瓦解。东线的溃败使德奥军事首脑惊骇万状，他们急忙从西线和意大利战线调集援军，以堵住突破口，7月中旬，德国和奥匈利用更便捷的交通线路，德军从西线赶来增援，奥匈帝国的援军也从意大利赶来，使被动局面开始有了转机，德军对准俄军较为薄弱的北翼进行坚决反击。在南部，俄军已远至喀尔巴阡山脉，因补给不足而被迫放慢了前行的速度，在北部，德军设法阻止了俄军的前进。

俄西南方面军的成功突破未得到其他方面军的及时支援，俄军大本营不善于组织各方面军的协同动作，形势迫切要求将主要突击从西部转到西南方向，但大本营直到 7 月 9 日当德国已在此集结重兵时才定下这一决心。7 月中，俄军向坚固设防的科韦利发动了两次进攻，俄军大本营战略预备队布拉佐夫将军的特别集团军也参加了进攻，这两次进攻酿成了斯托霍德河上的持久血战。此役，布鲁西洛夫的士兵总共俘获大约 20 万人及超过 700 门大炮，并使军队向前推进了 80 公里，最后由于缺乏能够进一步追击敌人的援军，布鲁西洛夫只好暂停继续攻击的计划。这次战役俄军伤亡合计为 5 万人。到了 8 月份，布鲁西洛夫还在顽强地向前推进，但由于后勤补给困难，俄军伤亡极大，终于在 9 月 20 日被迫停止进攻，当树叶变成金黄色的时候，东线战场重又归于沉寂。俄军在布鲁西洛夫攻势中大败奥军，使俄军的攻势最终压倒奥军。不幸的是，辉煌的开头与黯淡的结尾并不相称，这场胜利没能扭转东部战场的最终局势。

俄军西南方面军的进攻是一次大规模方面军战役，尽管方面军的胜利并不是决定性的战略胜利，但在整个战争进程中却具有重要意义。为迟滞俄军推进，德军不得不从西线和意大利战线抽调 30 多个步兵师和 3 个多骑兵师，这就减轻了法国在凡尔登的压力并迫使德军停止在特伦蒂诺的进攻，法金汉因此被迫辞去德军总参谋长的职务。对奥匈帝国而言，其影响更为糟糕，它的军力被消耗殆尽，促使奥匈君主制度迅速走向解体。布鲁西洛夫的成功使罗马尼亚人确信奥匈帝国正在崩塌，8 月，他们以惊人的速度对中欧列强宣战，虽然最终的结果证实，它的参与无足轻重，因为那时德国和奥匈帝国尚拥有足够的兵力摧毁罗马尼亚并控制其宝贵的资源——小麦和石油。这样，罗马尼亚加入战争的唯一结果，就是更加延长了本来已使俄国精疲力竭的战线。

1916 年 11 月，86 岁的奥地利皇帝兼匈牙利国王弗朗茨·约瑟夫一世因战争失败郁郁而终。他是这个古老政权的最后一个代表者，在这次世界大战中，他那长达 67 年的统治宣告结束，在此期间他经历了跨两个世纪的历史大舞台上的风云变幻，幸运的是他没有看到悲剧的高潮——他所统治的帝国的崩溃。布鲁西洛夫攻势大大减轻了法军在凡尔登受到的压力，挽救了意大利，同时宣告了德奥这两大君主制帝国覆灭的开始。在号称不可能被攻破的德奥阵地上，布鲁西洛夫因创造了"以一点为主，多点同时突破"的新战法而闻名于世，成为第一次世界大战中俄国唯一的"名将"，布鲁西洛夫攻势也以其辉煌的战绩，永垂史册。

二、严寒中的攻势——埃尔祖鲁姆战役

俄罗斯帝国与奥斯曼土耳其帝国可谓世仇，俄国对奥斯曼帝国的重要地理位置一直是虎视眈眈，一心想要抢战奥斯曼帝国的首都君士坦丁堡，好打通它从黑海进入地中海的通道，只是碍于欧洲各列强的阻挠而无法得逞。从 17 世纪起到"一战"结束，俄国与奥斯曼土耳其之间为争夺高加索、巴尔干、克里米亚、黑海等进行的一系列战争，陆陆续续前后共长达 240 年，平均不到 20 年就有一次较大规模的战争，而其中重要的就有 11 次。俄国 4 败 7 胜，虽然所夺取的领土并不大，只有摩尔多瓦和高加索两个山地基督教小国，但是沉重打击了奥斯曼土耳其的权威，动摇了它的统治。1916 年的埃尔祖鲁姆之战只能算是 11 次俄土战争中的一次。

在 1914 年的战争进程中形成了一些新的战场，德国战舰"戈本"号的加入，使土耳其站到了同盟国一方中，从而出现了近东战区。这个战区包括了高加索、达达尼尔、叙利亚、巴勒斯坦、苏伊士、阿拉伯和美索不达米亚等战场。在高加索战场上，俄国的高加索集团军曾在 1915 年的萨雷卡梅什战役中击败了土耳其的军队。在 1916 年，又对土耳其控制下的埃尔祖鲁姆

发起了进攻。埃尔祖鲁姆位于土耳其安纳托利亚高原的东部，是土耳其最大省份埃尔祖鲁姆省的省会，它是土耳其东部山区最大的城市与军事要塞，位于肥沃平坦地区，靠近卡拉苏河与阿拉斯河的分水岭，海拔约2000米，控制着卡拉苏－阿拉斯谷地通道，自古以来便是兵家必争之地。同时埃尔祖鲁姆又是土耳其最冷的地方，被称为土耳其的"寒极"。

1916年初，达达尼尔海峡战役刚刚结束，俄军高加索集团军乘土耳其的军队未及脱身，决定先发制人，在土耳其援军到达前向埃尔祖鲁姆发动进攻，企图以向心突击歼灭土军第三集团军。俄国高加索集团军为歼灭土耳其第三集团军并攻占其补给基地和重要交通枢纽埃尔祖鲁姆要塞，实施了一场突然的进攻战役。土耳其第三集团军则依托埃尔祖鲁姆要塞，在亚美尼亚高原难以通行的帕兰德肯、萨布里、卡尔加帕扎勒等山脉组织防御，企图在得到援军加强后转入进攻并粉碎俄国的高加索集团军。

1月10日，俄军首先发起进攻，因为在攻击前俄军采取了精心的伪装而达成了战役的突然性。俄军真正有能力的将领之一尤登里奇率军从卡尔斯出发，在宽广的战线上向埃尔祖鲁姆进军。尽管进攻是在寒风凛冽和遍地积雪的零下30多摄氏度严寒条件下进行的，但是俄军突击群的部分兵力仍然在1月14日前突破了土耳其军队的防御，前插到克普里考伊东北的土耳其军队的后方。1月18日，在克普里考伊，阿卜杜拉克里姆指挥的土军第三军团遭到俄军的突袭。刚刚得以逃脱包围的克里姆仓皇退到了埃尔祖鲁姆，损失了约2.5万人，其中很大一部分是由于在零摄氏度以下的山区中冻伤的。随后，俄军调集了16门重型攻坚炮和180门野战炮，在2月11日清晨发起了强攻，仅一天便攻占了埃尔祖鲁姆要塞北面的两座堡垒，要塞在16日被攻克，2月中旬，尤登里奇猛攻埃尔祖鲁姆，在三天战斗中，突破其堡垒线。土军被俘8000余人，俄军缴获火炮315门，到25日，土耳其军队西撤100多公里。与此同时，在海军舰只的支援下，俄军沿黑海海岸发动了辅助攻势。4月18日，占领了特拉布松，此举使俄军的后勤供应大为便利。

俄军突击群的胜利使土耳其第三集团军在克普里考伊、哈桑卡莱地区面临着被合围的威胁，迫使土耳其军队指挥部不得不下令撤退，俄军乘胜追击退却中的土耳其军队，一气进抵埃尔祖鲁姆工事的外廊代韦博因山。俄军攻占了埃尔祖鲁姆、特拉布宗、埃尔津詹等城市。土耳其第二、第三集团军均受重创。巴拉托夫的远征军1月开始进攻，5月在巴格达方向前突到土耳其－伊朗边境。这次战役，俄军以损失1.7万人的代价歼灭土耳其军队6万多人，沙俄军队在尼古拉大公的率领下占领了埃尔祖鲁姆，打通了进入安纳托利亚高原的道路。

6月，恩维尔帕夏计划实施两路反攻，维希普帕夏率第三军团沿黑海沿岸地区进攻，艾哈迈德伊兹姆帕夏率领新组建的第二军团向比特利斯推进并迂回到尤登里奇的左翼。尤登里奇于7月2日以其特有的快速性和判断力开始机动，在埃尔津詹分割了土军第三军团，并在7月底将其彻底击溃，土军损失3.5万多人。随后尤登里奇转身攻击土军第二军团。但是加利波利的英雄凯末尔为土耳其取得了胜利，8月15日，他攻取了木什和比特利斯。但在8月末，尤登里奇重新占领木什和比特利斯，随后，双方均早早地进入冬季营地。直到1918年，随着布列斯特－立托夫斯克和约的签订，俄国军队才撤出了埃尔祖鲁姆，而土耳其将军凯末尔也以埃尔祖鲁姆为基地，率部驱逐列强，建立了土耳其共和国。

三、"背信弃义的意大利"——卡波雷托战役

1915年5月23日，观战近一年的意大利终于参战了，但它不是站在昔日的盟国一边，而是对奥匈帝国宣战。作为大战的参加者，意大利在地中海狭窄的蜂腰部处于有利的海上地理位置，陆上战场则不怎么有利，它的军队数量多，士兵具有农民的刚毅和攀登阿尔卑斯山的技能，还有一位饱经风霜的65岁的军队总参谋长——路易吉·卡多尔纳。此人具有战略头脑，但缺乏战术知识，正是他把意大利军队推向了毁灭。

当大战爆发时，欧洲主要的强国中只有意大利在这场冲突中置身事外。

在第一次世界大战前，意大利是"三国同盟"的签字国，"三国同盟"是一个包括德国和奥匈帝国在内的共同防御公约，尽管德国人对意大利不存什么指望，但在战争爆发之前却征询了这个盟国的态度，因为奥匈帝国要对塞尔维亚进行战争，虽然意大利与德国之间有正式的盟约，但意大利的野心集中在上亚得里亚海以及巴尔干半岛沿岸，这使得意大利与奥匈帝国之间的利益日渐冲突。意大利在与德国的盟约关系中所得到的利益，根本比不上奥匈帝国战败可能带来的潜在利益，故在开战之初，意大利选择了中立。准确地说，它选择了待价而沽，以获取最大利益。但当英国人开始达达尼尔海峡战役之后，意大利人开始着急了，从正常情况来看，英国人应该很快会拿下土耳其，然后在东方开辟新的战线，那样的话，意大利就没有更多可以利用的价值了。

1914 年，奥匈帝国在东线的挫败，使德国不得不去支援其盟国，以对付即将冲过喀尔巴阡山山口并扫荡匈牙利平原的俄国人。奥匈帝国对塞尔维亚的另一次轻率的进攻也同样是损失惨重。由于奥匈帝国屡战屡败，意大利显然不大想再保持中立了，而德国最高统帅部担心，意大利成了协约国一方的交战国，会改变形势，使奥匈帝国遭受摧毁。这个时候，英国人抛出了橄榄枝，许诺只要意大利参战，它对奥匈帝国的领土要求一概可以满足，意大利权衡利弊，转而投入了英、法、俄的协约国阵营，并于 1915 年向德、奥宣战，出兵近 90 万人、1700 门火炮，进攻奥匈帝国。但是，意军在伊松佐河所实施的多次进攻均未成功，这让德奥将其视为"叛徒"而恨之入骨。此后，奥军统帅康拉德将军只能称这个敌人为"背信弃义的意大利"。

意大利参战后，近 70 万的部队已经逼向新防线上的奥军，那些防线是他们被迫沿伊松佐河及蒂洛尔建立起来的。到 9 月，意大利军队实际进入战线的接近 100 万之众。康拉德最希望的就是打击背信弃义的盟友、他深恶痛绝的敌人，因为这个敌人在进行了最卑劣的讹诈之后，在苦苦挣扎的邻居背后捅了一刀。意大利的叛变增强了协约国的信心，法军总司令霞飞认为1916 年的作战计划应该是：由俄国和意大利首先在东线和南线发动攻势，在战略上牵制德奥军队，然后再由英法联军在西线大规模出动，一举歼灭西线的德军，从而彻底改变战局。虽然协约国首脑们一致赞同霞飞的计划，但没有就向德军发动大规模进攻的时间达成一致，于是，发动进攻的时间被推迟到 1916 年 3 月再确定。

尽管康拉德对意大利发出一连串的威胁，但没有力量付诸实施，奥军正在俄国的进攻中挣扎求存，只能抽出 10 万士兵来守卫它与意大利之间的边界。奥匈知道，任何意大利的突袭都将是上坡的战斗，奥匈还知道，等到其他战线上的压力一有减弱，就会有部队解脱出来，他们就能比较容易地长驱直入，穿越北部的意大利平原。意大利人在自以为讨得了最好的价钱之后，于 1915 年 5 月 23 日，正式对奥宣战了。它趁德、奥遭到英、法、俄两线夹击之机，出兵进攻奥匈帝国南部，奥军因主力部队陷于俄国战场，决定在意大利方向实施防御，重点防御伊松佐河地区。战前，奥军控制伊松佐河所有渡口和东岸的巴因西扎高地及卡尔索高地，并在托尔明诺和戈里齐亚筑有坚固的桥头阵地。

对意大利来说，唯一可供使用的陆地战场就是它的北部边境，从瑞士到亚得里亚海之间 600 多公里长的地域，这条战线单就地形而言就足以使人望而生畏。除了自然障碍之外，奥匈军还增添了人为的工事。早在战前，奥匈出于对这位假盟友的不信任，就在边境构筑了野战工事。意大利对奥匈的战争基本上都是围绕伊松佐河、阿尔卑斯山展开的，在遍布沼泽地的伊松佐河平原后面，便是高入云端的阿尔卑斯山，由奥匈帝国训练有素的阿尔卑斯军守卫着。在这条呈曲线的山脉面前，奥匈军居高临下，占尽了优势，有人把它称为"自古以来人类进攻过的最强大的设防地域"。一位战略家总结道，意大利的困境是，"不攻占山脉，伊松佐河是不能渡过的，而不渡过这条河，山脉是不能攻占的"。意大利在动员日集结了 36 个师，其兵力远远超过了部署在边境线的奥匈军队。但是东线戈尔利采－塔尔努夫突破战役德奥早已大获全胜，因此当意大利军队在 6 月 23 日投入第一次伊松佐河战役时，奥匈已有 20 个师集结在意大利战线上或其附近，均由欧根大公指挥。意大利进行的是一场艰难的战争，面对五大国中最弱的奥军，意军以数倍的优势兵力，在两年多中发动了 11 次战役，伤亡超过 100 万人，却仅取得了微不足道的推进。

1916 年，奥军统帅康拉德出于对意大利的轻蔑和仇视，于 5 月间从特伦蒂诺发动了进攻，他这样做是违背德军参谋总长法金汉的忠告的，也没有德军的支援。奥军在特伦蒂诺一带集结兵力发起进攻，意军缺乏火炮，又未构筑纵深防御阵地，致使奥军主力突破中央防线，占领了阿尔谢罗和阿夏戈两城，打开了进入意大利北部平原的门户，对意军伊松佐河战线后方构成威胁。20 日，意军总参谋长卡多尔纳下令全线撤退。奥军的反攻初期虽取得了一些战绩，但因实施正面进攻伤亡很大，加上补给困难，地形易守难攻，至 6 月初攻势锐减。随着俄军在东线发起的强大攻势以及意军的反攻，6 月底，奥军放弃了一大片所占的土地，撤退到他们精心准备好的防御阵地。此役奥军没能达到既定的战略目标，反而消耗了大量的人力和物力，削弱了东线对俄军的防御力量，导致了布鲁西洛夫攻势的灾难发生，实在是得不偿失。

1917 年俄国爆发革命，使德奥联军从两线作战中稍微缓和过来，经伊松佐河战役第 11 次交战，奥军也伤亡惨重，无力单独对意军展开进攻，只好被迫向德军求援，德军 7 个师火速驰援，德奥联军遂决定给意大利沉重一击，主攻部队由德奥联军 15 个师组成，另有两个奥匈集团军配合作战。意大利军有 50 多个师，但士气低落，战术也很笨拙，对于至关重要的卡波雷托地区，意军竟然没有重兵把守。德奥联军由德国将军贝洛指挥，贝洛计划在托尔明诺、普莱佐一线实施突击，由奥第十、第五集团军分别在右翼和左翼配合行动。1917 年 10 月 24 日凌晨，德奥联军炮兵对意第二集团军阵地发射毒气弹和高爆炮弹，摧毁了意军的掩体、指挥所、交通线和炮兵阵地。隐蔽集结在菲拉赫的贝洛指挥的德第十四集团军经 6 小时炮火准备后，以数个突击群对普莱佐、托尔米诺之间地段的意第二集团军发起冲击。虽然山地地形和兵力上的优势有利于意第二集团军进行防御，但其第一梯队只有 4 个师，因而对敌人的抵抗很不得力，防御正面很快被突破。德第十四集团军在卡波雷托渡过伊松佐河，向乌迪内发起进攻。

德奥联军绕过意军坚固的据点，向纵深穿插，于托尔明诺方向攻占卡波雷托，并在普莱佐方向推进了数公里。意大利第二集团军兵力分散，难以阻挡德奥联军的冲击，意军参谋总长卡多尔纳于 10 月 26 日下令全线撤退。意军第三、第四集团军也在左右两翼受到奥军的攻击，被迫一起撤至伊松佐河以西，准备固守塔里亚门托河防线。意军试图在塔里亚门托河畔组织防御，不但毫无成效，反使意第二和第三集团军彻底溃败，11 月初，德奥联军渡过塔里亚门托河，迫使意军残部撤向皮亚韦河。整个战局似乎表明，意大利将不得不乞求和平。意军的失败和溃退引起英法联合指挥部的恐慌，遂向意大利派遣了 11 个师的援军，由于德奥军的战线过于拉长，进攻才慢慢地停了下来。此时德国已无力继续在战场上保持进攻态势，而奥匈单方面又不具备在战争中彻底打垮意大利的实力。由于来自英法联军的大力援助，意军终于遏制住了奥德联军在皮亚韦河畔的进攻，于 11 月底稳定了战线，在大战的最后几个月，这些联合兵力很轻松地打败了沮丧的奥军。

此战意军损失 32 万人、2500 门火炮，从伊松佐河西撤 100 公里，德奥联军以损失 2 万人的代价夺回意军在伊松佐河战役前 11 次交战中占领的大片土地。卡波雷托战役使意大利几乎屈膝投降，如果德奥联军有足够的铁路和汽车运送兵力，如果兵败如山倒的意大利没有获得 11 个协约国师的支援，卡波雷托之战很可能具有决定性的意义。但不管如何，意大利还是撑过了这沉重的一击，而德奥军的胜利并未改变自己的战略被动，俄国虽然退出战争，但美国却加了进来，一年后德奥投降，意大利遂以"战胜国"的身份捞取到了好处，从奥匈帝国那里吞并了不少领土。看来意大利在"一战"中的决策还是对的，尽管被人们所鄙视。

四、"拿着空头支票参战"——罗马尼亚战役

人的虚荣心和政府的贪婪，是人们熟知的罗马尼亚中途参战的原因。罗马尼亚像意大利一样，于 1914 年背叛了与奥匈的条约。它在谨慎和贪心之

间摇摆了两年，直到 1916 年 8 月 27 日，在布鲁西洛夫攻势胜利的激励下，在盟国许诺分给领土的引诱下，终于对奥匈帝国宣战了。开战前一年，罗马尼亚民意开始倾向协约国，1916 年夏天，布鲁西洛夫攻势更是大大鼓舞了罗马尼亚人，他们确信奥匈帝国只剩下最后一口气了，于是决定从奥匈帝国手中夺回属于他们的领土，罗马尼亚最终以特兰西瓦尼亚问题为借口，参加了战争，立即侵入垂涎已久的特兰西瓦尼亚。但是罗马尼亚显然并没做好战争的准备，只是指望着协约国的每日 300 吨补给的空头支票。

罗马尼亚的粮食和石油是令人馋涎欲滴的经济战利品，但是它的地理位置是很容易受到攻击的，它实际上处于同盟国的包围之中，罗马尼亚的首都离危险的国境线只有不到 50 公里。它的 50 万陆军是否有用尚属疑问，因为领导这支军队的是一批对战争一窍不通的将军。1916 年 8 月，罗马尼亚向奥匈宣战，它动员了 23 个师，总计超过 50 万人。然而罗马尼亚军队的大炮力量弱，弹药供给严重不足，且主要军火库又在参战前数日神秘地发生爆炸。但罗马尼亚的政治家们异想天开地寄希望于保加利亚不会向它宣战，当这个希望在 9 月 1 日破灭时，罗马尼亚仍然相信英法的介入将把保加利亚兵力牵制在萨洛尼卡前线。

罗马尼亚一参战就向西、向北发动进攻，目标是夺取喀尔巴阡山和阿尔卑斯山隘口以外的特兰西瓦尼亚，罗马尼亚 4 个集团军中的 3 个，在 300 多公里宽的正面上，穿越相距遥远的山隘，沿着艰险的道路进军。到 9 月中旬，奥匈军的顽强抵抗、罗马尼亚军的谨慎与无能，加之补给的困难，使这场攻势在前进了 80 公里之后便停了下来。关于作战的线路，英国参谋本部指望罗马尼亚向南打保加利亚，而俄国却希望罗马尼亚挥师攻打匈牙利，罗马尼亚军队采纳了第二种想法，他们认为保加利亚的地势过于险峻，不适合发动进攻。罗马尼亚在发起攻势时，俄国答应派出 3 个师来支援，但是实际上俄国按照之前的协定至少应当派出 15 个师的兵力。

罗马尼亚从宣战之时起，其岌岌可危的地位日益明显。起初，在特兰西瓦尼亚仅有 5 个疲惫的奥匈师，但 9 月上半月 4 个德国师已经接近，且自 9

月 6 日起法金汉亲自担任这些部队的指挥。3 个保加利亚师和 1 个骑兵师，以及调自萨洛尼卡前线的 1 个德国师之一部分混编的多瑙河集团军集结在令人敬畏的马肯森麾下，屯兵多瑙河对岸直指多布罗加。罗马尼亚的三路部队穿过喀尔巴阡山隘口，企图先进入特兰西瓦尼亚，然后占据匈牙利平原。罗马尼亚在开始取得一定的进展，但随后同盟国军队在马肯森的领导下，保加利亚和德奥联军发起了大反攻，而且马肯森军团拥有充裕的武器装备，有些武器罗马尼亚军队闻所未闻，包括重炮、掷雷筒、毒气。

尽管罗马尼亚军队拥有数量上的巨大优势，但只要研究一下作战地图就不能不令人焦虑不安。当时的英法军队不能投入战斗，只有靠俄国的援助，而俄国以前一直视罗马尼亚为潜在的敌人，因此，俄国的铁路系统不通到罗马尼亚边界，也就是说俄国不可能很快援助它的新盟友，这就意味着，罗马尼亚将孤军奋战而得不到支援。激战数天之后，三个包围后方的罗马尼亚部队被击溃，而康斯坦察此时直接暴露在保加利亚的攻势下，因此在特兰西瓦尼亚方向上的攻势被迫停止。罗马尼亚军队此时开始退入山地防御，散落在几个山上的罗马尼亚军队已经几乎失去了彼此之间的联系，德军阿尔卑斯军在三日内高速行军 80 公里，直接击溃了锡比乌的罗马尼亚军队，逼迫罗马尼亚军队开始后撤。

正当英法新闻界还在为接纳一个新盟友而欢呼之时，令人吃惊的消息已经来到：9 月 1 日，马肯森指挥的德军已攻入多布罗加。9 月 6 日，他率领保加利亚军队和德国榴弹炮队摧毁了图尔卡伊的多瑙河要塞，俘虏 2.5 万名罗马尼亚士兵，并缴获 100 门大炮。10 月中旬攻克康斯坦察，横渡多瑙河，离布加勒斯特只有 65 公里，对罗马尼亚的都城形成了巨大威胁，罗马尼亚已是危在旦夕。

12 月 1 日，罗马尼亚放弃首都，12 月 6 日，德军进驻布加勒斯特。顽强自卫的罗马尼亚军向东朝着现在终于来到的大批俄军方向撤退，德军紧追不舍，在同俄军进行了一系列激战之后，将其驱逐到从塞列特到黑海的防线上，罗马尼亚基本全境沦陷，四个月前满怀信心参战的大军不复存在了，罗马尼亚会战结束。

第十一章
东征西讨
——英国的两线作战

一、获得诺贝尔化学奖的战犯——弗里茨·哈伯

弗里茨·哈伯，在化学发展史上，他是一位杰出的化学家，虽早已长眠地下，却给世人留下了关于他的功过是非的激烈争论。他就是20世纪初闻名世界的德国物理化学家、人工合成氨的发明者。赞扬哈伯的人说，他是天使，为人类带来丰收和喜悦，是用空气制造面包的圣人；诅咒他的人说，他是魔鬼，给人类带来灾难、痛苦和死亡。两种结论，针锋相对，却又同指一人。

1919年，瑞典科学院考虑到哈伯发明的合成氨已经在全球的经济发展中显示出巨大的作用，经过慎重研究，正式决定颁发给哈伯1918年度唯一的诺贝尔化学奖。消息传出，立即在全世界引起一场轩然大波。这个消息尤其令英法两国的科学家感到激愤，因为在他们眼里，哈伯是个战争魔鬼。但瑞典皇家科学院更看重科学本身，他们认为哈伯获奖当之无愧，理由是他在9年前发明的工业化合成氨法，使人类从此摆脱了依靠天然氮肥的被动局面，这使哈伯成为一个可能解救世界粮食危机的科学天使。

弗里茨·哈伯，德国化学家，出生在德国西里西亚布雷斯劳的一个犹太人家庭，从小就对化学工业有浓厚的兴趣。高中毕业后，哈伯先后到柏林、海德堡、苏黎世上大学。上学期间，他还在几个工厂中实习，得到了许多实践的经验。他喜爱德国"农业化学之父"李比希的伟大职业——化工业。读大学期间，哈伯在柏林大学霍夫曼教授的指导下，写了一篇关于有机化学的

论文，并因此获得博士学位，当时他年仅 23 岁。1894 年起，哈伯在卡尔斯鲁厄工业大学任教。

19 世纪末，一些有远见的化学家指出：考虑到将来的粮食问题，为了使子孙后代免于饥饿，我们必须寄希望于科学家能实现大气固氮。因此将空气中丰富的氮固定下来并转化为可被利用的形式，在 20 世纪初成为一项受到众多科学家注目和关切的重大课题，哈伯就是从事合成氨的工艺条件试验和理论研究的化学家之一。在合成氨发明之前，农作物所需的氨肥主要来自粪便、花生饼、豆饼等，这限制了农业生产的发展。为此，许多科学家进行了不懈的探索和研究，150 年过去了，仍然没能实现氨的合成。1906 年，哈伯获得了浓度为 8% 的氨，这无疑是一个具有历史意义的突破。1909 年，哈伯改进生产流程的专利权被德国巴登苯胺纯碱公司买到，该公司于 1911 年正式建造了世界上第一座合成氨工厂，很快达到日产 30 万吨的设计水平。日产 30 万吨的合成氨工厂建成并投产，从此合成氨成为化学工业中发展较快、十分活跃的一个部分。合成氨生产方法的创立不仅开辟了获取固定氮的途径，更重要的是这一生产工艺的实现对整个化学工业的发展产生了重大的影响。鉴于合成氨工业生产的实现和它的研究对化学理论发展的推动，决定把诺贝尔化学奖授予哈伯是正确的，哈伯接受此奖也是当之无愧的。

1914 年，第一次世界大战全面爆发，欧洲的科学家都不同程度地卷入了战争，哈伯也很快变成了一个狂热的民族主义者。民族沙文主义激起的盲目爱国热情，冲昏了威廉物理化学及电化学研究所所长哈伯的头脑，他把自己的实验室变成了为战争服务的军事机构，并担任德国毒气战的科学负责人。这个 46 岁的科学家，不仅专门为部队派遣科研人员，还亲临前线选定氯气部队的驻扎地点。1915 年，在哈伯的建议下，德军首次在战场上使用氯气，并有效地打击了敌人。1915 年 4 月，哈伯指挥德军在伊普雷前线施放氯气，造成联军两万余人的伤亡，首次大规模化学战取得了成功。在第一次世界大战中，将近有 130 万人受到化学毒气的伤害，其中 9 万多人死亡，哈伯及其进行的化学战受到了世界爱好和平的科学家和各国人民的强烈谴责，当然，谴责归谴责，英军随后也开始大放毒气。毒气战最终并没有给德国人带来胜利，却让哈伯陷入了众叛亲离的境地。哈伯的妻子克拉克也是化学博士，很清楚毒气的危害，当她恳求丈夫放弃这种惨无人道的武器时，丈夫没听她的劝告，还声称毒气是"尽快结束战争的人道武器"。哈伯认为，作为战争工具的毒气，并不比"天上飞的弹体"更残忍。在第一次世界大战中，德国受到英国的严密封锁，物质奇缺，是哈伯利用合成氨技术生产了化肥，从而解决了德国的饥荒问题；他利用氨的氧化生产了军事上不可缺少的硝铵炸药，解决了德军的军火问题。正如战后有些军事家指出的那样，如果德国没有哈伯，战争恐怕早就结束了，因为哈伯给德国提供了粮食，提供了军火。

1919 年第一次世界大战以德国失败而告终，在战后的一段时间里，哈伯曾设计了一种从海水中提取黄金的方案，希望能借此来支付协约国所要求的巨额战争赔款。遗憾的是海水中的含金量远比当时人们想象的要少得多，他的努力只能付诸东流。此后，通过对战争的反省，他把全部精力都投入到科学研究中。在他卓有成效的领导下，威廉物理化学研究所成为世界上化学研究的学术中心之一。1920 年，哈伯的名字被从战犯名单里剔除，瑞典皇家科学院为他举行了迟到的授奖仪式。哈伯也对自己曾经的行为进行了深刻反思，并将全部奖金捐献给了慈善组织，以表达自己内心的愧疚。在他的领导下，威廉物理化学及电化学研究所成了一个独立自主的研究机构，甚至一度成为世界著名的化学研究中心。哈伯曾经做过的那些不光彩的往事，也渐渐开始被国际同行们谅解，不过，哈伯此时却遭到来自国内的打击。1933 年，希特勒篡夺了德国的政权，建立了法西斯统治后，开始推行以消灭"犹太科学"为己任的所谓"雅利安科学"的闹剧。尽管哈伯是著名的科学家，但是因为他是犹太人，和其他犹太人同样遭到残酷的迫害。法西斯当局命令在科学和教育部门解雇一切犹太人。弗里茨·哈伯被改名为犹太人哈伯，他所领导的威廉研究所也被改组。这令哈伯忍无可忍，1933 年 4 月 30 日，他发表了一份反对种族政策的声明，但这份声明丝毫没有改变他的处境，在纳粹政权的迫害下，这个深爱着祖国的人，不得不流亡国外，不久因心脏病突发死在流亡的路上。他留在身后的则是两张并现的脸庞：一张是奠定现代氮肥工业基础的科学天使，一张是开毒气战先河的战争魔鬼。其实对哈伯的战争指责是站不住脚的，人类的哪项发明没有用于战争？它们所造成的伤亡又有哪个比这位化学家造成的伤亡小？如果说使用了毒气就是魔鬼，那么英法就没使用吗？他们所用的毒气就不是他们的科学家研制的吗？当然，在有了《日内瓦公约》以后，再使用毒气那就是另一回事了。

二、化学武器登场——毒气弥漫的伊普雷

伊普雷，是比利时东部的一个小城市，使这个小城市名扬欧洲的是第一次世界大战，在"一战"中，这个小镇共发生了三次著名的大战，交战双方此伤亡人数达 50 万之众，特别是毒气的首次投入战场，更是使这个地方从此载入史册。

1914 年 10 月中旬"奔向大海"战役结束，德军占领安特卫普后，英法军队退守伊普雷一线，德第四集团军乘胜追击，德军计划攻占英军据守的伊普雷突出部，为占领沿海港口开辟通路。10 月底，德第四集团军在韦尔菲克至德勒蒙地带展开，向伊普雷东南的英军阵地发起猛攻，突破英军第一道防线，英军伤亡惨重，固守待援。随即在法军的支援下，英军重新建立了防御阵地，双方就此展开了拉锯战，德军连续三个星期集中一切力量对英军的防线进行狂轰乱炸，由于求胜心切，德军一度派出未经严格训练的年轻志愿者投入战斗。这些缺乏经验的志愿军在机枪和自动步枪交织的火线中成片倒下，死伤惨重。后来德国人把第一次伊普雷战役称为对无辜者的大屠杀。到年底，双方各自损失十余万人，从此，西线从瑞士边境至加来海峡形成一条绵亘的战线，进入了阵地战阶段。

1915 年 4 月的一天清晨，微风习习，不胜凉爽，只见在德军的战线上升起了一道一人多高的黄绿色的烟墙，这道烟墙随着风向，缓缓地飘向英法联军阵地。烟中带着一股刺鼻的怪味，英法士兵们被呛得喘不过气来，眼睛

痛得睁不开，喉咙像被火烫了似的，英法守军顿时一阵大乱，阵线迅速崩溃，跟在烟云后面的德军戴着简易防毒面具冲了过来，未遭任何抵抗，一举突破了英法联军防线。原来，德军此次战役目的是试验一种秘密武器——氯气，并掩护部队向东线调动，这是人类战争史上第一次出现的毒气战（当然，在这之前的东线战场德军曾对俄军使用过一次，只是那次由于气候的原因没产生什么效果，因而并未引起俄军的注意）。这一次，德第四集团军向伊普雷突出部的英第五军、法第二十军阵地连续施放了6000罐共18万千克的氯气，造成了英法联军1.5万人中毒，其中5000人死亡，导致英法军防守的战线正面10公里、纵深7公里的地带无人防守，德第二十六军冲向缺口，迅速占领朗厄马克和皮尔克姆，并向伊普雷－科米讷运河推进。然而，德军并没有准备利用这一突破，而且因为在东线的集结，德军也没有可使用的预备兵力。英军第二军团就地实施反攻，经激烈而艰苦的战斗终于阻止了德军的进攻。这次战役中，德军伤亡约3.5万人，而协约国方面为7万人。4月25日清晨，德军再次施放毒气，绿色的毒雾贴着地面飘向协约国阵地，加拿大士兵经历了英法士兵同样的遭遇。

这次"毒袭"的发明者是德国化学家弗里茨·哈伯，氯气的比重大过空气，它能与人体中的水反应生成盐酸，因此造成对人体的伤害。大量的氯气可以使人致死，但是它很容易通过眼睛和鼻子察觉到，不过暴露在氯气中的士兵，即使大难不死，肺部也要受到永久性的损伤。德军的毒气袭击激怒了英国，5月26日，英军指挥部也下达了毒气袭击的命令，英军士兵打开了毒气钢瓶，氯气施放了出来，德军对化学战没有准备，不少德军士兵中毒倒下，幸存者也丧失了战斗力，成为英军俘虏，从此化学战成为"一战"中的一种战争样式。英国人反应这么迅速，可见对此种武器也是早有准备的，只不过让德国人把首先使用毒气的恶名背上，弗里茨·哈伯也因此被科学界的许多人称为"恶魔"，尽管他对人类也作出了巨大的贡献——从空气中合成了氮，等于是把空气变成了面包。

1917年3月，俄国"二月革命"爆发后，英法联军担心德国乘机向西线调兵，决定在伊普雷地区先发制人，经过长时间准备之后发起了第三次伊普雷战役。战役于7月底开始，英军集中3300百多门火炮做猛烈炮火轰击准备，并大量施放毒气。德第四集团军组织"弹性防御"，把主力部署在纵深相机反击，迫使联军每前进一步都需要付出重大代价，德军的新战术和恶劣气候再次迟滞了联军的进攻，双方再次恢复成相持状态。绵绵不断的秋雨也开始了，倾盆大雨持续了两个星期，佛兰德斯平原本是一片沼泽地，加上多年炮弹的猛烈轰炸，此时遇上大雨，已是变成了一大片可怕的烂泥坑，泥淖深得足以淹死人，疲倦的士兵们在隔泥板铺成的狭窄小道上蹒跚而行，一头扎进炮弹坑的伤员就有被淹死的危险，从小道上滑倒的骡马往往淹死在路边的炮弹坑里。面对着这片泥淖，英法联军不得不停止进攻的脚步，德军就利用这一间歇来加强了自己的防御。8月16日，协约国的进攻重新开始，兰格马克被攻占。由于道路泥泞不堪，黑格不得不再次中断攻势，尽管如此，他仍希望能进一步巩固胜利果实。英军工兵利用夜色掩护，用厚木板和原木在"泥海"上筑路，但到了白天便被德军发现并遭炮轰，这些道路不得不筑了一次又一次。

从1914年到1917年，双方在伊普雷进行了三次大的战役，双方都大量使用毒气，总共死伤50多万人。最初释放毒气的方法是在风向合适的时候将装着毒气的气罐打开，很显然，如果风向判断错误，这种方法就没有用了，再加上气罐一般都位于战壕前方，敌军的炮击很可能击碎它们，所以在实战中使用起来很不方便。在后来的战斗中，毒气改由火炮或迫击炮来释放，在那时的炮弹中，大部分都安装了毒气。1917年，德军使用了具有糜烂作用的芥子气炮弹，伊普雷的上空，再一次飘起了可怕的毒雾，这是一种能引起人体生脓疮的烈性化学武器，它同泥水混合后可在施放后很长时间内保持持久的杀伤力。据统计，在第一次世界大战中，交战国都使用了化学武器，其种类达45种之多，毒剂量达13万吨。毒气攻击的显赫战果引起了交战各国的极大重视，从此，一些国家竞相研制化学武器，并开始了化学武器与防化器材之间的角逐。由于交战双方使用毒剂酣战不休，使得德国未能有效地将西线军队调往东线对付俄国。双方在伊普雷共用了毒剂 12 万吨，中毒总人数达 130 多万人，死亡 9 万人。德国的美梦破灭了，法英等国也大伤元气。

三、"装甲战之父"——富勒

约翰·弗雷德里克·查尔斯·富勒，英国军事理论家。在第一次世界大战中历任坦克部队参谋长、参谋学院主任教官、英军总参谋长助理、野战旅旅长，获少将军衔。他一生著述颇多，涉及的军事领域也十分广泛，先后研究过步兵战术、机械化战争理论、国际政治和国家防务，以及军事历史等。不过他最重要的理论贡献还是在机械化战争论方面，著有《西洋世界军事史》《装甲战》等 30 余种军事著作。

富勒出生在一个牧师家庭，在他 18 岁的时候，他的父亲给他搞到了一个皇家军事学院的入学考试名额。富勒虽然顺利通过了学院的考试，但是并不能取得学院的后备军官学生资格，因为他在身高、体重等方面都未能达到学校的要求。已经 19 岁的富勒当时身高才 1.63 米，体重也只有 51 千克，学院虽然允许富勒参加课程学习，但要求他必须在学业结束前达到相关要求，否则将取消他的候补军官资格。作为世界海军第一强国的英国，对陆军并不很重视，当时的皇家军事学院只是培养军队贵族阶层的休闲场所，其专业只分为步兵和骑兵，战术指导思想都如此落后，更不用提战略了。对这一点，富勒在他的回忆录中深有抱怨。在学院学习期间，富勒先后发表了多篇论文，更重要的是，他系统阅读了关于拿破仑战争的大量著作，产生了深刻印象。他的母亲劝他多与同学交往，他回答道："读书才是最好的社会活动，否则人与哇哇乱叫的猿猴和火鸡也就没有差别了。"富勒开始以系统深刻的哲学思想为骨架，以从拿破仑那里演绎来的理论为砖石，构建自己的军事思想的大厦。

富勒与英国后来的首相丘吉尔的共同点是都热衷历史、军事，都善于执笔，都长期为报纸做专栏记者，不同者在于，富勒虽然有着与拿破仑同样矮小的身材和高超的军事天才，但却仕途不走运，而丘吉尔当时虽然在军事上毫无建树，仕途却一帆风顺，最后还成了挽大英帝国于既倒的英雄。1914年，富勒参加了"一战"，1916年2月，他发表了《从1914～1915的战役看作战原则》，对英军陈旧的《野战条令》进行猛烈抨击，并提出了自己的纵深突破理论以及八条作战原则。这篇文章意味着富勒已经不再局限于眼前的事务，开始对整个战争规律和未来陆军发展方向的探索。1916年7月，他被任命为第三集团军副参谋长，随着战争进程的发展，他的突破思想开始深入人心。现在的问题就是找到一种可以胜任这种重大军事变革的武器。8月20日，富勒看到了英军的新式武器坦克，他兴奋地叫喊起来："坦克——就是它！"从此，他和这个铁皮怪物结下了不解之缘。

在第一次世界大战中，内燃机的出现，导致飞机的发明和摩托化车辆的使用，它引起战略战术的改变，在汽车的基础上逐步发展了装甲车，进而又发展了履带装甲车和坦克。富勒敏锐地看到，装甲车的投入使用，使各国军队在战略战术、组织编制、军队指挥等方面，面临着陆战史上规模最大的一次革命，必将引起战争形式的全面改变，坦克的出现正是一种可以胜任这种重大军事变革的武器。通过对索姆河战役的观察和总结，他全面分析了坦克在战争中使用的利弊，研究坦克运用的方法。他一再在文章中指出，坦克的使用必须贯彻集中的原则，要大量地集中使用在重要地区和主要方向上。同年，他担任了新组建的坦克部队副参谋长。1917年2月，他撰写和颁布了《第十六号训练要则》，形成了比较系统完整的坦克作战理论体系。这时的富勒虽然还认为坦克的主要任务是支援步兵战斗，但是他已朦胧地意识到，坦克完全可以独立执行突击敌人纵深的任务。富勒提出，为了适应机械化战争的需要，英国应组建一支小型的机械化部队，这支军队必须具有快速机动能力，应像救火机那样在火灾未发生前就能迅速予以扑灭。富勒设想，新型的机械化部队应由两种坦克部队组成：一种是装备机动战斗车辆的具有进攻能力的坦克部队，另一种是装备车载的反坦克武器的具有防御能力的反坦克部队。

在"一战"中富勒亲历过多次战斗，他参与指挥的康布雷战役是人类军事史上第一次真正意义上的大规模坦克突袭战，也是富勒关于坦克集中突破理论在实际中的应用，此战英军出动了 381 辆坦克，对绵延 10 公里的德军防线发动了大规模突击，连续突破 4 层堑壕障碍，纵深 7 公里，缴获 100 门火炮，俘虏 4000 名德军，英军只损失了 1500 人。此役为富勒奠定了军事权威的地位，也标志着装甲坦克战时代的到来。战役结束后，英国伦敦所有教堂钟声齐鸣以庆祝这场重大胜利，德国陆军司令兴登堡在总结中写道："英国在康布雷战役的进攻第一次揭示了用坦克进行大规模奇袭的可能。"富勒最引人注目之处就是他对装甲战的倡导和装甲突击理论的研究，他是真正意义上的装甲理论的先驱和装甲部队的创始人，由他主要参与制定的《1919年计划》就足以使他立于"装甲战之父"的声名之上。他一生最大的贡献不仅仅在于他创立了一整套的装甲战战略和战术指导思想，更在于他通过对装甲机动运用于战争的理论的阐释引入了一种全新的战略视角。

1918 年，富勒被调到英军总参谋部主管坦克部门的工作，当时他已经40 岁了，却还只扛着一副中校肩章。在总参谋部，中校无疑是低级军官，与富勒资历相同的，有些比他年龄小却已经升为少将，而以当时富勒的经验、能力和资历，已经具备了少将的资格。富勒的代表作《装甲战》一书于1932 年首次出版时，几乎无人问津。但随着战争的发展，尤其是经历战争实践的检验后，其理论价值逐渐为人们所了解和认识。在 20 世纪 40 年代前期，《装甲战》被苏联军队当作军官的"日常读物"。在德国，古德里安、隆美尔等著名将领都将之视为战争"圣经"。在英、美等国，不仅把它作为准则使用，而且把它视为一种具有明显实用价值的论述战争的文件。在此书出版十年后，西方军界对其评论道："如果今天要求他根据过去十年所取得的经验全面修改这本'讲义'，那么不会有大量或重大的修改，只需做一些文字修改和增加一些注释，以适应现时的需要。"要知道这个评价做出的时间是 1942 年，是德军以闪电战横扫欧洲大陆两年之后。作为一个军事理论家，在战略思想领域的贡献正是衡量他的标准。因此，富勒能在 20 世纪乃至整个军事思想史上立于显赫的位置，也离不开他在战略思想领域的突出成就，其《装甲战》和《战争指导》，已被公认为不朽的杰作。

英国陆军司令部曾考虑过让富勒出任旅长，这是一个可以提升为少将的职务，但当时总参谋部出于富勒在坦克战方面的理论建树和丰富实践经验的考虑，也准备让他出任总参谋部主管坦克的参谋。一个参谋想要提升到少将几乎是不可能的，但富勒斟酌再三，还是选择了后者。因为他很清楚，研究装甲战理论，从事军事历史的钻研，才是他一生要为之奋斗的事业。在《一九一九计划》中，富勒首次描述了坦克和飞机协同作战的构想，强调了飞机在保持制空权的同时协同坦克打击地面目标。这一计划准确地预见了未来战争的特点，系统描述了新的作战形式。富勒认为地面机械化与空中摩托化是密切相关的，事实上，坦克和飞机是相辅相成的，并推断出在未来战场上坦克与飞机的协同将比步兵坦克协同更为重要。这一观点标志着富勒军事思想的形成和机械化战争理论的基本成熟。"一战"后富勒许多著作都可以看作对《一九一九计划》的丰富和完善，"二战"后西方军事专家一致认定《一九一九计划》是"一份战争史上的经典文件"。

在亲身经历第一次世界大战后，富勒对这次大战中守旧的军事思想及传统展开了猛烈的抨击，创造性地提出了以装甲部队纵深突破造成敌人战略瘫痪为核心的一整套现代战争理论，并深刻地影响和作用于第二次世界大战。此外，他以深厚的哲学底蕴，把军事作为艺术和科学的统一体加以深入研究，在军事史和军事理论方面作出了划时代的贡献。由于对机械化部队地位的看法和上级发生冲突，富勒提出了辞职，1933 年 12 月，郁郁不得志的富勒以少将军衔退出现役。在他的《装甲战》出版时，英国几乎无人问津，而德国却将这本书翻译为德文，装甲部队军官人手一册，1936 年，当古德里安指挥第二装甲师在演习场上实践《装甲战》思想的时候，专程把已经退役的富勒奉为上宾，可以想见，当时这位"坦克战之父"的心情一定是交织着幸福和悲哀。

四、第一次装甲集群突击——康布雷坦克战

坦克在索姆河战役的意外成功，启发了历史上第一支坦克部队的参谋长富勒，1917 年 8 月，富勒提出以坦克为集团展开奇袭的坦克战新思路。但是，富勒的理论没有受到英国军方的重视，1917 年 9 月，法比边境面临德军强大的压力，英国第三集团军司令朱利安·宾奉命发动一次进攻，把德军从法比边境引开，富勒的坦克战新思路一提出就遭到了上级的否决，但是宾将军采纳了富勒的建议，决定动用装甲部队，发起一次坦克战。1917 年 11 月，对坦克的优点十分确信的富勒决定把所有坦克集中在一起，利用康布雷的坚实地面发动一场大规模进攻，这场进攻起初设想为大炮进攻，却另有人提议，坦克亮相背后的主要目的就是当作铁丝网清理器来使用，这样炮兵就无须承担这一工作重任。如果要追击敌军，它便成为追击的骑兵。不管事实如何，坦克指挥官肯定热切希望战争能真正证明它们的价值。

由于当时的坦克在泥沼中行进困难，富勒开始寻找能大量部署坦克的干燥战场，他找到了康布雷。康布雷位于法国西北部，南面的土地开阔平坦，地形非常适合坦克机动。而且德军在康布雷的兵力不到两个团。为了达到奇袭的效果，直到康布雷战役开始前两个星期，军队才开始集结。直到攻击开始前两天，士兵还不知道要使用坦克。英军的保密工作让德军对此一无所知。英军首次大规模使用坦克，对德军发动进攻，根据战役意图，英国第三加强集团军，不经炮火准备，在步兵、航空兵和炮兵的协同下，在长达 12 公里的正面上以坦克突击突破德第二集团军的防御，占领康布雷，向瓦朗谢讷发展进攻。为了取得最出人意料的效果，英军没有使用通常的毁灭性掩护炮火。

11 月 20 日上午，坦克出发了，薄雾掩护着它们前进，渐次性掩护炮火落在它们面前。担任防御的几个师在德军中属于战斗力最差的"二流"部队，又无可投入使用的后备队，大多数德国士兵因这些叮当作响的庞然大物的逼近而深感不安，随后纷纷逃离战壕，因此阵地很快丢失，仅在 10 个小时之内，

前线军队便向前推进了 8 公里，德军伤亡近 5000 人，英国坦克及其支援的步兵所夺取的地方，超过他们在三个月的帕森达勒进攻战中的收获。

在康布雷战役中，英军采用了坦克突破堑壕的新战术。坦克以三辆为一个战斗单元，第一辆坦克突破德军的铁丝网工事后，并不急于突破堑壕，而是迅速转向，平行于堑壕机动，以侧面的机枪为后继坦克做掩护；接着，第二辆坦克沿着第一辆坦克开辟的道路进入第一道堑壕和第二道堑壕的中间地带，对两边的敌军进行射击，随后，第三辆坦克也如法炮制，对第三道堑壕里的德军进行攻击。英军坦克和步兵的突然冲击使德军军心瓦解，11 时 30 分，英军占领了德军第一、第二阵地；16 时占领了德军第三阵地。

英军在全线向纵深推进了 10 公里，只有居民点弗莱斯克耶尔没有占领，因为英军坦克在那里遭到了德军密集炮火的阻拦。进攻的头一天，英军实际上已突破德军防御，仅用 378 辆坦克和 4000 名坦克兵抵抗 6 个步兵师，并使得敌军付出约 5000 人伤亡的沉痛代价，同时还俘虏 8000 多人，缴获 100 门火炮和 350 挺机枪，但由于在组织坦克与步兵协同方面有不少缺点，英军未能扩大战果。由于英军后续部队的缺乏，进行防御的各种准备也大为不足。结果不到一周，康布雷附近的英军阵地便遭到德军的凶猛反击，德军第一次采用鲁登道夫及其参谋人员制定的新的进攻方案，很快把英国人赶回到发起进攻前的地方。

富勒的坦克战新思路虽然一提出就遭到了上级的否决，但事实证明富勒是对的，康布雷战役是一次成功的坦克战，坦克战术第一次出现在战场上，步兵与坦克协同的战术也第一次出现在战场上。康布雷战役是坦克战走向成熟的一个标志，坦克作为陆战之王的王者之风开始在康布雷显现。11 月末到 12 月初，德军对敌方近 12 个步兵师、1700 多门火炮和 1000 多架飞机构成的突出部实施反突击，反突击之前，进行短促的炮火准备，结果德军收复大部分失地，俘虏约 9000 人，缴获 716 挺机枪、148 门火炮和 100 辆坦克。英军将 73 辆坦克投入战斗，才得以制止敌人的反突击和推进。

12 月的第一周，暴风雪阻止了所有军事行动。两周来的战斗使英军伤亡了 4.5 万人，德军损失的人员大致相同。有 1.1 万多名德军被俘，英军被俘的约 9000 人。最重要的是，坦克在康布雷的战略部署表明，适当使用充分数量的机动装甲车辆能够转变战斗形势。事实上，坦克在康布雷战役中所发挥的作用受到人们的普遍看好。但协约国军队最高指挥部在 1918 年却没有再继续采用大型坦克进攻，也就是说，真正的坦克时代尚未来临。

英军以最小的伤亡取得令人震惊的胜利，坦克成了战争之神，虽然它在战场上的作用毕竟有限。但英国人完全能够以坦克的火力作为取胜的关键，发动一两场大规模进攻。遗憾的是，英国远征军中的高层指挥人员没有真正认识到这种武器的潜在威力，因而黑格只是小批量地使用坦克，或者通常将它作为攻坚战的接应，完全依附于炮兵和步兵的协同配合。

对德国的溃败，鲁登道夫最初的反应是慌乱，但他不久就充分恢复过来，命令援军急速开往这个防区。后来他说，新武器"是够讨厌的，但不是决定性的"。

兴登堡有一个更为清醒的评价，他写道："英国在康布雷的进攻第一次揭示了用坦克进行大规模奇袭的可能性，它们能够越过我们未遭破坏的堑壕和障碍物，这不能不对我们部队有显著的影响，在康布雷战役中，双方的有生力量和技术装备都受到巨大损失，并且未分胜负。"康布雷战役是大规模使用坦克的第一个范例，对于军事学术的发展有重大影响。步兵与坦克协同动作原则和对坦克防御原则的形成，均与这次战役有着密切的联系，这次战役被后人公认为是协同战术形成的重要实战标志！

五、大漠"公牛"——艾伦比

第一次世界大战过去后，喜欢搞"名将排行榜"的军史学家们开始评选"'一战'中最出色的英国陆军将领"，结果在欧洲主战场与德军拼命的英军司令弗伦奇、黑格等人纷纷落选，而在次要的中东战场与土耳其人干仗的艾伦比却光荣当选。这位绰号"公牛"的将军为啥人气那么高呢？

　　艾伦比 1861 年 4 月 23 日出生于诺丁汉郡的布莱肯霍斯特，是海因曼·凯恩·艾伦比和卡特琳之子。在英国的乡间他度过了舒适而活跃的童年，他们全家先是住在萨福克，后又搬往诺福克。他早年并没有梦想成为一个伟大的将军，而是去考公务员，结果考了两次都没考上。当他心灰意冷的时候，却接到军事学院的录取通知书，他就这样当上了兵。第一次世界大战于 1914 年 8 月爆发后，艾伦比一开始在西线的英国远征军中指挥一个骑兵师。随后不久，该骑兵师扩充为一个骑兵军，仍由艾伦比统辖。11 月，他转任第五军指挥官。由于表现出色，在第一次伊普雷会战后，他于 1915 年 10 月再次晋升为第三集团军的司令官。

　　艾伦比生得魁梧健壮，脾气暴躁，动辄发怒，所以人们送给他一个"公牛"的绰号。但艾伦比是一头聪明的公牛，而是不是那种不动脑子的莽夫。在 1917 年 4 月 9 日到 15 日英军发动的阿拉斯攻势中，艾伦比指挥部队取得了很大的成功。虽然他在 1917 年的阿拉斯战役中表现得不错，但他的上级——英国远征军总司令黑格——并不喜欢他，这倒不是因为艾伦比的"公牛"风格，而是因为黑格是个出了名的"屠夫"将军，打起仗来顽固保守，不顾自身伤亡，艾伦比则属于那种战术灵活、随机应变、特有想象力的人，所以黑格就不喜欢艾伦比，正巧这个时候，英国军队在中东战场老是被土耳其人打败，于是黑格就把中东的重任交给了艾伦比。

　　在巴勒斯坦战场上，陆军上将默里率领的英国埃及远征军两年半来一直在西奈沙漠中与一支土德联军对垒，但战果甚微，英军将士士气低落、怨气满腹。而默里却只待在富丽堂皇的开罗萨伏伊饭店，从来没有去过前线，面对困局一筹莫展。1917 年 6 月，艾伦比来到次要的中东战场，取代默里出任驻埃及的英军司令。艾伦比出征前，首相语重心长地对他说："我希望你能拿下耶路撒冷，作为献给咱们大英帝国的圣诞节礼物。"就这样，艾伦比从西线战场调到了中东战场，正是在中东战场，艾伦比才创造了他一生中最辉煌的业绩，使自己成为"一战"中最了不起的英国陆军名将。

　　1917 年 6 月 28 日，艾伦比步入英国远征军司令部，马上就开始改变那里的一切。他把一大批参谋、几位年纪大的上校、一位师长和他的总参谋长遣送回国，并前往加沙前线看望部队，几天后，艾伦比把司令部从萨伏伊饭店挪到距前线不远的沙漠地带。这样，上任不久，他富有活力的领导就使英军低沉的士气高涨起来。艾伦比在中东战场仔细一看，发现这与欧洲战场真是天壤之别，在欧洲打仗可以躲在堑壕里，而中东大漠压根就没有能躲的地方，不过艾伦比挺高兴，因为广阔的沙漠地带正好可以尽情发挥他擅长的骑兵作战。既然是在沙漠打仗，光有战马还不行，还需要一种更强力的动物，所以艾伦比搞了好多骆驼，组建了一只骆驼特遣队，又把骆驼特遣队与骑兵合体，变成了"沙漠战马骆驼军团"。

1917 年 7 月，艾伦比会见了原来驻开罗的英军情报官劳伦斯，接受了他的建议，把亚喀巴变成一个重要基地，提供装备和黄金，以实现阿拉伯人向叙利亚的北进。艾伦比把劳伦斯提升为少校，并将费萨尔部组成其部队的右翼，从而把劳伦斯和费萨尔直接置于自己的麾下。劳伦斯对汉志地区的铁路展开打了就跑式的袭击，实质上切断了该条铁路，使驻麦地那的土耳其部队朝不保夕。一切准备好后，艾伦比于 1917 年 10 月发动了进攻，他派出一支军队佯攻加沙，自己则率领步兵和"沙漠战马骆驼军团"突袭了土耳其军队在比尔谢巴的防御工事。拿下比尔谢巴可是至关重要，因为这里是水源所在——在沙漠作战，没水就惨了。接着艾伦比乘胜追击，攻占了加沙，圣诞节之前终于拿下了圣城耶路撒冷，这让劳合·乔治首相兴奋不已。

耶路撒冷为英军占领，虽然没有像艾伦比期望的那样包围歼灭敌军，整体来说第三次加沙之战仍然取得了辉煌胜利，在这次战役后，土德联军最高指挥官福尔肯汉以地中海和犹地亚丘陵为依托，在耶路撒冷北边建立了美吉多防线。但福尔肯汉迅即因丢失耶路撒冷而被免职，取代他的是以坚守加利波利而闻名遐迩的桑德斯将军，由于美吉多防线十分坚固，加上部分部队被抽调到法国，艾伦比只能暂时按兵不动。

1918 年，艾伦比在土耳其军队防御战线的西部搞了大量假帐篷假阵地，还扔在此处不少战马，却在东边对土军发动了强攻，土军一败涂地。艾伦比决不允许土军有时间重新集结，他一路穷追猛打，连续攻占大马士革、霍姆斯和阿勒颇，土耳其实在受不了了，被迫停战，退出了第一次世界大战。在这场决战中，艾伦比灭掉 8 万多敌军，而已方仅战死不到 900 人，受伤不到 5000 人。艾伦比因为在美吉多平原的这场胜利，在 1918 年 10 月被封为子爵并晋升为陆军元帅，任驻埃及总督。

在任驻埃及总督期间，艾伦比释放了流放于马耳他的埃及民族主义领袖柴鲁尔，尽管承受了很大的压力，克服了几次政治动乱，他仍督促英国于 1922 年承认了埃及的独立。1925 年艾伦比与上司发生争吵而被迫退役，成为爱丁堡大学的校长。艾伦比是一位严厉的军官，"公牛"一发怒，他的属下就吓得半死，不过他与士兵同甘共苦的风格又让他获得官兵们的尊重。他不但是"一战"期间最出色的英国陆军将领，也是史上最后一次成功的大规模骑兵战的指挥官，他以最少的伤亡赢得了最大的胜利。生活中的艾伦比是一位鸟类学和植物学的狂热爱好者，可爱的鸟儿和花草比枪炮声更能滋润他的心灵。1936 年，这位"公牛"名将在伦敦病逝，终年 75 岁。

六、争取民族独立——阿拉伯大起义

1916 年 6 月爆发于阿拉伯半岛的反对奥斯曼帝国、争取民族独立的阿拉伯大起义，是阿拉伯人与奥斯曼土耳其统治者长期斗争的继续。19 世纪末，在叙利亚兴起的阿拉伯民族主义，为这次起义作了一定的思想和组织上的准备，而第一次世界大战的爆发，则为这次起义提供了时机。1918 年 10 月，费萨尔统领的起义军攻占了大马士革，结束了奥斯曼帝国对阿拉伯半岛长达 4 个世纪的统治，阿拉伯人的历史从此翻开了新的一章。

阿拉伯人曾创造过辉煌灿烂的文明，但随着阿拉伯帝国的瓦解和崩溃，从 16 世纪起，阿拉伯人就沦为了奥斯曼帝国的臣民。19 世纪下半期，奥斯曼帝国已衰微破败，处于崩溃的边缘，俄土战争失败后，奥斯曼帝国面临西方列强新的瓜分，突尼斯和埃及先后为法国和英国人所占领，西方势力渗入到阿拉伯的东方地区。

传教士纷至沓来，在沙姆等地开设学校，进行文化渗透，西方的民族主义思想接踵而至，阿拉伯民族开始觉醒，叙利亚和黎巴嫩成了阿拉伯民族主义思想的发祥地。在西方民族主义思想的影响下，阿拉伯人第一次把自己看成是一个与土耳其人不同的民族，在同青年土耳其党并肩反对奥斯曼帝国的统治者哈米德二世专制统治的斗争中，阿拉伯民族主义者逐渐形成了自己的政治主张。他们支持青年土耳其党在 1908 年夺取政权，希望帝国能实行民族平等的政策，给阿拉伯人以充分的自治权力，但执掌了奥斯曼帝国权力的青年土耳其党依然奉行大土耳其主义，阿拉伯人的自治要求遭到了断然拒绝。

20 世纪初，在阿拉伯半岛出现了许多要求阿拉伯民族自治的组织和有影响力的人物，其中麦加的执政者侯赛因·伊本·阿里就是代表人物。侯赛因·伊本·阿里属哈希姆家族，1918 年被奥斯曼统治者任命为希贾兹总督和麦加谢里夫，掌管圣地的宗教活动。侯赛因·伊本·阿里对受制于奥斯曼帝国早就心怀不满，企图摆脱其统治，在阿拉伯半岛和"肥沃新月"地带建立由他统治的独立的阿拉伯国家。在当时，大多数阿拉伯人渴望自治而不是渴望独立，例如，在巴黎的阿拉伯学生于 1909 年 11 月建立的一个秘密团体"青年阿拉伯协会"，其目标就是要在奥斯曼帝国的范围内实现阿拉伯自治；另一秘密的阿拉伯团体"盟约协会"在伊斯坦布尔成立，其成员大多是奥斯曼军队中的阿拉伯军官，其纲领几乎与巴黎的"青年阿拉伯协会"的纲领完全相同。1914 年第一次世界大战爆发，土耳其加入同盟国，向英法宣战。阿拉伯世界的领导人们眼看奥斯曼帝国行将灭亡，决定尽快离开这条正在下沉的船只。英法两国则乘虚而入，为鼓动阿拉伯人起来反对土耳其，造成奥斯曼帝国的内乱，英法两国向阿拉伯人许下了种种诺言，这就使许多阿拉伯领导人和政党团体改变了初衷，开始要求独立，如青年阿拉伯协会和盟约协会等都是这样。

大战爆发前夕，由于侯赛因·伊本·阿里明显的独立倾向，奥斯曼政府撤销了他的总督职务，并废除了他所享有的一切特权。大战爆发后，奥斯曼政府派杰马勒帕夏为土耳其第四军军长，执掌了阿拉伯半岛各省的军政大权。杰马勒帕夏对正在兴起的阿拉伯民族主义运动进行了残酷镇压，仅在大战开始后的一年中，就有数十人被处死，上千人被关进监狱或流放到边远地区。杰马勒帕夏的高压政策，激起阿拉伯人的强烈愤慨，要求独立的呼声从此越来越高。英国人对当时属于奥斯曼帝国的中东地区那是早有野心的，1916 年时正是英国所派出的远征军在中东大吃败仗的时候，他们被土耳其打得丢盔弃甲，为了分化瓦解奥斯曼土耳其在中东的力量，英法两国极力鼓动当地的阿拉伯人起来造反，以坐收渔人之利，这也是英国这个老牌殖民国家所惯用的手法。

当时叙利亚民族主义组织的力量十分薄弱，希望与侯赛因·伊本·阿里结盟。侯赛因·伊本·阿里也想借助他们的力量来实现自己的愿望，遂于1915 年 9 月派其第三子费萨尔到大马士革，与阿拉伯民族主义秘密组织商谈起义事宜。在麦加的侯赛因·伊本·阿里虽然被奥斯曼政府废除了所享有的一切特权，但他毕竟在当地阿拉伯人中有着极大的影响和势力，1916 年，侯赛因·伊本·阿里在获得英国虚伪的承诺后，自称为"阿拉伯人之王"，率众发动了阿拉伯大起义。

"一战"主战场虽然在欧洲大陆，但英国人却在中东得到了阿拉伯人全方位的支持。这份支持不是无条件的。为了确保阿拉伯人在"一战"中对抗和德国结盟的土耳其，英国人向阿拉伯军队保证，战后将给予整个阿拉伯以主权和独立。这支阿拉伯盟军处于英国人劳伦斯的指挥之下，劳伦斯是英国海军大臣丘吉尔的好友，也一直被怀疑是英国的情报人员。

侯赛因·伊本·阿里以争取阿拉伯人的民族独立为号召，举兵向驻扎在麦加附近的土耳其军队发动进攻。在阿拉伯军队、部落武装的联合猛烈打击下，土耳其在希贾兹的军队迅速瓦解。起义军连克麦加、麦地那、吉达、塔伊夫等城，1916 年 10 月，侯赛因宣布自己为阿拉伯国王，但英、法、意等国只承认他为希贾兹的统治者。

1918 年 10 月，侯赛因·伊本·阿里的儿子费萨尔统领联军攻占大马士革，后被立为叙利亚国王。第一次世界大战结束后，英国背信弃义，和法国一起瓜分了中东地区，阿拉伯地区人民刚刚获得的民族独立便被帝国主义所扼杀。

七、让胜利从手中滑过的海军元帅——约翰·杰利科

约翰·杰利科是"费希尔帮"的一员，长期协助费希尔海军上将对海军进行现代化改革，他也是建造"无畏"级战舰、鱼雷艇和潜艇的强力支持者，因此，他被费希尔认为是在战争中率领主力舰队的最佳人选。在 1914 年 8 月 4 日大战爆发时，他取代乔治·卡拉汉爵士被任命为英国大舰队司令，着手加强舰队的战斗准备，1915 年 3 月，约翰·杰利科晋升为海军上将。

自 1805 年特拉法尔加海战以来，英国一直保持着海上霸主的地位，它的庞大舰队耀武扬威地游弋于全球的各个海洋上。第一次世界大战爆发后，尽管德国加强了海军力量，但在总体方面还是不及英方。在战争开始后的两年半时间里，英国海军凭借其优势对德国实行海上封锁。英国的主力舰队像一条看门狗一样蹲在斯卡帕弗洛港，死死盯住了德国的公海舰队，使其多半时间困在威廉港和不来梅港，成了名副其实的"存在舰队"。尽管德国的公海舰队被封锁在德国的海港中，但它的存在本身就是对大英帝国海军的一种威胁，靠大海生活长达千年之久的大英帝国，不能容忍一支强大的德国海军与之抗衡，做梦都想着如何才能除去自己的心腹大患，以夺取波罗的海制海权，打破德国对俄国的海上封锁。时任英国海军大臣的丘吉尔曾说：有一个人能在一个下午使英国输掉这场战争，也能在一个下午使英国赢得这场战争。这个人就是皇家海军大舰队司令杰利科。

在战争中，杰利科采用"远程封锁"战略，以斯卡帕湾作为大舰队的基地，静待德国舰队出现。公众普遍期待着在北海进行一次海上主力决战，但无论如何，皇家海军的主要任务是提供英国远征军的补给和保持对德国的经

济封锁，杰利科做得非常成功，一直保持着对德国公海舰队的战略优势，这很大程度上是因为他不愿意让他的战舰冒任何不必要的危险。德国海军统帅部对大型舰只的使用也是非常谨慎的，舰队蛰伏港中，很少出海，令强大的英国海军徒叹奈何！ 1916 年 5 月底，杰利科突然接到海军部紧急通报：德国公海舰队将于次日出海！好斗的舍尔终于爬出了老巢，送上门来了！杰利科决定将计就计，集中优势兵力将德国公海舰队一网打尽。杰利科一直在寻机与德国主力舰队决战，他相信凭英国海军的力量可以一战解决德国舰队，使德国海军再无反击能力。尽管此次他无法判断出德国海军这次出海的目的究竟何在，不过只要德国舰队出来就好，英国海军等的就是这一天。杰利科迅速制定了一个作战计划，只是他没想到，他的作战计划实际上和德舰队司令舍尔的计划同出一辙——双方都计划派出一个分队去引诱对方进入自己的伏击圈，而设伏的则是各自的舰队主力。

5 月 31 日下午 2 时，一场亘古未有的、参战总舰数多达 256 艘（其中英国海军 149 艘、德国海军 116 艘）、海军总兵力达 10 万人的大海战，在面积为 400 多平方公里的日德兰海域拉开了序幕。下午 6 时，双方主力舰队交火，在暮色笼罩的日德兰附近的海面上，炮声隆隆，硝烟滚滚，数以百计的战舰横冲直撞，场面蔚为壮观。17 时许，急于脱身的舍尔突然掉头向东，企图从英舰队尾部突围，结果弄巧成拙，一头撞入英主力舰队阵中，顿时，几百艘战舰你冲我撞，展开了一场混战。杰利科连连得手，舍尔令舰队掉转航向，向西夺路而逃，此时的杰利科占据明显优势，理应穷追不舍，但谨慎有余的杰利科因害怕德军潜艇和鱼雷攻击，竟下令英舰停止追击，企图在舍尔返航的必经航线上实施拦截。然而，在漆黑的北海海面上，杰利科再也没能找到德公海舰队主力。此次海战中，杰利科通过杰出的部署已经使德国公海舰队陷入重围，面临覆灭的危险，但杰利科却因为担心希佩尔发动的鱼雷进攻而采取防御性的转向，使得舍尔得以率部逃脱。杰利科在日德兰海战中的表现让很多人感到失望，指责他缺乏魄力。

这场海上大决战从战术上来讲，德军是当然的胜利者，英军损失大小舰只 14 艘，共 15.5 万吨，德相应的是 11 艘、6 万吨；受损英舰是 6 艘，德舰是 4 艘。但从战略上来看，德国想打破英国海上封锁的目地没达到，它的舰队依然被困在近海的几个港口。英国虽损失舰只，凭着强大工业经济实力，很快便得到补充，依然在北海耀武扬威。公正地说，虽然舍尔在日德兰获得了战术上的胜利，但是英国大舰队依然牢牢地控制着制海权，使德地公海舰队不敢出动，可以说，杰利科夺取了战略上的胜利。杰利科因此获得了勋章，并于 1916 年 11 月被任命为英国第一海军大臣，即海军总参谋长。但他并不适应这个职务，1917 年平安夜，杰利科突然被解职，从此退出现役。

八、大炮巨舰的巅峰聚会——日德兰海战

自 1805 年特拉法尔加海战以来，英国一直保持着海上霸主的地位，它的庞大舰队耀武扬威地游弋于全球的各个海洋上，第一次世界大战爆发后，尽管德国加强了海军力量，但在舰只数量和排水吨位上仍然落后于英国，火炮口径和数量也不及英方。因此，在战争开始后的两年半时间里，英国海军凭借其优势对德国实行海上封锁。

长期的封锁，给德国经济造成了严重的影响，德国人一直想打破这种局面。1915 年 1 月，德国海军中将希佩尔率领大洋舰队主力离开威廉港海军基地，在到多格尔沙洲的途中与英国主力舰队遭遇，双方展开大战，结果德舰敌不过英国舰队猛烈的炮火，在损失了 1 艘军舰之后只得悻悻而归，此后，德国人想摆脱英国封锁带来的困境的愿望越来越迫切。时值大战第三个年头，尽管飞机、坦克、毒气等新武器首度亮相，但都无法突破对方的阵地，在海上，德潜艇倒还干得不错，但英国的海上武力毕竟是强大的，庞大舰队游弋于北海上，德国运输补给线被切断。怎么样打击英舰队呢？德国公海舰队有这样的实力吗？德皇威廉二世咽不下这口气，任命好斗的舍尔上将为公海舰队司令。

1916 年，德国新上任的舰队司令冯·舍尔海军上将，带着一个艰巨的使命，

开始了他的工作。第一次世界大战进行两年多了，形势还是不明朗，战争的消耗使德国越来越感到吃力，皇帝威廉二世命令舍尔必须打破英国的海上封锁，确保殖民地的物资运到德国。

舍尔以公海舰队为后盾，用潜艇、飞艇和水雷发动了一场来势凶猛的进攻战役。他多次出击，企图迫使英军分散其海军部队，以便各个歼灭。这一年的头几个月以海空袭击、反袭击、水雷袭击和轻型舰队之间的零星冲突为特征。以好斗著称的舍尔雄心勃勃，决心与英国海军来一次真正的会战，彻底扭转无所作为的尴尬局面。舍尔制定的计划是，派出小规模舰队到英国海岸及港口骚扰，打了就跑，英国海军如果不追击，就搅得英国海岸永无宁日，一旦英国海军追击，就将其诱至德国海军预设的战场，由德国海军主力突然出现，打对方一个措手不及。

1916 年 5 月 30 日，一份军事密报送到了英国海军司令杰利科面前："敌'吕佐夫'号等 5 艘战斗巡洋舰正沿日德兰海岸航行！"杰利科担心当英国的大舰队一出现，它就会溜走，于是寻思出了一个实际上与德军一样的方案：让贝蒂中将率领一支较弱的舰队向德舰迎战，经过短暂的炮击后，就退向潜伏在远处海面的主力舰队，然后一举歼灭德国舰队。5 月 30 日，贝蒂率领由 4 艘战列舰、6 艘战列巡洋舰、14 艘轻巡洋舰、27 艘驱逐舰、1 艘水上飞机母舰组成的英国诱敌舰队，从斯卡帕湾出发，由西向东驶进北海。杰利科则率英国主力舰队——包括 24 艘战列舰在内的 98 艘军舰——在西北 110 公里处的海域随后跟进。同一个夜晚，清一色"无畏"级和"超无畏"级战列巡洋舰组成的德国诱敌舰队，在希佩尔将军的率领下，乘风破浪地驶向波罗的海通向大西洋的狭窄通道——丹麦的日德兰半岛附近，在"诱饵舰队"之后 50 海里处，是舍尔亲率的公海舰队主力，这是一支包括 16 艘无畏舰在内的 59 艘舰只组成的庞大舰队。

5 月 31 日下午 2 点多，两支庞大舰队的前锋，都驶到了日德兰西北部的海面上，相距仅 56 公里。贝蒂在西，希佩尔在东，平行地向北行驶，但谁也没有发现对方。3 点左右，贝蒂舰队东侧翼的巡洋舰"加拉蒂"号发现东面有一艘丹麦货船，便驶过去查看。同时，希佩尔舰队西侧翼的巡洋舰"埃尔平"号也看见了这艘丹麦货船，转轮向它驶去，这两艘巡洋舰几乎同时认出了对方，下午15时40分左右，双方前卫舰队逐渐相向行驶，各以全部火力猛烈对轰，英德双方随即展开了遭遇战。德国海军的射击技术相当精湛，而且采用了新式的全舰统一方位指挥系统，战至一小时后，英舰"不倦"号和"玛丽王后"号先后被击沉。正在危急时刻，英海军4艘战列舰赶来支援，希佩尔立即命各舰迅速脱离战场，向身后的主力舰队靠拢。希佩尔率领的引诱舰队显然占了便宜，而且他还顺利完成了引诱英舰进伏击圈的任务，下午4时38分，离"雄狮"号3.2公里远的英国巡洋舰"南安普顿"号观察到了跟在希佩尔后面的德国大洋舰队，"南安普顿"号立即向贝蒂发出了惊人的报告："东南方向有战列舰！"英前卫舰队见德国公海舰队的主力出现在眼前，情知不妙，一面掉头急奔，一面向杰利科发报求援。贝蒂发现了公海舰队，舍尔的舰队开始追击贝蒂。

舍尔希望能一举摧毁这支被引诱上钩的舰队，但让他没有想到的是，杰利科正率领英国本土舰队向这里驶来，贝蒂试图告知杰利科具体位置，但他发出的信号一开始被误读了，直到18点，杰利科的主力舰队才与贝蒂会合。舍尔在不明英舰队主力出海的情况下，率德舰队追击英前卫舰队。18时许，英前卫舰队摆脱德舰追击，与舰队主力会合。杰利科判明德舰准确位置后，命令舰队主力迂回驶向德舰，在队形变换尚未完成时，英舰即同德舰交火。几分钟后，双方的主力战舰均已进入射程以内，猛烈的总交战开始了。

德军的战斗巡洋舰遭到最猛烈的攻击，希佩尔的旗舰"吕佐夫"号失去战斗力。在英军一方，立功心切的胡德率"无敌"号冲得离德舰太近，被一阵暴风雨般的炮弹击中，他和他的舰艇一齐被炸上了天，随后"护卫"号和"勇士"号巡洋舰亦被击沉。舍尔判明英大舰队主力投入战斗后，也大吃一惊，想不到对手和他使用了同样的战术，感到继续打下去必吃大亏，便在18时45分命令德国舰队向南方边打边撤。6时30分，舍尔在烟幕和驱逐舰攻击行动的掩护下，忽然转变航向，德舰极其困难但非常漂亮地同时掉头180度，向西行驶，几分钟内他的战舰便脱离了大部分英军战舰的有效射击范围，此举使英军大为吃惊。杰利科没有追击，而是继续向南，因为他知道自己的舰队已插入德舰和其基地之间。

舍尔也清楚地意识到杰利科已分离了他的舰队，19时整，舍尔再一次转向驶向英舰，向英舰队发起了死亡冲锋，整个德舰队忽然地再次进入整个大舰队的火力射程之内，这次德舰似乎不可能逃脱在巨大的炮弹雨幕之下被摧毁的命运。与此同时，德军剩下的4艘战斗巡洋舰在"德夫林格"号舰长哈尔托赫上校的指挥下，向英军战舰编队实施了极为英勇的冲击，以掩护舍尔的撤退。火炮已损坏的"冯德尔塔恩"号仍在坚持战斗，仅能分散英舰的炮火。"德夫林格"号被打得仅剩船架，但仍继续战斗。德军的战斗巡洋舰在很近的距离上绕过英舰编队，接着德驱逐舰冲向杰利科的战列舰实施鱼雷攻击并释放烟幕，杰利科谨慎地躲过鱼雷，而使舍尔逃走了。当他重整编队时，舍尔再次掉头180度并已消失于西方，令人惊讶的是，德军的战斗巡洋舰在其"死亡冲锋"中竟没有被打沉一艘。

在旗舰"铁公爵"号上密切观察战况的杰利科意识到，在入夜前已无法全歼德国大洋舰队，便命令英舰利用航速优势，截断舍尔回港的航路。由于担心受到鱼雷的攻击，杰利科的大舰队并没有随后追赶，而是直奔德舰回港的航线而去，他要抄近道截住德舰，以待明日再狠狠打击它。此时，舍尔知道，如果他的舰队继续待在海上，到天亮就有被歼灭的危险，必须趁晚上才能冲破英舰的封锁，因此，日德兰大海战的最后一幕，便在深夜开始了。

舍尔知道英国的舰队现处于他和德国的港口之间，而且杰利科正在去控制他进入这些港口的通路，他还知道他的舰队再也经不起一次总交战。经过仔细分析和推算，舍尔决定转向东南，趁夜从英国主力舰队的后面冲杀过去，然后经合恩角水道返回基地，为此，舍尔把所有能用的驱逐舰都派出去拦截英国主力舰队，掩护德国舰队主力突围。按照舍尔的命令，德国驱逐舰拼死一搏，如狼群一般，从不同的方向袭击英国主力舰队，给英军造成混乱和判断失误，使杰利科摸不清德国主力舰队在哪个方向。23点半，在夜幕的掩护下，德国舰队猛然插入英国舰队的后防线，双方在黑暗中相互碰撞，在照明弹、探照灯和着火舰只的炫目光辉下混战。英舰"铁公爵"号忽然陷入德舰的包围之中，在5分钟之内便被击沉了，1小时后，英舰以强大火力在交战中渐占优势，德舰队见众寡悬殊，势难取胜，遂在夜幕掩护下，释放烟雾撤退。在撤退中，德战列舰"黑森"号将德轻巡洋舰"埃尔平"号撞沉，英装甲巡洋舰"黑王子"号被德战列舰击沉，德老式战列舰"波墨恩"号被英驱逐舰鱼雷击沉，次日凌晨，在密集的炮火、鱼雷袭击下，德国公海舰队终于杀开一条血路，向威廉军港狂奔，杰利科岂肯罢休，率英国舰队紧追不放。

德国海军在通向威廉军港的必经之路赫尔戈兰湾一带布下的无数颗水雷发挥了作用，舍尔在水雷阵中东转西弯，将舰队带回了军港。失望的杰利科不敢冒险进入水雷区，无奈地调头返航，带着他的主力舰队返回基地。这场盛况空前的海上争霸战历时12小时结束了，杰利科很清楚他没能摧毁德国的公海舰队，而且英军的损失实际上要比德军大。这场有史以来最大的战列舰决战结束了，英国参战149艘、德国116艘，在大战中，英国损失了3艘主力战列巡洋舰、3艘装甲巡洋舰和8艘驱逐舰，6艘舰艇遭受重创，共损失11.5万吨，伤亡7000人。德国损失1艘老式战列舰、1艘战列巡洋舰、4艘轻巡洋舰和5艘驱逐舰，其他4艘舰艇受到重创，共损失6.1万吨，伤亡3000人，双方损失近二比一，德国取得了战术上的胜利。

在这场海战中，杰利科过于谨慎，而贝蒂又过于大胆，希佩尔则最高明。德舰的火炮比较优良，舰艇也比英国的坚固得多，英国人失去了威望，但仍掌握着制海权。在1916年剩下的时间内，德国公海舰队实施了一次胆怯的出击，但以失败而告终，双方没有接触而各自掉头返回。当时舍尔是被虚假的报告所蒙骗，而杰利科则担心遭到潜艇的伏击。9月，德国公海舰队的轻巡洋舰袭击了英国海岸，几艘辅助巡洋舰则溜出了英军大舰队的封锁，肆意骚扰大西洋的商业航运。然而总的来看，德军在海上的行动主要集中于实施潜艇战，德军击沉了巨大数量的协约国船只，到年底，平均每月击沉的船只吨位达30万吨。

日德兰海战是英德争夺海上霸权的一次较量，也是历史上交战双方使用战列舰编队进行的最后一次海战，之后的海战就由航空母舰和飞机来决定胜负了。就这场海战的胜负得失而言，德国海军略占上风，但就战略意义而言，英国仍保持了对德国的海上优势，德国的舰队依然被困在近海的几个港口，德国企图打破英国海上封锁的目的未能实现，全球海洋仍然是英国海军的天下，大洋舰队困在港内毫无作用，仍然是一支"存在舰队"。正如美国《纽约时报》所评论的那样："德国舰队攻击了它的牢狱看守，但是仍然被关在牢中。"贝蒂谈到海军力量的有效使用时断言："英国主力舰队的正确战略，不再是不惜任何代价力求使敌舰出战，而是使它留在基地，直到形势变得对我们更为有利。"从此以后，这两大舰队再没有发生过冲突，两年半以后，德国输掉了这场战争。

11月，杰利科被任命为海军大臣，要对付公海舰队更大的威胁——潜艇。贝蒂接任主力舰队司令官。日德兰海战的战略意义极其重大，任何一方取得决定性胜利都会改变这场战争的进程。事实上，英国保持着远距离封锁的压倒能力，德国则越来越多地转向潜艇战。舍尔在日德兰海战后在给德皇的报告中说："德意志帝国海军能予敌以巨创，但即使在公海上取得最有利的战果，也不能迫使英国和解，我们的地理位置与岛国相比的不利之处，不能靠我们的舰队来补偿。"他最后说，"无限制潜艇战是必不可少的，哪怕冒同美国作战的风险也罢。"

日德兰海战的另一个间接后果是英国陆军大臣基钦纳爵士之死。5月底公海舰队出港以前，一艘德国潜艇在奥克尼群岛外围布下了水雷。基钦纳乘坐巡洋舰"汉普郡"号去俄国执行任务，6月5日，"汉普郡"号触雷，很快在波涛汹涌的海洋中沉没，全舰人员几乎都葬身海底。就基钦纳的名望来说，他的死是及时的，他已在内阁中失去了威信，尽管他组建和训练的"新军"成为他留下的一块纪念碑。

第十三章
决定命运的一年
——战争的转折

一、加拿大远征军的荣誉之战——维米岭大捷

1914年9月末，3万加拿大远征军从魁北克城上船出发，经过短暂训练，被派往法国前线。整整两年，士兵们在堑壕战中拼杀，看着同伴死于冷枪、疾病、毒气，在机枪弹雨中倒下。1916年7月，在阿拉斯南边的索蒙，因为英军总部黑格将军的瞎指挥，协约国军队一天内伤亡近5.7万人。纽芬兰团一次冲锋，军官全部损失，几乎全团覆灭。索蒙之败后，协约国在西线太需要一场像样的胜利了，于是把目标投向了法国阿拉斯市以北的维米岭。

维米岭是法国阿拉斯市以北维米镇附近的山岭，这个地方是德国在整个西部战线守卫得最好的。因为维米岭是高地，所以双方都认为这是一个军事战略重地。英国和法国都在1915年进攻维米岭，但结果都是以惨败告终。单法军方面，就有15万士兵阵亡。1917年，协约国决定再次向维米岭进攻，此次执行进攻任务的是加拿大军。

1917年4月9日，复活节的清晨，法国北部阿拉斯城外的维米岭上，大雪纷纷飘落。4个师的加拿大步兵静静地等待着总攻的信号，冰冷的雪花让他们想起万里之遥的家乡和亲人，就在前一天，许多士兵写下了可能是他们最后的家信。士兵们脸上毫无表情，他们清楚面对的将是怎样的战斗，但心里的热血在燃烧，这是他们第一次为了年轻的加拿大的荣誉而战。在这之前，加拿大军在"一战"中几乎没什么表现，为了赢得此战的胜利，加军将

其 4 个师调集来参与维米岭战役，并制定了良好的作战方案。加拿大军队在 2 日就开始用炮轰击德军的战线，总共用了 100 多万发炮弹来轰击维米岭，此次轰击持续了一个星期，是在这次战役之前从未有过的。在复活节这一天，加拿大军队开始向德军的防线发起总攻，经过 3 天的激战，加拿大军队以伤亡 1.1 万的代价控制了整个维米岭，而德军方面大约有 2 万多名士兵阵亡，4000 余人被俘虏。

经过 4 天血战，西线最坚固、号称牢不可破的维米岭就此落入了协约国军队的手中，而维米岭之战缴获的武器和俘虏数量都超过了之前所有的战役。这场战役是加拿大军队开战两年多以来的头一次大捷，整个战场为之震动。也是加拿大军队第一次作为国家武装整体出现在战场，来自全国各地的士兵们并肩作战，证明了他们拥有同样出色的军官、同样英勇的战士，能攻克最坚固的堡垒。此战役以后，加拿大军已经成为了西线战场最强大的部队，在索姆河战役后，更是赢得了"先锋队"的声誉。战后法国政府把维米岭周围 1 平方公里的领土送给加拿大，以感谢其在此战役中的贡献和牺牲。

二、壮观的"地下城"——阿拉斯之战

1916 年，参战的任何一方都不存在真正的成功：凡尔登战役严重削弱了法国；英国在索姆河也没得到什么特别的好处；俄国国内陷入了革命的边缘。另一方面，奥匈帝国又承受了新的失败，德国也经历了几乎令其无法承受的巨大消耗。交战各方在精疲力竭之中就像一个个被揍晕了的拳击手，惶惑地走进了 1917 年，没有人看得出这场漫长的屠杀活动行将结束。从 1917 年 2 月起，鲁登道夫准备了一道正面大为压缩但组织严密的防御地带——兴登堡防线，又称齐格菲防御地带。该防线位于从阿拉斯到苏瓦松防线之后约 30 公里处，兴登堡对此表示赞赏，并决定撤到新的防线。缩短的防线用较少的师即可坚守，因此可以提供更多的机动预备队。在德军原来的防线和新的防御地带之间，田野荒芜，村庄和城镇被夷为平地，丛林被烧毁，水源被

投毒,道路遭到破坏。实际的撤退从2月开始到4月结束,整个过程极为秘密。

为了为即将发动的尼韦尔攻势做准备,英军决定发起一场阿拉斯战役。1917年伊始,阿拉斯又成为了同盟国与协约国军队争夺的焦点,同盟国一旦夺占阿拉斯就等于洞开了巴黎的门户,整个法国便岌岌可危。从1914年到1916年,阿拉斯几易其手,英法守军在一片废墟上加紧修建防御工事。与此同时,攻势凌厉的德军在小镇东部虎视眈眈,他们正在向这里集结重兵,最高统帅路德维希甚至已让人铸好了纪念碑,准备在破城之日将它安放于小镇的中心。

1917年4月9日复活节的清晨,在阿拉斯市以北维米镇附近的维米岭拉开了阿拉斯战役的序幕,参加战斗的加拿大4个师进行了为期数月的周密准备,对维米岭进行了为期一周的猛烈炮轰,霍恩指挥的英军第一军团与艾伦比指挥的英军第三军团,在猛烈的炮火准备和毒气攻击之后,一举突入法肯豪森指挥的德第六军团的防线之内,英军很快获得了空中优势。在战役开始的第一天,加拿大军队猛攻并夺取了维米岭山脊。高夫指挥英军第五军团在南面实施助攻,没能取得进展。经随后几天的战斗,英军的推进慢慢停了下来,虽然取得了战术胜利,但没能达成突破。

在经历了1916年索姆河战役的惨重伤亡后,英法联军得出了一条血的教训:跟装备精良、战术多变的德国步兵师硬碰硬,无异于大规模自杀!他们变更了作战策略,提前三个月在德国人的眼皮底下挖掘出了一条规模宏大的地下通道,复活节这一天,在猛烈的炮火打击和毒气攻击之后,随着英军第三突击师发起进攻信号,2.5万名英法联军从指定出口冲出地面,奇迹般地出现在德军的面前,向驻扎在阿拉斯的德军第二和第六步兵师发起突袭。紧接着,由霍恩指挥的英军第一军团与艾伦比指挥的英军第三军团,也一举突入德军第六军团的防线之内。

此时,经过4天血战,西线最坚固、号称牢不可破的维米岭已被加拿大军彻底攻占。此后,英法联军大获全胜,以1000多人的微小伤亡击溃了整个德军师团,成功将战线向前推进了十多公里,身后的巴黎从此安枕无忧。

阿拉斯地道战也成为世界军事史上的经典战役，而维米岭之战也成为了加拿大军队的荣誉之战。但是由高夫指挥英军第五军团在南面实施助攻没能取得进展，经随后几天的战斗，英军的推进慢慢停了下来。虽然协约国的军队在阿拉斯战役中取得了战术胜利，但没能达成对德军战线的突破，这次战役英军伤亡近9万人，德军伤亡近8万。

第一次世界大战结束后，人们重建了阿拉斯小镇。为了纪念在此战役中作出英勇贡献的加拿大战士，法国政府将维米岭上的1平方公里的土地赠送给了加拿大，用以建造维米岭纪念碑，以纪念那些在此倒下的加拿大士兵。现在，属于加拿大的维米岭是个战争纪念博物馆，由退伍军人部管理。光阴荏苒，直至1990年，当地一个名叫阿兰·雅克的男子决心对神秘的阿拉斯"地下城"展开调查。起先，雅克发现了"布伦海姆"区域，在接下来的几年中，多片未知隧洞区逐渐浮现。当时的英法联军部队如何进驻地道，以及发起进攻的过程细节也被雅克一一整理出来。如今，阿拉斯小镇当年挖掘的规模宏大的地下城也在修复后改建为博物馆，向公众开放，以展示当年的战况。

三、"屠夫"引发的兵变——"尼韦尔攻势"

1916年10月将终时，凡尔登之战看来要失败了，法军指挥官尼韦尔下令进行奇袭，德军措手不及，退出了早些时候他们攻占过的所有地方。对尼韦尔来说，这是鸿运高照的时刻，法国人渴望有一位英雄，就把他称为胜利的缔造者。尼韦尔夸口说，他掌握着胜利的关键，但他拒绝透露他的战略。1916年12月31日，霞飞退休，"凡尔登的英雄"尼韦尔接替了他。

出身于军人家庭的尼韦尔博学多才，能言善辩。他是法军中少有的一名重视宣传鼓动的将军，他认为，军人的勇敢精神来自他们对战争的热情，而军人的战争热情，则需要指挥官的嘴巴来激发。尼韦尔尤其善于通过宣传使上级支持他的计划，特别在上级不理解他的计划时，他更需要这样做。他能在一幅巨大的西线挂图前面，手持一根教鞭，滔滔不绝地介绍他的部队拥有足够的能力打胜这次战役。这位霞飞的继任者血气方刚而且好大喜功，他劝说法国政府实施无情的、猛烈的进攻。他计划对努瓦荣大突出部翼侧实施一次大规模的"巨人般的拳击"，这里是协约国三年来力图消灭的那个突出部，但是德军又一次率先行动了，不过这一次是退却而不是进攻。从2月25日到4月5日，德军在鲁登道夫的巧妙指挥下，退到有利于德军作战的兴登堡防线，撤退最多近50公里，这是三年大战中在西线最大的一次运动。

平步青云的尼韦尔将军在被任命为法国陆军总司令时，已60岁了，凡尔登战役中那句引起所有协约国遐想的有名的口号"他们不得通过"，虽然常被人认为是贝当所创造，其实是尼韦尔创造的。尼韦尔和他的助手芒让将军筹划了一个计划，他们想发起一个攻势，收复德军在最初进攻凡尔登期间夺取的杜奥蒙炮台。1917年4月的阿拉斯之战，实际是英军为尼韦尔的攻势所做的准备。法国总理潘勒韦被尼韦尔的如簧之舌所打动，表示："将军，如果你进攻的结果，只是收复我们这片广大的领土和它所包含的一切，政府和国家将认为这是一个伟大的胜利。"尼韦尔听后，报之以微笑道："这有什么？不过是不足道的小小胜利而已。我在埃讷河聚集的120万士兵、5000门火炮和50万匹马，不是为了这样一点点战果的。"最后，他终于说服统帅部支持他发动了这次攻势。

尼韦尔担任法国陆军的最高统帅时，充满了信心。为他的"凡尔登战法"所震惊，人们对他的堂皇宣告是没有争议的，"这个经验是确定了的。我们的战法已经经过试验。我可以向你们保证，我们一定胜利。"尼韦尔的计划，包括由法军与英军对一个巨大的、无掩护的德军突出部位进行双管齐下的强击。1917年4月16日，大大加强的米歇尔指挥的法国预备集团军，在从苏瓦松至兰斯64公里的战线上向德军发起进攻，以夺取舍曼代达姆。这是一条与战线平行的一系列植被茂密的岩石山岭。芒让的第六军团和马泽尔的第五军团实施主攻，迪歇恩的第十军团实施近距离支援，其后是费约尔的第一军团。法军攻击军团的兵力总数达120万人，共7000门火炮。尼韦尔的计划并不是没有优点的。德国的突出部兵力配备薄弱，易受攻击，在1916年夏的索姆河之战中，防御部队牺牲惨重。但是如果德军事先知道，胜利是不可能的。不过指挥官们用乐观代替了判断，订出了不可能实现的速度。芒让夸口说，他的部下能以1分钟27米以上的速度跑步前进，并且能继续保持这种步伐至少几公里，对此表示怀疑的意见则受到压制。

尼韦尔是个十分重视宣传工作的指挥官，他非常重视部队的思想动态。在尼韦尔指挥的一些战役中，法军之所以能在不利条件下取得辉煌战绩，除去其他原因外，的确与他的宣传鼓动分不开。然而，具有讽刺意味的是，战争中法军的最大哗变，却发生在他直接指挥的前线部队，这次哗变导致他被免职。在凡尔登，是靠对进攻计划进行冷静但充分的说明来鼓动战士热烈献身的。这一次，尼韦尔担心不那样做他的部队就会背叛，下令进行堪与好莱坞报刊宣传员相比的宣传运动，对战略和目标加以提纲挈领的作战计划都发给士兵，军官对士兵作宣传讲话，以引导他们对决定性的胜利抱有信心，所以不可避免，德军也得到了这个情报。

尽管德军新的阵地与纵深野战工事相结合，极其坚固，但是，刚愎自用的尼韦尔并没有灰心丧气。他发起的进攻比以前规模更大，也组织得更好。他广泛地散发进攻计划和指令，甚至在伦敦的宴会上对女士们公开谈论即将来临的交战，没多久，德国人对即将发生的事情的了解就和尼韦尔一样多了。

1917年4月9日那个可怕的复活节早晨，英军对德军的兴登堡防线西北翼，即位于该地之维米岭开始发动攻势，在交战的第一周消耗的火炮及弹药约达9万吨。当大炮仍在阿拉斯轰鸣时，由法军四个集团军组成的强大主力部队，于4月16日对德军发起突击，法军在兰斯北部发动的这场攻势被称为"尼维尔攻势"。法军所要攻击的对象是伯恩的德军第七军团和比洛的德军第一军团。由于尼韦尔自信地公开夸口将取得胜利，德军对法军的进攻早已知晓。在攻击之前，德军飞机驱逐了法军空中观察员，德军炮火不断轰击仍处于行军中的法军坦克。法军的炮火移动相对于步兵移动过快，而步兵不得不对付德军预先计划的炮兵和机关枪火力以及局部的反冲击。尼韦尔的助手芒让，是法国陆军中最顽强的指挥官，他的部队给他的绰号是"吃人的人"和"屠夫"，他是藐视生命的，甚至藐视他自己的生命。

49岁的芒让是专为战争而活着的，他自称非常赞赏他的非洲部队，可是他毫无内疚地命令他们冲向猛烈的机枪火力。法国精锐的塞内加尔部队被调来针对坚强的据点充当进攻的先锋，法军以大无畏的进攻精神奋勇向前，终于抵达并夺取了德军第一道防御阵地，随后被德军阻止。法军反复实施攻击但没能取得什么进展，整个攻势是一个大失败。在5天的战斗中，法军共付出了近12万人的代价，以至于有人讥讽尼韦尔指挥进行的此次战役是"尼韦尔的屠宰场"。

在尼韦尔的指挥部里，总参谋部的成员不明白已经陷入绝境，以为有些讨厌的机枪碉堡造成了延误，但这些碉堡很快就会被打哑的，芒让又发出了催促前进的命令。勇敢的塞内加尔人，第一次辜负了他们的法国伙伴，冰冷的雨雪对他们来说是致命的。他们冻伤的手不能拿步枪，他们蹒跚前进，直到他们的军官被打死。然后他们转过身来，急忙奔向后方。这次挫败压垮了法军本已濒临崩溃的士气，兵变随之爆发。首先是一个连的士兵集体拒绝执行进攻的命令，继而是几十个团的士兵纷纷效仿。不少士兵还挥动着红旗，唱着《国际歌》，进行反战示威。法国陆军发生了兵变，这也许是现代史上一支庞大军队中发生的最大兵变。徒劳无益的流血，无止境的战斗，不充分的休假，贫乏的娱乐设施，官兵间无法弥合的鸿沟，德国的宣传以及俄国革命，所有这一切都起了作用，整师整师的部队拒绝执行任务，兵营贴满了布告，宣布士兵们拒绝再回到堑壕去，在巴黎，失败论者无所顾忌地宣传他们的和平主张。

应该说法国部队都是勇敢的，对战争所引起的苦难也是有思想准备的，在21个月的战争中，法军伤亡人数已达300万以上，但现在他们再也不肯被赶去受屠杀了，在谋求补救的一切合法手段遭到否定之后，部队爆发了反抗，在此后两个月中，法国陆军处于瘫痪状态。尼韦尔连同他的大话全完蛋了。法兰西为濒于崩溃边缘的局势不寒而栗。在极度失望之际，法国政界把权力移交给乔治·克里孟梭——一个始终以冷酷的态度看待危机的政治家。

转过来，他又任命"凡尔登的救星"贝当接管了法军的指挥权，去重新组建军队。克里孟梭竭力使巴黎恢复秩序，贝当则用强制性手段整顿军纪。贝当以其老练、坚定和公正平息了兵变并恢复了形势，约55名叛乱首领受到处决，法国继续进行战争。

贝当知道法军必须休整和恢复元气，他告诉英国人，在协约国等待美国人来帮助扭转局势期间，英国必须肩负起西线的重担。法国反侦察机构的新闻控制措施极为严密，完全封锁了法军兵变的所有消息。当这一消息最终透露到鲁登道夫时，已经太晚了。英军重新发起的进攻分散了他的注意力，并将德军预备部队吸引到北部战线，兵变的全部内容一直对外界保密达十几年之久。为了使法军恢复自信心，贝当在夏末和秋季组织发动了两次小规模的有限攻势。8月，法国第二集团军占领了凡尔登的一个高地，俘获德军1万名，10月，在埃讷河上的马尔迈松，法国第十集团军借助坦克的协同作战，拔除了苏瓦松突出部，夺取了埃讷河上诸高地。这两次攻势都经过精心准备，两战均取得小胜，损失甚小。

四、战争史上最大的坑道爆破——梅西纳山脊之战

梅西纳战役算是"一战"中第三次伊普雷战役的组成部分，伊普雷地区位于比利时西部，易守难攻的独特地形使其不断成为英德双方的突出部，所以竟然经历了三次你死我活的战役，双方都无所不用其极，共有80多万士兵伤亡于此。1917年，沙俄爆发革命而退出"一战"，使德军可以集中力量对付西线，英法担心德国乘机向西线调兵，决定在伊普雷地区先发制人，摧毁佛兰德斯沿海的德军潜艇基地，进而从奥斯坦德和泽布吕赫发起突击，因此协约国决定在伊普雷地区先发制人发起进攻。从担任指挥的第一天起，黑格便一直对佛兰德斯抱有浓厚的兴趣，把它视为可能发动一次进攻战的基地。但在1916年，法国面临的形势迫使英军不得不发动索姆河战役。到了1917年，黑格完全能够立足于自身进行选择了，因此他选择了佛兰德斯。

这种选择以一定的战略合理性为后盾，即考虑到以被占领的比利时为基地的德国潜艇对协约国船只构成的严重威胁。

1917 年 5 月"尼韦尔攻势"受挫后，法军士气低落。英国远征军司令黑格计划由英军在伊普雷东南部的梅西纳地区单独发起进攻，以消除德军防线突出部，改善英军态势。为了夺取具有钳制作用的梅西纳山岭，英国第二军团司令普鲁默经几个月的努力，使得英法联军的这一攻势得以提前付诸实施。当时德军在梅西纳山脊早已建立了强大的防线，有无数复杂的壕堑和坚固的碉堡，加上居高临下的地形，有一夫当关万夫莫开之势。很久以来，佛兰德斯一直是一片巨大、原始的水洼泽地，当地居民在此挖掘了纵横交错的排水沟渠。每年 8 月这里都要降下大量雨水，黑格就是选择了这样一个地区发动大规模的进攻。1917 年 7 月 15 日，英国军队开始猛烈炮击，炮击一直持续了 7 天，完全摧毁了当地的排水系统。7 月底步兵占领了靠近伊珀尔的帕森达勒高地。8 月的第一天就开始下雨，炮火和雨水很快将乡野变成一片淤泥黏滑的洼地。受领进攻任务的部队是普鲁默指挥的英国第二集团军，当面守军是阿尼姆指挥的德第四集团军，面对着这一大片的沼泽和河渠，英军的攻势只好暂停。

但被盲目乐观的部下包围着的黑格却向伦敦报告一切良好，他的情报部长查特里斯上将和参谋长朗塞罗特·基格尔特别乐意充当这种欺骗性宣传的工具。战斗结束时，基格尔正在返回伦敦的途中，这是他第一次亲临前线巡视。他哀叹道："仁慈的上帝，我们真的有必要派部队到那里作战吗？"进攻的英国第二集团军约 22 万人，而防御属于德军第四集团的约 13 万人，照这形势，如果硬攻，无疑会让英军搭上几万条性命也未必能拿下，于是英国人决定巧取。在地质学家经过详细考察后，决定采取挖洞爆炸的战术，经过工兵们的艰苦努力，一共挖了 5000 多米长的隧洞，通往德军阵地下的 22 个爆炸室。而德国人则一直针对英国人的作业埋设反坑道炸药包或进行对壕作业，这场黑暗中的战斗，在炮弹破坏的地面下长达几十米的距离上进行，不时导致坑道内的肉搏战，士兵们相互卡对方的咽喉，用镐和铁锹将对方打死。

当时为达到最大杀伤效果，英军先期对德军梅西纳防线进行了猛烈炮击，7 日凌晨炮击突然停止，躲在后面猫耳洞里的德军便按常规纷纷涌上前线阵地准备迎战，而这正是英军期待的。英军引爆了炸药，22 个爆炸室共有 19 个成功起爆，这是战争史上规模最大的坑道爆破作业，据说惊天动地的爆炸声居然连最远在伦敦和都柏林都能听到！在 17 天全面炮火准备之后，英军以总量达 45 万公斤的高爆炸药，在德军位于山岭的防线上撕开了一个大口子，达成了突然性。在英军空中火力的掩护下，精心制定的攻击计划得以有条不紊地实施，普鲁默的第二军团成功地夺取了德军在梅西纳的防御阵地。

7 月 22 日，英军集中 3300 多门火炮猛烈轰击阿尼姆指挥的德第四集团军，并施放毒气，随后英法联军在 16 公里正面上发起冲击，攻占梅西纳—维夏埃高地，8 月 8 日，德军为恢复原态势发起反突击，被击退。战至 15 日，德军被迫从突出部全部撤出。此役，德军损失 2.7 万余人，英军损失 1.7 万余人。在随后的几天中连降暴雨，战场泥泞，联军坦克有的陷入泥潭，有的被德军炮火摧毁，由于长时间的进攻准备，突然性已完全丧失，德军纵深防御已很好地组织起来，在最初取得一些进展以后，英法联军的攻击陷入了困境而停顿下来。直到 11 月初，英军夺取了帕斯尚代尔岭和帕斯尚代尔村庄，攻势才结束，英军占领的伊普雷突出部向前推进了约 8 公里。在伊普雷第三次大战中，协约国军亦付出了巨大的代价。当黑格于 10 月末最终放弃帕森达勒的进攻时，英军伤亡已近 30 万人，加上法军和英属联邦军队的伤亡人数，协约国死伤超过 40 万人，德国为 27 万人。协约国没有实现摧毁德军潜艇基地的战略目标。

1917 年结束了，在黑格和尼韦尔各自独立的攻势中，交战双方一共付出了 50 万人以上的代价，极大地消耗了两大战争机器的战争资源，却没有取得明显的战果。然而必须指出的是，黑格在佛兰德斯和阿尔土瓦实施代价高昂的进攻，其主要目的是将德军的注意力从南边虚弱的法军身上引开。在这一点上，他取得了成功，1917 年法军得以脱离险境至少应部分地归功于黑格。新的一年到来之际，英法两国都将其充满渴望的目光转向至今丝毫未损的美国人力资源上。

五、俄国的最后攻势——六月进攻

当折磨人的战事在西线连绵不休之时，俄国爆发了一系列重大事件，食物短缺、骇人听闻的伤亡人数，导致 1917 年头几个月不断增长的示威游行和罢工。3 月 11 日，杜马不服从沙皇要它解散的命令，街道上发生了大规模的游行示威活动，到处都出现了动乱，而军队拒绝参与镇压。3 月 15 日，沙皇在普斯科夫的陆军总部退位，"愿上帝保佑俄国"是他的祈祷词和墓志铭。一天后，沙皇的兄弟尼古拉大公拒绝继承皇位，几天之内，沙皇及其家族成员即被逮捕，罗曼诺夫家族的统治永远结束了。沙皇政府的统治倒台，从时代的角度看，这标志着一切专制统治残余的消失，代之出现的是由一些不成熟的政党组合建立的临时政府。为了加重其混乱，德国允许流亡在外的革命领导人弗拉基米尔·列宁乘坐一闷罐列车通过德国领土返回俄国。

在 1917 年 3 月俄国爆发的资产阶级革命中，沙皇政府被推翻，代表地主资产阶级利益的临时政府掌权。与此同时，彼得格勒工兵代表苏维埃政权也建立了起来，两个政权并存的俄国走到了十字路口。临时政府与布尔什维克领导下的苏维埃展开了斗争。临时政府极力主张继续参战，直到协约国取得"最后的胜利"。苏维埃担心军官团队会采取支持临时政府的行动，于是在 3 月 15 日以苏维埃的名义发布了著名的"第一号命令"，以此剥夺了军官们的军事管理和训练权。这一命令传遍了整个俄国的武装力量，尽管临时政府下达了相反的命令，但结果却是部队的军纪丧失了，俄国陆军和海军像春天消融的冰块一样崩溃了。兵变的士兵和水手杀死了很多军官，其他军官则直接被士兵大会罢免。到 5 月前，估计军官团队中有一半以上的军官被清除了，他们其中有许多是有经验的军人。

克伦斯基的临时政府为巩固其统治，配合西线英法联军作战，决定于 6 月对德奥联军发动大规模进攻。其企图是以西南方面军向利沃夫方向实施主要突击，以北方面军、西方面军和罗马尼亚方面军实施辅助突击。在主攻方向上，俄军步兵和炮兵人数分别是德奥联军的三倍和两倍。此次俄军动用的是最精锐和受影响最小的部队，包括许多西伯利亚人和芬兰人。被俄国内阶级斗争的激化及苏维埃在军队和国内的影响增大吓破了胆的俄国资产阶级临时政府，力图一旦获胜就解散苏维埃和士兵委员会，结束两个政权并存的局面，粉碎革命力量，首先是布尔什维克党。如果进攻失利，就把罪责推给布尔什维克党，指控它瓦解军队，并扑灭国内革命。协约国则指望依靠数百万俄国大军在1917年战胜德国。

6月29日，所谓的"克伦斯基攻势"在加利西亚开始了。布鲁西洛夫指挥着为数不多的还有战斗力的俄军部队向伦贝格实施进攻。进攻从7月1日发起，俄第十一、第七集团军从波莫尔扎内以东、别列扎内地区向利沃夫实施突击，楔入德南方集团军防线，不久受阻。在南线与奥匈军作战的拉夫尔·科尔尼洛夫将军指挥的第八集团军却推进了30多公里，在其侧翼的罗马尼亚军队和俄国军队也取得了某些成果，但这只是一个短暂的胜利。为俄军的胜利所震惊的德军统帅部将13个德国师和3个奥匈师由西线调到东线，使其兵力几乎增加一倍。随着德军抵抗的增强，以及俄军后勤供应的中止，俄军的战斗热情和纪律性急剧衰退。7月19日，温克勒尔将军指挥的德奥军队从佐洛切夫、波莫尔扎内地域转入反攻，沿利沃夫至捷尔诺波尔铁路实施主要突击。俄军第十一集团军无心恋战，几乎未作抵抗，便大批撤出阵地，向后方退走。

20日，罗马尼亚方面军所属俄、罗各集团军向福克沙尼、多布罗加发起突击，一度进展顺利并粉碎德奥联军反突击，但因其他战线失利，被迫于26日停止进攻，后在德奥联军反击下撤至国境线。25日，德军攻占捷尔诺波尔，至28日迫使俄西南方面军撤至原出发地以东布罗德、兹巴拉日、兹布鲁奇河一线。俄国战线实际上已经瓦解，整个建制的部队逃亡，在这之后很少有激烈的战斗，德军和奥匈军如入无人之境。在1918年到来之前，德奥军队已经清除了俄军在加利西亚的残余。在整个7月间，俄军仅西南方面军就损失 13 万多人，各方面军伤亡和失踪的总数超过 15 万人。6 月进攻没有取得进展，失败的主要原因是士兵厌战、不愿为与其水火不相容的资产阶级打仗，俄军各方面军之间协同不紧密，各方面军内的指挥不力，而且弹药物资缺乏，后备兵力不足。前线的失败，促使俄军部分下层官兵转向革命，主张俄国立即退出战争的布尔什维克党深得人心，让渴望和平的俄国人民倒向了布尔什维克。

1917 年 9 月 1 日，冯·胡蒂尔指挥德军第八军团攻击俄军战线的北端，他在德维纳河的西岸实施牵制性进攻以威胁里加。与此同时，德军三个师通过浮桥渡过该河并包围了要塞，同时，发动进攻的部队向东快速推进。长时间的预先炮火准备已被省去了，而代之以短促而猛烈的集中射击，随后步兵立即实施攻击。这是"胡蒂尔战术"的第一次运用。俄军第 20 军团陷入一片惊慌，并向东逃窜。德军仅抓获了近 1 万名俘虏，双方的伤亡都很小。在同一时间，一支小型两栖远征部队占领了里加湾的奥塞尔岛和达戈岛，并且在俄国大陆登陆。

六、葬送临时政府的俄军总司令——拉夫尔·科尔尼洛夫

拉夫尔·科尔尼洛夫，俄国"二月革命"后的俄军总司令，实际上他既反对布尔什维克，也反对临时政府，是个反苏维埃的旧派军官。第一次世界大战刚爆发时，拉夫尔·科尔尼洛夫任西伯利亚第九师师长，不久转任第四十八师师长，使该师有了"钢铁四十八师"的称号，1916 年升任西南战线第二十五步兵军军长。1917 年俄国"二月革命"后，国家杜马首领、大地主罗德江科任命拉夫尔·科尔尼洛夫为彼得格勒军区司令，自此他以令人炫目的速度上升，7 月 19 日被任命为俄军最高统帅，但他对此并不满足，要求授予他近乎独裁的权力。

当时俄国境内两权并立，临时政府权力极为不稳定，为了扑灭革命，资产阶级临时政府于 7 月 1 日冒险向德意志帝国和奥匈帝国军队发动进攻，但

这次冒险进攻遭到惨败，10天内俄军损失6万人。前线失利的消息传到首都，工人士兵群情激昂，彼得格勒的工人、士兵和其他革命群众走上街头，举行示威，要求全部政权归还苏维埃。临时政府派出军队进行血腥镇压，发生了著名的"七月流血事件"。"七月流血事件"发生以后，坚决主张对革命群众实行武力镇压的科尔尼洛夫被临时政府任命为最高总司令，他想借军队平乱，要求同意他用一切手段来恢复秩序。科尔尼洛夫深信俄国正处于危急存亡之秋，吃败仗更是令民族自尊与荣耀受损。他认为这全是布尔什维克党人所造成的，在他的眼中，列宁与布尔什维克那一众叛国通敌的部下都必须除之而后快，打倒苏维埃、整顿军纪和整顿政府，都是他的目标。

为了引诱克伦斯基和谈，奥斯卡·冯·胡蒂尔指挥的德国第八集团军渡过德维纳河，于9月3日占领里加，只遇到零星的抵抗。胡蒂尔运用突然性、夜行军、短促而猛烈的炮火准备、徐进弹幕射击，以及渗透和机动这一整套战术，效果非常明显。德军派遣了一支两栖远征队去占领里加沿海诸岛屿，构成对彼得格勒的威胁。早在8月初，科尔尼洛夫就已下令将"野蛮师"和骑兵第三军从西南前线调到尼维尔—诺伏索可尼基—维里基路基这个三角形铁路地带来，借口是做保卫里加的后备队。这是进攻彼得格勒时一个很便利的根据地，身为总司令的科尔尼洛夫又调动一个哥萨克师到维堡和白俄罗斯中间的地带来，这个拳头直对着首都的面孔打去，从白俄罗斯到彼得格勒只有30公里的距离！

9月1日，德军为消灭俄军第十二集团军，夺取俄国波罗的海沿岸地区并对革命的彼得格勒直接造成军事威胁，在里加方向上实施了进攻战役。以科尔尼洛夫为首的俄国最高统帅部已获悉德军正在准备进攻，却不采取抗击进攻的措施。科尔尼洛夫甚至还准备把里加登陆场和里加让予德军，以此作为破坏工人和士兵的革命成果并在国内建立军事独裁的借口。那几日，彼得格勒在双重惊慌之下过活。里加陷落使前线更加迫近了，7月7日早晨，总司令得到电报，那是内阁总理的命令，要他把职权交卸于总参谋长，立即到彼得格勒去。事情如此转变，全非意料所及，科尔尼洛夫明白，自己的双重阴谋被人发现了。他决定不屈服，于是发表告人民书，其中说："临时政府受了苏维埃中占多数的布尔什维克派之胁迫，行事完全依照德国总参谋部的计划，且与敌军在里加登陆同时，谋害军队并扰乱祖国。"科尔尼洛夫以维护首都秩序为借口，把亲信部队克雷莫夫的哥萨克第三骑兵军和由高加索山民组成的"野蛮师"调往彼得格勒，他不仅要镇压工兵代表苏维埃，而且向临时政府提出最后通牒，逼临时政府成员全体辞职，并把全部政权转交给他。临时政府总理克伦斯基不得不求救于苏维埃，而社会革命党人和孟什维克掌权的苏维埃又不得不借重于布尔什维克党。由于克伦斯基不清楚手下的将军们是否会予以支持，结果向布尔什维克党的赤卫队求援。

俄军总司令部得到克伦斯基的电报，要他们阻止那些开向彼得格勒及其近郊的一切军队，叫他们退回原来的驻防地。但科尔尼洛夫在电报中批示不执行这个命令，队伍仍向彼得格勒开去。三个师的骑兵装在军用车上，由铁路开向首都去。克伦斯基给彼得格勒士兵的命令中说："科尔尼洛夫将军曾宣誓过爱国家和尽忠人民的，如今却从前线撤退军队，派来攻击彼得格勒。"列宁在揭露这个反革命计划时写道："地主资本家以及同他们站在一起的军官已经组织起来了，他们准备进行并且已经在进行罪恶滔天的活动，把里加（然后把彼得格勒）出卖给德国人，给他们开放战线，让布尔什维克军队遭到杀伤。这一切都是为了让资产阶级掌握全部政权，为了使地主在农村的统治得到巩固，为了让工农的鲜血洒遍全国。"

布尔什维克党成为反对科尔尼洛夫叛乱的领导者和组织者，彼得格勒的4万多名工人武装和1万多名卫成部队严阵以待，几千名波罗的海的水兵赶到首都，各地的工人赤卫队和革命士兵控制了通往首都的交通要道，布尔什维克党还派出大批人员到叛军中进行宣传解释工作，叛军推进处处受阻，内部开始瓦解。布尔什维克党同克伦斯基、社会革命党和孟什维克结成暂时联盟，共同对付科尔尼洛夫。彼得格勒等地的工人和士兵积极地行动起来，波罗的海舰队的水兵也积极地投入到粉碎科尔尼洛夫叛乱的斗争中。9月12日，克雷莫夫看到叛乱成功无望而自杀，科尔尼洛夫被撤职并被逮捕。叛乱被粉碎了，布尔什维克党领导武装起义的形势也开始成熟。

这时科尔尼洛夫的支持者——骑兵第三军，向彼得格勒开进，声称除了科尔尼洛夫不听任何人的命令。后来双方妥协，科尔尼洛夫被放出了大牢，出牢后的科尔尼洛夫南下顿河流域，1918 年 4 月在顿河流域领导他那几千人的残军，在转移根据地途中强攻叶卡捷琳诺达尔时，科尔尼洛夫在司令部被人扔进一颗手榴弹炸死，邓尼金接替他统领这支队伍，并把科尔尼洛夫秘密埋葬，但红军赶到后把他的尸体挖出来挫骨扬灰。由于科尔尼洛夫的叛乱，使得布尔什维克党的力量迅速壮大，并使当时的形势变得对布尔什维克党的武装起义十分有力。克伦斯基过后说，如果不是科尔尼洛夫的叛乱，临时政府也不会那么早就垮台。可以说，是科尔尼洛夫葬送了俄国的临时政府。

七、退出"一战"—— 俄国"十月革命"

1914 年第一次世界大战爆发后，俄国在军事上严重受挫，到 1917 年，士兵死伤数百万，俄国的经济也濒于崩溃。战争给人民带来深重的灾难，各种社会矛盾空前激化，随着冬天的到来，前线开小差的士兵已在 100 万人以上，士气十分低落。开小差的士兵公然住在家里，不受当局的干涉，腐败和低效率传染到社会的各个部门。1917 年 2 月，当沙皇离开皇村去位于莫吉廖夫的总参谋部时，一些大公、地方贵族、杜马中的保守派和自由派代表曾来到皇宫觐见，企图让尼古拉相信，再不进行政治改革，革命马上就会爆发。甚至军队代参谋长瓦·古尔科将军也警告沙皇："陛下，您在有意为您自己准备绞刑架。请不要忘记那些乌合之众是不会讲礼貌的。"可是，对于他的 300 年皇朝可能遭到危险的这些预兆，沙皇尼古拉二世仍然无动于衷。当杜马议长提出警告，叛乱正在席卷这个国家时，尼古拉二世写信给皇后："这个大腹便便的罗德江科，又给我写了一篇胡话，我甚至不愿回答。"

1917 年初，许多俄国人民对沙皇尼古拉二世的独裁及其政府的腐败积怨已深，他们认为沙皇不理解俄国人民的需求与意愿，而他们绝大多数是俄国恶劣的社会经济条件的受害者。严重的通货膨胀和粮食短缺也促进了革命的形成。在军事上，俄国在大战期间蒙受了惨重的损失，这更加深了俄国人民对尼古拉二世无能统治的观点，俄罗斯人已经对现行的体制感到厌倦，首都彼得格勒成为了关注的焦点。

1917 年 3 月 3 日，群众的反抗活动首先在彼得格勒爆发，普梯洛夫工厂的工人开始罢工，10 日发展成为反对饥饿、反对帝国主义战争、反对沙皇制度的政治总罢工，罢工人数达到 25 万人。沙皇政府下令开枪镇压参加示威和集会的群众，从而激起了人民更强烈的反抗，11 日，布尔什维克维堡区委员会决定将罢工转变为武装起义。12 日起义席卷全城，驻守彼得格勒的士兵拒绝向工人开枪，大批转到革命方面。在短短的几天时间内，此时尚在前线指挥军队作战的沙皇尼古拉二世失去了对军队和国家的控制，混乱中，杜马的成员得到孟什维克和社会革命党人的支持，取得了国家的统治权，成立了俄国临时政府。3 月 15 日，沙皇把他的退位书送给他非常藐视的杜马议长，正式赋予了临时政府权力。从 3 月 8 日彼得格勒工人大罢工开始到 3 月 15 日尼古拉二世退位止，在 8 天内，沙皇制度彻底崩溃了。

"二月革命"进展之迅速，在历史上是罕见的。"二月革命"这样快地取得胜利不是偶然的，沙皇制度的残酷压迫和帝国主义战争，促使社会各种矛盾尖锐化，激起人民极大的反抗力，是其中一个重要因素。在"二月革命"中，工人、士兵是反对沙皇的主力军，在革命成功后，工人和士兵组织了自己的领导机构——苏维埃，武装力量掌握在工兵代表苏维埃的手中。苏维埃掌握了实际的权力，其成员中，孟什维克占了大多数。布尔什维克则由于在战争中遭受镇压，大多数领导人还在监狱和流放地，列宁此时在瑞士，斯大林还在流放地。在随后的 8 个月里，一个由资产阶级组成的临时政府和在整个俄国发展起来的"苏维埃"共同分享政权。

苏维埃是一个代表工人、农民、士兵和水手的组织，在苏维埃内部，最有影响的团体是孟什维克、社会革命党和布尔什维克，而孟什维克和社会革命党都是支持临时政府的。临时政府决定不让俄国退出战争，激起群众的极端不满情绪。工人和士兵们不信任临时政府，但信任苏维埃的领导人，临时政府的权威就建立在苏维埃领导人的威信上。这种现像被列宁称之为"双重政权"。资产阶级临时政府继续进行罪恶的帝国主义战争，继续奴役广大劳动人民，并且千方百计地扑灭革命火焰。工人和士兵组织称为苏维埃的委员会，起初同新政权合作，但不久他们进一步向布尔什维克影响下的左翼靠拢，因为布尔什维克要求结束战争和废除私有财产。德国谋求同俄国单独讲和，以便在西线集中所有军队。为达到这一目的，代表德国最高统帅部的鲁登道夫，采取有意的冒险行动，以使俄国退出战争。

这场革命很快就变成了杜马执行委员会中比较温和的自由主义者同社会主义者建立的工人和士兵委员会之间争夺权力的斗争。在这场斗争中，有一个叫阿列克塞·克伦斯基的人，他是一个具有杰出口才的律师，成为临时政府的首脑。"二月革命"胜利后，德国有意让列宁借道德国返回了俄国，列宁的布尔什维克党是反对对外战争的，而这正是德国所希望的。列宁回到彼得格勒之后，彻底改变了布尔什维克支持临时政府的政策，同时孟什维克和社会革命党的阵营也产生分裂。一部分孟什维克党人和左翼社会革命党人加入了布尔什维克的行列，托洛茨基领导的区联派也全体加入布尔什维克，布尔什维克在苏维埃的影响力越来越大。这时的德军除坚守他们的防线外，停止了东线的一切军事行动，鲁登道夫高兴地注视着温和派和布尔什维克之间在扩大裂痕，他知道非正式停战可以阻止这两个派别团结起来共同保卫俄国。老练的德国特务伪装成士兵，聚集在前线，双方在温暖的阳光下交起朋友来，俄国士兵干脆不理会作战的命令，纪律已经破坏，上百万人开了小差。

资产阶级临时政府于7月1日冒险在加利西亚向德意志帝国和奥匈帝国军队发动发动了一场所谓克伦斯基攻势，妄图借战争来消灭革命，但这次冒险进攻遭到惨败，10天内俄军损失6万人。前线失利的消息传到首都，工人士兵群情激昂。彼得格勒的工人、士兵和其他革命群众走上街头，举行示威，要求全部政权归还苏维埃。临时政府派出军队进行血腥的镇压。战场上的失败，使布尔什维克退出战争的主张更得人心，11月，布尔什维克在彼得格勒和莫斯科苏维埃中赢得了多数，整个俄国、几百个苏维埃都通过了要求把全部权力转交给苏维埃的决议。机不可失，布尔什维克在11月以彼得格勒苏维埃的名义发动了一次夺权运动。随后不久，莫斯科的政权也被苏维埃夺取，这就是俄国的"十月革命"。在"十月革命"中，资产阶级临时政府所在地彼得格勒的冬宫只有一队女兵和几名军官保卫，克伦斯基化装逃跑了，曾经支持自由主义而不支持暴君的温和社会主义者们退出政府，以列宁和托洛茨基为首的布尔什维克夺取了政权。托洛茨基大声对温和社会主义者们喊道："你们的戏演完了。从现在起，到属于你们的地方——历史的垃圾桶里去吧！"

在"十月革命"中，由列宁所领导的布尔什维克党与工人代表苏维埃联手推翻了彼得格勒的临时政府，布尔什维克取得各政府部门的领导权，并夺取了农村的统治权。在彼得格勒，来自全俄的苏维埃召开了一次全体大会，被命名为"布尔什维克领导下的新政府"，并将工人民兵部队组织为红军。为结束战事，布尔什维克马上就开始讨论俄国退出战争的问题，1918年3月，布尔什维克领导人与德国签订了《布列斯特 – 立托夫斯克条约》。随后国内就爆发了内战，战火持续了数年，最终由布尔什维克获胜，从而为苏联的建立铺平了道路。

八、城下之盟——《布列斯特和约》

前线战事不利，后方的沙皇统治也开始摇摇欲坠了，1917年3月15日，尼古拉二世宣布退位，沙俄君主政体土崩瓦解。不久，以克伦斯基领导的杜马建立了资产阶级临时政府，接管了俄国大权。与此同时，彼得格勒工兵代表苏维埃政权也建立了起来。两个政权并存的俄国走到了十字路口。克伦斯基的政府决定俄国将继续参加战争，这个选择让渴望和平的俄国人民倒向了布尔什维克。

1917年11月7日，俄国发生十月社会主义革命，推翻了资产阶级临时政府，建立了世界上第一个工兵苏维埃政权——人民委员会。苏维埃政权刚刚建立时，俄国还处在同德、奥匈等国交战的状态，为了巩固新生的苏维埃政权，苏俄必须迅速退出这场帝国主义战争。全俄工兵代表苏维埃第二次代表大会通过了《和平法令》，建议各交战国立即停止战争，缔结不割地不赔款的公正和约。但是，以英法为首的协约国集团根本不理睬苏俄的和平建议，苏维埃俄国被迫单独与德国及其盟国开始和平谈判。1917 年 12 月 3 日，双方在白俄罗斯的布列斯特－立托夫斯克开始停战谈判。1918 年 3 月 3 日，苏俄与德国签订《布列斯特和约》。依约，苏俄将丧失波兰、立陶宛、拉脱维亚、爱沙尼亚、芬兰和白俄罗斯一部分共计约 100 万平方公里领土，并向德交付 60 亿马克赔款。当时出席布列斯特会谈的苏维埃代表团团长托洛茨基等人坚决反对，率代表团退出了和谈。

在经历了三年帝国主义战争后，俄国的国民经济濒临崩溃的边缘，大部分工厂因缺乏原料而无法开工，各种生活必需品十分紧张，工人和农民的不满情绪日益增长，无产阶级专政的阶级基础受到削弱，苏维埃政权面临着严重的经济和政治危机，在这种情况下，结束战争以争取喘息的机会就显得尤为重要。列宁根据当时苏维埃国家刚刚建立，红军正在组建之中，国内反革命力量还很猖獗等情况，主张接受条件，退出战争，缔结和约。在签约谈判时，布尔什维克的党中央发生了意见分歧，以列宁为代表的主和派主张接受屈辱和约以求喘息时机，以布哈林为代表的主战派反对签订屈辱和约，主张进行革命战争，以托洛茨基为代表的"中间派"则主张"不战不和"。1918 年 1 月 2 日，苏俄政府召开中央和地方负责人会议，60 人出席的会议上，赞成布哈林主张的 32 人，赞成托洛茨基主张的 16 人，赞成列宁主张的仅 15 人，最终，列宁的主张因处于少数而未能被通过。

为了迫使布尔什维克政府屈服，并停止托洛斯基的滔滔雄辩，2 月 18 日德军恢复了对俄国的进攻，1918 年 2 月 18 日，柏林增强了压力，德军在前线大举进攻，侵入乌克兰和白俄罗斯，并从北面威胁彼得格勒。向前推进只遇到微弱抵抗的德国部队，于 2 月占领了波罗的海诸省，进占乌克兰和基辅，甚至深入克里米亚和高加索。随着"白军"反对"红军"，俄国爆发了内战，全国一片混乱，彼得格勒受到德军的威胁，列宁于是下令把首都搬到了莫斯科。由于俄国军队的瓦解，又面对德国和奥匈的利益要求，新成立的苏维埃政权只能选择委曲求全的道路。最初的谈判失败之后，德国人的快速推进终于使许多人认识到，革命的言辞不能遏止军事力量。在德国人推进到距离他们的首都仅有 100 多公里的紧迫形势下，苏俄中央委员会举行了紧急会议，经过激烈的争论，托洛茨基转而支持列宁，会议结果以七票赞成、五票反对、一票弃权的结果通过了列宁的提案。苏俄政府连夜通知德国方面，同意签约。

但是德国在得到通知后并没有停止进攻，并于 2 月 23 日提出更加苛刻的条件。尽管《布列斯特和约》十分苛刻，在列宁的坚决主张和极力争取下，还是先后被布尔什维克党的七大和苏维埃第四次非常代表大会批准。至此，俄国退出了第一次世界大战，第一次世界大战的东线战场沉寂了下来。由于俄国退出战争，德国因此能够集中主要兵力在西线作战。《布列斯特和约》是一个条件十分苛刻的掠夺性条约，使苏俄丧失了近 100 万平方公里的土地。但它的签订使苏俄摆脱了战争，巩固了政权，粉碎了协约国企图利用德国之手扼杀苏俄的阴谋。1918 年 11 月 13 日，即协约国对德停战协定签字后两天，苏俄政府宣布废除此条约。

第十三章
改变战争天平的砝码
——美国的介入

一、"我不能，但摩根先生可以"——被绑架的美国

为了战胜同盟国，法国人将征兵条款的年限一再拖延，这让法兰西流光了它的鲜血，而大英帝国则通过歇斯底里的发债，花光了从诺曼王朝到温莎王朝之间用各种手段辛苦积攒下的全部黄金储备。协约国的命运变得岌岌可危，有能力挽救其命运的，只有坐大洋彼岸悠闲观战的中立国美国。不过美国可不是轻易为协约国所动的，钱可以赚，但参战则另论。在这千钧一发当口，英国人想出了一条妙计，用 1000 万美元的佣金，粉碎了美国历时百年的门罗主义，也就是它的中立政策，从而把美国拖到了协约国漏洞百出的战船上。

1915 年，华尔街的摩根财团成为协约国在美国采购军需品的代理人。摩根财团收到一笔价值 5 亿美元的军火订单，这在当时可是一笔惊人的款项。这笔生意的佣金是 5 亿美元的 2%——整整 1000 万美元。条件是，这批 5 亿美元的军火资金由摩根财团负责利用华尔街筹集，也就是说，要暂借美国人的钱来为英国人解燃眉之急，先垫付军火费用。战争初期，美国并没有希望从战争得到更多的经济好处。战争的第一年，即 1914 年，时任美国国务卿的布赖恩，就明确建议美国金融家不要对协约国贷款。1914 年 8 月布赖恩在与总统商量后，再次通知金融家，向交战国贷款违背了"真正的中立精神"。长期在"门罗宣言"的滋养下，几乎所有美国人都希望摩根财团能够

远离这份礼物，因为它显然破坏了中立的行为，但是摩根却不想放弃这笔百年难遇的生意，他开始行动了，在摩根的支持者们的反复宣传下，沐浴在和平阳光下的美国人渐渐修正了对于"无为即和平"的偏执理解，毕竟财富唾手可得，而鲜血却远在地球的另一面。

现在形势逐渐变化了，协约国因为战争，从美国购买农产品、工业品和军用物资，进口量逐步增加。这对美国的经济发展有着很大帮助。不仅仅是银行家和军火商，大多数美国人也从中得到了好处。财政部长麦卡杜强烈要求改变不向交战国贷款的政策，他的理由是为了保持美国的对外贸易和经济繁荣，继任国务卿兰辛也认为有必要改变政策。摩根财团以美国国债的方式向美国定购了5亿美元的军火，在这批军火生产的带动下，美国经济也随之开始繁荣起来。激动人心的工业收益带动整个华尔街证券市场欣欣向荣，锣鼓声中，由摩根财团承销的5亿美元战争债券销售一空。美国政府为此向协约国提供了30亿美元的贷款，用来帮助协约国购买美国军火与其他补给品，英国这个垂死的老牌帝国终于从濒临崩溃的边缘缓过气来。美国担心协约国减少进口会引起美国"生产缩减，工业萧条，资本闲置，金融混乱和劳工阶级的普遍骚乱"，为了自己的经济繁荣，只得贷款给协约国，让协约国拿美国的钱来买美国的货。摩根公司实际上成为协约国在美国的金融代理人。美国公司与同盟国的生意也越做越大。

美国的国务卿兰辛对贷款的问题解释道："先生们，如果不同意贷款，贸易就无法形成，生产就会受到限制，工业就会萧条，劳动力和资本就会闲滞，金融就会混乱，劳工阶级就会不安定，民主国家就会受到损害……"自此，美国投资客的钱通过摩根财团的手，变成源源不断的贷款进入美国军火商的账户，再变成一船船军火驶往战火纷飞的欧洲战场。自从第一次世界大战爆发后，由于英国对德国实行严密的海上封锁，美国同协约国的贸易从1914年的8亿美元激增到1916年的32亿美元，而与同盟国的贸易则从1914年的1.7亿美元猛跌到1916年的区区100多万美元，几近于无。战争期间，美国还供给协约国各种物资100多亿美元，贷款100亿美元。因此，美国同协约国在经济利益上已经紧密地联结在一起了。军火一船又一船地给英国人送过去了，但英国人的钱却没能及时返回来，英国人说数目庞大的黄金漂洋过海太危险了，搞不好会被德国人掳去，所以让美国人不必着急，好在英国在美国人眼中还有些信誉——而且也没办法，已经上道了就只能走下去。英国人此时付账的方式也就变得简单起来了，直接由美国贷款，这就使得在财政和军需方面，美国成了协约国的支柱和主要基地，协约国终于为自己搞到了一个输血基地。

为了让手头上那些贷款数字有效，除了继续发放债券，摩根集团以及所有协约国的投资者们只能拼命祈盼德国人尽快投降——彻彻底底地高举双手投降。只有这样，他们才能从德国人的口袋里掏回投资与红利，而摩根们则可收回债券发行费，而不是无穷无尽的官司。随着战争的深入，中立使美国大发横财的同时，也将美国一步步拖入战争。与协约国一边庞大的贸易额使美国与协约国联在一起，如果协约国战败，美国的贷款即将付诸东流。尤其重要的是，美国金融家与工业家的命运同协约国也紧密联系在一起。战后共和党参议员杰拉尔德·奈所成立的国会调查表明，美国 1917 年的参战很大一个原因是金融家和军火巨头的操纵。这些人几乎只与协约国做生意，他们不惜一切代价希望协约国取胜，这样才能大赚其利。

当 1916 年底在欧洲战场上占据了上风的德国人提出了足以让摩根财团跌进地狱的要求——为了和平停战——时，美国人傻眼了：和平当然美好，可谁来为那 100 多亿美元的战争贷款买单？是英国人还是德国人？德国人没战败，当然不可能替敌人掏钱，而英国人早已是穷得没有一个先令了。再说英国人也不愿付啊，只要打下去，这笔钱早晚得由德国人掏。务实的法国总理在法国众议院暴风骤雨般的咒骂声中，依旧嘹亮地宣称与德国进行谈判的任何念头都是"卑鄙和可耻的"。而劳合·乔治首相在英国下议院也再次重复了伟大盟友的决心——我们必须把对德国的战争进行到底。在俄国已发生"十月革命"后，新建立的苏维埃政权与德国单独议和并退出了战争，德国人从苏俄那里获得了巨额的赔款，除了粮食以外，还有大批从东线解脱出来的军队，战争胜利的天平已经开始向德国人倾斜，这时候着急的已经不只是协约国和摩根财团了，美国的金融家与工业家甚至美国政府的命运都已与协约国紧密联系在一起了。"先生们，我们不是花钱来欣赏败仗的！"1917 年的春天，眼高手低的协约国终于听到了美国人的警告声，而美国总统伍德罗·威尔逊听到的良言相劝是："总统先生，我们都知道，如果这笔借到欧洲去的钱最终变成坏账，就是上帝，他也得从这儿走人。"

威尔逊总统决定参战，可是始终找不到好的借口。因为自己曾经是个"和平总统"，现在突然要食言，所以借口一定要完美。就在威尔逊绞尽脑汁的时候，德国人给了威尔逊机会。1917 年 4 月 6 日，被"民意"劫持的威尔逊总统在白宫正式签署了对德宣战文件："鉴于 1915 年的 5 月 7 日，德国潜艇在西南爱尔兰的外海击沉了一艘英国运输船'卢西塔尼亚'号，随船死亡的 2000 名旅客中有 124 名是美国公民，美国特此决定放弃中立立场，正式对德宣战。"护财之情与爱国之心让美国的每一条街道、每一扇窗户、每一张桌子都燃烧着反德参战的狂热情绪。由于美国同交战双方纠缠不清的利害关系，参加第一次世界大战是不可避免的了。不管美国领导人的主观意图如何，不管美国在名义上是否还保持"中立"，美国必然会不同程度地卷入战争。在英法联军濒临破产，在协约国即将分崩离析的 1917 年，100 亿美元贷款面临着一笔勾销，利害攸关，美国不得不参战。历史以宏大的叙事方式，阐述了一个古老的犹太法则——当你欠下了一百元，你是债务人；当你欠下了一百亿元，情况恰恰相反。

当然，美国总统威尔逊在对德宣战演说中说到参战的目的时却是绝对大义凛然的："我们乐于为世界的最后和平，为世界各民族的解放，为大小各国的利益作战，我们没有任何自私自利的目的可追求，我们不想征服别人，我们不为自己索取赔款，我们不为自愿的牺牲寻求物质上的补偿。"威尔逊总统那番激情的演说，让许多议员都流下了眼泪，他们觉得总统的请求是极其严肃认真的。但议员们当真会那样天真么？有人会相信么？当威尔逊总统离开国会大厦返回白宫时，国会大厦外面街道两旁的人群向他欢呼。威尔逊坐在车中，悲伤地摇摇头说："好好想一想，他们所欢呼的是什么，我今天所发表的演说，带给我们年轻人的是死亡的信息，而他们却如此地欢呼。"

二、政界"百灵鸟"——托马斯·伍德罗·威尔逊

绰号"政界校长"的美国第二十八任总统伍德罗·威尔逊出生于弗吉尼亚州，小时候他被认为是一个迟钝的初学者，9 岁时还不识字，但 17 岁以后通过努力学习，成绩进步很快，1886 年毕业于普林斯顿大学，曾获霍普金斯大学政治博士学位，他本人也因博学多才、善于辞令而享有"百灵鸟"之称。1912 年，威尔逊当选美国总统，连任两届，是美国历史上"学术地位最高"的一位总统，也是一位杰出的资产阶级政治家。1962 年美国历史学家把威尔逊排在 34 位美国总统的第四位——位于林肯、华盛顿、富兰克林·罗斯福之后。

1912 年，在美国总统大选中，被视作温和改革者的威尔逊在几乎每一轮投票中都落后于克拉克，只是由于克拉克没有达到三分之二的法定选票而不得不继续进行新一轮投票。就在威尔逊决定放弃，马上就要发表承认失败的声明时，情况发生了一场戏剧性的变化：纽约市有一个很腐败的坦慕尼协会决定支持克拉克而一举压倒威尔逊。这导致三届民主党总统候选人威廉·布莱安转而反对克拉克，称他是"华尔街的代表"，并改为支持威尔逊。他的改变引来许多代表的效仿，威尔逊与克拉克的力量对比开始逆转，威尔逊最终在第 46 轮投票中胜出。1912 年，民主党派的威尔逊当选为美国第二十八任总统，此后他推行了一系列卓有成效的"新自由"改革。"一战"爆发后，美国在威尔逊"中立"的旗帜下，一边摇晃着橄榄枝，一边加紧军火生产，大肆扩充军备，同欧洲的两大集团做军火生意，大发战争横财，由债务国摇身一变，成为了最大的债权国。

在这个时期，尽管奉行无限制潜艇战的德国潜艇在大西洋上对美国船只展开攻击并造成人员损失，威尔逊也只是威胁德国停止其行为，而继续将美

国置于战争之外。英国宣布对德封锁，严禁一切装载战争禁运物资的中立船只驶往德国，虽然威尔逊对于英国侵害中立方权利的做法表示了温和的抗议，但如英国所预料的，他并未采取任何行动。公正地说，他这个时间的"中立"其实是有偏向的，只不过是时机尚未成熟。美国当时的国务卿威廉·詹宁斯·布莱安就对这个问题提出了明确的质疑，后来却因此而辞职。1916年，威尔逊再次获得总统竞选重新提名后，在竞选中打出了"他让我们远离了战争"的口号，提示选民他任期内既维持了坚定的国策，又避免了与德国或墨西哥的公开冲突的业绩，在这个不参战的口号下，威尔逊获得连任。在获得总统连任后，威尔逊为确保一个更宽泛的外交政策，警告美国公民不要在交战阵营中选择他们的所属方，尽管载有大量美国公民的英国客轮"卢西塔尼亚"号被德国潜艇击沉的事件给威尔逊增加了参战压力，但美国的中立原则还是得到了维持。由于德国发起无限制潜艇战，威胁到美国的商业海运，这种中立性开始倾斜。针对德国所实行的无限制潜艇战，威尔逊的口气也日趋强硬起来，他警告德国他不会容忍给美国人造成生命损失的潜艇战。

1917年3月，当一场具有空前规模的世界战争正在激烈进行时，俄国爆发了"二月革命"，统治俄国300多年的罗曼诺夫王朝被推翻了，但是，新成立的资产阶级临时政府不顾人民反对，一意孤行地继续战争，11月7日（俄历10月25日），在以列宁为首的布尔什维克党的领导下，俄国人民进行了武装起义，推翻了资产阶级临时政府，建立了苏维埃政权。为了巩固新生政权，并满足俄国人民对"和平、土地和面包"的渴望，苏维埃政权决定退出帝国主义战争。俄国的退出，使战争的天平开始出现了倾斜，这就迫使一直观战的美国不得不表态了。

随着国力日益增强，以欧洲为重心的国际旧秩序逐渐瓦解，美国决策者们体认到了美国在世界格局中的重要作用，威尔逊坚信美国式的民主是世界上最完善的制度，因此要将这一制度向全世界推广。在这一观念的驱使下，他领导的美国政府要更广泛、更深入地插手世界事务，他不想成为战后欧洲的看客，他必须要成为国际事务的主导。还有一个原因，那就是，此时若不参战，美国在此之前援助协约国用于战争的那些贷款将要打水漂了。1917年，两大军事集团已打得精疲力尽之时，威尔逊认为该到出场的时候到了，便以"使世界安全并确保民主"为名，促使美国参加战争，威尔逊宣告，将进行一场"结束一切战争的战争"。在两大集团厮杀了2年零9个月之后，美军踏上了欧洲的战场，直接投入了战斗。威尔逊动员了大量人力物力，为战争的胜利作了很大努力，由于美国这支强大生力军的加入，战争迅速以同盟国的失败而告终。威尔逊于1918年1月提出《公正与和平》十四点方案，此方案成为与战败国和谈方案的基础。1918年11月11日，德国与协约国签订了停战协定，但威尔逊所提出的十四点方案被当成废纸扔到了一边，协约国需要的是要德国永世不得翻身。

1918年12月4日，"乔治·华盛顿"号轮船载着参加第一次世界大战和平会议的美国代表团驶离纽约港，码头上，人群涌动，鸣枪致礼。在所有舰船汽笛齐鸣中，"乔治·华盛顿"号轮船缓缓地驶过自由女神像，开往亚特兰大。在那里，一队由驱逐舰和战舰组成的护航舰队将护送满载人们希望的它驶往欧洲。威尔逊本人也作为美国总统破天荒第一次出国。此次出席巴黎和会，不仅仅是为了缔结对德和约，还要解决战后国际布局问题，而且威尔逊此行还带去了他的得意之作——成立国际联盟。这名信仰和平的美国总统，此时已是全世界瞩目的英雄和正义的化身，这当然与他领导美国改变了"一战"进程有关。用法国总理克里孟梭的话来说，他们既感谢美国派兵帮助协约国对付德国，也想分享威尔逊有关建立一个和平世界的愿望。对于威尔逊的巴黎之行，他的反对者们指责他违背了宪法，甚至连他的支持者也认为此番可能不是明智之举，不知是否会因为涉足这种无休止的谈判纷争而丧失威尔逊的威信。威尔逊对此的态度十分明确，在他看来，赢得和平和打赢战争同等重要，也是他对渴望美好世界的欧洲人民和美国人民的义务。对此，一位愤世嫉俗的英国外交官的评论比较刻薄，在他看来，威尔逊前往巴黎就像一个初入社交圈的女生为第一次舞会而着迷一样。

这时的美国真的是非常重要，当世界上几乎所有发达国家都被战火摧残的时候，它却没受到任何影响，在经济上甚至由此获益。它借给协约国的贷款，当时看来恐怕其几辈子也还不清。而更让威尔逊名扬四海的，则是他那闪耀着人类理想主义光芒的"十四条"。人们都相信他的演讲，相信靠着他的个人努力，就能建立一个人人都抛弃仇恨、人人都共同努力以永远避免战争的世界。陪同威尔逊总统前往欧洲的是比他小17岁的新夫人伊迪丝·伯林，这是总统夫人的特权。伊迪丝·伯林热情、活泼、爱笑，喜欢高尔夫球、购物、兰花，并热衷于各种聚会。她的眼睛非常漂亮，不过有人认为她略过丰满，嘴巴太大而衣服稍显太紧，领口太低而裙子太短，但威尔逊觉得她很漂亮。

1919年，作为巴黎和会的三巨头之一，威尔逊带着他宣扬已久的、被称为"世界和平纲领"的十四点原则参加了巴黎和会，缔结了《凡尔赛和约》。威尔逊极力倡导国际联盟方案，旨在确立美国领导下的战后世界秩序，他为此东奔西走竭尽全力。成立国际联盟的方案在巴黎和会上终于通过了，但可笑的是倡导并竭力为之奔走的美国却开始反对这个方案了：这时，美国国内政治形势出现了逆转，被共和党人控制的国会拒绝批准威尔逊方案，后付诸公民表决，结果这一方案未完全被通过，由于国内孤立主义思潮等种种原因，最终也未被美国国会通过。提出国际联盟的美国，却未能参加国际联盟。威尔逊一手促成了"国联"，最终反被他自己的人民抛弃，这一巴掌打在了威尔逊的脸上。虽然美国没有加入国际联盟，但威尔逊还是因此获得了1919年的诺贝尔和平奖，他是继西奥多·罗斯福之后获此殊荣的第二位美国总统。

在巴黎和会上，威尔逊极力想使美国登上第一大国的宝座，称霸世界，但美国在国际舞台上毕竟根基不深，它的海军不如英国，陆军不如法国，美妙的幻想一旦碰到"老虎"讲求实际的强硬主张和"狐狸"斤斤计较的商人政策，"百灵鸟"顿时章法大乱，变成了"一个十足的傻瓜""又聋又哑的唐·吉诃德"。可以说威尔逊充满信心地带到巴黎和会上的东西全都打了水漂，而当年正是他拍了胸脯保证之后，德国人才下定决心以十四点方案为和谈基础投降。但法国人使威尔逊的保证落了空，他的十四点原则在巴黎和会中成为了一纸空文。在巴黎和会中声称要让世界找回正义的威尔逊，又在中国青岛问题上自打耳光。可以说，巴黎和会是威尔逊个人理想主义的惨败之地。克里孟梭对威尔逊的评价是："他让人捉摸不透，我认为他不是坏人，但不清楚他有多好。"他还觉得威尔逊清高、傲慢。"他对欧洲一无所知，而且想理解他简直太难了。他以为按照公式和十四点原则，什么问题都可以解决。上帝也只提出十诫而已，威尔逊却谦逊地要把十四点强加于我们，最空洞的十四条戒律！"

　　在个人性格上，威尔逊也与他在巴黎的亲密同僚劳合·乔治和克里孟梭不同，在他们看来威尔逊始终有点令人费解。他究竟是位什么样的领袖呢？一方面引用《圣经》中最高贵的语言，但同时却对异己冷酷无情；一方面热爱民主，却鄙视大多数同行；一方面力求服务于人，却朋友寥寥。他到底是泰迪·罗斯福所认为的那种"前所未有的虚伪冷血的总统"还是贝克所认为的那种如克伦威尔之类少见的理想主义者？没人说得清楚。这个看上去美誉遍及世界的老人周围竖立着高耸的围墙，他那自由主义的、乐观的性格，在阴郁的、习惯了钩心斗角的欧洲政客面前实在不堪一击。人们对他客套而宽容，像看着一个天真的孩子四处演讲，然后在私下里却一点一点地把他的原则吞蚀掉。

　　历史学家普遍认为威尔逊没能使美国加入国际联盟是他任内所犯的最大失误，甚至可能是美国历史上所有总统任期内的最大失败之一。《凡尔赛条约》中的种种苛刻条款招致了德国民众对条约的极大怨恨，最终导致了希特勒的上台和第二次世界大战。威尔逊对战后美国老兵复员的问题未给予足够重视，导致复员过程进行得异常混乱，400万士兵在身无分文、没有任何安顿计划和救济的情况下就被送回了美国，最终埋下了1932年镇压"一战"老兵悲剧事件的种子。

　　威尔逊有着强烈的扩张主义倾向，为了建立和巩固美国在中美洲和加勒比海地区以及对巴拿马运河的绝对控制权，美国对墨西哥、尼加拉瓜、海地、古巴、多米尼加共和国等进行过威胁、干涉、控制甚至战争；威尔逊坚决反对用革命的手段清除资本主义的各种弊病，反对妇女获得选举权，对黑人有强烈的种族主义倾向。还在 1918 年夏天时，威尔逊接受了呼吸道方面疾病的治疗，这一没有公开的插曲预示了更严重的健康问题即将到来。

威尔逊在 1919 年底中风，这使他的身体状况变得很糟，而此前他的健康状况就已经很差，曾有过几次中风的前兆。这次中风发作，令他几乎完全丧失了工作能力，左半边身子完全瘫痪，左眼也失明。至少几个月的时间内他都要使用轮椅，而在这之后他也要靠拐杖走路。威尔逊的残疾情况直到 1924 年 2 月他去世前始终没有对外公开。1920 年总统选举，民主党人失败。当年，下野的威尔逊获诺贝尔和平奖，4 年后病逝于华盛顿，享年 67 岁。综合来看，尽管威尔逊有许多局限性，但仍不失为白宫有史以来为数不多的对历史有重大影响的总统之一。

三、美国参战的导火索——齐默尔曼电报

大战进行到了第三个年头，精疲力竭的德国人手中只剩下一张可用之牌了，那就是它的潜艇，1917 年初，德军经过仔细分析和计算后得出的结论是，无限制的潜艇战将在 5 个月内迫使英国求和。虽然也估计到了美国介入的危险，但德国认为，美国在海上和陆上的潜在影响在两年内是微不足道的。德国期望在这段时间，通过潜艇战以及陆上的作战给同盟国带来胜利。这一计划实施后不久，英国船只的损失猛增至每月 90 万吨，由于风险太大，英国和中立国的商船水手们开始拒绝出海，协约国估计，英国的粮食和必需的原材料贮备最多只能坚持到 7 月份。

德国宣布对英国进行无限制的潜艇战的同时，为了抗衡美国日渐增长的敌意，德国外交官开始为结成德国与墨西哥的同盟而进行秘密谈判。如果德国与美国爆发战争，德国将与墨西哥结成防御同盟，条件是"墨西哥将重新获得失去的领土——新墨西哥州、得克萨斯州和亚利桑那州"。英国既而出招反制，而这一招却是致命的，比起无限制潜艇战要成功很多，智慧很多。英国的这一妙计便是利用间谍战，通过谍报挑拨离间，最终诱使美国这头雄

狮走上战场。如果说德国的无限制潜艇战是美国介入"一战"的火药的话，那么齐默尔曼电报可以说就是那根点燃了火药的导火索。

1838 年 1 月 8 日，艾菲尔德·维尔展示了一种使用点和划的电报码，这是摩尔斯电码的前身。作为一种信息编码标准，摩尔斯电码拥有其他编码方案无法超越的长久的生命力。摩尔斯电码在海事通信中被作为国际标准一直使用到 1999 年。1997 年当法国海军停止使用摩尔斯电码时，发送的最后一条消息是："所有人注意，这是我们在永远沉寂之前最后的一声呐喊！"

在第一次世界大战期间，长距离传送信息的技术有了大幅度发展，用摩尔斯电码发送的电报和无线电报不久便在战争中显示了其胜负攸关的作用，各个国家都马上把它应用到了战争之中。自从无线电和摩尔斯电码问世后，军事通讯进入了一个崭新的时代，但是无线电通信完全是一个开放的系统，在己方接受电文的同时，对方也可"一览无遗"，因此人类历史上早就伴随战争出现的密码也就立即与无线电结合，出现了无线电密码。而电报的加密和破译也就登上了舞台。1914 年 8 月，德国无线电台发出了"儿子诞生"(即战争爆发的隐语)的消息后，德国对法国正式宣战，由此拉开了第一次世界大战的序幕。从这个时候起，各交战国的情报机构开始的一系列的情报活动首先是围绕着密码破译来进行的。

"一战"初期，人类间谍活动被公认为交战双方的主要威胁。但是后来事实证明信号情报更具有决定性意义，其重要性确实比在以往任何一场战争中都要突出。1917 年 1 月 17 日，英军截获了一份以德国最高外交密码加密的电报。这是一份由德意志帝国外交秘书阿瑟·齐默尔曼于 1 月 16 日向德国驻华盛顿大使发出的加密电报。这个电报是德国人用新的密码系统发出来的，传送给德国驻华盛顿大使，然后继续传给德国驻墨西哥大使，电文将在那里解密，最后要交给墨西哥总统。

人们都知道，密码是秘密情报战中的秘密武器，离开了密码就谈不上情报的秘密。破译是通过破解侦察对象的密码，从中获取情报的手段。想方设法保住自己的密码不被破译，千方百计破译别人的密码，是各国情报机构最基本、最经常也是最重要的一项业务工作。在"一战"中，英国人早就掌握了德国人所用的电报密码，在多格尔沙洲海战中，英国人就曾靠破译德国人的电报而取得了胜利。这次英国人虽然意识到了这封电报的重要性，但因为德国人使用的是一种新的密码，英国人一时破译不出来，正在他们一筹莫展之际，却突然发现德国人犯了一个错误，原来接到密件的德国驻华盛顿大使在他的华盛顿办公室里将电报用新的密件本译出后，却又用老的密件本将电报加密后传送给了德国驻墨西哥大使冯·伯恩托夫，英国密码破译专家们在得到新老两个版本的电报后，经过努力终于破译了这封电报。

英国海军谍报机构截获并破译了该密电后，电报的内容让英国人高兴万分，就像"二战"时收到日本偷袭珍珠港消息时的心情一样，因为这是一份足以给美国参战心情火上浇油的电报。原本就注重舆论宣传的英国人马上将这封电报的复印件交给美国驻英国的大使 W．H．佩奇，而佩奇立即将它转交给美国国务院，不过英国人和美国人约定好了，不说这封电报是英国人送来的，而说该电报是美国自己截获并破译的，不然的话世人一定会质疑这封电报的真伪。很快美国就通过新闻机构将它公之于世。

这是一封建议与墨西哥结成对抗美国的军事联盟的电报，它的内容为："我们计划于 2 月 1 日开始实施无限制潜艇战。与此同时，我们将竭力使美国保持中立。如计划失败，我们建议在下列基础上同墨西哥结盟并协同作战，我们将会向贵国提供大量资金援助，墨西哥也会重新收复在新墨西哥州、得克萨斯州和亚利桑那州失去的国土。"虽然后来墨西哥总统卡兰萨正式拒绝了德国的这个提案，但它在发送过程中已经掀起了滔天巨浪。

尽管 1915 年英国的远洋客轮"卢西塔尼亚"号被德国潜艇击沉，死了 100 多个美国人，但那场风波很快就过去了，只要德国此后对其潜艇的攻击行为加以限制，美国仍将一直保持中立。至 1917 年以来，协约国和同盟国都已陷入了艰苦的阵地战中，任何一方都没可能取得决定性的进展。英国人企图实行海上封锁困死德国人，而德国人的潜艇也在努力切断英国人的供给线，双方都到了精疲力竭的地步，此时的英国希望能借这封电报促使美国早日加入到这场战争中来。

就在这个时候，这封电报出现了，这岂不是英国的福音？这封电报果然如那些政治家们所预料的那样，迅速地挑起了美国大众的愤怒情绪，原先美国人以为自己只是远离战场的看客，而现在德国人却想把战火从美国后院点着，这实在是让美国人无法容忍了。整个美国都开始担心墨西哥的举动。威尔逊总统决定，凡在交战地带航行的商船将予以武装。电文破译后6个星期，也就是在俄国因"十月革命"退出了"一战"之后，美国总统威尔逊宣布美国对德宣战，这时正是关键时刻，美国如果这时不加入战局中，协约国极有可能就招架不住德军的打击了，因为德军已经没有后顾之忧了。此时，站在美国总统身后的是一个团结起来的愤怒的国家，齐默尔曼的电文使所有美国大众都相信德国是美国的敌人，整个国家都充满了对德国的怒气。随着美国加入战场，德军立刻陷入劣势，最终走向全面失败。一封小小的电报，扭转几个国家与无数人，乃至整个世界的命运和发展，这次破译由此也被称为密码学历史上最伟大的密码破译。

其实不管怎么看，这都是美国人对自己要参战在找个正义的理由，对齐默尔曼电文的破译并不见得有那么巨大的作用，美国的参战是其利益所在，这封电报充其量不过是一个参战的借口，该参战的时候有没有它其实都是一样的，甚至有人分析，这封电报原本就是造出来以供宣传之用的。但不管怎么说，通过这个事例我们得知，谍战在战争中对局势发展起着重大的作用，在"一战"中，谍战这一场无硝烟的战争也表现出强大的战斗力。

四、协约国的救星——在法国登陆的美军

1917年很可能是历史将永志不忘的一年。美国背弃了乔治·华盛顿关于不卷入联盟的忠告而参加了一场"结束战争的战争"。自1915年以来，美国缓慢的参战趋势已经明显，这一点从华盛顿对柏林之间的外交函件日益尖锐的措辞就可以明显看得出来。1914年大战刚爆发时美国的中立无疑受

到绝大多数美国人民的支持。但是，在三年的战争中，各种因素的组合慢慢地改变了公众舆论。而英国控制着全球电报网，在宣传领域中德国人的愚蠢和英国人的老练也对改变美国公众舆论起了一定的作用。德国潜艇的威胁加上持续损失惨重的地面战僵局使得英法两国在1917年年初的日子都很不好过，1917年4月2日，德国没有丝毫停止潜艇战的迹象，威尔逊总统同时向美国参众两院发表演讲，认为美国不能继续袖手旁观了，两院都以绝对多数通过了总统的倡议。大战打到这个分上，交战各方都已是精疲力尽，美国打算出场了，只要美国正式对德宣战，美国海军就可以帮助英法消除德国潜艇的威胁了。

第一次世界大战前，美国在列强中并不突出，是个负债累累的债务国，可是到第一次世界大战后，美国一下子富起来了，如列宁所说，"它从负债累累一跃而为各国的债主"，全世界有20个国家欠美国的债，连本来最富有的英国也欠下了美国44亿美元的债款。美国地处北美，与战区远隔重洋，战争为美国提供了发财的机会。不过，战时美国与同盟国和协约国的贸易是不等的。由于英国封锁，美国与同盟国的贸易猛跌，几至于无，与协约国的贸易量却增加了三倍。1914年，第一次世界大战爆发后，美国对英国人的封锁措施比对德国人的活动更担心，美国坚持海上自由，向交战双方提供战争物资，船主因为英国对同盟国特别是对德国的封锁而感到十分愤怒，不过美国船主渐渐发现，派越来越多的船只装载着战争物资驶往英国、法国非常有利可图，这种商船因受到德国潜艇的袭击，加上英国人的巧妙宣传，导致了美国舆论转而倾向协约国。

大战爆发后，美国没有马上参战，而是静观事态变化，以坐收渔人之利。美国政府认为，这次战争的结果将是"没有胜利的和平"，双方实力都会受到很大损失，任何一方都不会得到决定性胜利，"那时整个世界的前途就会决定于我们手中"。直到1917年，威尔逊总统还使美国置身于战争之外，并且他没有让美国军队做好为全面欧洲战争作战的准备，美国所拥有的只是钱、劳动力和武器的生产能力。在大概一周内，国会授权政府向协约国提供一笔30亿美元的贷款，一份财政部公告解释说，这笔贷款用于支持协约国作战，否则，美国军队将付出更大的代价，不仅仅是人员上的，而且是金钱上的。美国不希望它投入到协约国的金钱打水漂，已决心把自己绑到协约国的战车之上。大战开始时，美国尚未做好战争准备，陆军只有25万，此时参战力不从心，同时，美国人民反战情绪普遍，威尔逊又面临1916年的总统竞选，便以"威尔逊使国家免于战争"为口号，迷惑选民捞取选票。1916年威尔逊已在总统竞选中获胜连任，美国这才开始招募、训练军队，准备踏入欧洲战场。近一年后，美国做好了战争准备。

由于英国对德国的经济封锁，1917年时的德国已处在十分困难的的境遇中，英国人的意图是困死德国人，当然其中包括德国平民。在主力舰队无法突破英国封锁的情况下，德国企图用潜水艇来打破英国的海上优势。1915年2月，德国就宣布实行无限制潜艇战，对环绕大不列颠和爱尔兰领海以及英吉利海峡中的敌国商船一律击毁，事先不加警告，中立国的船只也不例外。由于美国的强烈抗议，德国于1916年5月暂时停止无限制潜艇战。但到了1917年2月，德国对在陆上赢得战争已越来越不抱希望，又恢复了无限制潜艇战，企图通过潜艇封锁迫使英国在"6个月以后投降"。德国的无限制潜艇战，不仅为美国支持协约国的舆论提供了材料，也为美国参战提供了很好的借口。1917年，掌握了德国军政大权的鲁登道夫继续推行无限制潜艇战的冒险，似乎产生了称心的战果，在1917年的头三个月中，130万吨以上的协约国和中立国船舶被击沉，4月的损失近90万吨，这种成就多数是出自英国海军部顽固地反对采取护航制的缘故，只剩下仅够6周食粮的英国，迫切需要美国支援，以与德国潜艇的威胁搏斗。

战争头几年，关于对德国实施水面封锁的问题曾在英美两国之间引起摩擦。美国不满英国在公海上干涉它的航运。但是，德国的潜艇战的实施却是以美国人的生命为代价，1917年德国在英伦三岛和欧陆协约国周围特定海域对各国航运开展无限制潜艇战，此时已成破釜沉舟之势。

威尔逊下令把驶往交战地带的美国船只武装起来，美国第一艘武装商船启航，威尔逊还在希望德国人不要走到击沉美国商船这一步，由于没有公开的法令，他不准备采取进一步的行动。在"卢西塔尼亚"号和"苏塞克斯"号事件中，威尔逊一本正经地要求作为中立国的美国有权进入战区并且要受到保护，而德国的潜艇在攻击敌人前则必须要先露出头来打个招呼。有那么些历史学家，热衷于帮助威尔逊回忆，他们试图声称这位总统热爱和平，不遗余力地试图阻止美国卷入战争，而这就很难解释威尔逊下一步的举措了。这位总统，打破了美国此前的全部传统，号召为商船配备美国海军的大炮和海军士兵，指示他们：凡是遇到冒头的德国潜艇，即行开火！得了这样的指示，美国商船一头驶往了战争区域。

美国参战前的"中立"，只不过是为了发战争财和等待参战的最好时机。1917 年，战争已近尾声，两大军事集团都已精疲力竭，美国此时参战，既可轻易获胜、捞取战利品，又有利于战后夺取世界霸权。更何况对美国来说，不参加欧洲战争，不去扭转德国在欧洲专横称霸的局面，将意味着不仅仅失去贸易，而且相对地降低美国在世界国家之林中的地位，利害攸关，不得不参战。威尔逊总统等待德国政府重新考虑它的海上威胁是徒劳的，将近 2 月底时，载有美国国民的英国班轮"拉科尼亚"号没有接到警告就被鱼雷击沉。3 月中，美国船舶"孟菲斯城"号和"伊利诺伊"号也被击沉，又死了几个美国人。以此为由的威尔逊说潜艇战是"与全人类作对的战争"，在呼吁战争的演讲中，威尔逊争辩说："美国将为伟大的道德原则而战，这场斗争不单为反对德国，而且为反对全部的专制政治。"为了保住美国的利益和在和平会议上弄到个席位，威尔逊就必得成为一个参战国的领袖。

在 1917 年初，美国越来越接近战争的边缘，威尔逊断绝了与德国的外交关系，把商船武装起来，4 月 2 日更在国会里发表演说："世界必须安全民主，权利比和平更可贵，我们将为自己最珍惜的东西而战斗，我们乐于为世界的最后和平，为世界各民族的解放，为大小各国的利益作战，我们没有任何自私自利的目的可追求，我们不想征服别人，我们不为自己索取赔款，我们不为自愿的牺牲寻求物质上的补偿。"1917 年 4 月 6 日，以德国的无限制潜艇战使许多美国人丧生和美国与协约国的贸易受到极大影响等为借口，威尔逊召开了国会特别会议，认可美德之间的战争状态，两天后，参议院通过了参战的决议，同德国打仗现在已是正式的了，刚刚5个月之前以"他使我们处于战争之外"为纲领勉强赢得大选胜利的这位总统，如今变成"武力，最大限度的武力，没有吝啬和限制的武力"的倡导者。

美国同奥匈帝国的外交关系于4月8日断绝，但直到12月7日方才宣战。美国对德宣战后，政府立即在全国各地掀起了一股爱国主义宣传热潮。"武装起来，最大限度地武装起来，毫无限制地武装起来！"这是威尔逊总统向全国发出的战斗号召。当德国决心开展无限制潜艇战时，它就有意地接受了各种风险，但它认为美国的武装力量将为数很少——当时美国的正规陆军总共不到30万人，空军只有微不足道的150人。但在短短几个月之内，美国陆军和国民警卫队就招到了近70万名志愿者，另有300万人被征召入伍，到1918年11月，美国军队男女军人已有了480万人。1917年，持续了三年的第一次世界大战进入了关键时期，巨大的战争消耗使协约国和同盟国都精疲力竭。为了响应协约国关于在欧洲尽快出现一支即使是微不足道的美国部队也会有助于鼓舞士气的建议，美国抽调分散的正规陆军部队拼凑成第一师，该师主力加上海军陆战队的一个团于1917年6月抵达法国。此前先期到达的是陆军花名册上年轻的少将约翰·潘兴。4月，美国正式加入协约国一方与同盟国作战，这对于德国来说不啻是一个致命的打击，因为它极大地改变了作战双方的力量对比，战争的天平迅速向协约国一方倾斜。从6月开始，新锐的美国部队源源不断地开向欧洲。

美国参战后，它的海军也加入了反潜护航战斗，消除潜艇威胁的主要方案就是将商船集中起来组成编队，进行武装护航。在以前的战争中护航行动被证明非常有效，在第一次世界大战中却一度被认为过于保守，难于组织。不过这种方法的效果很快又被证明了，从5月开始，协约国和中立国的商船损失逐渐减少。到1918年初，美英新下水的船只数超过了损失的船只数，而它们击沉的德国潜艇，不久就比德国所能建造的更多，德国的无限制潜艇战失败了。1918 年，英美使用更先进、更有威力的水雷，共同布置了一个巨大的雷区，从苏格兰以北的奥克尼群岛一直延续到挪威的领海，一共布了 7 万多枚水雷，使得德国潜艇要进入大西洋更为困难，英美海军基本解除了德国潜艇的威胁。这不仅对英国的存亡有着重大意义，而且使得美国部队能够跨越大西洋登陆法国作战，最终挽救了协约国的命运。

五、"恐怖的杰克"——潘兴

1914 年，第一次世界大战爆发，美国执行所谓的中立政策，实际上是"坐山观虎斗"。美国开始向交战国大卖军火，到处发战争横财，军事实力得到空前的提高。当欧洲对决的双方厮杀得两败俱伤的时候，美国开始蠢蠢欲动。美国看到欧洲战场上英、法同德国都打得差不多了，为了战后在谈判桌上争取更大的发言权，决定向欧洲派遣远征军，并任命陆军上将潘兴为美国远征军的司令。1906 年时，约翰·J·潘兴还只是名上尉，并且对如此之低的军衔来说，他的年龄也偏大。当时，西奥多·罗斯福越过 862 名比他军阶高的军官，戏剧般地把他提升为陆军中最年轻的准将。

约翰·潘兴，第一次世界大战中在欧洲战场上统率 200 多万美国远征军的最高司令长官，是美国唯一在生前获得特级上将称号的美国将军，1860 年生于密苏里州林恩县拉克利德。1886 年西点军校毕业后去骑兵部队服役，是一位勇敢、严厉、极富献身精神的指挥员，素有"铁锤"之称。他曾参加过剿灭印第安人的血腥战争，担任过西点军校战术教官，在校期间获得"黑杰克"的绰号。1898 年参加美西战争，后来又几度供职于驻菲美军，在棉兰老岛上屡建战功，备受前任总统西奥多·罗斯福的喜爱，以至于当他看到法律不允许他将潘兴从上尉提升为少校或上校时，干脆直接将潘兴擢升为准将。美国参战后慷慨地支援协约国，到 1918 年夏，运往海外的食物和补给，增加到每月近 100 万吨，但是，望眼欲穿的部队运输船只直到 1918 年春才开始到达。即使在那个时候，协约国军事领导人仍低估美国的作战能力和工业潜力。当福煦预言大战将持续到 1919 年秋时，很少有人持不同的意见。

在强烈的反对声中，威尔逊总统说服国会对每一个 21 ~ 31 岁的体格健全者实行征兵制，后来年龄改为 18 ~ 45 岁。将有 400 多万人在陆军服役，80 万人在海军服役。潘兴重建他的部队，决定每一个美国师应包含 2.8 万人，约两倍于相应的英法部队。他的命令证实了一个普遍的欧洲人的观念，即美国人做什么事情都是大手大脚的。1917 年 5 月 26 日，陆军部长贝克签署了授权潘兴指挥美国远征军的命令，据说这位部长私下里曾对人说，他对担任美国远征军司令的潘兴只准备下达两个命令："一个命令是去，另一个命令是回来。"由此可见他对潘兴是多么信任。威尔逊在对待潘兴的态度上竟和贝克部长极其相似，他对军事工作不感兴趣，最希望由将军们自己去管打仗的事。

美国远征军总司令潘兴是个完美主义者，他总是以一个正规军人的姿态出现在公众面前，他认为，军人和民兵的区别就在于是否有严整的军容。"严以律己"的潘兴并不"宽以待人"，他要求他的部下也得和他一个样，因为其对军容风纪的要求几乎严格到令人忍无可忍的地步，于是他的部属私下里送给他"恐怖的杰克"这个外号。潘兴得到了"美国的法律、条令、制度和习俗所能给予一位战时在战场指挥陆军的司令官的一切权力和职责，并享有相当于部局长们平时和战时的权力和职责"，"总而言之，他拥有根据本指示精神积极进行战争直至取得最终胜利所需的一切权力"，一贯非常自信的潘兴很快就把这份被称作"格兰特之后无人比拟"的权力运用得十分娴熟，并且发挥得淋漓尽致。美国于 1917 年 4 月所做的准备很差，只有 20 万人，用马刀劈砍的骑兵是陆军中的精锐，陆军内外没有一个人曾受过堑壕战的训练，且主要是按照美国内战时期的作战经验进行训练。而欧洲战场上固定战线的战术，根本不同于以前的战争，它是辅之以机枪、手榴弹和白刃战的使人丧魂落魄的可怕的炮战。美国加入协约国后不久，数百名英法军官横渡大西洋，去训练新兵的攻守方法，但美国人到达法国，才是真正训练的开始。

按照陆军部的规定，步兵在美国本土训练 4 个月之后，就可以派到法国去。许多参加过墨西哥战役的老兵们想得更简单，在他们看来，这次战争不过是一次快速清剿行动的翻版，德国人只要一交手就会四散逃命，然后便可舒舒服服地凯旋而归。当潘兴到战场上走了一趟后，他不仅被双方在这场可怕的消耗战中进行的大屠杀吓了一大跳，而且对美国部队完全没有经过这种战斗训练感到震惊。身材高大的潘兴是位一丝不苟的铁腕指挥员，他不愿意让远征的士兵们仓促上阵，去充当协约国的炮灰。美国由于战争而急速扩军，派到欧洲战场上去的大都是没有作战经验的人，许多新入伍的士兵连武器都不会用，因此潘兴要求对他们进行严格的训练。他们先是在美国国内的营地和法国的后方接受军事知识的灌输和训练，然后以师、团为单位去没有战争的地方进行实战锻炼，直到具备了独立作战的能力，再开到真正的战场上去。

来到法国后的潘兴不仅要借鉴英、法、德军的经验，要求部队必须进行堑壕战的战术训练，还要求参战美军克服英法军队困守堑壕战线的消极思想，加强"火力与机动"的突破战术训练。如此长时间的训练，实在是急煞了性情急躁的法国人，为早日减轻压力，摆脱困境，法国人恨不得一脚把美国兵踢到战壕里去。伴随着时间一天天过去，不仅法国人和英国人越来越不耐烦，而且连有的美国军官也认为潘兴的训练计划搞得太过分了。在组织美军师方面，法国人建议 1.7 万人为适当的规模，大了则不灵活，作战时无法有效组织，并且受火力压制时难于机动，对计划的改变不能迅速作出反应。但潘兴没有听这些建议，他要求组织 2.8 万人的师。他认为，大兵团利于持久作战，并能集中成密集队形突破德军防线。

1917 年，法军总司令贝当和英军总司令黑格听说美国派来的远征军司令是潘兴时，不禁一惊："恐怖的杰克"？怎么会是他？这可是个很难打交道的家伙！正如他们所预料的那样，潘兴坚持美军参加第一次世界大战是基于"合作"的原则，美国不属于法定的协约国，美国远征军是"协约国军中单独和独立的组成部分，这一身份必须加以保留"。在这一点上，潘兴的指令与协约国的愿望相反，协约国试图迫使潘兴将美国远征军拆成连级单位分派到英法联军中去，从而使美军变为法军和英军兵力的蓄水池。6月下旬，美国陆军抵达法国圣纳泽尔，潘兴预见到西线战场将会变得更加危急，美国只有派出大批部队参战，才能有进攻的优势。当时，美军在各国之中的实力较弱，英法等协约国完全不信任美军能有多大的作战能力，决定把美军编入英、法等军队中充任后勤。从国家尊严角度考虑，潘兴对这种布置极为不满，极力坚持保持美军的独立性和完整性，并力主美国增加兵力于欧洲战场，他的主张得到总统威尔逊的支持。

美国是在事先没有准备的情况下进入战争的，从而必须面对组织、装备、训练、运输以及供给一支在欧洲的远征军的任务，少得可怜的正规军部队成为连续两批运抵欧洲军队的核心力量。潘兴选择凡尔登以东的洛林地区作为美军的作战地带，来自美国的供应线将直达法国西南部的港口，除轻武器之外，火炮等军械由美国的盟友提供。潘兴到达欧洲时，正值协约国军处境狼狈，由于俄国的退出，德军得以把军队集中到西线战场，协约国的军队处在节节败退之中。1918 年上半年，德国计划并实施了几次进攻，协约国损失非常惨重。协约国伤亡和被俘总人数达到 80 万，同时他们几乎失去了所有在 1916 ~ 1917 年间漫长、血腥的进攻中所拿下的土地。不过协约国还没有溃不成军。

1918 年 5 月 28 日，第三次埃讷河会战中，鲁登道夫沿"贵妇大道"实施进攻，一举突破了法军的防御。潘兴急调邦迪少将指挥的美军第二师和迪克曼少将指挥的美军第三师增援法军。与此同时，在西南约 8 公里的坎蒂格尼，美军实施了大战中的第一次进攻。美军第一师夺取了德军严密设防的坎蒂格尼村并多次击退德军的反冲击，尽管该战仅是一次局部的作战行动，但打败经验丰富的德第 18 军团的部队，仍然鼓舞了协约国军的士气。美军在坎蒂格尼战斗中的大获全胜，使潘兴激动不已，他致电美国国防部："我坚信，我们的军队在欧洲首屈一指，我们的参谋人员不比任何军队逊色。"他甚至拍案怒斥："谁胆敢再问我美国人会不会打仗，我就对他不客气！"至 1918 年 7 月，战略主动权完全掌握在协约国手中。协约国司令官贝当、海格和潘兴在博蒙召开会议，对今后的作战作了深入的讨论和准备。协约国采纳潘兴建议，变战略防御为主动进攻，不久即发动了亚眠战役和圣米耶尔战役。

六、"渗透战术"的创始人——胡蒂尔

奥斯卡·冯·胡蒂尔，第一次世界大战中的德军陆军上将，在人类的战争史上，他主要是以"胡蒂尔战术"而广为人知。"胡蒂尔战术"也叫"突击群战术"，更通俗点说，又叫"渗透战术"，可以说，这种战术就是后来德军机械化作战学说的前身。胡蒂尔是一位有能力而且坚定的指挥官，也是第一位成功使用该战术的集团军司令官，他以突破堑壕战方面的成就在"一战"中成为一名非常出众的德军将领。

在作战中，突击群战术的核心是利用小股的作战部队，利用对方防御上的间隙和接合部，渗透到对方的防御体系当中，打击敌人重要目标。根据这个思想，在进攻发起前，先经过密集的炮火覆盖，接着在弹幕徐进的掩护下，派出数支精良的小分队，即所谓"突击部队"，切断交通线，割裂防御部署之间的关系，为正面的攻击创造条件。在里加战役中，胡蒂尔面对的是俄国帕尔斯基指挥的第十二集团军，编有 16 万人，而德军的第八集团军下属三个军，约 6 万人，胡蒂尔的军队在这次战役中展示了德国军队新的渗透战术。该战术是德国总参谋部基于英国人和法国人的战术发展而来的，在短时间的密集炮火准备后，以小的战斗单位绕过敌人的强点渗透到对方前线。这些部队在突破无人区的时候可以交替掩护，并绕过敌军火力支撑点，迅速通过敌军防御部队的间歇突破到敌军纵深，切断敌军通信，而后大部队才发起攻击。由于在这种战术中，强击部队要突破敌军防线并在缺乏支援的情况下作战，因此他们的装备和战术都与之前的德军步兵有很大不同。

胡蒂尔在"一战"中对这种突击群战术的成功应用，使得英国人称之为"胡蒂尔战术"——这一称呼保留至今。1917 年 9 月 3 日，胡蒂尔的军队占领了里加。到三天后战役结束，第八集团军以 4000 多人的损失造成俄第十二集团军近 3 万人的损失，并一直推进到里加湾海岸，胡蒂尔也因为杰出的战绩荣获了德国的"蓝马克斯"勋章。在"一战"中,成功应用了"突击群战术"的还有年轻的隆美尔,1917年10月,作为山地步兵营下属的分队指挥官,隆美尔率领着两个连的兵力,在夜间大胆地向意大利军队防线的后方穿插进去,当天拂晓,这支部队就已经占领了意大利防御后方的一个制高点,并升起了德国军旗,意大利军队见后方被德军占领了,顿时防线开始崩溃。这次战役隆美尔俘获了40名意大利军官和1500名士兵。不过,这种突击群战术登峰造极的应用要数德军在1918年在西线发动的春季攻势,西方军史学者称为"和平攻势",在这次战役中,胡蒂尔指挥新编第十八集团军,充当由鲁登道夫发动的德国大规模春季攻势的先锋部队。在第一天的进攻中,渗透战术发挥了作用,德军突破了英军的第一道防线,英第四军团惨败,迫使英军退到索姆河一线。同时,德军另派出一个师,径取法国首都巴黎,只是由于德军缺乏足够的后备力量不得不中途而返。这次战役被誉为步兵作战技术的典范,一直作为欧美国家军事院校战术教学的典型材料。

1918年6月9日,胡蒂尔在马兹实施了成功的努瓦永—蒙迪迪埃攻势,但他很快被法国非常有效的防御和德军的资源不足所遏止。随后他的部队在这场战争的其他时间里只能保持防御态势,不过胡蒂尔的巧妙指挥成功地防御住了英法联军的多次进攻。胡蒂尔进攻的停止暴露了突击群战术的一大弱点,就是对后勤补给要求比较严格,由于强击部队实质上是小规模合成部队,它对于后勤的物资也不是单一的步兵为主的传统部队所能比拟的。而此时的德国,已不可能继续维持攻势所必需的后勤补给。1918年11月,德国爆发了革命,德皇被迫退位,德国也被迫在停战协定上签了字,德国的许多将领在战后不承认自己的失败,称是被人"在背后捅了一刀"。停战后,胡蒂尔带领他的军队穿过莱茵河回到德国,他在11月10日对军队发表的告别演说中提出德国军队并没有在战场上被打败,而是被后方的政客"在背后捅了一刀","我们不是被敌人击败的,而是因为受制于外部环境才被迫如此,我们不得不放弃了我们经过激战才占领的土地,我们仍然高昂着头回到我们深爱的祖国"。

在整个"一战"过程中，只有德军在不断改进它的步兵进攻战术，而机动性就是这种变革的核心。因此不难想象，在"一战"后各国都有了自己的机械化战争先驱出现的时候，唯独德军在"二战"初期成功地在战争中应用了机械化战争的理论。在以坦克为主的机械化战争装备的推动下，战场上的突击行动的机动性能被大大提高，机械化的装甲部队不仅具有强大的火力，而且还能够实施快速深远的纵深机动作战，这就使得胡蒂尔的突击群战术得到了极大发展，成为了第二次世界大战中德军最重要的战术指导理论。

七、"中心开花"——破产的米夏埃尔行动

由于德国的无限制潜艇作战，使美国找到了加入欧洲战事的借口，美国的参战，使得本已精疲力尽的英法等协约国像被注射了一针强心剂，美国的雄厚工业实力，不久就把战争胜利的天平压向了协约国一方。此时鲁登道夫已入主德国总参谋部多时，作为一个优秀的战略家，鲁登道夫完全知道美国参战对德国意味着什么，因此，力争在美国运够充足的兵力之前，结束在欧洲的战事。

1917年11月，俄国爆发了"十月革命"，退出了战争，德国从两面作战的窘境中解脱出来。德军的实际统帅鲁登道夫上将看见了扭转战局的一线曙光。鲁登道夫决意使1918年成为决定性的一年，他打算在西线集中他所能用的全部兵力，在美国的干预能决定结果之前，粉碎协约国或赢得有利的和平。由于俄国永久退出大战，整个冬季运兵列车滚滚向西，东线只留下几个师以保证把谷物运往德国，同时密切注意尚无足轻重的苏俄赤卫队。在1917年秋季，鲁登道夫的战术专家们提出了一种新的进攻理论——"突击群战术"，在紧跟着的整个冬季，德国一直在围绕这种新的战术，紧张地组织和训练一支由若干精锐师组成的规模不大的集团军。大约有40个师的"强击部队"得到了新式装备，补充进最优秀的军士和军官，接受了新的理论指导下的严格训练。鲁登道夫也对局势信心百倍，他的部队现在对新式进攻形

式已经很有经验，而且，最重要的是，他们还有人数优势。此时，卷入革命的俄国已宣布退出战争，东部战场的士兵也可以转移至西部，鲁登道夫认为这是一个千载难逢的进攻机会，并在1918年春天发起了攻势。

面对德国人即将发动的强大攻势，协约国首脑迫切希望美国增派大批士兵。但直到1918年初，他们眼睁睁地看着37个师还在美国本土组建和训练，因此对眼前的状况颇感不快。协约国担心美国是否有能力装备和运送一支独立的野战军队，还怀疑美军指挥官和参谋人员是否有能力组织和指挥这样一支部队去抗击身经百战的德国人。实质上，协约国是想把美国部队分别编入法国和英国的现有军队编制之中。1918年3月西部战线看上去很平静，但是英军司令官黑格认为这是德国一场大规模进攻之前的暂时平静，恳求增加兵力，但是首相劳合·乔治和他的战时内阁却无意将更多的部队投入一条已经白白消耗了英国许多精锐部队的战线。劳合·乔治希望在巴勒斯坦捞取收获，至于欧洲的西部战线嘛，只要能守住就行了。削弱黑格的兵力会迫使他保持守势，从而可以保全许多人的生命。再说了，在西线战场上，少去几个英国人，自有别国人去顶上，英国人是会算这笔账的。

在胜利是必然的这一点上，德国高级人物中，很少有人例外，冯·霍尔岑多夫海军上将向帝国军事委员会保证德国潜艇不会让一个美国士兵在西欧登陆。但是，即使一长列一长列的火车运来俄国谷物，也不能抵消协约国封锁对德国人民所造成的影响。关键性的食物短缺烦扰着德国，许多德国人呆呆地面对着他们战时的第四个冬天，在物资匮乏的情况下，有些人的耐心已逐渐丧失。然而德国所面临的形势也潜藏着重大的不利因素，除了精锐的强击部队，德军中的其他部队普遍缺少装备、给养和进行新式战争所必需的训练。再者，其优秀的军士和军官都集中在强击部队，势必造成其他部队战斗潜力的明显削弱。这样，鲁登道夫将不得不抢在美国人到来之前，主要依靠他少量的强击部队取胜，否则德军中的其他部队将不能支撑长期战争。美国远征军司令潘兴是一位雄心勃勃、为人严厉、政治上十分老练的军官，他无意使自己的部队接受协约国的调遣。在首批远征军到达巴黎后，他决定将部队集结在凡尔登和摩塞尔河之间的洛林地区。潘兴的参谋部推断，对这些目标发动一次进攻，就可以拦腰斩断横贯法国的德军防线，并迫使德国接受协约国的和平条约。

到了 1918 年 2 月，鲁登道夫在西线摆开了 178 个师，但比协约国的173 个师在数量上并不占多大优势。而协约国的空军力量比德国将近强三倍，好在德国战术家在他们需要的地方集中使用他们的飞机，因而抵消了这种优势。在 1917 年的整个冬季，德国士兵接受了渗透战术的训练，该战术曾被设计出来用于夺取里加的战斗，鲁登道夫向威廉皇子解释说："我们打开一个缺口，其余部队跟踪而进，我们在俄国就用这种方法。" 英国远征军司令黑格曾提出了一种纵深防御的策略，这种策略是对付鲁登道夫的"突击群战术"比较有效的方法，但是他的指挥部提供的情况证明，要将他的那种系统连贯的理论传达到整个英国远征军是不可能的。在大部分英军的防御阵地，步兵一直处于敌人炮火轰击下的前沿阵地上，炮兵与步兵之间缺乏协调配合，黑格和他的参谋人员明显缺乏实际指挥能力。而德军这些部队均由一些战斗经验丰富、年轻力壮的精干人员参加，按预定计划，在战斗开始前就利用协约国防御部队的间隙和薄弱部分，突入到协约国防御纵深之处，战斗打响后，由大部队向正面之敌发起攻击，而渗透部队则从后面割断其防御体系，再夹击已成孤立据点的前线防御阵地。

英国和法国部队驻扎在旧的索姆河战场阿拉斯和拉菲尔之间的地区，鲁登道夫将选择此地作为进攻点，决定采取突袭的进攻方式。英军接受了保卫法军边境阵线的任务。3 月 21 日，持续 5 小时的炮轰拉开了进攻序幕。在薄雾、毒气和烟幕弹掩护下，进攻如火如荼地展开。从 3 月 10 日开始，德军炮轰香巴尼的法国防御工事，并对凡尔登和兰斯两地发动牵制性突击。那天英国的空中观察员报告，有大批敌军乘火车或经公路向与英国第三和第五集团军对峙的防区运动。德军发起的代号"米夏埃尔行动"的进攻，旨在打击作为协约国防御柱石的英军，在接近 100 公里长的前线，英军和德军的 65 个师展开了生死较量。在这次战役中，德国再次使用了毒气。在第一天的进攻中，渗透战术发挥了作用，经过特别训练的德军突击部队运用"胡蒂尔战术"，穿过浓雾向前涌进。德军以炮火压制英军的炮兵阵地和观察哨阵地，步兵紧随移动弹幕实施渗透前进，绕过强点，这些阵地将留给后续部队予以清除。德军迅速突破了英军的第一道防线，英第四军团惨败，在战线上形成了一个缺口，迫使英军退到索姆河一线。同时，德军另派出一个师，径取法国首都巴黎，由于德军缺乏足够的后备力量中途而返。但这次代号为"米夏埃尔行动"的战役，还是被誉为步兵作战技术的典范。

鲁登道夫在1918年的第一次攻势，是作战技术的杰出范例，他的军队在8天中前行了64公里，这在长期的静态防御战争中是创纪录的。在战斗中首当其冲的英军，约有17万人伤亡，法国方面是8万。英法的被俘人员共计7万人，被夺去的野炮在1100门以上。当迅速前进的德军缴获了他们的200万瓶威士忌酒时，通常沉默寡言的英国人也震惊了！德国依然幻想着早些取得战争的胜利，决定不给协约国部队以喘息之机，随即于5月27日在佛兰德斯发动了攻势，并在另一个叫作谢曼德达姆的地方采取佯攻。佯攻开始不到一个小时，德军就突破了守军的防线，朝法军的后方挺进。没想到担任佯攻的部队进展如此顺利，鲁登道夫更改了原计划，命令德军在谢曼德达姆的进攻由虚转实，继续挺进。势如破竹的德军又推进到几年前他们败走的地方——离巴黎只有60公里的马恩河畔，但他们的攻势最终还是被赶到战场的美军给挡住了。

当最后的大型攻势纷纷搁浅时，德军离最后的战败已经不远了。突击队战术没能冲破协约国军队的反抗，其坦克让德军感觉压力沉重，士兵军心涣散——这是德军行将覆灭的征兆。

尽管黑格表示反对，高夫还是被英国政府撤职，他溃散的第五军团被罗林森的第四军团司令部接管。英国第五集团军在战场上的失败，迫使协约国作出了建立一个统一指挥部的决定，以便能够迅速地调配部队。福煦被任命为在法国的所有协约国军的总司令。而此时的德军虽然取得了几场胜利，但鲁登道夫也损失了25万受过高度训练的部队，德国的人力严重不足，而美国部队却源源而来，鲁登道夫第一次开始失望了，他发现"敌军抵抗的力量超过了我们的力量，我们决不能被拖进一场消耗战中去"。6月，德军又向协约国军队阵线发动两次袭击，结果却被法国和美国军队所牵制。当时的协约国军队用战机和大炮猛烈轰击德军占领的桥梁，摧毁其补给线。鲁登道夫气数已尽，他的士兵已经没有再继续奋战的勇气和意愿。而在协约国军队方面，每个月却还将有30万美军持续增援。7月，潘兴以8个美军师编成了一个军，由他指挥独立作战，当7月18日协约国的埃讷-马恩河反攻开始时，美国远征军首次以主力部队的姿态出现。到了8月，美国远征军已发展成为由16个师组成的第一集团军。8月8日，在薄雾的遮蔽下，约500辆坦克和英国、加拿大、澳大利亚等国的步兵在炮火掩护下前进，等待着穿过亚眠的索姆河南面。防守薄弱的德军阵线很快便土崩瓦解，退后了13公里。由于士气低落，德军头一天便被俘虏了1.2万人，他们只是象征性地抵抗了一下，接着便扔掉武器，处于守势的德军开始全线崩溃。人力和财力均感疲乏的德国统帅部，在国内动员了青少年和年纪较大者加入战斗也无济于事，德军意识到，不要说胜利，就是争取到比较有利于德国的停战谈判也是不可能了。8月21日，英国第三军团继续强行往北推进，第四军团也重新恢复了前进。协约国军队同时进行的连续进攻看来是打垮德军的关键，英军把渗透战术运用得跟德军一样卓有成效，确保了战场上一往无前的挺进。

八、美军初试身手——贝莱奥森林争夺战

1918年初，对于德国来说，战争进入了更为艰难的一年，虽然俄国的"十月革命"使俄国退出了战争，使东线的德军得以解脱，但美军的介入，对德国所构成的威胁，却要比俄军对德国造成的威胁要大得多。为了赶在美军主力参与欧战前打垮法、英军队，1918年3月，德军在西线倾其全力对协约国发起了猛烈进攻，并试图在夏季胜利结束战争。

鲁登道夫认为，只有通过一次沉重的打击，才能够彻底改变战局，当他

把在东线脱身的德军全部调到西线之后，就开始在英法联军的阵地上选择突破口。鲁登道夫准备在佛兰德斯发起打击。但那个地区的英法联合部队非常强大，足以击退德军在那里的任何进攻，为此鲁登道夫设计了一个方案，设法把一部分法国兵力吸引到别的地方去，从而使佛兰德斯地区的战场形势能够对德国人有利。在这场攻击的正面，是法国著名的埃讷河，埃讷河发源于马恩省圣梅内乌尔德附近的森林，先向北然后向西流去，最后在贡比涅注入瓦兹河，全长约300多公里，埃讷省因此而得名。鲁登道夫所选择的战场，就在埃讷河的北岸24公里长的山脊上那条联系法国北部埃讷河和埃莱特河之间的"贵妇之路"。鲁登道夫仔细周到地制订他的作战计划，要攻占这座高达90多米的山脊之前，他的部队首先得要渡过埃莱特河，并穿越其周围到处都是积水弹坑的沼泽地带。在攻占山脊后，德军下一步的目标就是渡过60多米宽的埃讷河，并在协约国的援军到达之前夺取南岸。这次战役要想取胜，关键是要靠突袭。为了达成突袭之目的，德国人精心避开了协约国天天飞行在头顶上的侦察飞机，开向前线的部队都在夜间行进，白天都隐藏在路边的丛林中。

当然，法军参谋部对这个地方也不是没考虑的，法军总参谋长贝当也曾一度担心德国人可能会攻占那些陡峭的山脊，但德军成功的伪装，最终打消了贝当的担心，于是防守这一地区的法军大多被调往其他战场，只有几个受过重创的英国师在那里进行休整。就在这次战役爆发的前两周，潘兴手下的战地情报官哈伯德少校曾提出过警告，德军的下一目标将会是埃讷河防区。但福煦和贝当都把哈伯德看作一个未经战斗考验的新手，一个新手竟敢在复杂的情报专业方面进言，这本身就使法军统帅部很感到不快，更何况当时的法军统帅对美军心中还存在着杂念，所以哈伯德少校的告诫未能引起统帅部的重视。

1918年5月27日午夜，德军的攻击开始了，4000门德国大炮同时开火，整个埃讷河防区被炸成了一片火海，空气中弥漫的毒气使人窒息。由于法军把主要的部队都部署在了第一线上，所以在德军最初的炮火打击下损失惨重，仅一天，德军就向前挺进了近18公里。在随后在三天中，德军势如破竹，突破了"贵妇之路"上的英军防线，一举攻到了离巴黎只有约60公里的马恩河地区，巴黎又一次受到直接的威胁。在这关键时刻，法国总理克里孟梭为激励国人而发表了慷慨激昂的演说："德国人或许会攻占巴黎，但这并不能阻止我们继续进行这场战争。我们将在卢瓦尔河岸边作战，我们将在加龙河岸边作战，我们甚至将在比利牛斯山区作战。如果最后我们被赶出比利牛斯山区，我们将在海上继续这场战争。"

情急下的贝当只好向正在160公里以外的美军求援，虽然在这之前他还力主将这些"缺乏战场经验"的美军分散到英法的各部队中去。美国远征军总司令潘兴接到贝当的求援电报后，马上派正在接受基本军训的3个美国师赶往马恩河地区。这些美军是刚成立的队伍，毫无战斗经验，他们所面对的是久经沙场的德军，但士气旺盛的美军楞是把德军阻止在了马恩河的对岸。

在这些前往增援的美军中，美国第二师的第四海军陆战旅被派往贝莱奥森林战区援助那里的法军。6月3日，他们遇到正从战场上溃退下来的法国部队，一位法军少校好心地告诉威廉斯上尉前方的形势，并劝他要赶紧撤退，威廉斯上尉听到法国人要他撤退的建议后，脱口说了一句："退却？他妈的！我们刚到这里！"据说这句话很快就传遍了整个美军部队。这个颇具美国西部牛仔风度的美军海军陆战队的指挥官一边骂着粗话，一边率领着他的弟兄们冲向已被德国人占领了的贝莱奥森林。树木茂密的贝莱奥森林，遍布岩块和大砾石，德军用三重堑壕把这座森林布防起来，到处都是可以互相支援的机枪掩体和一排又一排的铁丝网。一份错误的法国情报，使海军陆战旅指挥官哈伯德错误地以为贝莱奥森林除东北角外是没有德军的，从而忽视了对这个地区的搜索。6月6日拂晓，美国海军陆战队开始了进攻，他们遭到了德军机枪和狙击手的凶狠攻击，成片成片地倒下，然而美国军人拼死向前，一块一块地与德军争夺森林中的每一个角落，经过20多天的苦战，海军陆战队以伤亡近1万人的重大代价，终于夺取了这片森林。对美军英勇顽强的作战风格，就连与他们作战的德国士兵，都不得不感到佩服，把美军称为"魔犬"。

当然，如果只是单纯从军事角度来看，贝莱奥森林之战的成果并不大，或者可以说它是一场得不偿失的战斗，但打败经验丰富的德第十八军团的部队，仍然鼓舞了协约国军的士气。此战对德军心理上的打击是巨大的，它意味美军将作为一只强有力的对手出现的战场上。在这次战役之后，德军在协约国军队的联合打击下，一步步走向了失败。"一战"结束后，为了表彰美国海军陆战队在贝莱奥森林的英勇表现，法国政府把这座当时被炮火打成了秃山的森林命名为"海军陆战队森林"，并在名义上归美国政府所有。现在这片森林又重新长起，成为纪念在"一战"中美军在欧洲大陆阵亡将士的纪念地。英法两国原本以为刚组成的美军没有战斗经验，在这之前还一直要求将美军分散到英法的军队中去，但美军的初战告捷，令英法从此对美国军人改变了看法。在这次战役以后，潘兴激动不已，他致电美国国防部："我坚信，我们的军队在欧洲首屈一指，我们的参谋人员不比任何军队逊色。"他甚至拍案怒斥："谁胆敢再问我美国人会不会打仗，我就对他不客气！"

潘兴开始意识到，美军的战斗力并不比英法联军差，他担心被法军"暂时借用"的几个美军师会变为永久性安排。为了加强对美国参战各师的统一指挥，潘兴成立了美国驻欧洲远征军司令部。进入 7 月后，抵达西线的美军已越来越多，德军在 7 月 15 日再次试图强渡马恩河，并希望通过此役决定最后胜负。但协约国的军队不仅以密集的炮火挡住了德军的攻势，而且还从 7 月 18 日起对德军发起了反击，在协约国 7 月 18 日的埃讷－马恩河反攻开始后，美国远征军终于以一支独立自主的主力部队出现在欧洲的战场上。

九、濒临崩溃的奥军——意大利战线

当阿芒多·迪亚兹将军被任命为意大利参谋总长之后，他最先的意图是要对奥匈的军队发动一个攻势，但是快到 1918 年 5 月中旬的时候，当他知道奥军也正在着手准备进攻之后，决定不再先发制人，而是要等候让敌人先动手。

1918年6月，对奥匈帝国的军队而言，是个不幸的开始，因为它的靠山德军将要它自己作战了，鲁登道夫决定将在意大利战线上的德军转移到西线，并坚决主张由奥军独自打败意军，他的理由是明摆着的，因为俄国已退出了战争，现在奥匈帝国的对手只有一个，那就是意大利。此时奥匈军队在意大利方面共有两条战线，一条是特伦提诺战线，另一条是皮亚韦河战线。

前奥匈帝国的陆军参谋总长康纳德元帅，现在正在特伦提诺战线上指挥着奥军第十和第十一两个军团，他强烈主张攻击的重点应放在阿赛果高原上，而在皮亚韦河战线指挥第六军团和伊松佐军团的波罗耶维奇将军，则应向派夫河下游进行佯攻。可是波罗耶维奇却不愿意担任康纳德的助手，所以他提出了一个完全相反的要求，现在他们两个都要求增援兵力以实施自己决定性的行动。然而奥匈帝国的兵力是有限的，现任的奥匈帝国的参谋总长是艾尔兹将军，与其说他是一位参谋总长，还不如说他是卡尔一世皇帝的副官。这个毫无决断力的人决心做和事佬，结果是两个计划都被采用，而不分所谓主攻和佯攻。奥匈帝国可使用的预备队被分为两部分，一人一半。卡尔一世选这样的人做参谋总长岂能不败？由于特伦提诺战线和皮亚韦河战线之间的山区地形没有横向的交通公路，康拉德和波罗耶维奇这两个人之间难以互相支援，这就造成这两支力量要各自为战的局面，最终的结果就是导致了两方面都没有充足的力量以扩大他们刚开始所取得的胜利。

16月中旬，两路奥军同时发起了攻势，康纳德的攻击目标是要越过布仑塔河，迅速通过山地，包围在派夫河后面的意军。波罗耶维奇的攻击是指向特瑞维索－米斯特里，而以巴齐格里昂河为第一目标。当决定了这个攻势之后，由于奥军方面不断有流亡者逃到意军战线里去，他们给意军指挥部带去了许多情报，此外英军的电话窃听也获得了许多详细情报。迪亚兹从奥军逃兵那里事先得到奥军的计划后，早已是严阵以待。战役一开始，在皮亚韦河方面，奥军在托纳莱山口的牵制性进攻就被击退，随后康拉德的第十一军团进攻意军的第六和第四军团，在取得微小的进展后，很快即被意军的反击阻止并打退。

6月17日，波罗耶维奇沿着皮亚韦河下游再次实施进攻，他强渡该河，并突破了意军第三军团约5公里的防御阵地，但当意料不到的洪水和意军的空中轰炸摧毁了奥军的供应线时，他成功的美梦破灭了。到18日，奥军的进攻完全停顿。从6月19日起，意军开始发动反攻，一直对奥军进击到7月6日为止，此时在派夫河西岸已经不再留有一个奥军士兵了。总的来说，奥军此次战役攻击是完全失败了，一共损失了15万人——包括死伤及被俘者在内。而这时迪亚兹还保留有一个完整的意大利预备队军团——第九军团，他立即通过横向集结，阻止了两支奥军之间的联系。由于波罗耶维奇不能从康拉德那里获得增援兵力，只好在6月22日夜间退出了战场。但令福煦气恼的是，迪亚兹竟然没有实施追击。

奥军的这一次失败，可以算是"世界上决定性会战"中之一个，下面发生的维托利奥－威尼托会战就是以此为基础出现的。当时德国人在西线正希望能获得奥军的增援，这一战果使他们的希望彻底断绝了。兴登堡只要求奥匈调6个师到西线去增援，但艾尔兹首先是拒绝，接着又表示同意，最后说要向奥匈皇帝请示，末了却告诉鲁登道夫说，他要先和他的妻子商量一下。

1918年7月后，意军对奥匈的反攻一直是裹足不前，直到确信协约国军在其他战线上即将取得最后胜利以后，迪亚兹才准备发动两路进攻。意军第四军团将突破奥军防线的中部，意军第八军团在新组建的第十军团和第二十军团的支援下，准备在维托利奥－威尼托强渡皮亚韦河。作出这样的部署，是因为奥匈军队士气低落并陷入混乱，其国内政府则已分崩离析，正向协约国请求停战。

德国驻奥军总部的总代表克拉蒙对6月间发生的意奥之战评价说："6月间的这场会战对于奥国的国内局势，具有最严重的后果，不仅是这个失败本身，而且还有奥军所受到的严重损失。在匈牙利的国会中，已经引发了一片遣责声，他们要求撤回匈牙利的军队，不让他们受毫无良心的奥国将领的指挥。奥国人民也公开指责皇帝和皇后通敌卖国。"一言以蔽之，这就是奥匈帝国崩溃的开始。

1918 年 10 月 23 日，蒙特格拉帕之战中，防守中部战线要点的奥军贝卢诺集团显示出了出人意料的顽强性，经殊死奋战终于打退了意军第四军团的疯狂进攻，并使之遭受重大损失。11 月初，维托利奥－威尼托之战，奥军第六军团将意军第八军团阻止在皮亚韦河防线。但由法国将军格拉齐亚尼指挥的第二十军团中的法军部队于 10 月末时，在皮亚韦河的左岸夺取了一个立足点。

在派夫河会战之后不久，许多人都认为奥军的士气已经到了即将崩溃的阶段，所以只要大举进攻，即可以使这个二元制帝国自动崩溃。但是迪亚兹却不肯冒这个险，他是一个十分谨慎的军人。自从 7 月 1 日起，福煦元帅已经获得了授权，可以协调整个协约国的军事行动，于是力劝迪亚兹进攻，但他还是坚决拒绝。直到 9 月 26 日，联军在法国发动了最后一个伟大攻势之后，他和意大利的首相奥兰多才开始勉强接受了福煦的意见。

与此同时，由英国将军兰伯特指挥的第十军团中的英军部队在右翼夺取了一个大型桥头堡，并打退了奥军第五军团的一部，分割了奥军防线。第二天，意军的增援部队利用不断扩大的缺口发动进攻，奥军的抵抗崩溃了。从 11 月起，意军进至贝卢诺并进抵塔利亚门托河。随后在西线作战的第六军团中的英法部队突至特伦特，约 30 万名奥军士兵被俘，此时的奥匈军队，早已是到了最后崩溃的边缘了。

若不是在 10 月 5 日，德国和奥匈帝国已经向美国威尔逊总统提出了休战的要求，意大利军队可能还只是在迟疑不前呢。他们为什么会突然不再迟疑，而决定进攻呢？其原因是害怕战争马上就会结束，若是意大利没有一次值得称道的胜利记录，则它在和会中的地位将大受影响。

十、奥匈帝国的结束——维托利奥－威尼托之战

从奥地利官方编辑的战史中显示，1918 年 10 月 29 日对于奥匈帝国来

说是具有决定意义的一天，由于奥匈帝国内部的混乱和其陆海军的加速解体，奥匈帝国的当局者已经得出了一个一致的结论，那就是他们承认已经没有能力再把战争继续打下去了。

29 日这一天，意大利军的总参谋长迪亚兹从来自空中侦察的报告中得知，奥军已在派夫河正面战场上作全面撤退，于是他调动了他 4 个骑兵师配合意军的第三、第八和第十这三个军团向沙西里以北的利文扎河岸推进。就在这一天黄昏来临时，奥匈帝国皇帝卡尔一世从奥地利东北部城市巴登维也纳向正在维尼提亚与协约国军队对垒的波罗耶维奇元帅发出了指令，要他撤出维尼提亚，并且指明，只对追兵作必要的抵抗即可。不过这道命令还是来晚了，因为当这个命令到波罗耶维奇元帅的指挥部时，奥匈帝国的第六军团和伊松佐军团的北翼早已经在全面败退之中了。

在协约国军队空军和陆军的猛烈攻势下，此时的奥匈帝国军队已经失去了抵抗的意志，在 10 月 29 日夜间，奥军全部撤到了维托利奥以北的地方，南面的奥军则一直退过了布鲁格尼拉。意大利军队的追击是从 10 月 30 日开始的，尽管败退中的奥军很少抵抗，可意军的追击还是缓慢的，迪亚兹似乎并不急于让他的军队赶上奥军。当意军推进到利文扎河时，发现河上的桥梁都已经被奥军炸毁了，而这条河没有桥梁是过不去的，所以意大利军队只好停下来等待后方架桥人员的到来。

对于撤退中的奥军来说，虽然意军的追击暂时摆脱了，但来自协约国空军的打击却如影随形，疲惫不堪的败军塞满了道路，他们成了英国飞机肆无忌惮攻击的最好目标，受到无情的轰炸和扫射。英国空军不过只有几个中队，可这时的奥军已无还手之力，只好任凭英国飞机攻击，在短短的两天中，超低空飞行的英国飞机向奥军发射了数不清的枪弹和近 4 吨的炸弹，使得大道的两旁到处都是死人、死马和放弃了的炮车，呈现出一派悲惨凄凉的景象。10 月 31 日，意军在利文扎河上的桥已经架成，在迪亚兹的命令下，意军对奥军的追击开始了，此时的奥军只是忙于逃命，所以意军的追击没有遭到抵抗。

此时的奥匈帝国曾经多次做出努力，希望能够从战争中退出。自从奥匈帝国的新皇帝卡尔一世继位之后，他所接手的是一个摇摇欲坠的帝国，由于协约国的封锁，奥匈帝国的经济已处于崩溃状态之中，食物缺乏，人们已经得不到最基本的生活保障，罢工现象接连不断，前线又是败仗连连，奥匈这个二元帝国已经无法维持下去了。在整个欧洲战场，同盟国的败局已定，所以卡尔一世最大的目的，就是怎样能够尽可能有利地退出这场战争。

还在10月初时，同盟国就曾联名向美国总统威尔逊提出了关于停战谈判的要求，但威尔逊总统的答复是除非同盟国从它们所占领的土地上全部撤出才算是有停战的诚意，否则就不能考虑谈判的问题。卡尔一世得知了威尔逊的这个观点后，马上就命令在前方的弗朗茨·康拉德元帅和波罗耶维奇元帅从意大利的北部撤出。当协约国的胜利显而易见时，接受协约国所宣扬的民族主义是必走之路了。为了讨好威尔逊，又根据威尔逊所提出的十四点原则中关于民族自决的要求，卡尔一世轻率地向其臣民们发布了一个宣言。在这个宣言中，他给了奥地利的每个民族组织自治政府的权力，他以为这样做可以在确保每个民族独立的基础上使他们共同维护奥匈的共同利益。可是他把问题看得太简单了，要知道民族独立的口子一开，紧跟着的必然是国家的分裂。威尔逊给卡尔一世的是一颗政治性的炸弹，它不仅不能使奥匈帝国的人民团结一致，反把这个二元帝国炸得粉碎。此时的奥匈帝国已经是四分五裂了，再也无法将众多民族联合在一起，各民族都成立了自己的自治政府，中央政权的权威已然是荡然无存了。

11月初，根据卡尔一世的命令，奥匈帝国开始与意大利进行谈判，在无条件地接受了意大利所提出的停战条件后，奥匈帝国的皇帝卡尔一世已经不再有任何权力了，11月12日，卡尔一世被迫退位。他曾表示只要保留皇位，可以放弃一切政治活动，但新建立的奥地利共和国不再需要这个皇帝，他和全家被驱逐出境，举家逃亡到了瑞士。奥匈帝国从此变成了历史上的遗迹，哈布斯堡王朝600多年的统治到此寿终正寝了。

1919年9月，战胜国同战败国奥地利在巴黎附近的圣日耳曼宫签订《圣日耳曼条约》。主要内容是：奥地利承认匈牙利、波兰、捷克斯洛伐克、塞尔维亚、克罗地亚、斯洛文尼亚王国的独立；奥地利将克赖纳和卡林西亚两省的部分地区以及古斯滕兰和南提罗尔割让给意大利；布科维纳、特兰西瓦尼亚划归罗马尼亚。到此，奥地利不仅驱逐了它的皇帝，连它的国土基本上也被瓜分完毕了。

十一、风雨飘摇中继位的奥匈末代皇帝——卡尔一世

1914年6月28日，奥匈帝国皇储弗朗茨·斐迪南大公夫妇在萨拉热窝遇刺身亡，此事成了第一次世界大战爆发的"导火索"，这根"导火索"不但改变了世界，同时也改变了一个人的命运——卡尔一世因此成为了奥匈帝国的新任皇储，并在两年后成为了奥匈帝国的新国君。不过，这位奥匈帝国的末代皇帝很短命，在位才3年，在世也仅34年。

斐迪南大公的妻子索菲亚，是出生于没落的捷克贵族家庭的女伯爵。由于经济条件不好，她不得不降低身份在一位奥地利大公爵夫人家做侍女。因为没有皇家血统，根据哈布斯堡皇室的严格规矩，索菲亚根本没有条件成为皇帝的妻子，也无法成为未来皇帝的母亲。在皇储弗朗茨·斐迪南大公娶她时，奥匈帝国的皇帝弗朗茨·约瑟夫就和他有言在先，由于索菲亚的身份低贱，她的子女因此没有皇位继承权。当斐迪南大公遇刺后，奥匈帝国皇诸的位子就落到了卡尔的身上。

奥匈帝国末代皇帝卡尔一世的全名叫卡尔·弗朗茨·约瑟夫·路德维希·胡伯特·格奥尔格·玛利亚·冯·哈布斯堡－洛林，是弗朗茨·约瑟夫一世之弟卡尔·路德维希大公之孙，奥托·弗朗茨和萨克森公主约瑟芬之子。他所面对的奥匈帝国是一个古老王朝统治下的年轻帝国，它的主人属于欧洲最古老王朝之一的哈布斯堡王朝，而这个年轻的帝国只经历了两任皇帝。第一任皇帝弗朗茨·约瑟夫一世于1848年加冕奥地利帝国皇帝，年仅18岁，他在这个宝座上坐了68个春秋。在他执政期间，维也纳变成了世界一流名城。

1911 年 10 月 21 日，卡尔与帕尔马公主齐塔结婚。1914 年，在斐迪南大公遇刺身亡后，卡尔成为了奥匈帝国皇位的继承人，两年以后，奥匈帝国的老皇帝弗朗茨·约瑟夫一世逝世，卡尔继承了皇位，成为了奥匈帝国武装力量的最高统帅。作为奥地利皇帝，称卡尔一世；作为匈牙利国王，称卡洛伊四世；作为波希米亚国王，称卡莱尔五世。

1916 年 11 月卡尔一世即位时，奥匈帝国在"一战"中正陷于四面楚歌的处境，为了扭转颓势，他亲自担任了帝国武装力量的最高统帅，据说他还曾下令使用过毒气。虽然有了一点起色，但奥匈帝国大势已去，卡尔一世不得不向协约国求和。

1917 年，他秘密地通过内弟帕尔马王子与法国进行和谈，没想到走漏了风声，卡尔一世只好作罢。随着战争进程的加速，奥匈帝国军队伤亡惨重，士气极端低落。而后来美国总统威尔逊提出的十四点协议，更使奥匈帝国的处境雪上加霜。

第一次世界大战最终使风雨飘摇的奥匈帝国解体，11 月 11 日，也就是德国被迫在停战协议上签字的那一天，卡尔一世也被迫退位。

奥地利和匈牙利成为共和国，哈布斯堡王朝被永久驱逐。在匈牙利首先成立了一个匈牙利苏维埃共和国，但 1919 年罗马尼亚入侵后保皇势力又开始抬头，1920 年匈牙利恢复为一个王国，但没有国王。奥匈帝国的最后一位皇帝卡尔一世企图占据这个王位没有成功，米克罗斯·霍尔蒂成为了执政者。

失败后的卡尔一世被放逐到遥远的葡萄牙殖民地马德拉群岛。马德拉群岛有"大西洋明珠"的美誉，位于非洲西海岸外，距里斯本西南约 1000 公里，离摩洛哥的海岸线约 600 公里。一年后，卡尔一世因患肺炎而死，时年 34 岁。

卡尔一世死后，他的妻子齐塔一直生活在瑞士，终生身穿黑衣为卡尔一世守孝。直到 1981 年，在西班牙国王胡安·卡洛斯一世的斡旋下，她才得以重返维也纳。1989 年，年近百岁的齐塔在瑞士逝世，她的遗体被运回维也纳，并被安葬在奥匈帝国的皇家墓穴里。

第十四章
大局已定
——协约国军队的反攻

一、空权理论的先驱——威廉·米切尔

威廉·米切尔作为美国空军的创始人而被誉为"美国空军之父"，与意大利的朱里奥·杜黑和英国的休·特伦查德齐名，是世界空军学术界最著名的三位思想家之一，其理论对许多国家的空军建设和作战理论产生过重要影响。相对于系统阐述空军理论的杜黑而言，米切尔所起的作用并不是一位有创见的思想家的作用，而是一位行动家和实践家的作用。他懂得如何掌握运用空军的基本原理，并使这些原理发挥作用。米切尔的《空中国防论》一书被认为是西方空权理论的主要著作之一，然而这位本应受人尊敬的空权理论先驱生前并不得志，曾由准将降为上校，并被军事法庭判处停止军职的处罚，他的理论也是在他去世十年后才被认可的。

米切尔是20世纪初美国著名的军事思想家、战略家、美国空军的倡导者，一生共写了6部著作，其中《空中国防论》是他的代表作，这也是西方空权理论的主要著作之一。《空中国防论》一书全面阐述了米切尔有关空军的思想。米切尔认为，空中力量和马汉的海上力量一样，关系到国家未来的生存、发展、繁荣和安全，所以应以空军作为新的国防战略的基础。不过当时全世界的飞机还处于原始状态，人们还没有充分认识到飞机的重要作用，米切尔这个美国的"飞机狂"却一天到晚不停地叫喊"空军第一、空军最好、空军无敌"，结果导致海军讨厌他，陆军反感他，并由此导致他被降职、被审判、

327

被抛弃，不过令人欣慰的是，美国军方最终还是认识到了空军的重要性，在米切尔去世十年后，美国国会向这位空军倡导人追授了特殊勋章，他也被尊为世界空军三大先驱之一。

威廉·米切尔是威斯康星州米切尔家族的后裔，他于 1879 年 12 月 29 日在法国里维拉出生的时候，正是米切尔家族在金融和政治上都取得成功的时期。他在法国住了 3 年，成长成一位充满活力、富有天才的年轻人，具备士兵和飞行员的素质。1898 年美国向西班牙宣战，18 岁的米切尔中途辍学，果断地应征入伍，成为一名通信连的少尉军官，1901 年他接受了通信兵正规军中尉的任命，后来成为通信学校的一名教官。

米切尔是个陆军通信兵，但对地上的活动兴趣不大，整天琢磨着往天上跑，对当时新兴的飞机有着极大的兴趣。在他 37 岁那年，利用周六周日等休息日自费花了 1000 多美元到航空学院接受飞行训练，终于成了一名合格的校级飞行军官。1914 年第一次世界大战爆发后，美国军方打算派人到欧洲去考察英法等国的航空兵的发展使用情况，米切尔因为懂得飞行而得到这个差事。欧洲之行使米切尔大开眼界，他亲眼目睹英国航空队去轰炸德国，而且还有幸结识了"英国皇家空军之父"特伦查德。

1917 年 4 月 6 日，美国对德国宣战，米切尔随军到达法国，任美国远征军的空中军官。这时的法、英等国已经有了三年的空战经历，当时的欧洲由于战争的压力，空军发展得很快，已经有时速近 200 公里的战斗机和时速 140 公里的轰炸机组成的大型航空队。通过观察和学习，米切尔的观点逐步形成，向美国远征军司令潘兴上将提出了建立航空队以争取制空权的建议。米切尔的建议具有很强的说服力，并最后成了美国远征部队空军的正式计划，米切尔也因此担任了美国第一集团军的空军指挥官。作为美国第一集团军的空军指挥官，米切尔最多时拥有不过 650 架飞机，但他却能把协约国的航空兵部队借过来参加美国远征军唯一实施的两次重大战役。在圣米耶尔战役中，米切尔组织起大约 1500 架飞机用于支援美国地面军队的作战。这次战役超过西线战场任何一次战役的规模，特别是以其大规模集中使用飞机而引人注目。由于在此次战役中米切尔的空军发挥了重要作用，他被晋升为准将。

大战结束后，米切尔关于飞机的思想更进了一步，他把飞机的支援和协同地面部队作战密切联系起来。他于1919年被任命为美国陆军航空勤务部队副司令，此后他开始致力于从事创立独立空军以及对军事空中力量实施联合控制的宣传鼓动工作。他宣称飞机已使战列舰失去了以往的作用，并通过两次空中轰炸及在25分钟内击沉德军无畏舰"东弗里西兰"号的实验来证明其观点。米切尔不断呼吁发展空军并改善其装备，他认为在未来战争中，空中力量的影响将起决定作用，主张空军应取得与陆军、海军平等的地位。但他的主张在当时并不能被别人接受，激愤的他时常谴责反对派是愚蠢的，说他们被私利蒙住了眼睛，这导致他与上级关系的恶化。由于直言不讳批评军方高层，不久米切尔被降为上校，并被调到南方得克萨斯州任职。后来因他在"飞艇失事事件"公开指责陆军部和海军部无能，被军事法庭判处停止军职五年，降为永久上校军衔，1926年被提前退役。米切尔是美国空军坚韧不拔的倡导者，他富有想象力和创造力，预见到在未来世界上，飞机是主要的运载工具，能跨越各大洋和大洲，天生就具有根本改变国家和人民之间关系的能力。由于长期以来一直担任美国陆军航空兵的高级指挥官，因而他的理论在很大程度上又是其经验的总结和发挥，其中，关于制空权的重要性、航空兵的集中指挥、人员的训练及发展民用航空等观点，至今仍具有现实意义。

被停职后的米切尔退居弗吉尼亚州的米德尔堡，在那里继续发表演讲和撰写文章为其观点辩护，并为建立独立空军进行游说。随着米切尔从全局来认识飞机的潜力，他开始认识到目前美国缺乏系统的理论来指导空军的建设，于是他开始致力于填补这一空白理论的研究工作。不久后，米切尔的《空中国防论》出版了。在《空中国防论》中，米切尔从国防的角度详细地分析了空军的战略地位、空军的建设、战略轰炸、空军同其他军种的协同作战、空军在世界范围的作用等，这些思想为美国空军的兴起和发展奠定了基础，并在第二次世界大战中得到充分证明。1936 年 2 月 19 日米切尔逝世，终年 57 岁。直到米切尔去世十年后，美国国会才终于批准向米切尔追授特殊勋章，承认其"作为美国军事航空领域的杰出先驱者所作的贡献和远见卓识"。1947 年，美国空军终于诞生了，1948 年 3 月 27 日，米切尔的儿子小威廉·米切尔从美国空军第一任参谋长卡尔·斯帕茨将军手里接过这枚奖章，许多政府高级官员出席了这一仪式。

二、从无到有——"一战"中的美国空军

1903 年，美国的莱特兄弟造出了一个约有 12 马力的四缸发动机，他们将助推器安装在机翼后方作为推力，制成了人类史上的第一架飞机。12 月 17 日，奥维尔做了试飞，尽管他只成功地飞行了 12 秒，飞行距离也只有 37 米，但这毕竟是飞机的首次成功飞行，人类从此向飞行迈出了意义重大的一步。但莱特兄弟的成功试验，在当时的美国并没引起人们的重视，在飞机出现后的前十几年中，飞机基本上是一种娱乐的工具，主要用于竞赛和表演，直到第一次世界大战爆发后，这个"会飞的机器"才逐渐被派上了用场。

美国空军的前身是陆军航空兵，1907 年 8 月，美国在陆军通信兵团内设立了最初只有 3 个人的航空科，这就是美国最早的空军机构。随着航空技术的不断发展，陆军通信兵团航空科于 1914 年 7 月 18 日正式扩充为航空处。第一次世界大战前夕，美国航空兵的发展水平远远落后于欧洲，在 1917 年 4 月美国对德国宣战时，只有一个成建制的作战中队和 50 多架飞机。出于战争的需要，美国陆军开始扩编它的航空处，并对它进行现代化改建，1916 年"珍妮"号在改造后被重新命名为"JN-4"号。通信兵部队开始定制"JN-4"号，主要用于飞行培训，其中一些还安装了机关枪和炸弹架，用于高级培训。尽管有了作战意识，但美军航空部门也只有 131 名军官、1000 多名现役人员和不到 300 架的飞机，这在军事航空的各个方面都落后德军至少两年，根本不适宜欧洲战场上的空战。

在当时的美国，人们对飞行的安全还普遍怀有恐惧，在最初的 48 名飞行员中，两年中就有 12 名死于飞行事故。1916 年，美国航空队参加墨西哥边界的冲突行动，6 架飞机没有一架完成任务。有一架还被一位骑着马的墨西哥人用猎枪打了下来，飞行员也被活捉入狱。这样高的风险率，使陆军感到它是一个负担，个别人甚至建议把航空队从通信兵团分出去，但飞行员们却怕失去依靠，坚持认为航空力量还没有发展到可以单独作为一个独立兵种的程度。这时的欧洲战场上，交战各国中没有人真正想到飞机是一种作战的武器，只是把它作为陆军或海军的眼睛而用于侦察，双方的飞行员每天都要在前线上空拍摄敌情。1914 年 8 月 22 日，德军大举进攻法国，侦察机提供的情报使英国远征军得以组织撤退，因而挽救了无数人的性命。一周后，当德国人转攻巴黎时，法国空中侦察机提供情报，使得法国军队及时部署兵力攻击德军侧翼，遂使第一次马恩河战役告捷，将德军阻截在距离巴黎 40 公里之外。

"一战"爆发之初，长期主宰战场的是欧洲各国的陆军和海军，他们对那些用木头和布料制成的歪歪扭扭的空中怪物并没多大的兴趣，而当时的飞机的确也不是专为军用而设计的。那时的飞机大多数是双翼机，飞机的机身全都用木头制造，机身和机翼上覆盖着涂上胶的布料，没有任何武器装备。在法国战壕的上空，协约国的飞行员可以自由地报告敌方编队情况、军需仓库位置以及增援部队的动向。有些飞行小分队利用投下大捆沉重的包裹和地面联系，还有些通过飞机队形变化自创信号系统。直到 1915 年，在飞机的标准设计中才包括了传递信息的无线电报装置。这些设备使飞机得以飞得更低，也就成为更容易被袭击的目标，因此开始有了负责护卫的护航战斗机，当空中格斗为战斗所需时，歼击机便应运而生了。在这之前，英国和德国的飞行员们在空中相遇时，彼此并不交战，而是专心致志于各自的侦察任务，顶多挥挥拳头以示敌对。由于飞机上没有专门的攻击性武器，所以飞行员和侦察员们在执行任务时往往带一支手枪或一支卡宾枪。但并非人人都带，也不是每次都带。

1917 年，战火在欧洲大陆熊熊地燃烧，协约国与同盟国军队的交战陷入了胶着状态，大批投入战场的爱国男儿慷慨赴义，在无情的战场上牺牲了生命。此时，美国政府依旧保持着中立，迟迟未宣布加入战争，这引起许多美国热血青年的反对，他们于是决定自愿前往法国参军，贡献自己的一份力量。这些在法国的美国飞行员申请组建他们自己的中队，并命名为"美国飞行分队"。1916 年 5 月 13 日，这个飞行分队首次执行任务。其中的凯芬·洛克威尔击落了一架德军侦察机，取得了飞行分队的首次胜利。后来有 38 位志愿者想要学会开着梦想之翼在天空翱翔，他们组成了一支颇具传奇色彩的特别空军飞行队，这就是历史上著名的"拉斐特飞行小队"，最终德军抗议协约国使用这个美国人组成的飞行分队，因为美国是中立国。1917 年 4 月 6 日，在威尔逊的要求下，国会通过了对德宣战的议案。国会批准了 6.4 亿美元的预算用于空军培训和制造飞机，这在当时是最大的单笔军事拨款。通信兵部队司令官乔治·斯奎尔少将帮助策划了这一拨款法案，在他的任期内，航空处扩大到 1.2 万名军官和 14 万名士兵。

此时的飞机已不仅仅是陆军的"眼睛"了，它还是一种有效的作战武器。飞机上安装了刘易斯式轻机枪，这种机枪是美国人艾萨克·刘易斯上校于 20 世纪初设计的一种轻型气冷式机枪，它轻便实用，法军飞行员约瑟夫·弗朗茨和机械员兼观察员路易·凯诺中士驾驶一架瓦赞飞机在己方阵地上空巡逻时，就第一次用这种机枪进行了空战，并成功击落了一架德国飞机。美国陆军通信兵航空处在这段迅猛发展的日子里，设立了过分乐观的目标，这些目标设立的基础是由陆军航空兵高级飞行官员福洛伊斯少校领导的一个小组所提出的建议，这个小组建议组建 350 支飞行中队，包括 2.3 万架飞机。这种轻率的作风在协约国中很快蔓延开来，英国军需部长温斯顿·丘吉尔承诺要用武器代替人员作战，用他的话说，就是"飞机之多要遮云蔽日"，而事实上这些想法不过是空中楼阁。在第一次世界大战中，飞机开始被广泛运用于空地协同作战。在 1917 年底进行的康布雷战役中，英军派出了 1000 余架飞机参战，这些飞机以低空盘旋的噪音来掩盖坦克开进的隆隆声，以对地轰炸和机枪扫射来支援地面部队的行动，还轰炸了德军的炮兵和指挥部。

当飞机在欧洲上空大显身手时，美国的飞机制造却由于纠缠于专利纠纷而延后了许多年。需要数以千计的零件组装而成的飞机可远非组装汽车那么容易，不过美国的确生产出了拥有400马力的十二缸自由式发动机，性能强于所有同类产品，美国也采用了双人驾驶的英式"德哈维兰-4"号飞机的设计。这种"DH-4"号飞机有一个绰号，叫"燃烧的棺材"，这是因为此种飞机的燃料箱安装在两个座舱中间，很容易被敌军火力击中。欧战爆发时，因为欧洲的空军发展得很快，美军曾派米切尔上校到欧洲考查英法等国的航空兵的发展使用情况，通过观察和学习，米切尔的观点逐步形成，向美国远征军司令潘兴上将提出了建立航空队以争取制空权的建议。米切尔的建议具有很强的说服力，并最后成了美国远征部队空军的正式计划，米切尔也因此担任了美国第一集团军的空军指挥官。

1917年9月，第一个派往欧洲的美国飞行小分队到达法国，福洛伊斯被委任为美国远征军航空兵司令。虽然更多的飞行中队陆续抵达，但他们全是生手，都需要培训。这些初出茅庐者驾驶的是法国设计制造的"布莱格特"轰炸机，也驾驶另一种法国的"纽波特28"号战斗机。"纽波特"很易操作，但是它在垂直俯冲时有裂开的趋势，即使机翼没有折断，机体表面构造也会剥离出去，所以这是一种很危险的飞机。在这一时期，德国人在飞机配合陆军作战方面处于领先地位，他们专门生产了有装甲的J级飞机和轻型CL级飞机用于攻击地面目标。德国的J级"容克"式飞机是现代强击机的雏形，它的机身全部用铝合金制造，飞机腹部装有下射机枪，座舱周围装有5毫米厚的钢板，飞机携带有集束手榴弹和手抛轻型炸弹，可有效地执行对地攻击的任务。1917年冬，约2500名美国飞行员接受了高级培训，其中有65人留在了意大利，和意大利飞行员并肩作战，担任执行美国空中部队战斗轰炸机的首批作战任务，包括侦察机和战斗机在内的所有类型的飞机都用来轰炸。但是意大利的"卡普洛尼"轰炸机的射程非常远，可以确保穿透敌军的防御，预防空中袭击，从后方输送炸弹。这种复翼飞机有3个发动机，可以负载 545 千克的重量飞行 4 小时之久。

美国第一批参战的是一支空军志愿大队，即成立于 1916 年的拉斐特大队。1918 年 8 月圣米耶尔战役时，美国航空兵前线指挥官米切尔集中大约 1500 架飞机，用 500 架支援地面作战，其余用于突击德军后方交通要道，有力地配合了地面进攻战役。截至战争结束，在前线服役的美国航空兵共有 45 个中队，近 800 名飞行员和 700 多架飞机。1918 年 2 月，美国吸纳前拉斐特飞行小分队的飞机、设施和飞行员，组建了第 103 航空中队。由于它在参战时听命于法国的指挥，从而当之无愧地成为美国第一支参与空战的飞行小分队。拉斐特飞行小分队使用的是法国设计的"斯帕德七"号战斗机，这种飞机可以高速俯冲，这是躲避攻击的一招绝技。利用这种飞机，小分队击落 57 架敌机及其 9 名飞行员。

美国对德宣战时，当时航空处只有 130 多名军官、1000 多名士兵、55 架飞机和一个成建制的作战中队。为了适应战争需要，航空处在组织结构上做了一些相应的变革，将航空处从通信兵团分离出来，成立两个独立的机构——飞机生产管理局和军用航空处。前者负责管理飞机、发动机及航空器材的生产，后者负责训练和作战，同年 5 月 24 日陆军部又将两个机构合并组成陆军航空局。在法国，未经实战检验的美国飞行中队被派往图尔北部经受战斗洗礼。德军派出 16 支飞行中队在法国图尔迎战刚刚到达的对手。1918 年 4 月，温斯洛中尉和坎贝尔中尉各自击落了一架德国战斗机，成就了美国第一个属于空军的胜利。两位飞行员都凯旋而归，安全返航。像他们两个这样的飞行员，都是在实践中才真正学会了空战中的生存技巧，从而将自己接受的大多数培训临场发挥出来。战前人们谁也不会料到飞机会在这次战争中得到突飞猛进的发展，然而事实却向人们证明，空中作战的许多样式是在这场战争中播下的种子，从此以后，空中作战思想就开始萦绕在世人的脑海中，并进而改变了整个战争的面貌。

在欧洲西线的战场上，步兵只能蜷缩在堑壕里，而飞行员却可以在空中尽情表演绝技，这种强烈的对比造就了战场上一个不朽的神话——"空战骑士"。在所有这些"骑士"中，最为著名的就是那些"王牌飞行员"了，他们都曾经击落过 5 架以上的敌机。美国最著名的王牌飞行员是艾迪·瑞肯贝克尔中尉，战争结束时总共击落敌机 26 架，成为歼敌最多的美国飞行员。在马恩河战役中，美国飞行小分队驾驶着英国设计的"索普威思－骆驼"战斗机投入战斗，这是一种由英国飞机设计师托马斯·索普威思研制的战斗机，这款战机之所以被叫作"骆驼"，是因为这种飞机的顶盖酷似骆驼的驼峰。"索普威思－骆驼"战斗机于 1917 年中期进入英国陆军航空队和英国皇家海军航空队服役，一举成名。非同寻常的平衡性能为其带来意想不到的机动性，因此这款战机非常适合富有经验的飞行员驾驶，不过对新兵来讲它就是自杀式武器。它的驾驶难度非常高，在训练中牺牲的飞行员要多于牺牲在战场上的人数。但如果驾驶娴熟，它的飞行高度可达 3600 多米，很难被击中，更别说战败了。

战场上最可怕的德国"哥达"轰炸机可以携带半吨炸弹，它的个头是"骆驼"的两倍不止，但在"骆驼"的打击下几乎无还手之力，几个月之内，这种笨拙的轰炸机就只能去有限地执行夜袭任务了。在一次战役中，美国空军遭遇了德国一号空中杀手——被称为"红男爵"的冯·里希特霍芬和他的"里希特霍芬飞行特技队"，在战斗中，里希特霍芬被击落。在随后的圣米耶尔战役中，米切尔指挥 1500 架飞机配合地面作战，其中就包括了在法国的全部美国飞行员。协约国航空部队轰炸了德军集结地，投弹 30 余吨，并空袭了德军防线后方的交通要道和军事设施等目标，有效地配合了地面部队的进攻行动。这种联合行动开了战略轰炸学说之先河，此战后荣升为准将的米切尔的麾下集结了战斗中最为优秀的空中部队，这其中以 26 支来自美国、61 支来自法国以及 3 支来自意大利的飞行中队作为主力，以 9 支来自英国的飞行中队作助攻，其飞机总数达到了 1500 架，这一战术确保了协约国在战场上的空中优势。

在整个"一战"中，参战的美国空军大约进行了 150 次轰炸突击任务，投掷 140 吨炸弹。据美国统计，总共击落敌机近 800 架、气球 70 多个，涌现王牌飞行员不下 70 名；自己损失飞机 300 架、气球 50 个，牺牲官兵 237 名。11 月 10 日，第 94 飞行中队的麦克斯韦尔·科尔比少校击落了一架福克尔战斗机，这是美军在"一战"中最后一次歼敌。第二天停战条约正式开始生效，美国这场"为结束战争而进行的战争"结束了。美国空军转而接受了在和平时期的任务，并在和平年代得到了飞速发展。在 20 年后发生的第二次世界大战中，美国的空军已经成为了一只强大的独立军种，并在战争中起了决定性的作用。

三、横空出世——航空兵的诞生

1903 年 12 月 17 日，世界上第一架有动力的飞机诞生了。当设计、制造和试飞者莱特兄弟沉浸在巨大的喜悦之中时，他们绝对想不到一种新的战争武器将由此问世。飞机出现后最初十几年，基本上是一种娱乐的工具，主要用于竞赛和表演。但是当第一次世界大战爆发后，这个"会飞的机器"逐渐被派上了用场。到第一次世界大战爆发前夕，距第一架飞机成功飞行的历史仅仅有 11 年。战争爆发之时，作战飞机多为木、布结构的三翼机，装备数量也较少。德、法、英等国共有作战飞机 2000 多架。大战期间，飞机由试验型发展为批量生产，其外形发展到双翼机，并逐渐向单翼机过渡，动力装置由单发动机发展为双发动机、多发动机等多种型号，机体逐渐改用半金属结构，螺旋桨由推进式转变为拉进式。

1914 年 8 月，交战国的总参谋部认为飞机只有有限的作用。法国对航空的兴趣，只在少数民间运动员中持续下去。霞飞和福煦都对飞行没有一点信心，后者在几年前就不予考虑，认为飞行"对运动来说一切都很好，但对军队来说没有什么用处"。英国军事当局对飞机作为一种武器的威力，也同样抱怀疑态度。如果说空战最初未给将军们留下深刻印象，它却很快抓住了公众的想象，空中力量在那时还不能成为胜利的决定因素，但它却有军方预见不到的提升士气价值。德国最高统帅部首先认识到航空英雄能使平民很兴奋，航空功绩被突出地加以报道，报纸上的宣传运动则鼓励民间与王牌驾驶员通信。根据一切军事上的考虑，德国在空军方面是远远领先的，德国人为准备战争，已经把他们的资源编入预算了，然而，即使是德国最高统帅部，也不过把飞机看作是个观察哨，在通信兵中只给予空军一个无足轻重的地位。1911 年，德国有两个虽小而发达的飞机公司，制造用优良的达伊姆勒和梅塞德斯水冷式发动机发动的阿尔巴特罗斯飞机和阿菲亚蒂克飞机，还有十多所私立飞行学校。

在"一战"中，飞机先是用于侦察，为陆军部队做耳目，继而装上机枪，专门进行空中格斗，后来又带上炸弹，去轰炸敌方的地面阵地，还有的飞机专门执行对地面部队攻击的任务，这样在大战的硝烟中，便诞生了一群"铁鸟"——侦察机、战斗机、轰炸机、强击机和教练机。

在 1914 年，空中士兵的生活是愉快的，飞越敌区是愉快的插曲，那时敌对的驾驶员相互会轻快地招招手，哪一方都没有能力做更多别的事情。9 月的一天，一位驾驶员认识到战争是残酷的游戏，拔出他的手枪，向一架飞过去的敌机射击，而不是招招手。此后不久，双座飞机的法国观测员开始携带步枪，甚至用砖块去扔对方的螺旋桨和驾驶员。很快，飞机上的射击武器由手枪、步枪发展为机枪，由偶然的相互射击发展为空中格斗，轰炸武器由手投炮弹、手榴弹发展成由投弹架投放的专用航空炸弹，机上开始装备无线电、各种仪表，并为飞行员配备降落伞，作战飞机的飞行速度、高度、航程等性能都有很大提高，装备飞机的数量大大增加。1915 年 9 月，德国空战能手殷麦曼驾驶"福克"战斗机首次击落一架偷袭杜埃机场的英国轰炸机，这是军用机向争夺制空权迈出的头一步！从此，飞机不只用于击落侦察气球，也用于击落敌方飞机。不久"福克"战斗机开始大量击落协约国的飞机，空战形势发生了有利于德国的呈一边倒的变化。英军于 1916 年惊呼："如今，我们须用三架飞机为一架侦察机保驾护航，才能完成既定的作战任务。"

战斗机是为了限制敌侦察机的活动而出现的，在"一战"的战场上，最早各国的飞机都是用于侦察和观察战场动态，飞往敌方阵地上空进行空中侦察是当时军方使用飞机的主要任务。随后人们就把侦察与轰炸结合到了一起，在飞机的腹部装上机枪，并安排一个副驾驶用手向下投掷小型炸弹和手榴弹。为了阻止对方飞机执行这些任务，把令人讨厌的敌方的飞机撵走，一种可将敌机驱逐出己方阵地上空的作战飞机应运而生，当时称为驱逐机，后来发展成为战斗机，飞行性能和作战能力都有很大提高，可执行近距支援、空中格斗等更加复杂的空中作战任务。当时的战斗机多为活塞式发动机的螺旋桨拉进式双翼机，代表性的有英国的"索普威思"和"布里斯托尔"系列，法国的"斯帕德"和"纽波尔"系列，德国的"容克"和"福克"系列等。安东尼·福克是位怀才不遇的年轻飞机设计师，大战中，福克飞机厂制造了许多种很成功的飞机，英国人曾向福克书面提出，如果他到英国去设计飞机，就送他 1000 万美元，但直到战后福克才知此事，原来德国情报机构截获并扣留了此信。

安东尼·福克研制的"福克"飞机是"一战"中德国空军使用最多的战斗机，它的最大特点是枪弹能够穿过前方螺旋桨的旋转面，因而提高了射击的精确度，它的机枪装在机头上部，易于瞄准射击，是第一次世界大战中有名的战斗机，给协约国造成了极大的损失，历史上称为"福克灾难"。为了对抗"福克"飞机，尽管没有射击同步协调器，英法还是想了许多办法。由于战争的需要，使参战各国加速了作战飞机的研制和生产，先后推出了许多性能良好的战斗机，这些飞机的陆续投入使用，使协约国的空中势力得到了加强，逐渐恢复了空中主动权，直到"一战"结束。

四、德军的最后一次大规模攻击——第二次马恩河战役

第二次马恩河战役或称雷姆斯战役是第一次世界大战西线发生于 1918年 7 月 15 日至 8 月 6 日的战役，战役初始德军使用了胡蒂尔的"突击群战术"，取得了极大的成功，使英法联军遭到了沉重的打击，但在英、法、美军队的联手反击下，后继无力的德军遭到了决定性的失败，从此一蹶不振，再也无

力发动大规模的进功了，所以说这次战役是西线中德军最后一次发动大规模攻击的战役。

在 1918 年 5 月发动的埃讷河攻势中，德军深入协约国军前线达 12 公里，围歼了协约国 4 个师的防御部队，另外 4 个师仓皇溃散。第二天，德国人的攻势丝毫不减。鲁登道夫敦促后续部队继续推进，进攻的锋芒直指巴黎，企图以此夺取战争的胜利。但鲁登道夫这个想法实际上是无益的，因为即使攻占了巴黎，也并不代表战争就会结束。但不管怎么说，这场攻势还是给协约国造成了相当大的混乱。5 月 20 日下午，德军占领了距离巴黎不到 40 公里的马恩河，慌乱中的法国政府再度准备撤离到波尔多，法国陷入一片恐慌之中。为了抵御德军势如潮水的攻势，法国第四、第五和第六集团军采取了纵深梯次配置以组织防御，拖延德军进军的速度，并准备在适当的时候转入反攻。7 月 15 日，法军出其不意地对即将发起进攻的德军实施猛烈的炮火反攻，当日凌晨，德军的第一和第三集团军经 3 个多小时的弹幕攻击后，在兰斯以东发起进攻，突破了法军第一道阵地，但在第二道阵地前被猛烈炮火所阻。

对于德军来势汹汹的攻势，法军总参谋长贝当始终保持着镇定，战斗开始的第一天，他就调了 16 个师开往马恩河，他要自己的部下和政治家们明白，英法军队必须坚持数月以等待美国援军的到来。事实上，美国已经开始向其处境艰难的盟友提供大量的有效援助。6 月 4 日，美军在法军的支援下，在沙托蒂也里打了一场漂亮的阻击战，遏止了德军的进攻。尽管美军在战术上还显得不够成熟，但他们高昂的士气和充沛的精力极大地鼓舞了法国人的斗志。德第七集团军在若尔戈讷、圣埃弗雷兹地段突破法第五、第六集团军防线，推进约 8 公里，并强渡马恩河。法军航空兵和炮兵轰炸马恩河各渡口和桥梁，迟滞德军前进。协约国军队在防御过程中增调部队准备反攻。联军总司令福煦决心由法军第十和第六集团军从马恩河突出部西侧对当面德军实施主攻，法第九和第五集团军从突出部东侧实施助攻，以解除德军对巴黎的威胁。

为这场战争的最后一次大规模进攻，德军消耗重大，使原本士气低落的德军更加疲惫不堪。虽然在战术上取得了很大的成功，但这场战役几乎耗掉了德军所有的人力，孤注一掷的鲁登道夫仍瞄准着兰斯，打算实施他的最后打击，他始终确信，他能够依靠一场大规模的攻势打垮美军。他给这场箭在弦上的进攻一个代号——"友好风暴攻势"。由于再次预先得到警告，协约国最终完成了纵深防御的准备，德军的最后一次进攻比1917年对法国人发动的里维尔春季攻势遭到了更大的损失。7月18日清晨，法第十和第六集团军在徐进弹幕射击掩护下，未经炮火准备即在贝洛至丰特努瓦60公里正面上向德军发起反攻，当日推进8公里。19日，法军第九和第五集团军从东面发起反攻。伤亡惨重的德军被迫于21日向马恩河北岸撤退。8月2日，协约国军队收复苏瓦松，至8月4日，协约国的军队肃清了马恩河突出部的德军，双方的战线在埃讷河和韦勒河地区暂时趋于稳定。

鲁登道夫的不断进攻拖垮了整个德国军队，并把它带到濒于崩溃的边缘。与此同时，协约国的实力却由于几十万美军的到来而迅速加强。8月8日，澳大利亚、加拿大等英联邦部队在大量英国坦克的支援下，对阿米恩斯附近毫无准备的德军发起了猛烈的攻击。坦克掩护步兵穿过死亡地带，德军有6个师被歼，鲁登道夫在战后承认，8月8日对德国军队来说，是"开战以来最倒霉的日子"。第二次马恩河战役，协约国军队损失14万人，但德军损失要大于协约国，约有17万人被歼，并且战线最终被协约国军队推进了40公里，协约国达成了战役目的，并由此完全掌握战略主动权。德军这次失败的主要原因是兵力和物资不足，后继无力，并且他们过高估计了自己的力量。协约国方面自美国参战后力量大大加强，逐渐掌握绝对优势。

五、最后冲刺——兰斯战役

1918年7月，德军为了迅速攻占法国首都巴黎，在统帅鲁登道夫的部署下，从两面包围巴黎的"门户"——兰斯城，想一举攻克兰斯，长驱直入巴黎。为了实现这个计划，采取了高度保密的策略，德军在皇储威廉率领下，庞大的集团军群秘密地进入阵地，在行军过程中，连车轮也用布包裹起来，以避开法国侦察兵的耳目。鲁登道夫计划在 7 月 12 日从两面包抄兰斯城，在兰斯城以西发动的进攻是想跨过马恩河，拉长战线，直逼蒂耶里堡。这将危及巴黎。鲁登道夫写道："在这次行动之后，我们就立即集中大炮、战壕迫击炮和几个中队的飞机向佛兰德斯阵地发动进攻，而且可能在两周之后就发动这次进攻。"

法国第四集团军司令古罗将军根据战争的态势，认为德军即将对兰斯发动进攻，法军情报部门派出一股精干的小分队，连夜闯入敌营，活捉一名俘虏，获悉德军将于 0 点 10 分发起炮击。古罗马上做出反应，命令炮兵部队提前开火。0 点 10 分，一声令下，2000 多门各种口径的大炮同时向德军开火，铺天盖地的炮弹划出道道光亮呼啸着射入德军阵地，顿时火光一片，空前规模的兰斯之战，在隆隆炮声中拉开帷幕。德国人的总攻也开始了，整条战线都喷射着火焰。凌晨 4 点 30 分时，德军 36 师的第五掷弹团和其他一些部队开始把隐蔽在芦苇荡和灌木林中的铁舟驶出来，双方炮击产生的毒气和浓烟同早晨的雾结合在一起，形成了浓烟雾。在德国人凭借浓烟雾到达河中心时，美国第三师的人便发现了这些装满了步兵和机枪手的德国船只，立即朝那些船只进行猛烈射击，德军正渡至中流，猝不及防，有几十艘小艇被击沉，损失惨重，但仍奋战渡河，终于以惨重的代价涌过对岸，并迅速占领了一个制高点，向美军进行反击。美军三十八步兵团越战越勇，坚守住阵地，与德军抗衡，整个战场一片硝烟弥漫。但是在别的地方，德国人涌过马恩河南岸去攻占美国的前哨，还爬上了通向巴黎—梅茨铁路后面的主要防线的小山。在这里，尽管伤亡惨重，但是美国人还是坚守了阵地。在第三十八步兵团两侧的法国人开始后撤了，但这些美国人坚决不撤。

在兰斯西面，德军聚集了 6 个师，以强大的优势兵力，突破了意大利第八师的防线，并迅速把他们逼到第二道防线去，进展较为顺利。上午 9 点 30 分，情况发生了变化。德军以人海战术，把从马恩河畔的多尔芒到兰斯高地的协约国防线，往后挤压成一个十分危险的楔子形。但这仅仅是暂时的，不大一会儿，有军官报告说，他们的部队在第二道防线前面受到协约国军队的猛烈阻击。兰斯以东大约 80 公里处，美国彩虹师参谋长道格拉斯·麦克阿瑟正站在主要防线上密切地注视着这场战斗。在德军向已被放弃了的前线战壕猛扑过来的时候，他们看见美军的炮火像雪崩一样向他们压过来，但是他们还是继续前进，因为他们在轻而易举地攻占了头几道战壕以后，胆子变得更大了。到了下午，战斗异常激烈，整条马恩河都被鲜血染红了，德军总司令鲁登道夫仍督促将士发起进攻，为占领兰斯投下最后一注。德军发疯了，似乎都不怕死，前边一批批倒下，后面又涌了上来，但靠这样的人海战术，到傍晚时分才前进了不到 5 公里。而协约国的炮兵则以逸待劳，整整一天都在接连不断地炮击河对面的德军后备部队，这样前击后炸，处处开花，眼见德军攻势渐渐削弱。

虽然德军现在已经在多尔芒的两边抢占了马恩河对岸许多桥头堡，但是皇储威廉还不满意。他看到报告说，敌人已按计划撤出防线，法军的计划是避开我们的打击，因此，我们的准备性炮击所摧毁的战壕几乎是完全没人的战壕，而且战事没有取得什么进展。部队在敌人的第二道防线前面受阻了，皇储下令准备再次炮击敌人的第二道防线。到了这种地步，鲁登道夫只得下令皇储的第六集团军补充战斗力，准备把这支后备力量投到前线。但是皇储没有接到命令，眼见大势将去，只得于当晚停止了冲过马恩河的行动，并且还停止了兰斯东面的攻击。这下鲁登道夫只得靠马恩河和兰斯之间的两个军准备第二天重新发起攻击。鲁登道夫仍然希望可以突破敌人的防线，他对手下一个军官说："如果对兰斯的进攻现在就可以获得成功，那么这场战争我们就打赢了。"他对被阻止在兰斯东面的第三集团军的进展情况感到不满，便打电话给这个集团军的参谋长，他大声问道："你们的进攻为什么毫无进展？"冯·克勒维茨中校沉着地回答说："集团军司令下令停止进攻，因为法国人已经把他们的炮兵撤走很远了，法国人正在嘲笑我们的毁灭性炮火。"就在这时，在兰斯附近的茫茫森林中，24 个整编师的协约国部队正集结待命，准备来日向德军发起全面进攻，而此时的德军，不仅在数量上少于对方，在士气上更是低沉，而且这些后备力量多数是从东线调过来的，疲军西进早已力竭，更是不堪一击。协约国则让英勇善战的摩洛哥师担任主攻，右侧是美国第一师，左侧是第二师，可谓全是精兵强将，装备精良。

那天下午的战斗打得十分激烈，加上天气炎热，使战斗更加折磨人，德军毫不畏惧地跟着往上冲，疯狂地叫着喊着，但是致命的炮火使他们不得不躲在玉米地里。到傍晚时分，他们令人失望地只前进了5公里，不得不在那一块玉米地的另一边挖战壕自卫。上级对他们的要求超过了他们的能力，对他们来说，末日已经到了。第二天，天刚亮，只见在平坦的田野上，大大小小的坦克隆隆地向前推进，喊杀声震耳欲聋，双方刚一接触，德军就乱了方寸，纷纷退却，面对强大的攻势，德军大部纷纷投降，只有少数部队坚守阵地继续抵抗，但很快就被打退。德军见大势已去，只好扔下长枪，不断地喊道："结束战争！"在河的另一边的屠杀更为残忍，协约国炮兵整整一天都在炮击河那边的后备部队，使德军伤亡惨重。皇储没有接到最高统帅部的命令，所以那天晚上他不仅停止了冲过马恩河的攻击，而且还停止了在兰斯东面的攻击，只有在马恩河和兰斯之间的两个军准备于第二天发起进攻。虽然地面部队抵敌不住，但在战场上空，一批批德国飞机仍不断地向地面的协约国部队进行一次次俯冲扫射，给协约国军队造成很大伤亡。协约国空军驾机升空，迎击敌机，双方在浓烟滚滚的兰斯上空，进行激烈的空战，战斗进行到上午11时，皇储威廉和鲁登道夫意识到局势严峻，因为所有的后备力量全已用上，而占领兰斯长驱直入巴黎的希望已然化作泡影。

法军芒让的部队集结在香巴尼突出部的东端，位于维莱－科特雷正西北的大森林。在这个地区的德军素质很差，其中许多人是从俄国调过来的，缺乏对付坦克的经验。而芒让计划大量使用坦克，7月18日晨，炮声隆隆，协约国军队发起了总攻，皇储威廉意识到，左右侧的几个师都被击退了，作为后备军的几个师也参战了。皇储不相信他的部队能阻挡敌人的进攻，命令部队从马恩河南面的桥头堡撤出来。经过一个下午的激战，强大而英勇的协约国军队终于占领了这座险要的峡谷，德军已失去战斗的信心，一批批撤出战场，仓皇地向后退去，夕阳照射下，站在雷斯森林里18米高瞭望塔上的协约国前线总指挥芒让将军，终于露出了微笑。

兰斯保卫战，虽然协约国付出惨重的代价，总计伤亡达5000人，但这是协约国从防御转入反攻的转折点，是结束第一次世界大战的关键战役。这次战役的规模与第一次马恩河战役虽然不可同日而语，但其结局却意义重大。德军因在此次战役中受挫，从此便完全丧失了主动权，无力再发动进攻，而法军不仅通过胜利反攻再次解除了德军对首都巴黎的威胁，而且还由此把战场上的主动权牢牢掌握在了自己手里。兰斯战役，德军所有后备军都已投入了战斗，这意味着，鲁登道夫想占领兰斯从而迫使黑格从佛兰德斯派出更多的增援部队的希望破灭了。在三天的时间里，他对香巴尼的所有希望都破灭了，敌人正在对他构成威胁，这是一种难以置信的转折，部下劝鲁登道夫让部队后撤，出于政治原因他拒绝了，在绝望之下，鲁登道夫说，他将不得不考虑辞职。

六、美军的"身份证"——圣米耶尔战役

第二次马恩河之战使德军付出了80万无法补偿的部队的代价，而美军则轻易地补充了协约国方面35万人的损失。德国未能有喘息的机会。自7月8日开始，德军连续遭受猛击，被迫采取守势，福煦策划的反击，要攻下敌人的三个突出部，收复把亚眠和阿兹布鲁克这两个战略接合点连接起来的铁路线，最初的矛头都指向马恩河以及自1914年以来已经存在的圣米耶尔。

1918年8月，潘兴把16个美国师编为美国第一集团军，并得到了一个法国军团的补充。每个美国师的人员编制大致相当于两个法国师或德国师，但是美军缺少火炮和坦克，不得不从盟友那里借取。所幸的是，潘兴并不缺少可以倚重的良将，这些初露锋芒的军人在未来的"二战"中都将成为一代名将。马歇尔上校负责协助潘兴制定作战计划，麦克阿瑟准将在第四十二师担任旅长，巴顿上校则指挥着第三零四坦克旅。事实上，自从踏上法国土地

那一刻起，众多美国军官尽管在不熟悉的地点同不熟悉的敌人即将打一场不熟悉的战争，但他们边干边学，很快就适应了环境，进入了角色，许多人逐渐成为独当一面的行家里手，在他们的指挥和带动下，整个美国陆军成为一支任何人都不可小视的生力军。1918年下半年，战争主动权转向协约国方面。在8月，协约国军队很容易地突破马恩突出部防线，揭示了德军的困境，大为沮丧的鲁登道夫终于认识到不可能获胜了，甚至有利的和平也不再行得通了。这位将军不再轻视美军了，承认形势随着更多的美军参加进来，必然会愈来愈不利。8月8日，英军开始攻击亚眠。黄昏时，英军越过德军防线15公里。这是协约国在西线一天之内向前推进距离最远的记录、战事伤亡最小的战役。德军参谋长鲁登道夫将8月8日定为德军黑色的一天，这一天共有3万德军士兵被俘。

9月，美军和法军决定在法国圣米耶尔附近地区对德军实施战略进攻，以消除1914年9月德军进攻凡尔登以南地区时形成的圣米耶尔突出部，确保巴黎—凡尔登—南锡铁路畅通，为尔后进攻德军控制的梅斯—色当铁路和布里埃铁矿盆地提供前进基地，这也是美军赴欧洲后第一次执行独立作战。早在1914年9月，德军在对凡尔登要塞的围攻中，占领了圣米耶尔。这个突出部的存在严重阻碍了巴黎与法国东部前线的铁路交通。法军在1915年曾发动了一次小规模的攻击，试图拔掉这个钉子，但被击退了。潘兴向联军高层承诺，美军将在法国圣米耶尔发动攻势，把德军在联军战线上占据的这个突出部消除。潘兴坚持让一支独立的美军在自己指定的战线上实施作战，对此，福煦不太情愿地表示接受，拔除圣米耶尔突出部便成为美军的第一项任务。8月底，配属了法国第二军的美军第一军团接管了与圣米耶勒相对的防区，福煦考虑以协约国的全力发动一次攻势，为此他试图改变潘兴的计划，将部分美军部队配属给法军第二和第四军团。经过激烈争论，福煦接受了潘兴的立场，而潘兴也同意一俟圣米耶尔的作战结束，立即调动美军和法军一起进攻阿尔贡森林。

从圣米耶尔起，突出部的西边一直延伸到默兹河东的树木茂密的高地，南边一直延伸到摩泽尔河横切河两岸的高地。潘兴要求参战部队同时向两边推进，进攻的重点是在南边。与此同时还要对突出部的顶端发起佯攻。为了保证此次战斗的胜利，潘兴集结了 55 万美军和 11 万法军。但是，参加这次作战的美国远征军中，超过三分之二的部队都无战斗经验。

面对这些坚固的防御体系，潘兴还是决心用美军来拔除圣米耶尔突出部，以此作为联军结束战争的一系列攻势的开端。此时，潘兴手里没有掌握任何空中力量，不过他知道夺取制空权至关重要，于是把这项工作交给了米切尔上校。米切尔计划在战役中全面出击，摧毁敌人的空中力量，突击敌人的地面部队，为己方空中和地面的有生力量提供安全保障，他最终争取到了1500 架飞机的指挥权。

而德军防守圣米耶尔突出部的飞机不足 300 架。战役开始两天，大部分飞机因天气恶劣不能起飞，9 月 14 日，天气好转，米切尔指挥约 500 架侦察机和战斗机支援地面部队作战。10 月 9 日，协约国航空部队 200 架轰炸机轰炸德军集结地，投弹 30 余吨，并空袭了德军防线后方的交通要道和军事设施等目标，有效地配合了地面部队的进攻行动。在过去的四年里，德军在整个突出部地域用战壕、铁丝网和混凝土碉堡构筑了前沿阵地，并在后面构筑了与之类似的第二道防线。即便联军突破了所有这些防御阵地，他们也还将面对一个由重重壕沟和坚固的地下掩体组成的强大防御体系，那就是德国人精心构筑的兴登堡防线。在兴登堡防线的后面，隐藏着可怕的梅斯和蒂永维尔要塞群。德军在圣米耶尔突出部设置了 8 个师和 2 个旅，还有 5 个师的后备力量，其中相当一部分是奥匈帝国军队。尽管潘兴采取了极其严密的保密措施，德军还是渐渐感觉到协约国部队和物资的集中预示着将开展一次进攻。

9 月 12 日，轰击从突出部的南边开始，协约国的 900 门大炮一齐开火，轰击了 4 个小时之后开始进攻。德军统帅部在获悉美军即将进攻后，于 9 月 8 日命令一线守军撤退，但是直到美军进攻前夕撤退仍未结束。9 月 12 日 5 时，经 4 小时炮火准备后，突出部南面的美军步兵在坦克支援下率先发起进攻，8 时，西面的美军也开始进攻。德军因大部分炮兵已后撤，只能进行微弱抵抗。中午，德军主力撤离突出部，13 日，美军左右两翼部队在维尼厄勒村会师，肃清突出部残余德军。在这次战役中，美军共抓获了 1.5 万名俘虏，缴获 250 门火炮，美军伤亡 7000 人。这次胜利在战略上意义重大，因为自 1914 年以来，圣米耶勒突出部一直被德军占领，并对协约国军在香槟的一切机动都构成了威胁。此外，美国第一军团也用此役向朋友和敌人证明，自己是有能力的战斗集体，此役也是第一次世界大战中首次由美军组织实施的大规模进攻战役。随后美军在摩泽尔河以西继续进攻，但进展甚微。16 日，美法军队进抵德军既设阵地后停止进攻。经过这次进攻，协约国军队战线缩短 24 公里，但未达成围歼德军集团的战役目的。

这时第一次世界大战已近尾声，在这之后不久，协约国指挥部根据战局的发展决定转入总攻，美国远征军再次在默兹河 – 阿尔贡战役中获得决定性胜利，远征军第一集团军和法国第四集团军在默兹河西岸实施主要突击，最终突破了兴登堡防线，彻底粉碎了德军的计划，占领了色当一线。由于原先站在同盟国一边的保加利亚、土耳其等国纷纷退出战争和奥匈帝国宣布无条件投降，加之德国国内爆发了十一月革命，德国在此次世界大战中已难以逃脱最终失败的命运。

七、最后的战役——默兹 – 阿尔贡攻势

当战争进行到 1918 年 8 月时，在协约国的反攻下，德军连连败北，这使得协约国方面的联军总司令福煦对胜利能够在 1918 年取得已是深信不疑，在这之前，他本以为战争会延续到 1919 年。现在，协约国的作战任务是要瓦解从伊普雷东北的海岸延伸到瑞士边界的"兴登堡防线"。这条防线是德国西线指挥官兴登堡为防御协约国军队而在 1917 年构建的防御工事，也叫"齐格菲防线"。

"兴登堡防线"更直、更短，筑有更多的防御工事，当尼韦尔的军队跃

出壕沟发动攻击时遭受了巨大的失败。这条防线使得协约国蒙受了40万人的伤亡，而德国只有25万人。在第一次世界大战期间，战争的特点是防御性的武器优于进攻性武器，传统的进攻方式是大批步兵在炮火掩护下发起冲锋，但是这种冲锋在深壕沟、巧布的地雷和机枪掩体相结合的防御设施面前没有多大效果。现在，协约国计划在9月发动一场攻势，打算夺取或切断德军赖以调动部队和补给的铁路线，只要使德军丧失了它的运输系统，那么前线上已经削弱的德军的战斗力势必进一步被削弱。

这个计划是由英国远征军司令黑格元帅提出来的，在英国远征军胜利的鼓舞下，黑格建议对德军形成一个巨大的包围圈。包围圈的一翼为英国远征军，向东横扫比利时和法国北部；另一翼将是美第一集团军和法国军队，向北穿过默兹河和阿尔贡森林区。如果协约国的第一右翼部队能突破德军的五道防线，就能切断色当和梅济耶尔的德军主要铁路供应干线，迫使德军沿崎岖的阿登地区两侧后撤。法国的福煦元帅采纳了黑格的建议，准备在9月底发动默兹－阿尔贡攻势。

为了发起这次战役，在圣米耶尔攻势结束后一周，美国远征军司令官潘兴利用夜间的时间，通过不是很充足的公路和铁路网，将他的军队迅速布置到新的进攻地区。这是美军历史上最大规模的行动，60万名美军和5000门大炮从80公里以外的地方调往前线，在战线的后边储备了数万吨的弹药和其他补给品。9月26日清晨5时，天刚刚亮，潘兴指挥的美军第一军团的三个军一齐开始实施进攻，与此同时，古罗指挥的法军第四军团也开始了全线进攻。行动受到清晨的浓雾、数千个弹坑、有刺铁丝网、滑脚的沟壑和密林的阻碍。黄昏以前，第一道防线已被美军攻下，美军还大规模进攻蒙福孔两边远离主阵地的突出部，并在第二天中午前由第五军的第七十九师占领它。

在协约国发起这场进攻之前，鲁登道夫就已认识到，在协约国的快速猛攻下，他的部队根本不可能指望有秩序地通过列日那拥挤的隘道撤退，为了能够减缓协约国进军的速度，德军对已经戒备森严的默兹－阿尔贡地区继续加强防备，每一个树林和村庄都变成了敌军进军的障碍物，并且在前方阵地的后面又修建了好几道防线，以用于对敌人的步步阻击。这次分派给美军负责进攻的德军防区里，铁路线比较靠近前线，面对该防区，德军已经构筑了纵深十多里的堑壕防御系统。美军的作战地带必须横跨默兹河谷，包括左侧的阿尔贡森林、艾尔河谷和默兹河两侧的高地。防守该地区的德军部队，东边是加尔维茨的集团军，西边是德国皇储的部队，德军巧妙地利用崎岖不平、植被茂密的地形构筑了三道严密的防线。

对于美军来说，这次攻势并不是一帆风顺的，发起攻击的部队中仅有 4 个师进行了激烈战斗，还有 4 个师根本没有与炮兵密切合作。虽然在右翼的进攻完成了大部分任务，但中路和左翼的部队很快就被困在密林和深谷之中，或者在开阔的丘陵地带受到机枪和密集炮火的猛烈射击。经过两天的艰苦进攻，美军未能攻到德军防御的主阵地前。与此同时，鲁登道夫将 8 个师的德军紧急调到了防线上。德军的有利条件，在于默兹 – 阿尔贡地形是天然适合防御的，在默兹河的东面，是陡峭高地，这是优良的炮兵射击阵地，并且是进攻者几乎攻不破的障碍；阿尔贡的峭壁和有很深裂缝的山丘，由在防线之间来回迂回的几公里长的有刺铁丝、混凝土机枪掩体、重机枪和各式各样障碍物连成了一个极难攻破的防御阵地。

美军在最初的几天中推进得还是很快，但是当德军的增援部队赶到后，美军的进攻在阿尔贡森林和蒙福孔之前慢了下来。10 月 3 日，美军在突破德军两道阵地之后，由于德军的顽强抵抗，遏止住了美军的大规模进攻，在德军的阿普勒蒙 – 布略勒防线之前美军的进攻势头被遏止。在此决定战争结局的最后时刻，潘兴既不愿丧失美军的独立性，也不能放弃美国远征军艰苦作战赢得的左右战争进程的影响力，因此，潘兴以其参加过圣米耶尔战斗而有经验的部队替换了原先的攻击部队，新的攻势于 10 月 4 日开始，美军再次发起了进攻。而德军的增援部队也同样是身经百战的劲旅，由于战场上没有机动的余地，两军短兵相接，硬打硬拼。美第一军团不得以代价高昂的正面攻击，缓慢地向前推进。由于美军拥有占压倒优势的炮兵的支援，德军的阵地一个个被攻破，德军的主要堡垒崩溃了。

在美军发动攻势的第二天，英军开始猛攻兴登堡防线，10月5日，英军在实施了一系列代价高昂而辉煌的攻击之后，终于突破兴登堡防线最后一道阵地。鲁登道夫采取以空间换取时间的办法，设法指挥德军实施退却。令黑格吃惊的是，他无法达成完全的突破，在德军巧妙的防御面前，英军进攻的锐势丧失了，并慢慢停了下来。

在这场决定性的战役中，为了对付协约国的部队，德军只能集结起200个师，其中直接用于一线的只有120个师，80个师被用作后备军。现在的德军和刚开战时已是大不相同了，除兵力的严重缺额外，来自国内饥饿的传闻，已加剧了部队自身日益增长的厌战情绪。

10月12日，潘兴将美军的参战部队改编为两个军团，新组建的第二军团由布拉德指挥，准备在默兹河和摩泽尔河之间向东北方向进攻，与此同时，第一军团在利格特的指挥下继续向北面实施缓慢的攻击。克里孟梭对美军缓慢的推进极为不满，但福煦了解德军防御的实际情况，他也清楚地知道，美军的进攻威胁着德军防线上至关重要的一部分，德军不得不四处抽调可使用的预备队投入该处的防御，到10月结束之时，美军第一军已突破德军第三道也是最后一道防线的大部。

在向德军全线发起的进攻中，默兹－阿尔贡仅仅是其中一个战区，同时有比利时军和英军在佛兰德斯进攻，法军在香巴尼进击。协约国合起来的兵力有220个师，在制定行动计划时，福煦提出的战斗口号是"人人作战"。由于美军在默兹－阿尔贡地区的进展，德军的全线撤退已经成为必然。鲁登道夫希望在德国的西部边界建立一道新的防线，并在整个冬季实施坚强的防御，以此争取协约国给予较宽大的停战条款。但由于协约国军继续在全线保持强大的压力，鲁登道夫的希望破灭了。10月17日，协约国军队再次发动进攻，英军的第四军团突破德军在塞勒河的防御。3天后，英军第三军团在下游地区强行渡过塞勒河，抓获了2万名德军战俘。10月31日，阿尔贡森林被美军攻占了，美军一直向前推进了10多公里。同一天，法国部队也到达了离出发阵地 20 多公里的埃讷河。美军进攻所造成的压力，迫使鲁登道夫动用他所剩下的 30 个最精良的后备师，以增援摇摇欲坠的默兹 – 阿尔贡战线。美军吸引了这么多的德国部队，因此大大减轻了在其他方向上的盟军身上的负担。

战役进行到了 11 月份，潘兴以休整过的师部替换了疲惫的一线部队，随后再次发动了进攻，突破德军最后一道防御阵地，由利格特中将指挥的美国第一集团军这时已经在德军的防线中杀开了一条血路，从 11 月 1 日起直到停战前的一系列进攻中，这支部队连战连捷。进入开阔地区以后，美军攻击箭头直指默兹河上游地区，并横扫试图最后顽抗的德军部队，于 11 月 6 日，抵达色当城前的默兹河畔，并占领了色当附近俯视默兹河的高地，以火炮猛烈轰击梅济耶尔至蒙梅迪的铁路线。美军第一集团军的几个师在色当东面强渡了默兹河，这时美军的实际作战地带已扩大到包括默兹河东岸地区，阿尔贡森林已被清除，从而为左侧的法军第四军团向埃讷河挺进创造了条件。在部署于美军附近的几个法国师的配合下，美军第一师主动对色当发起攻击，但被来自高层的命令制止。因为协约国要将攻占色当的荣誉让给法军，以洗刷法军在 1870 年普法战争的惨败中所遭受的耻辱。11 月 10 日，布拉德的第二军团向蒙梅迪发动了最后一次进攻，第二天，一纸停战协议结束了所有敌对状态，第一次世界大战到此结束了。

第十五章
尾 声

一、美丽的童话——十四点原则

1918 年 12 月 4 日，一艘邮轮满载着参加巴黎和会的美国代表团从纽约港起航，他们将横越大西洋前往战火刚熄灭的欧洲。带领美国代表团的是美国总统伍德罗·威尔逊，这是美国总统历史上第一次亲自带领美国外交代表团前往欧洲参加一个旷日持久的国际会议。在巴黎和会前夕，威尔逊提出了他那著名的"十四点原则"。

19 世纪末，美国成为世界第一大经济大国，强大的经济实力促使从此之后的美国总统开始重新审视与世界的关系，要求美国领导世界的愿望日益强烈，美国参战的最大目的便是企图取得对世界的领导地位。美国试图利用沙皇俄国的崩溃、英法协约国集团和德奥同盟国集团在战场上两败俱伤的形势，迫使其在战后按照美国的意愿重建世界秩序，在这样的背景之下，"十四点计划"应运而生。十四点和平原则由威尔逊于 1918 年 1 月提出，内容包括：废止秘密外交，海洋自由航行，废除关税壁垒，裁减军备，设立国际和平机构，民族自决，公正解决殖民地问题，允许奥匈帝国与奥斯曼土耳其帝国的各民族独立，建立一个有出海口的独立波兰，共同保证大小国家政治独立与领土完整，等等。

威尔逊为了反对英、法、俄撇开美国秘密分割世界，提出反对秘密外交；为了取代英国的海上霸权，主张海上自由；为了确立美国的商业霸权，要求废除经济壁垒；在欢迎俄国进入"自由"国家社会的招牌下，反对苏维埃政权；以同等重视殖民地人民与帝国主义的要求来否认被压迫民族的独立；以"自治"为名反对前奥斯曼帝国内的阿拉伯民族的独立；把美国的战争目标说成是"维护世界生活中的和平与正义"。

战争时期各个协约国时时宣布它们的战争目标，在1918年严峻的1月，英国和美国都找机会以最合理的词语重申其观点。特别是在1月8日威尔逊总统向国会发表了演讲，其中提到了十四点，他认为这十四点可以指引美国人走向他们渴望达到的目的，并把这个计划作为结束第一次世界大战的纲领及战后世界的蓝图。"十四点"表面上标榜"民族自决"，反对"秘密外交"，倡导建立"公正而持久的和平"，实际上是美国企图利用战争中增长的实力，削弱竞争对手英、法帝国主义，重新瓜分世界，也反映其敌视苏俄、反对被压迫民族争取独立解放的立场。"十四点原则"出台以后，曾受到了世界上许多进步人士的欢迎，对于当时的世界来说，"民族自决""公道处理殖民地问题""建立国际组织维护世界和平"等主张确实具有针砭时弊的作用，所以，威尔逊那套美丽动人的声明一度吸引了不少人。在中国，威尔逊的声明也引起了较大的反响，许多进步人士对此深表赞同并持欢迎的态度，连陈独秀都表示威尔逊的主张"都算光明正大，可算得现在世界上第一个好人"。

不过，威尔逊在劝说协约国各国政府接受他提出的"十四点"方面还是遇到了困难，法国人要求德国保证支付战争赔款；英国人否决了公海自由，他们作战就是为保持其对海上的控制。德国人请求停战，他们认为，和约将会在"十四点"的基础上拟订出来，战胜国将会以较温和的态度来对待他们，一个新的民主德国一定会重新出现在世界上，获得应有的地位。可是真当德国提出要在"十四点"的基础上签订停战协定时，自认为胜券在握的威尔逊突然变脸了，他巧妙地使用拖延的手法，宣布"为维持美国及其盟国目前的军事优势，必须有绝对令人满意的保护和保证措施"，否则就不可能停战。停战条件必须由协约国军司令官决定，在德国自行解除其全部能再次发动战争的力量以前绝不能讨论和平，德国人是否完全解除了防御能力要由战胜国来辨别和判断。与敌方进行的这些谈判占用了一个月，这使得整个战线又大规模连续战斗了一个月。但威尔逊的第一条原则"杜绝秘密外交"在巴黎和会上就无法做到。从 1919 年 3 月的最后一周开始，巴黎和会的主要问题就在四个人之间进行解决，那就是美国总统威尔逊、英国首相劳合·乔治、法国总理克里孟梭、意大利总理奥兰多。且不要说其他参与国的代表们，连巴黎的新闻媒体都抱怨和会透明度太低，简直就像"一个用黑漆包裹的大篷车"。所谓的"杜绝秘密外交"成了一句讽刺语。

1918 年 8 月，德国在战败前夕向美国提出愿在"十四点"基础上和谈，10 月，英、法同意以"十四点"为和谈基础。但在 1919 年的巴黎和会上，英、法操纵会议进程，所议定的和约条款大多不符合"十四点"的初衷，法国总理克里孟梭就以嘲讽的口吻说道："他对欧洲一无所知，他以为按照公式和十四点原则，什么问题都可以解决。上帝也只提出十诫而已，威尔逊却谦逊地要把十四点强加于我们，最空洞的十四条戒律！"而在巴黎和会上所新创立的国际联盟也成为推行英、法两国政策的工具。美国国会因而拒绝批准《凡尔赛和约》，不参加国际联盟，这标志着"十四点"的失败。就这样，在列强的利益面前，美好的"十四点原则"就像一个阳光底下的肥皂泡，很快就幻灭了。

二、"背后一刀"——德国的"十一月革命"

第一次世界大战末期，德军在前线不断溃败，经济陷入危机，政治动荡。为了防止革命爆发，1918 年 9 月 30 日，德国皇帝宣布实行国会制政府，答应在普鲁士改革三级选举制。10 月 4 日成立了议会制民主政府，自由派巴登亲王马克西米利安被任命为帝国首相，并邀请社会民主党的谢德曼参加政府。但这些措施并未能阻止革命的爆发。

1918 年下半年，德国在第一次世界大战中败局已定，不断传来的军事失败的消息使德国国内的矛盾加剧，德皇威廉二世陷入绝境。人们到处高喊着："打倒战争！打倒威廉！"德国已经处于风雨飘荡之中，革命已是不可避免的了。1918 年 10 月，第一次世界大战接近尾声，德国败局已定，但德国统治集团仍想孤注一掷进行抗争，意图用剩余的海军舰只与英国海军进行最后决战。10 月 25 日，德国海军司令部下令基尔港的德国远洋舰队出海同英军作战，若失败就"光荣地沉没"。然而已经经历四年野蛮杀戮，饱尝恶劣待遇和粗劣食品之苦的士兵不愿再为帝国海军的荣誉去送死，基尔港的 8 万名水兵拒绝起锚，并把军舰熄了火。水兵的抵制虽然迫使德国海军当局收回了命令，但水兵们却遭到迫害，被逮捕了几百人。

11 月 3 日，基尔港水兵集会要求释放被捕者，提出"打倒军国主义"及要"和平、面包"的口号，会后举行了游行示威，但遭到镇压，死伤数十人。基尔港水兵的行动立即得到了德国广大工人和士兵的响应和支持，11 月 4 日，基尔水兵苏维埃和工人苏维埃相继成立，前来镇压的军队或加入起义队伍，或被解除武装。5 日，全城举行总罢工，工人、士兵苏维埃掌握了该城政权。起义得到全国各地的响应，揭开了德国十一月革命的序幕，游行示威很快发展成了武装起义。11 月 4 日，基尔革命的水兵和工人组成了工兵代表苏维埃，夺取了基尔的全部政权，汉堡、不来梅、莱比锡、慕尼黑等地也纷纷起来响应这次起义，组成了工兵苏维埃，夺取了各地的政权。

11 月 9 日，在斯巴达克团等组织号召下，首都柏林的工人和士兵发动武装起义，参加游行示威的社会党人挤满了德国大街，水兵哗变，陆军占领了指挥部。革命热情支配着德国人民，德皇威廉二世调集军队镇压未遂，被迫退位逃往荷兰，霍亨索伦王朝统治被推翻。11 月 9 日上午 11 点 30 分，德军司令给总理官邸发电报通知说，威廉将立即退位。中午，德国总理、巴登亲王马克西米利安宣布皇帝正式退位，12 点 30 分，柏林报纸号外大肆报道德皇退位的消息，德国总理在办公室接见了社会民主党领导人并把权力移交给社会民主党主席弗里德里希－艾伯特。下午 2 点，社会民主党人菲利普－谢德曼站在总理官邸前，向人群宣布成立德国共和国。

整个柏林沸腾起来了，成千上万的武装群众高呼口号，涌向皇宫广场，在一片欢腾中，皇宫阳台上升起了一面红旗，起义工人的领导人卡尔·李卜克内西在皇宫宣布："从今天开始，德国已经是自由的社会主义共和国了！我们强烈谴责德国现政府的战争政策，德国人民要以'十月革命'为榜样！德国必须由人民自己来管理！"在德国各地，皇室纷纷垮台，巴伐利亚国王路易三世逃之夭夭，不伦瑞克公爵和五位其他国王、王子和大公们均被赶出了城堡，首相巴登亲王将政权交予社会民主党右派首领艾伯特，企图限制革命的发展。艾伯特拒绝斯巴达克团关于全部政权归苏维埃、建立社会主义共和国的建议，组成了资产阶级临时政府——人民全权委员会，并得到柏林工兵苏维埃批准。新成立的资产阶级临时政府宣布退出战争，并开始与协约国进行关于停战的和谈。11月11日，在巴黎东北贡比涅森林的雷通车站，德国以外交大臣为首的代表团走上联军总司令、法国元帅福煦乘坐的火车，签订了第一次世界大战停战的条约，到此，德国退出了战争，第一次世界大战结束了。

由于德国无产阶级缺乏独立的革命政党的领导，革命胜利果实落入德国社会民主党右翼领导集团手中，这个集团的领导人艾伯特和谢德曼组成政府——人民全权苏维埃。它没有触动旧的国家机构和军队，留任大批原来帝国的官员和将军，竭力设法把群众运动平息下去。在革命的关键时刻，李卜克内西等社会民主党左派成立了德国共产党并创办了《红旗报》，同艾伯特展开了针锋相对的斗争，德国共产党发出了战斗号召："必须全部政权归苏维埃！"而艾伯特则提出了"必须由国民议会决定一切"的口号。1918年12月，全德苏维埃第一次代表大会召开，大会在社会民主党的操纵下，决定召开国民议会，并于次年1月举行选举，在国民议会召开之前把立法权、行政权交给艾伯特政府，这样，苏维埃实际被取消。1919年2月，国民议会在魏玛召开，组成了以艾伯特为首的资产阶级共和国，制定了"魏玛宪法"。

新政府进行部分资产阶级民主改革，宣布保证言论、集会、结社自由，实行大赦政治犯、八小时工作制和普选制等，继续保护资本主义私有制，保留旧的国家机器和容克资产阶级政治经济特权，阴谋解除无产阶级的武装，打击苏维埃，因而引起人民群众的不满。为了把革命推向社会主义革命阶段，1919 年 3 月，德国共产党人李卜克内西和卢森堡领导柏林工人再次举行总罢工，但是起义准备工作不够充分，社会民主党右派诺斯克担任临时政府国防部长，他调来大批军队进行镇压，工人们经过英勇抵抗，但由于力量过于悬殊而失败，李卜克内西和卢森堡被捕后被杀害。"十一月革命"被镇压以后，艾伯特宣布德国为联邦共和国并担任总统。艾伯特死后，德国"一战"英雄兴登堡继任总统。

三、"第一次世界大战的终结者"——三国元帅福煦

斐迪南·福煦，"第一次世界大战的终结者"，1918 年被任命为协约国最高司令，公认是协约国获胜的最主要的领导人。综观古今中外，没有哪个军事家能像法国的福煦将军那样拥有如此辉煌的荣耀——英国、波兰、法国都授予他元帅军衔或者元帅称号，使他成为世界战争史上绝无仅有的三国元帅。作为少数从战争中脱颖而出的高级将军之一，福煦喜欢自称为普通士兵。他矮小、一头金发、谦逊、不修边幅。某美国专家认为，"5 米之外，没人会把他当作大元帅"。

1918 年，福煦代表法国在贡比涅森林他的专用车厢上签订了对德停战协定，后又在巴黎和会上发挥重要作用，与德国签下了历史上有名的、"埋下了仇恨种子"的《凡尔赛和约》。作为一名军事家，福煦生平有不少著作，他曾提出胜利在于意志的观点，后来认识到军队新装备和机械化程度具有决定性作用，强调歼灭思想和集中优势兵力原则。著有《战争原理》《战争指南》等军事著作。

福煦于 1851 年 10 月 2 日出生于上比利牛斯的塔贝斯，他父亲拿破仑·福煦是个文职官员，是拿破仑一世的旁系。1869 年，福煦考入著名的麦茨地区的圣克里门耶稣会学院，为报考工艺专科学校做准备。在麦茨，他亲身经历和目睹了巴赞的被围与投降。法国在普法战争中的失败，给他留下了永难

磨灭的印象。像许多爱国的热血青年一样，他报名入伍，要去为国家而献身，可是他并没赶上参加战斗，战争已然结束，停战以后，他回到圣克里门，这时麦茨已经成为德国的城市了，战败的悲痛与耻辱使他立下誓愿：入伍当兵，收复阿尔萨斯和洛林！

1873 年，福煦从巴黎综合工科学校毕业后参军，调陆军总参谋部三局任职，晋升少校。不久，又入高等军事学院攻读研究生，毕业后留校任教，主要讲授战略课。这个阶段对他本人的事业具有决定性的意义。他强调心理因素在战争中的特殊重要性，并提出了一些在当时十分惊人的论点："有较大意志力和智力的人经常能够获胜。""胜利在于意志。"其实对他那个时期的军事思想简单的概括就是一句话"拼命进攻"。然而他的主张在当时却成了那个时代最有创见的军事观点，"进攻、进攻、再进攻"的思想在欧洲许多的军事家中曾风行一时。1907 年，福煦晋升准将并调回总参谋部。1908 年，福煦重新回到军事学院，不过这次他的身份已不再是教授了，他被任命为军事学院院长，在该学院的三年中，他一直在研究和教授他的军事理论，他给学生们授课的讲义被编为两本书出版了，一本叫《战争指南》，另一本叫《战争原理》。这两本书成了法国陆军的"新约全书"，不仅为法国培养了整整一代军官，而且还形成了一套完整的军事理论。他的理论的核心是进攻学说：进攻是作战的最高原则，是获得胜利的唯一途径，即使濒于失败也不要放弃进攻。以后相当长的一段时期内，这种军事思想在法国军事界一直占统治地位。

福煦让他的学生注意进攻的重要性是对的，但是他应该记住，他正在教育的，是法国军队中未来的领导者和参谋军官。他要是把这种思想发展成为一种宗教狂热，那就是最不幸的错误，因为不管攻击者的精神多么坚强，这种精神并没有避弹的功效。这一点在随后发生的堑壕战中得到了证实，主张防御战的贝当的主张也理所当然成了实用的战法。1911 年，福煦离开军事学院，升任第十三师师长，1913 年 8 月，又出任第二十军军长，坐镇南锡，守卫着洛林前线。战争爆发初期，福煦率领他的二十军成功阻止了德军的进攻，拯救了南锡。这次战斗中，他第一次实践了他"胜利在于意志"这一理论——在处境极为不利的情况下坚决发起反攻，并获得成功，福煦因功升任第九集团军司令。其实内情根本不是那么回事，按照德军的进军计划，洛林战线本就是采取守势，甚至要诱敌深入，但内情不重要，重要的是福煦"挡住了德军的进攻"。

在紧接下来的马恩河会战中，福煦与德军真正的进攻狭路相逢了，他在给霞飞的电报中说，我的左翼在撤退，我的右翼在撤退，我的正面受到敌军的猛攻，好极了，我正在进攻。在当时的战况中，福煦真的实践了他的战术——不顾一切地进攻！好在战局的发展和变化配合了他，英法联军的大反攻开始了，而福煦的力排众议、率军反击也就显得格外耀眼。由于他成功地阻止了气势汹汹的德军进攻，守住了阵地，使危在旦夕的巴黎转危为安，故在这一战斗中名声大振，成为法军的中流砥柱，被法国舆论界誉为"欧洲第一军事家"。其实当时的巴黎守将加利埃尼才是从全局考虑而发起反攻的，至于福煦这种在友军都在撤退的情况下不顾死活地进攻的打法实在值得质疑。不过战争是以成败论英雄的，幸好他赢了。

福煦是一个有才干的军人，作为法国元帅，在第一次世界大战中，也可算是少数几个杰出的军队首脑之一。但是，他作茧自缚，陷落在自己提出的理论中难以自拔。他认为，只有"拼命攻击"才是取得胜利的唯一途径，而对这种理论的自身矛盾却视而不见。当时西线的战局已形成堑壕战，先进的武器和优势的火力，已使他所主张的那种"拼命攻势"变成了屠杀。武器决定了战术，可是福煦却忽视了这些。1915年福煦升任北方集团军群司令，并负责协调联军作战。这时运动战已经过去，作战被迫转入阵地战。福煦的战法遇到了问题，虽然他也努力寻找过打赢堑壕战的方法。在索姆河会战中，福煦指挥不利，所部损失惨重。因为这次失利他被贬到了军事研究中心任主任，负责协调协约国的协作问题。不过这次贬官对于法国来说却是一件幸事，因为它使福煦赢得了所有协约国的信任。这时的福煦已经认识到军队的新装备和机械化程度具有决定作用了，不再坚持他那种拼命的打法，而是强调歼灭战思想和集中优势兵力原则。

1918年3月，德国垂死挣扎，鲁登道夫竭尽全国之力，发动了最后的突袭。他们迅速突破了英法联军的数道防线，兵锋直指巴黎。英、法、美联军由于意见分歧，导致了指挥上的混乱，联军的防线出现了漏洞，面临崩溃的危险，在这种情况下，众人推举福煦出来协同指挥，而这种战况对于福煦来说实在很简单，正好适应了他的打法——"迎面进攻，勇者胜"。此时的联军在各方面的实力上显然已大大地超过了德军，稳住阵脚的联军拼命进攻，终于止住了德军的攻势，福煦那种拼命战术在有些情况下也的确是实用的，于是感激不尽的法国总统把一把金光闪闪的元帅权杖交到了福煦手中。

战争期间，协约国联军一度由于缺乏统一指挥，互不协调，而被德军各个击破。血的教训使协约国的首脑们认识到了福煦所主张的建立统一的联军统帅部的重要性，1918年4月，福照被指定为协约国联军总司令，统一指挥英、法、美等国军队对德军发起总攻。在英、法、美联军的强大攻势下，德军防线土崩瓦解，全面崩溃，这时德国内部也爆发了革命，内外交困的德国被迫于11月7日与协约国开始了停战和谈，福煦可谓功不可没。

1918年9月，德军领导人兴登堡发表声明，要求签订停战协定。11月5日，协约国同意在威尔逊提出的"十四点"的基础上同德国开始会谈。但谈判开始后，美国人却突然变了口气，想使德国就此彻底垮下去，不再给它翻身的机会，于是宣布不再以"十四点"为和谈基础了，而是提出了万分苛刻的条件，对德国来说，这已不再是"体面的和谈"了，而是投降谈判。11月8日，福煦代表协约国在贡比涅森林接见了德国代表团。他下令宣读了协约国提出的停战条件，并要求德国必须在72小时之内答复。经过几天的谈判，德国只从协约国方面得到了微小的让步。11月11日，法国时间凌晨5时，福煦代表协约国与德国代表在法国东北部贡比涅森林雷通车站的自己的车厢里签订了停战协定。

德国战败了，签下了极其耻辱的条约，福煦并没有被胜利冲昏头脑，1919年，他在认真看了战胜国与德国签订的《凡尔赛和约》后，说出了一句极其经典的话——"这不是和平，这只是 20 年的休战"。福煦还是很有远见的，20 年后，在同一个地点、同一个车厢中，法国与德国再次签下了停战协定，只不过这次投降的一方是法国。

大战正式结束后，居功至伟的福煦以"大战终结者"的身份被载入了史册，并接受了英国和波兰授予的元帅称号，随后出任了法国国家高级军事委员会主席和巴黎和会法国代表团首席军事顾问，他主张以莱茵河为法、德边界，并支持武装干涉苏俄。晚年的福煦不再介入政治生活，一心撰写战争回忆录，曾当选法国科学院院士。1929 年 3 月 20 日，福煦在巴黎病逝，安葬在圣路易教堂拿破仑一世的墓旁。

四、一百零一响礼炮——渐渐熄灭的战火

当春季攻势的收获到 9 月丧失时，鲁登道夫的权威消逝了，1918 年 9 月 26 日，正当默兹 – 阿尔贡进攻发动的时候，保加利亚退出了大战，这对他是一个双重的打击。两天后，鲁登道夫在精神上垮掉了。本来开始时是例行的参谋人员检讨军事形势的会议，却变成了一场场悲叹会议，鲁登道夫在会上为德国的困境，责备除他自己以外的每一个人。9 月 29 日，鲁登道夫要求政府赶紧在军队尚能坚持的情况下，主动倡议停战与媾和，9 月 30 日，赫特林伯爵及其内阁辞职。10 月 4 日，德国自由党的巴登亲王被任命为首相兼外相，取得了中央党、进步党、社会党的支持，同日，德、奥两国向美国总统威尔逊呼吁停战，接受"十四点"作为和平基础。

与此同时，德国的同盟国都垮了，协约国在西线的前进，使希腊人、意大利人、罗马尼亚人和塞尔维亚人又有了希望，他们在自己的不同战线上出击。土耳其这时也是岌岌可危，英军在巴勒斯坦击溃了土军，土军完全丧失了战斗力，士兵自动放弃阵地，拒绝作战。土耳其苏丹投降，10 月，土耳其同协约国签署了停战协定，退出了与协约国之间的战争。协约国通过与土耳其签署的《色佛尔条约》，彻底瓜分奥斯曼土耳其的领土，后来的土耳其

共和国只剩下伊斯坦布尔、其附近小部分领土及小亚细亚的部分。得到协约国部队增援的意军进击皮亚韦河，迫使奥军退出意大利。奥匈帝国在协约国的打击下土崩瓦解，不满情绪蔓延在整个哈布斯堡帝国，国内民族解放运动高涨，非德意志民族纷纷宣布独立，处于革命动乱中的奥地利，于11月3日同协约国签订了《圣日耳曼条约》，无条件投降，奥匈帝国被划分为多个民族国家。

10月6日，当德军在战线上开始崩溃之时，德国的新首相巴登亲王向威尔逊总统发出照会，要求在威尔逊《十四点和平纲领》的基础上达成停战协议。10月23日，美国在与德国交换的照会中表明了威尔逊总统坚定的立场，即美国不会和现存的军事独裁政府就停战协议进行谈判。10月27日，鲁登道夫辞职，10月28日，基尔的德国舰队发生兵变，打了几年了，很多将士疑惑为什么而战，战争的目的是什么，得出结果是：我们的战争毫无意义，只是杀戮人民而已。将士们拒绝执行海军上将舍尔的一系列巡洋舰袭击计划，兵变迅速蔓延到汉堡、不来梅，很快蔓延到德国西北全境。其实当将士问"为什么要打仗"时，战争实际上就已经结束。

除了承认战败，德国政府别无选择。在战争的最后几个月，德国损失了50多万人，11月9日，兴登堡在比利时斯帕的德皇总部告诫他的君主，德国军队现在已经没有力量保护他，并说："我必须劝告陛下退位，并前往荷兰。"在不到48小时内，震惊的威廉接受了劝告，这位利用智慧与勇气从俾斯麦手中夺回所有权力的德国皇帝突然间失去了意志，他以一纸下野诏书宣布退位后，随即逃亡到了荷兰。在兴高采烈的协约国军能够集结起来侵入德国之前，一个共和国宣告诞生。

两天后，以德国外交大臣为首的代表团揣着白旗越过前沿阵地，来到位于巴黎东北50公里处的贡比涅森林——协约国联军总司令福煦元帅的司令部所在地。法国元帅福煦在他自己的专用火车车厢里，接见了以埃尔茨贝格为首的德国停战委员会。获悉德国人的来意后，法国人立即用他的傲慢来享受着这份来之不易的胜利："可是我们没有提过任何停战建议，先生们，我们很愿意继续打下去。"协约国提出的条件是要使德国彻底垮掉，并保证接受协约国和平条款，条件苛刻，但德国只得接受。1918年11月11日，德国与协约国签订了第一次世界大战停战的条约。停战的条约是十分苛刻的，总的来说，德国失去了1/3的领土、1/10的人口还有数额巨大的战争赔款。

战火缓慢地熄灭了，上午11时，整个西线吹起了停战喇叭，与此同时，巴黎上空响起了101响礼炮声，它表明，经过4年3个月零8天的艰苦奋战，第一次世界大战以法国所属的协约国的最终胜利而宣告结束。在高地上、斜坡上、堑壕里，德国士兵三三两两地走了出来，伸出双手，微笑着，交头接耳着，向法国人、英国人和美国人走来。协约国的士兵们，也终于认识到，战争真的结束了，他们也走出阴暗潮湿的堑壕，像朋友一样与德国士兵相见，仿佛忘了几分钟前他们还是敌人。他们握手，交换纪念品、照片和香烟，一起欢呼，不是为了胜利，而是为了他们还活着。德国的全部潜艇都已经投降、被禁锢或者被凿沉了。德国公海舰队无可奈何地处于停泊在斯卡帕湾的英国大舰队的大炮监视下，直至1919年6月被德国水兵凿沉。数以千计的火炮和机关枪已经交给协约国军队，德国人的倔强是徒劳无益的，进一步向德国本土进军的威胁足以迫使他们屈服。

战争结束了，如何分享这些胜利果实呢？战胜了的协约国开始筹划分赃了。1919年1月，由英、美、法控制的和会在巴黎凡尔赛宫开幕，缔结了第一次世界大战胜利的和约，被称为《巴黎凡尔赛和约》，苏俄没有受到邀请，德国作为战败国也被拒之门外。如同一切用鲜血达成的妥协历史一样，《巴黎凡尔赛和约》鼓励在德国建立民主政府即魏玛共和国，但是把罪责、赔款和一大堆麻烦加在它的头上。和约对德国的军事工业作了诸多限制，直到1933年1月30日，一名穿褐色衬衣的独裁者阿道夫·希特勒，一个第一次世界大战中作战勇敢的奥地利军下士，僭取了比德皇曾经享有的权力更大的个人权力，彻底撕毁了这个条约。

五、代号"彩虹行动"——德国大洋舰队的归宿

1918 年 11 月 11 日，德国政府在停战书上签了字，宣告了第一次世界大战的结束，响彻欧洲大陆长达四年之久的枪炮声终于止息了。按照停战协议的第十三款规定，德国的舰队必须留滞在德国港内，置于协约国的严密监视之下，听候发落；同时德国必须将最先进的舰只拱手交由战胜国拘留处置，其中包括 10 艘战列舰、6 艘战列巡洋舰、8 艘巡洋舰、50 艘驱逐舰以及整个潜水艇舰队。原本决定解除武装的水面舰只在中立国就地扣留，可没有一个中立国愿意自己的港口成为德国舰队的拘留所，日后成为是非之地。最后，战胜国选择了英国的斯卡帕湾，认为那里是拘留德国舰队最安全的地方。

斯卡帕湾，苏格兰东北海岸不远处奥克尼群岛中的一个天然海港，是英国海军舰队的基地，由于其特殊的地理位置，成为皇家海军遏制德国舰队冲击北大西洋的轴心，在大战中起到了极为重要的作用。然而，相对于其在海军史上留下的闪耀印记而言，斯卡帕湾这个名字更多的却是代表着一段极具悲剧色彩的回忆——这里见证了一支强大舰队的毁灭和一个时代的终止。在世界海战史上，因迫于种种困境，而将自己的军舰全部沉入海底的历史悲剧屡见不鲜，在国家面临覆亡的危机时，真正的海军军人们往往会选择这种宁为玉碎、不为瓦全的惨烈方式来进行最后的抗争。"一战"战败后，德国的大洋舰队用自沉的方式终结了自己，也终结了德国人的海洋之梦。

德国公海舰队创始于 19 世纪末，从其创建那天起，就带上了悲壮的色彩。1889 年 8 月，刚刚登基的威廉二世接受英国邀请，以海军名誉元帅身份率领一支德国舰艇分队，出席了盛大的英国皇家阅舰式。英格兰南部怀特岛外洋面上浩大壮观的皇家海军战舰群，令威廉二世所挑选的"德国海军最好的"战舰相形见绌，盛大的典礼强烈刺激了威廉二世的自尊心，皇家海军的霸主气势使其羡慕不已，他下了决心，要建立一支能与英国皇家海军相媲美的德国舰队。对海洋的热衷让他对传统海上霸主英国发起了挑战，而德国可怕的

工业实力让他几乎在瞬间就拥有了一支庞大的舰队。实际上，德国海军当时在世界上已经成为仅次于英国皇家海军的强大海军。在第一次世界大战之前的海军竞赛中，德意志第二帝国以倾国之力，在最短的时间内打造出了一支世界上规模第二的远洋海军——"大洋舰队"，凭借着强大的工业实力和严谨的作风，德国人不但拥有了一流的战舰，更训练出了素质一流的水兵！

"大洋舰队"拥有战列舰 40 艘、超级战列舰 4 艘、巡洋舰 7 艘、驱逐舰及鱼雷艇 144 艘、潜艇 28 艘，它们是德国海军的主力，尽管这支"大洋舰队"已完全被英国皇家海军围困在海港中，不过在第一次世界大战结束前，它依然还是一支具有强大打击力量的大舰队。1916 年，英国本土舰队倾巢而出，和德国的大洋舰队在日德兰半岛附近海域展开了人类历史上规模空前绝后的海战，德国的大洋舰队不仅全身而退，而且取得了战术上的胜利——击沉了英国海军 3 艘战列巡洋舰、3 艘轻巡洋舰和 8 艘驱逐舰，吨位达 12 万吨。1918 年 11 月 11 日，德国政府在停战书上签了字，欧洲大陆享受到了 4 年零 3 个月以来的第一次平静。德国庞大的舰队离开威廉港踏上最后的航程。

11 月 21 日，74 艘德国战舰在由协约国海军组成的超过 250 艘舰船的庞大舰队的押解下，缓缓驶入斯卡帕湾。这是辉煌的公海舰队的绝唱，也许是海军史上绝无仅有的华丽集合。这些德国军舰由舰队司令冯·鲁伊特指挥。德国人被迫将那支"大洋舰队"的精华集结到英国的斯卡帕湾海军基地，等待正式签署和约之日，向英国海军移交。由于德国海军上将弗朗茨·冯·希佩尔拒绝率领舰队前去投降，负责这次行动的就落在了德国海军少将路德维希·冯·罗伊特的肩上，据说他并不是接到命令而是接到要求来负责这一勉为其难的任务的，他当时的心情是可想而知的。是啊，率领舰队去投降，这是何等的国耻！可他是个军人，军人的天职就是服从。

英国大舰队和配属的美国"无畏"级战舰在福斯湾滩头外的海面上排成阅兵队列，德国舰队中的最好的军舰慢慢驶进、抛锚，并降旗表示投降——这是一支没有战败的海军，却是一个战败国的海军。在这个耻辱的时刻，对于德国海军的官兵来说，不仅意味着一个事业的完结，也表明他们为之献身的一种传统的完结。按照英国皇家海军将领贝蒂的命令，德国公海舰队以一字形单列队形，鱼贯驶入预定的海域，在此待命押运的战胜国庞大的舰队如临大敌，虽然知道德国舰只武装已被解除，但协约国的舰只依然荷枪实弹严阵以待，以防万一出现的突发事件。这是一支战时令人生畏、降时令人感叹的舰队！英国海军将领贝蒂写道："此情此景令人伤感，实际上，我应该说这是可悲的一幕。"

1919年，拟定凡尔赛和约的谈判十分不顺利，原本双方和谈的基础是美国总统提出的"十四点"和平主张，但当德国人真的解除了武装以后，协约国的态度也就变了，不再是和平谈判了，而是无条件投降。德国人认为并没有输掉战争，把和谈看成争取权利的最后机会，然而英国却不这样认为，英国政府向德国政府下达最后通牒——要么全盘接受，要么再次面临战争。此时的德国人也只能屈服了。虽然德国已经战败，但在这些曾于日德兰重创英军的德国海军军官的心目中，他们并不是失败者！随着谈判的进行，协约国方面对德国的盘剥让这些年轻的军官们愤懑不已，面对协约国方面"不签字，就战争"的最后通牒，为了不让协约国将这些德国军舰用于对德国的战争，德军官兵决定凿沉战舰！他们这时已没有大炮用来战斗，也没有燃料用来逃脱，为了防止舰队落入敌人手中，挽救德国海军荣誉的唯一机会，只有在敌人行动之前自行将其凿沉。

1919年6月21日，随着旗舰"埃姆登"号巡洋舰上发出的信号，每一艘战舰上都升起了被禁止悬挂的舰队旗和战旗，这表示这支舰队进入了战斗状态，所有军舰上的德国水兵同时打开水密门，随着阀门和水密舱门的开启，"腓特烈大帝"号战列舰首先沉没，其余军舰也一艘艘相继没入水中，最后沉没的是战列巡洋舰"兴登堡"号。英国舰队想尽各种办法试图补救，但是根本无法阻止如此大规模的集体自沉行动。包括10艘战列舰和5艘战列巡洋舰在内的51艘德国军舰全部沉入了苏格兰斯卡帕湾冰冷的海底，吨位为被扣押舰队总吨位的95%，曾进水5000吨而不沉的"不沉之舰""塞德利茨"号战列巡洋舰，在斯卡帕湾找到了自己的归宿！在英国人阻止德舰自沉的过程中，有 9 名德国水兵被打死，他们成为了大战中最后牺牲的士兵，被埋葬在奥克尼郡的海军基地附近的一个海军公墓中。

这对德国人来讲是一个失败中的胜利，用德国海军将领希尔的话来说："它洗刷了投降的耻辱，向世界表明舰队的精神永存，这场最后的战斗是德国海军光荣传统的最好体现！"而对英国人来讲，这却是一种耻辱，这一行动引起英法公众舆论的极大愤怒，因为在他们的眼中，这些宝贵的战舰早已是他们的财产了。作为应得的惩罚，德国被迫又交出它剩下的 5 艘轻型巡洋舰、30 万吨的浮船坞和 4.2 万吨的挖泥船、拖船和起重船——这实际上是它寂静的港口中所有的船只。

在斯卡帕自沉行动后不久，英国皇家海军便对公海舰队的沉船进行了打捞，由于自沉及打捞时往往会导致龙骨受损、舰体扭曲，而将其校正又极费时间和金钱，所以打捞上来的德国战舰大多拆卸回炉，变成了废钢铁。从"一战"结束以来，经过多次打捞，公海舰队如今只有 7 艘大型军舰留在湾底，因为有着众多有名的沉船，斯卡帕湾现在成为潜水爱好者的天堂。20 年后，经过卧薪尝胆，重新崛起的德国海军在第二次世界大战失败后，又一次上演了自沉战舰的历史悲剧。当德国海军元帅邓尼茨在投降书上签字的同时，由他一手创建的德国潜艇部队的官兵没人肯听从交出战舰的命令，就在正式受降的那一天，全部德国潜艇先以上浮形式表示投降，随即一声令下，220 艘潜艇一齐自沉于深海之中——这也成为了德国海军的传统衣钵。

六、胜利者的分赃——播种战争的"巴黎和会"

1918 年 11 月 11 日凌晨 5 时，在巴黎东北贡比涅森林的雷通车站，德国以外交大臣为首的代表团走上联军总司令、法国元帅福煦乘坐的火车，签订了第一次世界大战停战的条约。历经四年的战争终于结束了，下面各列强要考虑的是要如何分享胜利果实了。尽管饱受战争创伤，但法国毕竟处在了获得胜利的一方，更由于法国朝野上下还普遍把法国视为最为主要的战胜国，在法国统治集团看来，最终清算德国这一宿敌以及独霸欧陆的时刻已经来到了。在法国的极力争取下，1919 年 1 月 18 日，在法国巴黎的凡尔赛宫召开了分赃的丑剧——巴黎和会。

1919 年的巴黎是世界的首都，举世瞩目的巴黎和会正在这里召开，来自世界各地的调停人员齐聚一堂。战后的巴黎悲伤而美丽，刚刚结束的大战的迹象无处不在，比如来自北部废墟的难民、缴获的德国大炮、德军炸弹所到之处成堆的瓦砾和用木板遮挡的窗户。一个巨大的弹坑印在杜拉瑞宫玫瑰园。由于人们把树砍了当柴火，林荫大道两旁成排的板栗树不时出现空缺。人们情绪低沉，神情悲哀，但妇女依然显得格外优雅。"一战"结束后，胜利的协约国集团为解决战争所造成的问题以及确立战后由美、英、法等主要战胜国主导的国际政治格局，在巴黎举行讨论战后问题的国际会议。参加的有英、法、美、日、意等 27 国，苏俄未参加。会议名义上是拟定对德和约，建立战后世界和平，实际上是帝国主义宰割战败国、重新瓜分势力范围。巴黎和会上签订了处置德国的《凡尔赛和约》，同时还分别同奥、匈、土等国签订了一系列和约，它们构成了凡尔赛体系。

本来英美都不希望和会在巴黎召开，他们认为在交战国首都的氛围中"公正的和平"很难达到，法国人易激动，由于遭受的苦难太多，对德国深恶痛绝，所以很难营造和会需要的冷静的氛围。威尔逊一直希望在日内瓦举行，而法国总理克里孟梭坚决要求和会在巴黎召开，这使得前来开会的英国首相劳合·乔治非常恼火，他说："我从来不想在他的首都举行和会，我们都认为在中立国举行会更好，但这个老家伙哭哭啼啼，反复抗议，使我们不得不让步。"

1871 年，普鲁士国王威廉一世就在这个镜厅举行加冕典礼，并迫使法国缔结德法条约，让法国把阿尔萨斯和洛林割让给德国，并向德国交纳 50 亿法郎的战争赔款。法国一直把此条约视为耻辱，现在德国战败了，并将被迫签订屈辱的投降条约。为了发泄郁积多年的对德国的愤懑，法国特意选择凡尔赛宫和 1 月 18 日作为和会的开幕地点和时间。

1919 年 1 月 18 日下午 3 时，巴黎和会在法国外交部大厅宣告开幕，在巴黎和会的开幕式上，身为东道国的总统，普恩加莱在主持开幕式时宣称德意志帝国"生于不义，自当死于耻辱"。借东道主之利，法国在和会上不仅扮演了主要角色之一，其总理克里孟梭还坐上了大会主席的交椅。参加巴黎和会的和谈者都是举足轻重的国际要人，实际上是由美国总统威尔逊、英国首相劳合·乔治、法国总理克里孟梭在主导和会的进行。他们天天会晤，谈判时辩论不休、争吵不断，但最终总能言归于好。他们互做交易、制订条约、创建新国家和组织，甚至一起吃饭，一起去剧院看戏。从 1 月到 6 月的半年中，巴黎一跃成为世界的政府、上诉法庭和国会，同时也是人们恐惧和希望的所在。

为了便于操纵会议，英、法、美、意、日等主要战胜国对会议的开法做了许多不平等的规定。首先，是把出席会议的国家分为几等，最高会议由美、法、英、意、日五强首脑和外长组成，一切重大问题都由其讨论决定。后来十人会议又演变成美、英、法三国首脑组成的三人会议。专门会议由有关国家代表和专家组成，只审议最高会议指定的专门问题。全体大会由所有与会国代表组成，但整个会议期间只举行了 7 次全体大会，而且都是只准举手通过决议，根本不想让其发挥作用。从一开始，巴黎和会就因组织、目标及运作混乱而受人诟病，英、法、意、美举行了前期会议，就和会即将提出的条约达成共识，然后召开全体会议与战败国谈判。这时问题就出现了，其他协约国何时能发表意见？最终四强妥协了，加进了一个全体会议，但这个全体会议仅是徒有虚名，会议的真正结果竟是在四强和日本私下举行的非正式会议上产生的。几个月过去了，原本是预备的前期会议却成为了真正的主体。

1919 年威尔逊来到巴黎参加巴黎和会。作为第一次世界大战后实力最强国家的元首，威尔逊满怀信心，希望能够建立国际新秩序，避免下一次战争。但威尔逊这位当时世界上最有影响的人在和会期间的举止自相矛盾，他所带来的"十四点和平方案"成为了一纸空文，最后制定的《凡尔赛和约》一方面对德国大肆勒索，一方面没有彻底防止德国重新武装，同时在各战胜国中制造了新的矛盾。在这次巴黎和会上，以法国首席代表的身份当选为大会主席的克里孟梭对德国怀有强烈的复仇情绪，他的主要目标是最大限度地削弱德国，以建立法国在欧洲大陆的霸权。为此，他提出法国不仅要收回阿尔萨斯和洛林，还要将法国的边界东移到莱茵河，并主张将莱茵河左岸的德国各省合并成一个独立国家，并向德国索取高达2000多亿金法郎的战争赔款。但法国的要求与立场却在巴黎和会上遭到昔日的同盟者英美两国的联手抵制，英美两国之所以反对过分削弱和肢解德国，主要是因为它们向来在欧洲大陆奉行"均衡"政策，英美两国既想保持德法之间的力量平衡，又想利用德国对抗苏俄，因而都反对这种过分削弱德国的建议。虽然以"老虎"总理为首的法国代表团在巴黎和会上使出了浑身解数，但面对美英两国的共同抵制，仍未能实现法国的全部意图。

在巴黎和会上签订了处置德国的《凡尔赛和约》，同时还分别同奥、匈、土等国签订了一系列和约，它们构成了凡尔赛体系，确立了"一战"后由美、英、法等主要战胜国主导的国际政治格局。和会持续了半年之久，美英法日意等战胜国都想多分到一些赃物，削弱战后与自己争霸的对手，所以彼此间矛盾重重，钩心斗角，经常闹得不可开交。法国为了称霸欧洲大陆，力图彻底削弱德国，而美英想让德国继续保持一定的实力来牵制法国称霸，就竭力加以反对，并且迫使法国在德国问题上对美英作出让步。三个主要的协约国的目的是不相同甚至存在矛盾的，虽然三国都做出了让步最终达成了一致，但结果是各方都做出了妥协，没有任何一方完全达到了自己的目的。而德国没有被彻底削弱也没有得到安抚，这个结果预示着无论是对战胜国还是战败国，以至于整个欧洲甚至全世界，都是一个不安定的因素。

和谈人员在巴黎的几个月中"硕果累累"：签订了对德和约，确立对奥地利、匈牙利及保加利亚和平条约的基础，在中欧和中东重新划定国界。但不得不承认，他们的许多工作成果并不公正，也并不持久。有关1919年的和平方案非常失败并直接导致第二次世界大战的说法非常普遍。4月30日，德国代表团被叫到巴黎，先被"晾"了一个礼拜之后，才于5月7日被召到凡尔赛。克里孟梭在交付和约草案时先羞辱了德国人一番，他说："现在清算的时间终于到了。你们不是向我们请求和平吗？这就是我们同意给你们的和平。"并表明，德国对该草案不许做任何争辩，只允许在 15 天内提出书面意见。德方曾试图对和约的条件做有利于德国的修改，但被协约国方断然拒绝，在协约国的胁迫下，德国统治集团经过激烈斗争，最后于 6 月 27 日决定接受这个最后通牒。6 月 28 日，德国外长米勒和司法部长贝尔在凡尔赛宫镜厅签署和约，至此，第一次世界大战宣告正式结束。

6 月 28 日是巴黎和会的最后一天，也是全体战胜国在和约上签字的一天。经过 5 个月的激烈争吵，德国代表终于被迫在 440 条的《凡尔赛和约》上签字。但作为战胜国的中国代表拒绝签字，原来和约里有三条是关于中国的，中国在"一战"中参加了协约国一方，曾支援协约国大量粮食，还派出 18 万名劳工，牺牲了 2000 多人。作为战胜国的中国，索回德国强占的山东半岛的主权，这是顺理成章的事。但英美法却做主把德国在中国的殖民地转送给日本，这是拿中国的利益做他们之间的交易，实在叫中国人民忍无可忍，终于爆发了轰轰烈烈的五四运动。

一年前，当时尚处在胜利中的德国最高统帅部在布列斯特强迫战败的俄国接受一个和约，这个和约剥夺的俄国领土几乎有奥匈帝国和土耳其加起来一般大，此外，俄国还得付给德国 60 亿马克的赔款。德国人高兴得太早了，第二年，即 1919 年，德国受报应的日子终于来到了，协约国逼它签订的条约更甚于《布列斯特条约》。协约国未经与德国协商，就将《凡尔赛和约》的条件于 5 月 7 日在柏林发表。《凡尔赛和约》共 15 部分，440 条。除第一部分是《国际联盟盟约》外，其余全是处置德国的条款。处置德国的条款十分苛刻，内容主要涉及疆界、赔偿、殖民地和限制军备四个方面。根据条约规定，德国要丧失掉原有领土的 1/8 和人口的 1/10，以及 16% 的煤产地、半数的钢铁工业和所有的海外殖民地。在军事工业以及军队组成上也对德国做了严格的限制，以防止德国的东山再起。在关于德国的赔偿问题上，确定德国总共应赔款 1320 亿金马克，在此之前应先交付 200 亿金马克等，并且德国要负担其境内外国占领军的维持费用。

《凡尔赛条约》对于到最后一刻钟还沉溺在幻想中的德国人民来说是个惊人的打击，愤怒的群众纷纷举行集会，对和约表示抗议，要求德国政府拒绝签字。德国临时政府也公开声称，和约条款是"不能实现和不能负担的"，谢德曼总理更是指责《凡尔赛和约》是"可怕的、谋杀性的魔锤"，并高声诅咒道：谁签这个条约，他的手就会烂掉。但现实摆明了协约国是想打下去的，而此时的德国根本无力再战，面对着协约国拥有 110 个后备师，德国却只有 18 个后备师的客观事实，在距协约国最后通牒的限期只差 19 分钟时，德国终于通过了签订和约的决议，4 天后，在凡尔赛宫的镜厅签了字。次日，德国右翼报纸不约而同地在第一版加上了刺目的黑框，以暗示所有的德国人要为复仇做准备。

战胜国与其他战败国亦分别签署了条件苛刻的和约。战胜国与奥匈帝国的奥地利签署《圣日耳曼条约》，奥匈帝国被划分为多个民族国家；与保加利亚签署《纳依条约》，保加利亚失去爱琴海出海口，并须赔款 4.5 亿美元；与匈牙利签署《特里亚农条约》，匈牙利领土大幅减小；与土耳其签署《色佛尔条约》，彻底瓜分奥斯曼土耳其的领土，后来的土耳其共和国只剩下伊斯坦布尔其附近小部分领土及小亚细亚部分。

1871 年 5 月 10 日法国与德国为结束普法战争而签订了《法兰克福条约》，条约主要内容为法国割让阿尔萨斯和洛林东部给德国，赔款 50 亿法郎，分三年付清，赔款付清前德军留驻巴黎和法国北部诸省。由于《法兰克福条约》条件苛刻，令战败的法国与德国从此结怨，引起了法国的复仇主义，埋下了第一次世界大战最早的起因。现在的《凡尔赛条约》与当年的《法兰克福条约》何其相似，它埋下的是"二战"的种子。巴黎和会并没有解决帝国主义之间争夺殖民地的矛盾，《凡尔赛和约》是在美、英、法、意、日等国操纵下缔结的，是帝国主义列强重新瓜分殖民地和划分势力范围的掠夺性条约。历史无情地嘲笑着巴黎和会。1939 年 9 月，希特勒再次在欧洲掀起大战，距巴黎和会正好是 20 年零 2 个月！从此，世界人民再次陷入灾难和痛苦中。